THE MEDIATION
OF
CHILDHOOD

神童的写影

莫扎特与对童年的认识

［美］阿德琳·穆勒　著

周仁伟　译

上海教育出版社
SHANGHAI EDUCATIONAL
PUBLISHING HOUSE

献给诺拉

目　录

缩略语一览 / 1

插图与谱例一览 / 1

导言 / 1

第一章　从出版物看早慧现象 / 13

第二章　音乐,慈善,与辛勤劳作的儿童 / 53

第三章　儿童如何演戏 / 92

第四章　儿童歌曲和关于游戏的作品 / 123

第五章　童真的律动 / 169

第六章　令人快乐的莫扎特 / 206

致谢 / 232

注释 / 236

索引 / 309

参考书目 / 336

缩略语一览

Abert	赫尔曼·艾伯特,《莫扎特传》,斯图尔特·斯潘塞译,克利夫·艾森编辑[纽黑文市:耶鲁大学出版社,2007(1919—1921)]
AmZ	《大众音乐报》(*Allgemeine musikalische Zeitung*,莱比锡,1798—1848)
Anderson	艾米丽·安德森翻译并编辑,《莫扎特及其家人书信集》,第2版,A·海厄特·金和莫妮卡·卡罗兰主编[伦敦:麦克米伦出版公司,1966(1938)],2卷本。
Documents	奥托·埃里赫·德意许,《莫扎特生平实录》,埃里克·布洛姆、彼得·布兰斯克姆和杰里米·诺布尔译(斯坦福:斯坦福大学出版社,1965)
Dokumente	奥托·埃里赫·德意许,《莫扎特生平实录》(德语版,卡塞尔:骑熊士音乐出版社,1961)
Edge/Black	戴克斯特·埃奇和大卫·布莱克编,《莫扎特:新资料集》,2014年6月12日首版,https://sites.google.com/site/mozartdocuments/
Halliwell	露思·哈利威尔编,《莫扎特一家:以社会为背景看四个人的人生》(牛津:克拉伦登出版社,1998)
Köchel 6	路德维希·里特尔·冯·克歇尔,《莫扎特音乐作品全集年代-主题目录》,第6版,弗朗茨·吉格龄、亚历山

大·魏因曼和格尔德·西弗斯编[威斯巴登：布莱特克普夫与黑特尔出版社,1964(1862)]

MBA　　　W.A.鲍尔、奥托·埃里赫·德意许和约瑟夫·海因茨·艾布尔编,莫扎特信件与档案全集(*Mozart: Briefe und Aufzeichnungen, Gesamtausgabe*),修订版[卡塞尔：骑熊士音乐出版社,2005(1962—1975)],7卷本(引用时注明信件编号与行数)

NMA　　　莫扎特,《新版莫扎特全集》(*Neue Ausgabe sämtlicher Werke*,卡塞尔：骑熊士音乐出版社,1955—2010)

NMD　　　克利夫·艾森,《新莫扎特资料集：德意许实录补遗》(*New Mozart Documents*,伦敦,麦克米伦出版公司,1991)

OMO　　　牛津音乐网,http://www.oxfordmusiconline.com

插图与谱例一览

插图

图 0.1　德拉夫斯根据卡蒙特勒的莫扎特一家的肖像制作的版画（1764 年）

图 1.1　莫扎特，《键盘奏鸣曲……首部作品》（K. 6–7，1764 年）/ 18

图 1.2　（a）弗里施·冯·舍内赫，插图，《海内肯……精彩事迹》 *Merkwürdiges Ehren-Gedächtnis von ... Heineken*（1726 年）（b）沃尔夫冈据佩内的绘画制作，"米涅尔瓦陪伴下的巴拉捷"（1735 年）/ 32

图 1.3　霍多维茨基（?），利希滕贝格"威廉·克罗齐，音乐神童"的插图（1780 年）/ 47

图 2.1　阿尔贝蒂，"河狸"插图，《儿童空闲时间寓教于乐的活动》（1787 年）/ 73

图 2.2　莫扎特，《小纺织姑娘》（K.531），《儿童空闲时间寓教于乐的活动》（1787 年）/ 75

图 2.3　柯尔，题名页版画，帕日泽克，《布拉格师范学校……》（1801 年）/ 84

图 2.4　《春之歌》，斯蒂亚斯尼，《给参与生产劳动的年轻人的歌曲集》（1789 年）/ 90

图 3.1　维默尔，《匈牙利王西吉斯蒙德》（1762 年）/ 96

图 3.2　年轻有学识的佩尔纳家的女演员女舞者的谦逊致谢（利斯

金?）（1783）/ 106

图 3.3　加尼尔《消息》中"贝尔纳小姐"（1786）/ 114

图 4.1　霍多维茨基，"儿童娱乐活动"，出自《巴泽多基础课本铜版画
　　　　集》（1774 年）/ 129

图 4.2　霍多维茨基，"其他儿童娱乐活动"，出自《巴泽多基础课本铜
　　　　版画集》（1774 年）/ 130

图 4.3　题名页版画，沙伊贝，《给儿童的小曲》（1766）/ 142

图 4.4　罗斯马埃斯勒，题名页版画，萨尔茨曼，《给儿童与儿童伴侣
　　　　的娱乐活动》（1780 年）/ 143

图 4.5　桑巴赫，题名页版画，帕施编，《给儿童和儿童伴侣的歌曲集：
　　　　春之歌》（1791）/ 144

图 4.6　(a) 克劳迪乌斯，《儿童游戏》，选自《给儿童的歌》（1780 年）
　　　　(b) 赖夏特，《儿童游戏》，选自《给儿童的歌》（1781 年）/ 165

图 4.7　莫扎特，"儿童游戏"（K.598），选自《给儿童和儿童伴侣的歌
　　　　曲集：春之歌》（1791 年）/ 166

图 5.1　罗斯马埃斯勒，题名页版画，赛德尔曼，《供两人在一架钢琴
　　　　上演奏的六部奏鸣曲》（1781 年）/ 174

图 5.2　霍多维茨基，《音乐》，《柏林年鉴》（1781 年）/ 175

图 5.3　德拉·克罗切，《莫扎特一家》（1780/1781 年）/ 176

图 5.4　《和谐》插图，出自穆索伊斯《儿童道德拨浪鼓》（1794
　　　　年）/ 181

图 5.5　迈尔，出自恩格尔，《关于模仿的一些思考》（1785 年）/ 202

图 6.1　贝希特斯加登生产的部分玩具乐器 / 207

图 6.2　(a) 奥伯阿默尔高，负篓货郎……约 1750；(b) 阿尔贝蒂，帕
　　　　帕吉诺，出自席卡内德，《魔笛》（1791 年）/ 209

图 6.3　包括莫扎特在内的历史人物肖像，出自布朗夏（和克拉夫
　　　　特），《新名人传》（1806 年）/ 218

图 6.4 《莫扎特字母歌》(约 1830 年) / 224

图 6.5 "莫扎特作的摇篮曲",出自尼森,《莫扎特传》(1828) / 227

图 6.6 莫扎特(?),《睡前曲》,出自尼森,《莫扎特传》(1828) / 230

谱例

谱例 2.1 莫扎特,《C 小调庄严弥撒》,K.139,"复活",128 - 33 小
         节 / 62

谱例 5.1 莫扎特,《C 大调四手联弹奏鸣曲》,K.521/ii,1 - 8 小
         节 / 183

谱例 5.2 K.521/iii,20—29 小节 / 185

谱例 5.3 K.521/iii,138—144 小节 / 185

谱例 5.4 K.242/i,111—116 小节,仅独奏部分 / 191

谱例 5.5 K.242/iii,16—22 小节,仅独奏部分 / 192

谱例 5.6 K.242/iii,180—190 小节,仅独奏部分 / 193

谱例 5.7 K.242/iii,207—212 小节,仅弦乐部分 / 194

谱例 5.8 K.299/ii,88—100 小节,仅长笛与竖琴部分 / 198

LEOPOLD MOZART, *Pere de* MARIANNE MOZART, *Virtuose âgée de onze ans et de* J.G.WOLFGANG MOZART, *Compositeur et Maitre de Musique âgé de sept ans.*

导　言

　　出版物是列奥波德不会放过的。数年前，当这家人 1764 年在欧洲巡演中途径巴黎时，他们的朋友和协助者弗里德里希·梅尔希奥·冯·格林就为列奥波德和他的两个孩子定制了一幅肖像，并刻成版画与沃尔夫冈的带伴奏的奏鸣曲"作品 1－4 号"的乐谱一同销售。这件出版物上称南妮尔为"演奏家，11 岁"，称沃尔夫冈为"作曲家，音乐大师，7 岁"。[1] 他们在巡演途中经过的每一座大城市出售或分发这些出版物。十年之后，列奥波德从曼海姆写给妻子的一封信中，要求再给他寄上五六份，用来送给朋友与合作者。[2] 又过了一年，他还在向格林询问是否把剩余的副本都卖掉了。[3] 1778 年，在莫扎特二十二岁生日当晚，也就是肖像画首次付印十四年之后，列奥波德告诉大家他曾写信给阿姆斯特丹、苏黎世、温特图尔、伯尔尼、日内瓦和里昂等地的音乐经销商，期望他留在那里的肖像和曲谱能换来一些收益，或者能把卖剩下的副本拿回来——显然，他并没有得到任何回复。[4] 列奥波德只是努力想让自己的投资回报最大化，然而那个时候，他的一双儿女早已不再是肖像画里那个模样了。

　　此时，画像中那位年纪最小的主人公，正在被过去与现在的差异困扰。就在 1778 年晚些时候，母亲去世之后不久，沃尔夫冈在一封从巴黎寄回家的信中向父亲抱怨法国人对他的认知："这个地方最让我恼火的事情就是，这帮愚蠢的法国人好像还以为我只有七岁，因为那就是他们第一次见到我的年纪。"[5] 虽然他没有提到那幅肖像画，但是之所以在欧洲人的想象中他始终只有七岁，那幅画无疑起了作用。例如，福克尔主编的1784年《德意志音乐年鉴》，在莫扎特的生平简介中就有错误的表述，说他们在巴黎逗留期间"父子三人的一次实际演出的情形被雕成了铜版画。"[6]

不仅如此，与肖像画一起印发的奏鸣曲曲谱，那曾经让欧洲震惊的作品，在莫扎特成年之后也变成了一种负担：列奥波德曾与布莱特克普夫与黑特尔出版社关于出版沃尔夫冈的作品有过一次失败的洽谈。在给出版社的一封信中，他用可谓羞怯的口吻表示："想必您不会以他小时候写的钢琴奏鸣曲来评价他吧？"[7] 对于幼年的莫扎特是优势的东西，在他长大后，反倒变成了包袱。在莫扎特去世好几年后，南妮尔又将肖像画旧事重提：1799年，她与布莱特克普夫出版社商讨出版他的作品时，给出版社寄去了一份肖像画的副本，声称这能证明他在因天花留下永久性疤痕之前长得有多可爱。南妮尔又明显很没底气地加了一句："他是个个子不高，但身材匀称的孩子。"[8]

一眼就看得出，肖像中的那个孩子无论如何也说不上身材匀称。坐在羽管键琴前的沃尔夫冈，腿被缩短到与身体其他部分完全不成比例。这使得人物形象显出一种两面性。他的上半身属于那位精通了成年人的音乐表达规则和传统的"作曲家，音乐大师"，而悬空的、仿佛没发育好的那两条腿则属于一个七岁的孩子，据一个看到过的人描述，那个孩子刚刚还在自弹自唱即兴的歌剧咏叹调，一转身却在玩弹珠、追野猫。这幅肖像与其说是描绘了莫扎特实际的样貌，不如说描绘了人们眼中的他，是一种对他惊人的才华与娇小的体型之间的矛盾进行消解的尝试。这个既奇特怪异，又楚楚可怜的形象，会激起观者内心一种复杂的反应：对这个小男孩强烈的保护欲，以及对这个孩子远远超越他那细弱的双腿原本所要表现的自立能力的尴尬的意识。这件出版物在象征意义和现实意义上都是对莫扎特童年时代的定格、商品化和永久留念。

当我们回顾那个所谓的"教育学的世纪"(pädagogisches Jahrhundert),那个儿童生活受到越来越积极的、全面的、公开的、商业性的干预的时代,莫扎特呈现为一个通过媒介为人们所认识的儿童的最典型的案例。他绝不是头一个在欧洲的公共舞台上艰难谋生的儿童表演者。他既不是第一个受邀在宫廷演出的神童,也不是第一个在发育期之前就发表了作品的天才儿童。然而,他是第一个做到了上述所有事情的人,而且是在那样小的年龄,在欧洲那样大的范围,并且得到了近乎普遍性的赞赏。由此产生的结果是,他的影响力延伸到了音乐领域之外,甚至超出了艺术领域。一桩皇家法庭的案例以他为证据,证明七岁以下儿童可能具备的潜在理性思维能力。卢梭的《爱弥儿》修订版把他写进了一条脚注。多项儿童慈善计划和改革举措借用了他的名气和才华。他还与儿童有直接的交流,他为儿童而作或以儿童为题材的音乐作品为首次将儿童作为消费和阅读群体的青少年读物这一体裁做出了贡献。即便在他死后——通过写给年幼的读者的传记作品、钢琴教学用的音乐选段、内容欢快的冒名音乐作品,以及其他种种能牵扯到莫扎特的东西——"适合儿童"的莫扎特赋予了童真一种美学意义。正是这些条件促成了十九世纪儿童感性化的概念的兴起,而这种概念直到今天仍可以说主导着看待儿童问题的态度。

"启蒙运动是媒介作用的历史中的一个重大事件",这是克利福德·希斯金和阿伦·沃纳在他们编著的《这就是启蒙运动》中的论断。[9] 本书要论证的是:莫扎特的出现是媒介作用下的儿童史中的一个重大事件。他可以说是第一个在公众注视下一年年长大的平民,第一个从童年开始就主要通过市场的媒介作用呈现其人格面貌的人,第一个通过出版物被神化、被包装后直接推荐给儿童的人。这意味着,启蒙运动晚期的欧洲所推行过的、争论过的一大批方案对莫扎特施加了前所未有的杠杆效应。在他自己的童年时代及之后,对于如何看待儿童的能动性、智力能力、政治和经济价值、工作、学习和业余生活状况、儿童相互之间以及与周围成人之间的关系等方面,他都推动了或强化了一种态度的转变。若不是因为他的名气,单凭他的职业地位——既不是贵族,又不是高官,也不是学者——他是不可能以这样的方式影响到儿童生活的这些方面的。

与之前的研究相比,本书或许将莫扎特抬得更高了——通过主张莫扎特不仅在音乐方面,在儿童史方面也是一个关键人物,但同时,本书也将他压低了,因为本书将指出他的影响不能单纯地理解为来自他才华横溢的音乐作品,甚至可以说音乐在这里不占主导地位。他在市场上的存在,在音乐、文学、评论和影像中的流通——或换句话说,他的"品牌形象",对儿童史所产生的影响至少是不亚于他的音乐的。不仅如此,他的影响还往往是在不经意间形成的。他给关于童年及其含义的讨论带来了改变,同时他也被这些讨论所改变。他或许站在潮头,但同时也被潮流所裹挟。

出版物,正是潮流中的主要力量之一,也是莫扎特能够成为媒介作用下的儿童史中的一个大事件的原因。出版物的传播——这正是希斯金和沃纳所编的那部文集的供稿者们主要关注的课题——使得莫扎特这样的人物受到的关注不亚于巴泽多①在教育学领域和戈特舍德②在美学领域受到的关注。正如希斯金和沃纳的解释:"媒介作用是启蒙运动之所以产生的前提条件,而启蒙运动中的媒介作用也成了启蒙运动研究通常所关注的那些由此引申出的物质层面或精神层面的社会变迁之所以产生的前提条件。"[10] 将这一论点放到本书当中就是:出版发行的音乐作品对莫扎特的媒介作用成了对童年自身的媒介作用"之所以产生的前提条件"。

莫扎特的家庭肖像这一特殊事物,及其在进入流通后数十年间产

---

① 译者注:巴泽多(Johann Bernhard Basedow, 1724—1790),德国教育改革家,后文会专门讨论。
② 译者注:戈特舍德(Johann Christoph Gottsched, 1700—1766),德国哲学家。

生的作用,表明了出版物的三种功用,本书中各个历史叙述性的部分和学科探究性的部分正是围绕这三个方面互相交织构成一个有机的整体。

出版物能长时间存留。将莫扎特的相貌和音乐作品印刷出版使得他的童年在时间上和空间上都与他本人分离了。他是一个众所周知的特别的孩子,同时又是一个特别众所周知的孩子,他的形象代表了儿童身上特别受教育者和哲学家推崇的、象征了启蒙运动的完善作用的特征。同时,将莫扎特的童年阶段保存到他成年,乃至去世之后,恰与浪漫主义时期将童年与其他人生阶段进行隔绝并延长的风潮相合。没有人能像他这样恰好地体现了这一转折点。这就是莫扎特对于儿童史的意义。

出版物会误导。在关于莫扎特的历史叙述中有许多被我们认为理所当然的东西,其获取是带有偶然性的,取决于出版物提供了什么信息(或能提供什么信息)。同时,早期对莫扎特的接受在某些方面涉及德语媒体关于音乐和戏剧的道德功能的争论。这种道德上的争论反映了当时一些教育学的论调,通常也是来自同一批作者。以这些来自别的领域的论点为背景考察对莫扎特的接受,正可以看出奥地利启蒙运动时期的音乐与教育的纠葛有多深。这就是儿童史对于莫扎特研究的意义。

出版物提供的信息不完整。要想确定纸面上的音乐作品的含义和作用是出了名的困难,即便——后面我们会看到——给它附上纯说教的儿童刊物那种纯说教的文字说明。所以音乐就以非常理想的方式为儿童史研究者们提供了他们自 20 世纪 90 年代就开始呼吁的东西:要认识到童年构建的未完善的、处于发展中的本质,以及要更多地关注作为原动力的儿童,而不是仅仅将他们视作投射了成年人幻想的一块屏幕。不管怎样,作为作曲家和听众之间的媒介，演奏者为双方的接触提供了一个包含不可预知性和双向依赖性的音符，将这样一个音符活用到成年人与儿童的接触之中也是完全可行的。[11]成年人回忆过去，而儿童规划未来，这是幼与长交汇的方式。双方对这种方式下的接触进行摸索，出版物和演出都可以提供一种契机或至少是一定程度上的指引。尤其是音乐，使儿童有机会被聆听，让成年人静下来，去聆听。这是音乐对于出版史和儿童史的意义。

从近期的音乐学、启蒙运动研究、儿童研究和出版史的成果来看，目前显而易见的是，当前的研究不论方法上还是结论上，都是跨学科的。近年来这些学科互相之间也越走越近，学科间的交织就提出了新的问题。在发展中的未成年人出版市场，音乐起到了什么作用？儿童福利事业的发展、教育和对早慧儿童的接受相互之间有何影响？音乐出版物对奥地利启蒙运动产生了什么影响，反之呢？一些学者如休·坎宁安、詹姆斯·范·霍恩·梅尔顿、大卫·托马斯·库克等，已经指出政策、教育学、市场如何贯穿于近代儿童史。[12]多位奥地利启蒙运动专家——尤其是蒂姆·布兰宁、德里克·比尔斯、希瑟·莫里森——已经揭示了音乐和出版物在哈布斯堡的政治中处于怎样的核心地位。[13]怀着对前辈成果的敬意，本书将以音乐学家的视角，探讨莫扎特和他的音乐对奥地利启蒙运动时期儿童问题的重估起到了什么样的作用。只要有文献支持，我也会明确指出这些改变对历史上的儿童的实际生活造成的影响——尤其是对莫扎特自己的生活。

莫扎特的成长与现代儿童崇拜兴起同时，直到今天他仍是后者的一个主要的范例。然而莫扎特那种"神童"的刻板印象仍未得到充分理论化，也未被充分赋予历史意义。人们太容易着眼于他那富有象征意义的神童地位，尤其是他死后被奉为浪漫主义先哲的地位。如果单纯把这一时期不断变化的童年构建当作思想史和文化史的一个侧面，

　　　　　　　　神童的写影：莫扎特与对童年的认识

依然是忽视了它对现实中的儿童的日常生活产生的作用。在本书中，笔者认为莫扎特整个人生中与儿童的直接接触——儿童演奏他的作品、阅读与他相关的读物或成为他作品的主题——是产生了切实的作用的。哈布斯堡王朝境内成千上万的儿童被这位萨尔斯堡的大咖和他所体现的理念影响，这种理念就是：童年自身可以被包装、被消费、被议价、被约束、被分配、"被演绎"——简而言之，透过媒介被呈现。通过一系列证据，从双重协奏曲、本笃会学校的歌剧，到哈布斯堡宫廷的法令和儿童刊物，笔者将揭示，我们不但需要通过启蒙运动来理解莫扎特，我们也需要通过莫扎特来理解启蒙运动，以及在我们这个时代的对童年的媒介作用。

哈布斯堡王朝的务实、革新的基调与出版业的蓬勃发展，是奥地利启蒙运动时期基本稳定的背景，两者都影响到了儿童理论。在儿童福利、劳动、教育、刑事审判等方面的国内改革举措，在出版物上得到越来越多的宣传、争论、辩护，同时还产生了直接以儿童读者为目标的新的文学体裁。出版物跨越了民族的、信仰的，甚至一定阶层的界限，为不同的政策、意识形态和现实生活，充当媒介——介于希望改变看待儿童和对待儿童的方式的人和他们试图去改变其看法的人之间。由于政策的改变恰逢通俗戏剧、音乐、文学中对儿童进行自然主义的、感性的呈现的潮流的兴起，哈布斯堡的臣民们面对的是一种新的观念：将童年视作一个需要更多的关心和照顾的人生阶段。音乐拥有值得夸耀的最直接的情感力量和毋庸置疑的社交功能，因而能有效地连结因出版物而受到越来越细致审视的儿童和家长及教师（他们毕竟是儿童出版物的最终消费者）。

莫扎特与儿童的接触并非刻意为之，很大程度上取决于一个不可预知的市场提供的机遇。他可能同意在某场合露一下面，或为某种期刊或歌曲集提供一些作品。他（和他父亲）的商业决定将他置于理想中与现实中的儿童矛盾的核心——不论以直接的方式，比如他为维也纳的聋哑学校(Taubstummeninstitut)的出版物谱写歌曲,还是间接的方式,比如一个儿童说教故事使用了他的四手联弹键盘奏鸣曲来表现姐妹之情。终其一生以及他死后不久,莫扎特激起了对于成人和儿童互相之间的责任,以及对于怎样用新方法从儿童身上获取更多收益的重新评估。

对于童年的标准历史叙述方法倾向于跳过启蒙运动早期的那种将儿童视作未经教化的"一张白纸"的模式,而使用十九世纪的方式,将童年视作终将消逝的,难以触及的,本性无邪的。[14] 这种叙述方法传统上依赖于自上而下的资源,例如教育哲学、儿童文学、视觉文献等。然而在十八世纪后半叶的奥地利,莫扎特通过一幅更纷乱的、更不可预测的、自下而上的画面,展示了儿童是一种复杂微妙、具有深刻的社会性的主体。在过去四十年左右的时间里,家长作风的观念被真诚的和睦关系淡化,甚至陪伴这种模范式的童年观念,也开始在政策、教育学和历史撰述中回归。[15] 对儿童的能动性的承认,就像人文学科中对消费者、读者、表演者的能动性的承认一样。所以现在是一个合适的时机,在这样一个儿童问题、出版物、市场和演艺艺术以前所未有且广泛深入的方式互相交织、互相影响的时代,来探究这种能动性的概念在十八世纪的先河。

本书各章分别展现了受到一种特定社会制度或莫扎特的一批音乐作品影响的童年的一个方面。六章将涵盖以下主题:理性、劳动积极性、品行、工作与游戏、亲情以及童真。这些主题通常互有重合,有一些线索会贯穿于不同的章节之间。比如说,出版物和演出的相互作用、公众性与私人性之间的协调、重新界定童年在人生过程中的界限等问题。第一章探究的是莫扎特作为一个七岁就发表作品的作曲家出现的意义。当时的评论家将他最早的几首奏鸣曲令人震惊的水准归结为他违背常理地在幼年就获得了成熟的理性,而不是(像后来的学者的论断)认为那是由于这位年幼的作曲家自身在理性上的缺失。因此,在批评家、宫廷史官、哲学家的认识当中,莫扎特并不是为数众多的儿童演奏家中最新或最突出的一个,而是一位语言文学领域的神童——一位"少年博学者"(puer doctus)。能证明莫扎特的天赋的证据,即他的作品,得到了出版发行,这使得这些人的观点获得了现场观众的评价所无法匹敌的权威性和持久性。与这位儿童作曲家的接触由此在空间和时间上得到了延伸,培养了认知性阅读的概念,也改变了衡量儿童的理性能力的方式。他曾成为皇家法庭一个案例中的证据,后来又被推翻,这个过程中莫扎特被拿来代表所有儿童潜在的理性能力。这件事例的意义怎样描述都不为过:紧随着莫扎特的成功,关于儿童自主性、审美和道德判断力的核心假设,以及音乐作为理性艺术的地位,都得到了重新评估,也给王朝统治下的所有儿童和家庭带来实质性的影响。

　　第二章考察莫扎特在奥地利启蒙运动时期国家出资的儿童福利和教育改革中所起的作用。在这场改革中,莫扎特是一个"童星代言人"。他十二岁时就以特邀作曲家和指挥的身份,参与了刚刚纳入哈布斯堡管理之下维也纳的"孤儿院"(Waisenhaus)的新教堂的祝圣典礼。这所"孤儿院"以音乐与军事训练合二为一的管理著称,所以莫扎特的参与代表了一种重塑奥地利孤儿院形象的巨大努力,要将孤儿院从私营的工厂工人培训机构转变为以培养哈布斯堡理想臣民为目标的公共慈善机构。若干年后,莫扎特为维也纳的"聋哑学校"(Taubstemmeninstitut)名下的一份期刊,以及布拉格"师范学校"(Normalschule)出版的曲集创作了几首歌曲。在这两个案例中,音乐既作为"职业教育"(Industrial-Unterricht)的一个分支,又作为玛丽娅·特蕾莎和约瑟夫的改革政策的推进工具,并借莫扎特和他的作品得到了推广。这种双重公关功能,标志着一个角色转变的时期,莫扎特从一个写音乐的孩子转变为重大政治事件的代言人,从一种实力和稳定性的理想体,转变为一种服务和进步的理想体。

莫扎特的第一部歌剧《阿波罗与雅辛托斯》(Apollo et Hyacinthus, K.38,1767年),是萨尔茨堡本笃会大学青年学生表演的"学院戏剧"(Schuldramen)悠久传统的一部分。然而,当《阿波罗与雅辛托斯》首演的时候,正进行着一场围绕"学院戏剧"的宣传册大战,争论胶着的问题是年轻人是否对戏剧中的道德暗示敏感。与此同时,"儿童戏班"(Kindertruppen)——一种居无定所的职业儿童演出团体——正在哈布斯堡的领土上走街串巷,表演着各种专业水准的但通常内容猥琐的来自成人戏剧、歌剧、芭蕾和哑剧的段子。莫扎特1779年未完成的歌唱剧《扎伊德》(Zaide,K.344/336b),就以早年一部"儿童戏班"的歌唱剧(Singspiel)《苏丹王宫》(Das Serail)为基础,而从创作时间和参与人员来看,莫扎特承担这项创作甚至有可能是为了维也纳"戏剧培训学校"(Theatralpflanzschule),一个为国家歌唱剧院培养幼儿的机构。在第三章中,笔者将揭示莫扎特与这一体裁及这些机构的接触并为之创作作品,是如何牵涉到一场更宏观的关于戏剧娱乐功能与道德教化功能的相容性争论的。儿童参与演出的现象是让提倡改革的教育者们特别头疼的事,因为天真和自然越来越被视作儿童的基本特质,同时这些特质被认为更容易遭到消费文化等外来威胁的破坏。"学院戏剧"及其音乐包容了丑角表演和通俗剧目(Volksstück),而"儿童戏班"在努力寻求文化程度和道德水准更高的剧目,两者都需要应对戏剧行业中性与商业之间的尴尬关系。

本书的前三章主要聚焦于政策以及童年的公开体验,后三章则转向儿童与成年人的家庭内部纠葛。第四章调研了音乐对于德语中一种有意识地区别于其他类型的儿童读物的诞生所起的作用。随着哲人改革家取代神职人员成为德语世界教育体系的规划者,教育者们探索出了新的推广教育和娱乐的方法,第一次开发出了一批与读者年龄相适应的期刊、杂文集和文选。这些读物中除说教性的故事、谈话录和戏剧之外,还有儿童歌曲(Kinderlieder),这些儿童歌曲也具备了艺术歌曲更为普遍认同的优点,其中包括通俗易懂和"高尚的质朴"。这些歌曲通常把游戏活动看作工作的一种,也就是在劳动中预演成年人的性别身份。莫扎特创作的儿童歌曲中有较广泛商业性传播的作品如下:1768 年的《用于娱乐和教学的新文集》(Neue Sammlung zum Vergnügung und Unterricht)中的两首(K. 52 和 53)和 1791 年的《给儿童和爱儿童者的歌谣集》(Liedersammlung für Kinder und Kinderfreunde)中的三首(K. 596‐98),其中的文本都来源于莫扎特自己手边的儿童读物。莫扎特的儿童歌曲表现了游戏中纪律性的一面,但是偶尔,启蒙运动的功利性的"修养"(Bildung)会让位于一种更淘气的或更世俗的儿童的声音。我们也会发现一种真正的"儿童音调"(Kinderton)的表现手法影响了我们熟悉的"民间音调"(Volkston)的概念。

第五章从声乐转向器乐,集中了莫扎特那些演绎了家庭生活的器乐作品:献给兄弟姐妹并供他们演奏(包括莫扎特和他姐姐)的四手联弹作品,两部特定的父母和孩子委约的协奏曲:为三台键盘而作的协奏曲(k. 242,1776 年)和长笛竖琴协奏曲(k. 299,1778 年)。笔者将这些作品解读为家庭肖像的一种形式——就像提升了中产阶级家庭关系档次的肖像、小说、情感剧、儿童文学之类——同时也是家庭成员相处的一种写照。这些音乐作品表现了妥协、轮换和自主,但需要题献对象、演奏者、聆听者各自参与辨识,并要求用新的和睦家庭的理念去解读其象征意义。因此,室内乐仪式化了那种新近受到推崇的父母子女、兄弟姐妹之间亲密关系,这也是人们一向认为莫扎特一家所代表的。

第六章解释了莫扎特是怎么变成"适合儿童"的。在他生命的最后几年和去世之后若干年,他被很多人描述为一个专写些艰深、造作作品的古怪的作曲家。而另一种对莫扎特的接受,则强调他作品中那些优雅的、明亮的、单纯的品质,这个版本的莫扎特也主导着今天对他的普遍的接受。关于大众心目中"适宜儿童的莫扎特"的形象是如何产生的,在一些他去世后最初几十年内向青少年介绍他的出版物中能找到线索:面向青少年读者的传记和生平简介,面向青少年的冒名莫扎特作品(包括一个小步舞曲骰子游戏,一首字母歌,和一首摇篮曲),最后,还有莫扎特早期作曲草稿的首次出版。这些出版物扫除了人们眼中莫扎特的古怪,使他变得更容易亲近。它们也使得列奥波德最初出版莫扎特的"作品1-4号"时开启的工程得以完成:将年幼与不朽融为一体。当一首冒名的摇篮曲因为"莫扎特式"的品质被纳入莫扎特作品时,这种循环论证的逻辑确认了之前三十年中建立起来的东西:天真、随性和令人愉悦就是"莫扎特式"风格的基础。最后,笔者探究了"莫扎特式"这个词的"品牌重塑",从艰深难懂到令人舒适——笔者认为,这个语义上的转变可以概括莫扎特留给现代儿童的遗产。

　　要纠正音乐在童年研究和启蒙运动研究中的从属地位,还有很多工作要做。要与那种把启蒙运动中的童年问题视作"赶潮流的""生造的""想象出来的"(引自近期的三部儿童研究作品)[16] 之类的看法斗争,社会史也是至关重要的。虽然本人的研究仍立足于书面证据,和来自官方或非官方立场的叙述,但笔者认为莫扎特与儿童和童年的关联就体现在受到媒介作用这一点上,这种媒介作用在一种互利但通常不可预测的形式下实现:可能表现为一部为一对父女而作的协奏曲,一部由八岁男孩写的奏鸣曲,一套音乐骰子游戏,或者供孤儿院教堂落成仪式使用的弥撒音乐,等等。以音乐为主导,本书更主要的目标是推进一种对童年史的新的认识,要将其视作一种动态的,有过生命的,"演绎出来的"体验,而不应该(按照大多数人的理解)单纯将其视作一种理论、一种设想,甚至一种幻想。换句话说,对童年史产生媒介作用的不只是文本和物件,还有实际行动。

　　　　　　　　　　神童的写影:莫扎特与对童年的认识

第一章　从出版物看早慧现象

　　从识字积木到婴儿襁褓，从"寓健全的头脑于健全的体魄"到"我们对童年一无所知"，对很多人来说，约翰·洛克的《教育漫话》（1693年）和让·雅克·卢梭的《爱弥儿》（1762年）代表了启蒙运动对儿童进行重估的全部内容。这些叙述发端于洛克，是他最先在自然理性和游戏有益成长的理论基础上开发了一种以儿童为中心的个体化教育体系，并建立了一套儿童权利理论。[1]七十年后，卢梭对洛克的思想作了扩充，对儿童与生俱来的品行进行了赋值。[2]通过一套他精心设计的"消极教育"系统，卢梭认为，父母和教育者可以缓解甚至避免由不健全的、压迫性的社会体系导致的人的堕落。[3]

　　尽管两人有很多分歧，但洛克和卢梭同样坚信知识来源于经验，坚信充满爱意的守护是教育的基本出发点，坚信教育是整个社会改革的基石。他们还同样持有一种新的看法，认为儿童是有思维、有感觉的存在，拥有合理的需求和见解。尽管如此，他们所提出的抚育儿童的观念总体上依然是一种自上而下的方法，把儿童基本上当作学习的被动受益者——无论是所谓"一张白纸"，还是洛克的体系中所谓的"空柜子"，或是卢梭所谓一种特殊的"高尚的野蛮人"。[4]他们的家长作风的本质也体现在他们所选择的推行他们的理论的方式上：面向父母和教师的长篇大论。[5]洛克和卢梭的共同点，同时也是他们的作品的宗旨，就是将儿童明确为接受者。

　　在本章中，笔者采用了另一种看待启蒙运动时期童年问题的观念,借用玛拉·古芭对黄金时代的文学中的儿童角色的描述,将儿童视作"有技巧的搭档"而不是"只会学舌的鹦鹉"。[6] 这将推翻或至少是弱化自上而下的思维方式,让成年人开始与直接面对儿童,将儿童视作读者、消费者、演出者甚至创作者——视作是自我塑造过程中的共同参与者。能实现这种重新定位的最重要的人物,笔者认为,就是莫扎特。而且他对启蒙运动时期儿童观念的影响主要不是来自他音乐家的身份,莫扎特作为一个公开发表作品的作曲家的地位产生了更显著、更持久的作用。

"作品 1 - 4 号"(1764—1766 年),为键盘和小提琴作的带伴奏的奏鸣曲,这部莫扎特的父亲在全家人第一次欧洲巡演,也就是他们第一次为人所知的时候就出版、销售的作品,在奥托·埃里克·德意许编著的《实录》及其各种附录中已经有了充分的说明,而这个故事也是莫扎特传记的必备桥段。[7] 但这几部奏鸣曲一般只被当作莫扎特的惊人才华的证据,而未被深入探究其更深远的历史意义。对于各式各样关于莫扎特的历史叙述而言,有些太过耳熟能详的东西反而有让专家和非专业人士都受到蒙蔽的风险,其中最显眼的一点莫过于他的早慧。莫扎特在青春期之前就已经取得的令人瞩目的成就实在太广为人知,导致我们把这些成就视作理所当然,并开始将他的童年看作是一种他独有的类型。但是,把他当作一件反常事物来对待,其实是将他的影响力最小化了。

通过对这件证据的再考察,同时旁及一些不太为人所知的材料,笔者尝试恢复莫扎特在十八世纪晚期关于儿童和儿童问题的争论中的核心地位。就像古芭所写到的维多利亚时代的儿童文学中的角色,职业化的儿童莫扎特是一个"文化适应度很高的""完全社会化的主体"。[8] 重新评估他最早的出版作品的早期接受过程,并且将他置于常拿来和他比较的与他同样早慧的儿童之中,笔者发现,随着莫扎特的成功,统治者、教育学家、知识阶层不得不调整他们对儿童的假设。这些假设中有一条非常重要的,就是人具备理性能力的年龄下限。这条年龄线曾一度被降低,后又被提高——两次都是以莫扎特为标准——这不仅在书面文化中引起了反响,也造成了政策变化而影响到了哈布斯堡王朝统治下的儿童。

"理性"这个词以及它语义上的近邻——知识、才智、能力、技能、才华、天赋——在早期对"作品1-4号"的接受过程中一再出现。但是这些词汇在1760年代是什么样的含义呢?有些人认为有理性思维能力的儿童只是验证了洛克和卢梭的那种认为知识来源于经验的启蒙时期的信念,儿童获得理性思维能力(即根据信息做选择、认知真理等)的递增过程可以通过刻意安排的多接触这样的思维方式来得到加速。但是,笔者希望阐明的是,也有很多人觉得莫扎特的幼年作品显示了儿童具备独立的、创造性思维的能力,而且能够创造出值得成年人认真赏析的艺术或知识成果。这两种看法是有实质性区别的,儿童能够汲取知识或将理性思维的原理内在化,并不足以说明他们能更自主地使用自身智力和想象力。换句话说,洛克和卢梭将童年大致定义为一个理性不充分(或者说不受理性拘束)的时期——按历史学家安东尼·克虏伯的表述:"一个贴着'未完成'标签的年龄段"——然而莫扎特代表了一种标为"已就绪"的童年。[9]

将儿童视作"已就绪"的观点通过出版物的媒介作用进入人们的认知,但并不是通过《爱弥儿》那一类的出版物——不是通过专门论述,而是通过流行音乐这种受众面更广,而且是为家庭内部演出而作的作品。莫扎特本人是一个孩子,呈现出早慧的特质,而他的音乐作品让消费者能再度感受这种早慧。但这种早慧是不可以从浪漫主义的立场回过头去解读的,虽然很多研究神童时期的莫扎特的学者就是这么做的。彼得·基维、梅纳德·所罗门、格洛丽亚·弗莱厄蒂、彼得·佩希奇等评论家,都倾向于遵奉十九世纪那种"不朽的儿童"或"半神"的莫扎特构建,将莫扎特早年那种对非常传统的风格的熟稔误解为一种极其伟大的独创或是带有神性的"经验不足"。[10]
如果研读一下较早的在莫扎特儿童作曲家时期的资料,分析一下他在1760年代刚出名时的一些社会反响之后,我们看到的是一幅不同的画面。十九世纪,甚至许多二十世纪的评论家都将莫扎特的天赋归结为缺乏理性但有创造力,而与他同时代的尝试解释莫扎特的人则倾向于认为他在非常小的时候就已经不合常理地具备了成熟的理性。

为了找到这个把莫扎特视作会思考、有理性的儿童的观念的根源,笔者首先重估了"作品1-4号"在文化上的传播。跟所有的印刷发行的音乐作品一样,它们是商品。[11]但作为音乐作品,它们引发了一种持续的、近距离的、可重复的对作曲家的认知,意味着一种与一般流通的图像、图书、期刊不同的阅读概念。[12]作为文本,它们的功能是使作品被接受、被保存、被流传后世。想象它们的演出这个"行动"则会产生一系列不同的意义,虽然这种感觉并不持久,但会带来对那个年幼作者的同情感以及对儿童的理性力量的认同感。[13]莫扎特对于启蒙运动时期儿童研究的重要性,并不在于他是一个反常的特例,而是在于他是一个范例——这一点常常因为莫扎特关联物总被视作仅仅是传记性质的证据而被人们忽略。

与洛克和卢梭不同,莫扎特并没有主动去尝试改变启蒙运动时期对儿童理性能力的观念。他的影响也不是永久性的。然而,他的早慧引发的社会反响,反映在了自上而下的教育学、哲学和政策的理论之中,这些理论直到今天依然构成了关于童年的历史叙述的主题。本章接下来要讨论的皇家法庭案例中,莫扎特成了一场关于儿童的理性能力的辩论中的"示例A",这个案例不仅对天才儿童,也对成千上万"平均水平"的儿童具有真正的重要性。正是基于这个原因,有必要对他的早期职业生涯进行重估,从历史的范畴之内,到因他的早慧而引发争议的领域。

成为有理性思维能力的儿童

"请您想象一下,当人们从题名页上看到作曲者是一个七岁的孩子,那将是何等轰动。"列奥波德·莫扎特在1764年写给他的好友和房东洛伦茨·哈格瑙尔的妻子的一封信中这样说,他这里指的是沃尔夫冈的可选小提琴伴奏的键盘奏鸣曲,作品1号(K.6-7)和作品2号(K.8-9),他正准备在巴黎将其出版发行。[14] 这些作品虽然作于沃尔夫冈七岁的时候,但正式出版时他已经八岁了。这样一个并无恶意但(对于莫扎特一家)十分有利的小偏差,开启了将莫扎特年龄向下修正一两岁的模式,这后来成了神童宣传的一个常用手法。[15]

不到一年之后,沃尔夫冈和他的姐姐南妮尔开始了他们的第一次欧洲巡游,两个孩子公开的音乐会和宫廷献演虽然为他们赢得了巨大的声誉,但儿童演奏家并不是什么新鲜事物。[16] 从十七世纪开始,早慧的乐手就是欧洲各地宫廷里常见的点缀,到了十八世纪中叶,出色的儿童乐手和歌手已经是伦敦、巴黎、阿姆斯特丹等大城市音乐生活中必备的组成部分。不过话说回来,儿童作曲家,毕竟是稀罕的。神童们有时会表演(或声称表演)他们自己的音乐作品,但将作品出版这种事是几乎从未有过的。正式出版的音乐作品中有个别作曲家在二十岁以下的案例,或是没有提及作曲家的年龄,或是事后宣称是幼年作品。[17] 例如,安德烈亚·斯特凡诺·菲奥雷曾将他的《礼拜交响曲》(*Sinfonie da chiesa*,摩德纳,1699年)描述为:"我幼儿时期(infanzia)最后的怒吼,也是我少年时期(puerizia)最初的表达,那年我刚满十三岁。"[18]

"幼儿时期"和"少年时期"那种对童年的两阶段划分可以追溯到遥远的古代,到了十八世纪中叶依然在使用。查尔斯·伯尼1771年

图 1.1 题名页：莫扎特，《键盘奏鸣曲⋯⋯首部作品》(K. 6－7，巴黎，1764年)。奥地利国家图书馆提供，排架号 **SA. 86. C. 12/1.**

的观点即来源于此，他认为莫扎特"数年前在伦敦以他过早成熟的、近乎超自然的才华震惊了我们，那时他才刚刚渡过幼儿阶段。"[19] 但是，每一阶段的定义和期限却是有一定弹性的。我们熟悉的青少年生理上的阶段节点——乳牙掉落和发育开始——在不同的时代有不同的解释，甚至同时代的不同作者也有不同的说法。[20] 大多数作者似乎都赞同，儿童至少在七岁之前都没有能力进行理性的思考，尤其是道德性的思考。这就是为什么从近代社会早期开始，七岁基本上是承担（有限的）刑事责任的年龄下限，也是天主教礼仪中可以第一次领受圣体的年龄。刑法和宗教法都遵循了古罗马人的观念，假定不满七岁的儿童不能分辨对与错，将他们与精神失常者一起归入"无犯罪能力"(doli incapax)一类。[21] 这也解释了"幼儿时期"(infantia)这个词的两重

神童的写影：莫扎特与对童年的认识

含义,既表示人生的头一个阶段,又是"不能言语"或"缺乏辩才"的意思。[22] 在列奥波德所拥有的 1741 年版《德语-拉丁语词典》中,将"infans"解释为还不会说话的儿童,"puer"解释为不满十岁的男童或女童。[23] "少年时期"这个词自早期近代社会以来,一直被理解为包含了幼儿期的在发育期之前的"无知"或"无力"(infirmitas)的年龄段。[24] 刑事法也遵循这一假定,通常会给予七岁至十二岁或十四岁之间的对象以一定程度的宽大处理。[25] 在莫扎特的时代,这两条承担刑事责任的年龄线在哈布斯堡王朝也是通行的,玛丽娅·特蕾莎在 1768 年的《特蕾莎刑法典》(Constitutio Criminalis Theresiana)中也采用了这一标准。[26]

洛克和卢梭在这个观点上是一致的,就是青春期之前的儿童充其量只具备有限的理性能力,而对于儿童智力能力的早熟,应当以谨慎的,甚至是怀疑的态度对待。卢梭曾提出警示:

> 大自然要求儿童在长大成人之前就只是儿童。如果我们破坏这一自然法则,我们将收获早熟但是没有熟透、淡而无味而且容易腐烂的果子……我绝不相信十岁的孩子能拥有判断力,就像我绝不相信他能有五英尺高一样。实际上,在这个年纪,理性对他有什么意义? ……
>
> 人类生命中最危险的阶段就是出生至十二岁之间。这一时期谬误与恶习已经开始在人身上萌发,而人还没有习得消灭它们的方法。[27]

尽管卢梭经常将自己置于洛克的对立面,但他这个"烂果子"的想法,很大程度上脱胎于洛克对儿童成长的一种机体论的比喻。洛克是这样说的:

> 没有人会把一个三岁或七岁的孩子当作大人,去与之争辩……有

些人在很小的时候就表现出一种老练,但发生这种情况都遵循一条准则,就是极少会同时伴有强健的身体,也极少会成熟为有强大判断力的头脑……人能够理性思考是令人愉快的,但儿童随声附和并非如此。[28]

大家可以想得到,当洛克和卢梭使用"理性""理性思考""判断"这类词汇的时候,他们表达的意思是不一样的。洛克对理性的概念依然主要带有道德的、宗教的意义,而卢梭则将其定义为开明的"自爱",[29]他们认定的具备理性能力和实施蓄意的恶行的最低年龄也不同,洛克是七岁,卢梭是十二岁。[30] 然而,他们都认为突破这一年龄线是危险的。

两位教育学者都对儿童的早慧持谨慎态度,而他们对音乐作为少儿学习科目的价值更表示怀疑。洛克不屑地表示,音乐"浪费了年轻人太多时间,只从中获得了一项平平无奇的技能,而且还通常需要一些奇怪的附加,这在很多人看来没有必要。"卢梭则将其与"网球、槌球、台球、射箭(以及足球)"一起归入"技能练习"一类。[31] 基于他对音乐理论的自然主义态度,卢梭曾草拟了一个基础的音乐入门课程,着重讲解了简单的旋律创作,但又中途放弃了,表示"音乐不用学到这个程度。想教的话可以教,但要记得,这终究只是玩乐而已。"[32] 后来音乐在书中再次出现仅仅是为了完善爱弥儿的爱慕对象苏菲的形象,并且作为两人相爱的契机。音乐对于年轻人的价值只是一种娱乐或运动的方式,一种让头脑休息的活动,而年轻人从事音乐创作——或其他艺术性的创造活动,比如写作或绘画——这种情况似乎从未在洛克或卢梭的脑海中出现过。

到 1763 年,当莫扎特一家开始踏上欧洲巡游的旅程时,在全欧洲读者的眼中,洛克仍然是儿童抚育方面的重要的权威,而《爱弥儿》则刚刚出版,并开始赢得重视。[33] 在这时候,如果说一个七岁的孩子能创

神童的写影:莫扎特与对童年的认识

作出值得以出版的形式留存的有格调的音乐作品——也就是值得成年人演奏的音乐作品，因为当时还没有专门为儿童而作的音乐作品——这种事情在大多数人眼里充其量只是一个特例。在这样的背景下，列奥波德对"作品1-4号"的成功一定有十足的把握。毫无疑问，他为了确保这个结果费了不少力气：我们知道，他仔细地指导和修订了这部沃尔夫冈作为作曲家的第一件成果。但是这部作品如果真的能够赢得关注，反而会在这过程中拉低该风格的格调，导致高雅的音乐在评论界眼中变得一文不值。一般认为优秀的作曲家需要经过多年的学习和训练。而一个七岁的孩子最多也就学了四年左右，如果这事情有这么简单，那还叫什么艺术？

结果，"作品1-4号"引发的"轰动"超过了列奥波德的预期。接触过这些奏鸣曲的批评家，即便不是狂热地宣扬，也只能不情愿地承认，他们完全赞同现场观众描述的这个男孩在演奏和即兴表演上的才华——同时他们也以他们的方式带来了一种轰动效应。贝达·休伯纳神父在他的日记中写道："那男孩是一个合格的作曲家，在巴黎的那段时间，他亲自写出了如此美丽、如此精妙、如此宝贵的音乐……现在不只是整个巴黎王室，所有人都为之动容，而且还会更多，因为这些作品很快就已在巴黎出版。"[34] 一位汉堡的评论家则满怀疑惑地表示："谁能想象，借助一篇老练的献词，一个七岁的孩子就可以公开发表作品？"[35]

在多疑的、厌倦新鲜事物的伦敦，一些批评家显然只能假定莫扎特是由一位成年人伪装的，才能解释得通他的才华。在一封寄给《大众广告报》的署名"Recto Rectior"的信中（这封信很可能出自列奥波德本人或经他授意），指出那些诋毁莫扎特的人：

> 断言这不是儿童的表演——不是八岁的儿童，而是一个成人——一个因天然的缺陷而身材小于常人的成人，在粗心的观者面前掩

盖了他实际大得多的年龄。他们还说他已经十五岁，或二十岁，或三十岁，就看那些反对者觉得他该有多大了。[36]

列奥波德的"反对者"或许真的存在，或许只是为了吸引眼球而捏造出的。不管怎样，"Recto Rectior"宣称列奥波德已经准备了"充分的孩子的出生证明"来应付任何有怀疑的人。"作品1–4号"的出版发行使莫扎特的年龄对观者的刺激被延伸了，这些音乐作品既被认为是莫扎特才华的"证据"，也催生了提供关于莫扎特的年龄的进一步（书面）证据的必要性。[37]

伊利亚斯·赫里索希季斯在他对这封信的探讨中指出，在早期对莫扎特的接受中，对他的年龄的精确鉴定一直是一个焦点，直到戴恩斯·巴林顿向英国皇家学会提交的报告《关于一位令人瞩目的年轻音乐家的介绍》，原样复制了萨尔茨堡大主教提供的莫扎特出生日期甚至时间的证明，才为争议画上了句号。[38] 当然，只有当记录年龄成为一种标准操作的时候，年龄才会成为关注的焦点。同样道理，承担刑事责任的最低年龄，正如一些历史学家指出，也是在出生登记普及之后才开始出现一些确定的标准。[39] 整个社会越来越关注对人的成长阶段进行准确界定，这一观念也越来越普及，其中莫扎特既是受益者，也是推动者。

从一开始，理性就是争论的内容，也是质疑莫扎特年龄的原因。1765年居住在伦敦的波希米亚小提琴家安东·卡梅尔曾描述莫扎特能"像专业演奏家一样演奏乐器，像天使一样作曲，还能视奏极难的作品，因此他具备四十到五十岁的人才有的理性。"[40] 查尔斯·伯尼也呼应了这样的反映，他写道，八岁的莫扎特的"创造力、品味、转调技巧、和即兴处理的能力，是少数几位四十岁以上的教授才具备的"。[41] 这些叙述中有一种明显的不妥帖的感觉，措辞上存在一种"年龄错位"，若放在十九世纪，应该会以更隐晦含蓄的方式来表述。[42] 但是在十八世纪,像莫扎特这样费解的人物,已经不止是一种反常现象,而是一种挑战:若不能将他调整纳入已有的知识体系,就必须建立一套全新的解释。

推销儿童作曲家:"作品1-4号"的修辞

"作品1-4号"被标注为"钢琴奏鸣曲,演奏时可加小提琴伴奏"(作品3号是小提琴或横笛)。带伴奏的奏鸣曲当时在巴黎风行一时,莫扎特学习过同一体裁的其他作品。[43] 尽管这类作品很受欢迎,但是用带伴奏的奏鸣曲来作为莫扎特的首秀还是很奇怪的:时髦是无疑的,但不见得很上档次。不过列奥波德的商业眼光是敏锐的,正是这种带伴奏的奏鸣曲的流行性、通俗性和配器的灵活性,说明了他很懂怎样培养公众,正如他很懂怎样培养他的贵族资助者。

除了作为演奏参考的基本功能之外,"作品1-4号"还是一种名人的纪念物、周边产品——就像传记、肖像以及其他书面媒介一样——用以树立艺术家公开的人格面貌。[44] 从巴黎和伦敦的媒体上的广告可以很容易地发现,莫扎特的第一个作品编号都被等同于其他类型的纪念品。在巴黎,与乐谱一起销售的,是一幅让·巴蒂斯特·德拉福斯根据路易·卡蒙特勒绘制的莫扎特一家的肖像制作的版画(见导言,图0.1)。《法国水星报》的广告中说:"获取乐谱并同时获得小作者[petit auteur]的肖像,请向上述地址垂询。"[45] 在伦敦,作品1号和2号甚至简单粗暴到可以当作通货使用,公众持有它们就可以免票观赏莫扎特一家的演出。[46]

像德拉福斯的版画这样的大幅面宣传品在各种人类和珍稀动物的巡演宣传活动中早已是一种常见的手段,从"野人"和连体双胞胎,到大象和犀牛。[47] 这一类宣传品有三重作用:观赏前的广告,观赏时的配套和观赏后的纪念品。[48] 但莫扎特一家似乎是最早出于交叉营销的目的，在巡演中销售音乐神童的肖像并同时销售神童原创音乐作品的人。[49]

肖像和乐谱本来是应该被视作一个整体的，德拉福斯的版画看起来至少应该是部分展示了那几部奏鸣曲中的某一首实际演奏的场面。但是仔细看一眼这幅肖像，我们会发现，列奥波德，这位《论小提琴演奏的基本原理》(*Versuch einer gründlichen Violinschule*，奥格斯堡，1756年)的作者，很随意地承担着可有可无的小提琴声部，双腿交叉，小提琴懒散倾斜着，因为他将主角位置让给了他的儿子。羽管键琴琴身锐利的线条带领观者的视线穿过画面中央，迫使人注意到列奥波德穿着白色长筒袜的那双小腿的重量感与沃尔夫冈那双小得夸张的、远远地悬在铺砖的地面之上的双脚之间的对比。[50] 全家最小的成员担任了最大最主要的乐器的场景初看有些滑稽，却强调了沃尔夫冈就是这部作品的作曲者这个事实。在画面中，沃尔夫冈变成了相当于列奥波德的地位，与肖像画匹配的奏鸣曲的"父亲"。这样的画面似乎引导了成年消费者们直接接触，甚至仰视这位"小作者"。如果把这幅像挂在客厅墙上或与其他画像装订成画册，每天都能看到的话，这种角色错位就逐渐被正常化了。

笔者以上的诠释还没有说明南妮尔在画像中的意义：这些带伴奏的奏鸣曲当然是没有声乐部分的，所以她在画面背景中的存在是捎带的。但是南妮尔的存在始终显得格格不入，她的键盘演奏能力受到肯定，但在作曲方面没有什么前途，所以她在画面中的歌手形象似乎是为避免对两个孩子在同一件乐器上进行比较而做的设计。版画的文字说明也强化了这种粗率但不得不作的区分，将南妮尔称为"演奏家"而沃尔夫冈是"作品的作曲者，音乐大师"。很多现场观者的描述也复述了这一区别：沃尔夫冈是"一位音乐家"(ein Tonkünstler)，南妮尔是"他的姐姐"(seine Schwester)；或者像汉堡某杂志所说，南妮尔"比她弟弟演奏得更优美更流畅，但这男孩在精妙性和原创性上更胜一筹。"[51]

从某种程度上说，对列奥波德而言，没有比南妮尔更适合衬托沃尔夫冈的人了。在传统的专业音乐演奏家的领域她盖过了弟弟的风头，但同时突出了他身上前所未有的特质，就像这幅画突出了他们身材的差异一样。她的女性化成就凸显出了他的男性化驾驭能力，她和父亲就像两条平行引导线将目光引向那个缩小的画面中心。因此，这幅版画或许应该解读为一幅经过精心设计的理想化的肖像画，而不是单纯定格了某特定时间的一幅快照——一个不经意的家庭场景经过精心编排的再现，反映了一个表面和谐的家庭单元背后赖以支撑的以创作和才华为基础的等级关系。[52]

正如肖像定格了孩子们的年龄，"作品1-4号"也保障了沃尔夫冈童年的作曲家形象即使在他早过了儿童的阶段之后也被完好地保存。在伦敦，列奥波德交给大英博物馆几份已出版的奏鸣曲的副本，包括一份德拉福斯的版画，一份原创作品的手稿——英语经文歌《上帝是我们的庇护者》（K. 20，1765年）。这是大英博物馆的"受赠书籍"中记录最早的活页乐谱。[53] 将音乐作品和博物馆里的动物标本、球体，以及各种古代的、罕见的物件保存在一起，确保了莫扎特的幼年作品成为一条永久性的公共记录，成为一件代表"天造的神童"的圣物被后世纪念。[54] 下文中我们还会看到，"七岁的男孩"这个代称将莫扎特锁定在了他最有朝气、同时也最令人惊异的时期。

出版物不仅意味着保存、纪念、传世，它们还有一层意义，就是确立了年幼的莫扎特的著作权的真实性，也证实了亲眼目睹过莫扎特才华的人们的种种溢美之词。有许多关于人们设计出各种夸张的"考试"来测试莫扎特的作曲能力的故事，考试方式都是将他隔离起来直到完成作曲。"作品1-4号"并不是在这样的环境下完成的，但它们起到了同样的作用，使得不计其数的潜在评判者，可以像查尔斯·伯尼那样"通过作品，对（莫扎特）作曲方面的丰富知识表示叹服"。[55] 甚至作品中的瑕疵也被愉快地当作沃尔夫冈的著作权的证明。在准备出版作品2号的过程中，列奥波德纠正了第二部奏鸣曲(K.9)的第一首小步舞曲中的若干处平行五度。这是初学者常犯的错误。但是尽管列奥波德煞费苦心，最终付印之时依然有一些错误的五度未被修正。这个出版商的疏忽，反而让列奥波德有几分满意，因为正如他所说："这证明了我们家的小沃尔夫冈是自己作曲的。我知道不是每个人都相信这一点，这或许也很自然。"[56] 这些错误在之后的重印中终究会被纠正，而一开始的出错对列奥波德来说是一种上天的眷顾，仿佛盖上了鉴定为真的印章。

"作品1-4号"还不仅仅是谈资、纪念品或历史丰碑。作为乐谱，它们是有生命的文献，应当——正如詹姆斯·戴维斯在谈到另一件音乐纪念品时指出过——在"拥有者物理上的私密空间里"被重新赋予活力。[57] 一位巴黎、伦敦或阿姆斯特丹的中上阶层人士可能会购置一份乐谱，作为在私人场合或公开演出时观赏莫扎特一家表演的留念，或是用来向熟人展示自己与时尚的最前端并驾齐驱。但是设想另外一种情形，即购买者，或是他或她的一位家庭成员，坐在键盘前弹奏一遍莫扎特的作品，将德拉福斯的版画所表现的"私人"的音乐活动以公众想象中的方式再现出来，这体现了出版物与受众的另一种交互方式。演奏或重现一位儿童作曲家的作品，也就是让另一个儿童通过双手或头脑去和那个孩子的创作对话，这样的过程意味着什么呢？如果由成年人来做又意味着什么呢？

我们可以以作品4号的最后一部奏鸣曲(K.31/2)的最后一个乐章"主题与变奏"为例来思考一下。沃尔夫冈的一项特长就是能够对一个给定的主题进行反复的变奏。即兴表演是他早年在公开或私人场合为人表演时几乎每场必备的节目，也是对那些音乐会的描述中经常提到的。正如很多评论家所指出的，主题与变奏的组合比其他任何形式都更能为短暂的现场演出留下一些东西，我们也可以认为这种形式能让演奏者更近距离地认识作曲者天马行空的创造力,去体验(即便是间接的)才华横溢的即兴演出者的角色。[58] 因此,弹奏一组沃尔夫冈写的变奏,相当于通过乐谱这种确定的媒介,在一定程度上重建一种感受,感受到的不只是听见那个男孩在即兴弹奏这组变奏,而且直接代入了那个正在即兴弹奏的男孩的角色。

当时的音乐论著大多都要求演奏者与所演奏作品的作曲者保持一致。列奥波德本人1756年那篇关于小提琴的论文在他全家进行欧洲巡演时依然享有盛名,其中有这样的说法:"在练习中要尽一切努力来理解并表现出**作曲者想要表达的感情**。"[59]列奥波德的这个表述和C.P.E.巴赫几乎一模一样,后者在1753年的《论键盘乐器演奏的真正艺术》中指出,在演奏一部作品时,音乐家"必须切实体会到作曲家在写这部作品时的情感"。[60] 如果依据这个理论去演奏作品4号的主题与变奏乐章,那就要求演奏者与一个自身在模仿成人的孩子保持一致。除了对名人的致敬之外,这种共情式的演奏理念是否还会带来一些别的什么? 是否会使已被认可的关于儿童的成长、儿童的创造力、儿童与成人的关系的观念受到巨大的冲击呢?[61] 苏珊·斯图尔特曾写到过与纪念品或博物馆藏品的肢体接触所产生的强烈情感作用,她发现触碰"是一种临界行为",会同时激发动作主体和对象的身体上的变化。[62] 通过触碰,拥有或演奏莫扎特的"作品1-4号"的人将与那个展现出成人的成熟智力的男孩发生未曾有过的(也是可无限重复的)物理上的近距离接触。由此获得的亲近感是所有对莫扎特的书面描述无法给予的,因为它来源于肢体感觉而不是视觉。

关于天生的英才的探讨

"作品1-4号"的副文本清楚地显示,列奥波德和他的圈子认识到了对一个创造力早成的儿童的认同的重要性,以及由此必然引发的关于天才儿童的问题。在作品1号的献词中,沃尔夫冈——通过他的影子写手,他们家的资助者弗里德里希·梅尔希奥·冯·格林——宣称"大自然造就我为乐手,正如她造就了夜莺"。[63] 将乐手比作夜莺是大家很熟悉的,许多读者能看出这个说法出自奥古斯丁,他在《论音乐》(*De Musica*,387-391年)那段有名的论述中,用夜莺代表天然的音乐,对立于人为的音乐。[64] 奥古斯丁认定,夜莺不能认知宇宙的原理,甚至不能认知自身歌曲原理,它们发出美妙的声音只是偶然的,因为"没有思维能力的动物不能使用理性,因此,它们不能掌握一门艺术"。[65] 那么,读到作品1号的献词的读者们,是不是就会将莫扎特视作一只夜莺,仅仅是模仿或沉溺于美妙的声音,而没有能力理解自己在做什么?或者这只是献词和序言中常见的"故作谦逊"的一例?[66] 这份献词同时还反映了这一时期对天才的概念的模糊,这也解释了为什么在"作品1-4号"的接受过程中经常会看到互相矛盾的表述。

论及天才的本体,一种方向是"天生的英才"的理论,这种理论可以追溯到培根、艾迪生和波普,但是到了1750年代才有了突出的影响力。[67] 爱德华·杨①在他1759年的《关于原创写作的推想》中认为,灵感可能先于或胜于"学者制定的规则"。[68] 杨甚至区分了"幼年期的"和"成熟期的"天才,前者需要一定方法去教育和培养,而后者从"大自然的手中喷涌而出,就像帕拉斯从朱庇特脑袋里蹦出来,一出生就是长大的,成熟的。"[69] 杨的《推想》在1760年被翻译成了德语,此时他的很多结论在之前已经由戈特霍尔德·埃夫莱姆·莱辛提出过。莱辛在1752年写道,一个拥有出众的精神的人"不需要规则指导就能变得伟大",这样的人是"自己的学校和书本。"[70] 到1770年代,通过像约翰·格奥尔格·祖尔策的《艺术总论》(*Allgemeine Theorie der Schönen Künste*,

---

① 译者注:爱德华·杨(Edward Young,1683—1765),英国诗人。

1771—1774 年)一类的作品,"天生的英才"在德国人的圈子里已经是平常的概念。祖尔策认可了莱辛和杨的论断,认为那些"能创造自己的艺术的人"是"(天生)被赋予了完成此工作所需的一切条件"。[71]

当莫扎特一家于 1764 年抵达时,"天生的英才"概念在英格兰很流行,而精明的列奥波德理所当然地将其运用为营销工具。作品 3 号的献词,出版于一家人在伦敦的时候,而这次很可能是列奥波德暗中代笔。沃尔夫冈在这里使用了一段与他自己的缪斯之间充满想象力的对话,他向那位"任性"的音乐精灵(Génie)说道:"当王后陛下[作品 3 号的题献对象夏洛特王后]屈尊来听我演奏,我将臣服于你,让我的技艺出神入化。"[72] 这些充满感性色彩的词汇——"臣服""出神入化"——支撑了献词中提到过的观点,即使在奏鸣曲这样低档次的音乐体裁中,天赋也能发挥作用。但是这里与作品 1 号的献词截然不同的修辞风格是值得注意的,没有什么夜莺或对题献对象的直接陈述,而是一段巧妙的、自谦的对话,而将题献对象置于旁观者的位置。尽管时不时恭维一下王后,献词中的"莫扎特"没有将这部奏鸣曲中值得称道的地方归功于王后,也没有归功于他生物学的父亲,而是归功于另一位父亲("mon père"):"音乐精灵",并称他的孩子们就像"不列颠的人民一样自由"。[73] 从巴黎到伦敦的这个口气转变,看得出在尽力讨好他的目标观众这件事情上,列奥波德是何等精通。

另有一种同样强大而持久的思想潮流则反对将天才视作自然产生的、与生俱来的、不借助外力的。[74] 很多人始终认为艺术离不开学习、训练、和"技巧",这里用的是这个词比较早期的含义——音乐尤其如此,因为它既是一个精神的艺术的学科,同时也是物理的机械的。[75] 以约翰·约阿希姆·匡兹 1752 年的关于长笛演奏的论文为例,这篇

文章记录了"天生的英才"的概念越来越大的影响力,但对于将其应用到音乐创作中则不以为然:

> 如果不需要科学知识(Wissenschaft),只要纯粹天性(das pure Naturell)就够了,那为什么经验丰富的作曲家的作品比那些未经训练、凭本能作曲的作者的作品更有冲击力,更为广泛传播,并且更能长久流行? 又为什么优秀的作曲家的定稿作品总是比最初的草稿有许多改进? 这应归功于纯粹的天然的能力,还是能力与知识的结合? 天然的能力是与生俱来的,而知识是通过好的指导和勤奋的学习得来的,两者对于一个优秀的作曲家不可或缺。[76]

在孜孜不倦的指导下,将学习得来的知识有效转化,或者说将天赋进行强化,这是早期对莫扎特的接受中占主导地位的看法。这一点或许令人感到惊讶,鉴于之后的时代更倾向于将莫扎特浪漫化,将他视作一位神秘莫测的、天然形成的、甚至未受任何训练的天才。[77] 在1766年的《文学通信》(Correspondance littéraire)中,格林列出了这个十岁男孩已经在作曲方面取得成就的全部音乐体裁,得出结论:"最难解的就是和声学的深奥的[科学]知识及其中暗藏的玄机,而他对此已掌握到了极致。"[78] 同年,约翰·亚当·希勒在他的莱比锡音乐杂志的一期中向莫扎特家的孩子们致意,认为"这些早慧的演奏家们也为他们的父亲增添了荣誉,因为他们能得到如此成就完全是由于他的指导"。[79] 换言之,格林和希勒在沃尔夫冈的作品中听到的,不是野性的、未经训练的、奇特的创造力,不是"纯粹天性",而是精致的驾驭力,惊人的娴熟度,是"科学知识"。

"少年博学者"莫扎特

在那个时代,作曲和演奏得到的评价差别很大(虽然两者的训练经常是密不可分的),莫扎特对作曲技能的迅速掌握不能通过与其他儿童演奏家的比较得到解释,他的音乐作品的出版就更不用说了。从1730年代开始,德语的作曲家传记写作越来越强调早期表现出的音乐才能,像泰勒曼和亨德尔就是最著名的例子,但是像莫扎特这样,在这么小的年龄就以"小作者"的身份出现在市场上仍然是几乎没有先例的。[80]

然而,在十八世纪的出版史上,早已有过另一类"小作者",即学术上的神童,又称"少年博学者"(puer doctus)。[81] 这些儿童相当于圣人传记中所谓的"puer senex"(字面意思就是年少的老人)在人文领域的对应,是在语言学、文字学和数学领域极早取得成就而为人们所称道的年少学者。在对莫扎特的接受过程中,有两位同样生于1721年的"少年博学者"的名字不止一次被提到,吕贝克的克里斯蒂安·海因里希·海内肯,死于四岁,施瓦巴赫与哈勒的让·菲利普·巴拉捷,享年十九岁。(图1.2)

正如约翰内斯·特劳德斯和英格丽德·博德施所指出的,海内肯和巴拉捷在整个十八世纪都十分出名。[82] 他们和他们归属的儿童学者的传统,构成了当时很多评论的重要背景,例如希勒1766年一篇关于莫扎特家的孩子的文章的开头:"在科学领域,有早慧的学者[Gelehrte],被合理地视作大自然的奇迹。音乐领域也同样拥有早慧的学者或演奏家[Gelehrten, oder Virtuosen],对他们应该用音乐专业的术语来称呼。"[83] 希勒的"应该用……来称呼"这个说法所明显呈现出的术语上的挫折感,表明他更愿意用学术味道更浓的"学者"这个词来描述

图 1.2 （a）克里斯蒂安·弗里施·冯·舍奈赫，插图，《克里斯蒂安·海因里希·海内肯……精彩事迹》*Merkwürdiges Ehren-Gedächtnis von ... Christian Henrich Heineken*（汉堡，1726 年）。德累斯顿 SLUB 提供，http://digital. slub-dresden. de/id346366224/7.（b）约翰·格奥尔格·沃尔夫冈，据安托万·佩内的绘画制作，"米涅尔瓦陪伴下的巴拉捷"（巴黎，1735 年）。由史密森尼学会图书馆提供，图像编号 SIL‐SIL14‐B2‐01.

莫扎特的成就,在这背后,是对音乐行业始终无法摆脱工匠身份的一种积压已久的不快。"演奏家"这个词显然是不足以定义莫扎特的。

从法哲学家胡果·格劳秀斯到数学家戈特弗里德·威廉·莱布尼茨,在整个西方历史上,文学或科学领域的神童发表作品是屡见不鲜的。[84] 有一部收录了89位神童、足足515页的书叫作《凭研究或著述出名的儿童》(*Des enfans devenus célèbre par leur etudes ou par leur ecrits*),这部书1688年出版于巴黎,就在洛克的《教育漫谈》问世之前五年。[85] 此书作者、传记作家和图书馆长阿德里安·巴耶称《儿童》这部书源于他和由他照管的法国总检察长的十二岁的儿子一起玩的教学游戏"猜作者"。但巴耶的主要目的是向有疑虑的读者们证明:"儿童并非只会玩耍和放羊。"[86] 自中世纪以来,人们普遍害怕儿童智力上表现出早慧或激励这种早慧是儿童早夭的先兆。[87] 在《儿童》的序言中,巴耶提出完全可以让儿童学习哲学、数学、法学、神学这类有分量的学科而不会损害其健康。[88] 在序言的最后,巴耶给出了这样慷慨激昂的陈述:"在过去每一个世纪都发生过的事情,在我们这个世纪绝不是不可能发生,也绝不会是仅仅停留在历史上的事件。"[89] 巴耶在这里挑战的不只是总检察长的儿子,而是所有读他的书的孩子,希望他们能在有学识儿童的神坛上占有一席之地。[90]

海内肯和巴拉捷,这两位在对莫扎特的早期接受中被拿来与他做比较的两位学术神童,在使用德语的地区最为著名,而且两人的成就都被研究者认为超越了巴耶的《儿童》中所有的案例。[91] 没有证据证明列奥波德本人认识海内肯或巴拉捷,但他认识巴拉捷的传记作者之一,萨米埃尔·福尔梅(百科全书派学者和柏林科学院秘书),两人相识是通过他们共同的朋友:诗人与哲学家克里斯蒂安·菲克特戈特·盖勒特。[92] 所以,莫扎特一家也很有可能听说过海内肯和巴拉捷。毕竟他们的名气持续的时间超过了莫扎特整个人生的长度,在伊曼努尔·康德 1798 年的《实用人类学》中，还同时提到两人，用以提示注意天生的英才的局限性。康德再次使用了那个被洛克和卢梭用过的"成熟中的果子"的比喻：

> 提前成熟的天才儿童（ingenium praecox），比如吕贝克的海内肯，或哈勒的巴拉捷，那样昙花一现般的存在，都是背离了大自然的规则，在自然史中难得一见的。他们提前的成熟固然令人羡慕，但同时也是那些促成此事的人懊悔不已的原因。[93]

康德对两位神童的谨慎态度是向巴耶曾与之斗争的迷信观念的倒退。但不管怎样，这段话表明了海内肯和巴拉捷在全盛期过去七十年之后依然被人们熟知。

两人中较小的那个，海内肯——人称"吕贝克的神童"——似乎是除基督教的圣子之外第一个被人用"神童"（Wunderkind）这个词来称呼的人。[94] 海内肯死得太早，还没来得及发表任何作品，但他因三岁就能阅读拉丁文的《新约》与《旧约》，并且掌握了地理学和系谱学知识而知名，他甚至通过了由丹麦国王亲自主持的考试。格奥尔格·菲利普·泰勒曼也认识海内肯，后来还为他动笔写过两首挽歌（其中一首见图 1.2a）。[95] 将近四十年之后，在已知的最早的一首为莫扎特而作的诗歌，1762 年的《致来自萨尔茨堡的六岁键盘弹奏者》中，海内肯再次被提及。这首直接致敬莫扎特的诗，在结尾处也发出了大家熟悉的对于早夭的担忧：

> 只盼你的躯体承受得起你灵魂的强大，
> 不会像那吕贝克的孩子一样，过早埋身黄土。[96]

在 1762 年将莫扎特比作海内肯是特别恰当的，因为此时他还没有公开发表过任何作品，还只有实际接触过的人可以证实他出众的天资。

与海内肯不同，另一位出生于 1721 年的神童巴拉捷———一位语言和文字学大师———在相对短暂的一生中出版了大量的著述，开始于十三岁。戴恩斯·巴林顿在他 1769 年提交给英国皇家学会的关于莫扎特的报告中就拿巴拉捷做了比较。在描述了他对莫扎特进行的一些作曲测试，并注释了莫扎特的作品 3 号奏鸣曲之后，巴林顿写道：

> 关于莫扎特在近乎幼儿之低龄即已具备的天赋，已有上文所述之证据，继而将其与业已经过证实的同类案例做一比较，应无不妥之处。此类案例中，让·巴拉捷尤为与众不同，据传此人年仅四岁即能解拉丁文，六岁通希伯来文，九岁时已习得另三门语言。[97]

仅仅用三个段落讨论了巴拉捷之后，巴林顿转向一个音乐领域的案例：亨德尔。巴林顿指出：亨德尔"据说在九岁时就已为教堂仪式作曲，另有阿尔梅里亚的歌剧，作于不满十四岁之时"。[98] 实际情况是，《阿尔米拉》（Almira）首演于 1705 年，当时亨德尔已经二十岁，而他现存最早的教会音乐没有早于 1707 年的。巴拉捷在出版方面的试水要早得多，显然他是与莫扎特更相像的一个先例。[99]

巴林顿在这篇文章中使用的"证据"这个词，也需要拿来与对巴拉捷这样的"少年博学者"的接受进行比较。巴拉捷的第一部作品：一册 247 页的中世纪的希伯来语《本杰明行纪》的翻译和注释，曾有一篇书评这样写道："在本刊中我们已经见过他学识的证据……而我们所介绍的这本书里有更多种类更大数量的（进一步的证据）。"[100] 对于海内肯和巴拉捷，以及后来的莫扎特，他们自己的作品，公开发表的亲历者的描述，还有传记，这些资料的可靠性都是互相印证的。再举一个例子，前文提到的希勒的 1766 年的文章，称莫扎特"在作曲方面非常内行，在巴黎就有六部他的键盘奏鸣曲得以印行。"[101] 出版作品这件事本身就是莫扎特的天赋的证据。

巴林顿自己可能是受另一位学者的启发才将莫扎特与巴拉捷做比较的，那就是医师萨米埃尔-奥古斯特·蒂索。1766年，蒂索在瑞士的期刊《阿里斯蒂德》(*Aristide ou le citoyen*)上发表了一封信，把莫扎特与像奥维德或莫里哀那样"天生"的天才做了比较，以此来解释他的天分，并推测神童们有共通的神经特征。[102] 同年，蒂索在担任洛桑大学医科教授的就职讲座中做了同一主题的报告[以《论学者的健康》(*De la santé des gens de lettres*)为题发表于1768年]，选择的案例就包括了巴拉捷。[103] 蒂索认为精神和身体的成长基本上是一个零和游戏，在儿童成长中加速其中一方将削弱另一方，这个想法可谓是在启蒙时代复兴了神童早夭的旧迷信思想。根据之前的作品发表情况，莫扎特躲过了这种厄运是因为他的工作还不足以累垮他，也是因为他获得了一定的平衡和自由，而不像其他神童们通常处于温室环境。蒂索最后希望："那些孩子身上表现出卓越才华的父亲们，应当仿效莫扎德先生（原文如此），绝不逼迫他的儿子，而是小心翼翼地调节他的火候，避免他成为才华的牺牲品。"[104] 文章总体谈论列奥波德和谈论沃尔夫冈一样多，看起来蒂索的主张是将莫扎特一家视为模范家庭。[105]

在《阿里斯蒂德》刊载了蒂索关于莫扎特的文章的同一年，又有一位学者提出了一种同样有普遍性的对莫扎特的评论。法国驻日内瓦大使皮埃尔-米歇尔·埃南写道：

> 小莫扎特的才华让我想起了我见过的一位全心全力绘画的法国年轻人。如果事情这样发展下去，人就可以在达到有理性的年龄之前成为画家或音乐家。这样一来，我们原本感到难以置信的东西会变得十分普遍，而使我们的赞美显得荒谬。[106]

这里，与莫扎特作比较的不是音乐家，而是一位视觉艺术家，他们的创作——就像海内肯和巴拉捷一样——不像音乐演出是暂时性的。不仅如此，埃南相信莫扎特不只是一个特例的儿童，而是预示了一个属于特例儿童的时代。这代表了对中世纪和近代早期对"年少的老人"的形象认知的180度转变，迈克尔·威特摩尔认为，原本对这一形象的解读总是"以违背常理为基调"，将其解释为反证了常理的特例。威特摩尔还指出："这些早慧的圣徒受人仰慕的原因正在于，他们身上没有一般认为儿童身上应有的沉迷和非理性的特征。"[107] 然而与儿童圣徒不同，莫扎特、海内肯这样的启蒙时期世俗的"神童"，在人们眼中是可仿效的，是楷模而不是奇迹。

　　至少在一层意义上，埃南的预言比他自己以为的还要更准确。在整个十八世纪，将学术上的神童不假思索地视为自然产生的怪物的情况越来越少，虽然"神童"一词本义就是怪物般的反常的存在。[①] 相反，他们被视作仿效的对象，关于他们的培养方法的冗长、详细的说明，在整个十八世纪中被反反复复出版。一位牧师和教育改革家甚至在1735年发表了一种"洛克-巴拉捷式教学法"（Methodus Lockio-Barateriana）。这套以游戏为基础的教学方法向年龄低至四岁的儿童传授外语和精密的逻辑思维，因为作者认为（也是对巴耶的回应），年幼的儿童运用"判断力"（judicium）的能力远超过一般承认的程度。[108]

修订理性的年龄线

　　关于青少年的"判断力"的概念或许是莫扎特对整个王国的儿童产生了最直接的影响的方面。事情的背景是一件哈布斯堡的司法案

---

① 译者注：这里指英语 prodigy 的拉丁语词源 prodigium，有"怪物，妖祥"的意思。

例,涉及犹太儿童可以不经过父母许可就接受天主教洗礼的年龄限制问题。这个事件,以及莫扎特早期接受中涉及海内肯和巴拉捷的资料,都在德意许编纂的 1961 年的莫扎特文献汇编中提到过。但是德意许记录这个事件的方式极其简略,未能凸显出其重要性。德意许的记录摘录如下:

1765 年 1 月 19 日维也纳宫廷高等法院提案
(关于犹太儿童可以受洗的年龄下限)

……就在最近这一年,某些生于萨尔茨堡的儿童,在不满七岁的年龄被带领游历世界各国,他们通晓音律,甚至可以作曲,足见其具备"自主判断力"(iudicium discretivum)。[109]

德意许引用了三段文字,其中包括一段附录称"玛丽娅·特蕾莎于 1765 年 2 月 15 日裁定犹太儿童年龄不满七周岁不可以受洗。"

德意许记叙的这个事件显然反映了莫扎特的名气之大。高等法院遮遮掩掩地回避男孩的名字反而更彰显了他的知名度(玛丽娅·特蕾莎本人在 1762 年就认识了莫扎特,他当时在宫廷的演出深受好评)。"七岁的"这个称呼已经成了对莫扎特的认识的一部分,几乎成了一种绰号,很大程度上要归功于作品 1 号的题名页。[110]"通晓音律,甚至可以作曲"这句话则再次证实了莫扎特的天才主要是通过作曲得到证明的。高等法院本来可以用皇室的肯定来描述莫扎特。但是,他们却选择了"世界各国"的巡演和他的作曲。也就是说,裁定他的理性能力的,并不是他的女皇陛下,而是国际上的公众,玛丽娅·特蕾莎的贴身法律顾问们已经明白了要利用这一点。[111]

然而,这个事件中最值得注意的,是莫扎特被拿来派了什么用处。关于人到多大年龄才可以被认定为已经成熟到可以选择皈依天主教的辩论,显示了这条年龄线是成人的一个重要标志——其重要性或许不亚于最低和完全刑事责任能力、性同意和婚姻自主的年龄下限。童年问题与宗教身份的交织对于哈布斯堡王朝是一个重大问题,因为在这个国家,天主教身份在政治上和哲学上都是自我意识的基础。[112] 在玛丽娅·特蕾莎对强行洗礼的裁决以及后来约瑟夫二世对其的修正中,莫扎特都被当作一个核心的例证,用来辩论发育期之前的儿童是否有参与资格、有生产能力,最重要的是,是否有理性。

要明白这个事件的重要性,我们需要在德意许简略的描述之上再进一步,重新发掘宫廷高等法院的意见的背景。事情的发端是两起绑架犹太儿童并进行强行洗礼的案件,这在天主教统治下的欧洲是司空见惯的事。一件发生于 1756 年,犯人是摩拉维亚的一位保姆,第二件发生在 1763 年,犯人是布拉格一位育婴的母亲的室友。两件案子都一路上诉到了玛丽娅·特蕾莎面前。玛丽娅·特蕾莎为这两件案子咨询了宗教法庭(Papal Consistorium),宗教法庭裁定两次洗礼都是非法的,但是,是有效的,因为推翻已完成的洗礼是亵渎圣事。因此,宗教法庭裁定,两个孩子不能交还他们的父母,而是由绑架者将他们交付的天主教孤儿院抚养。

除了童年问题之外,这些案子中还牵涉到许多因素:家庭权利和民法权利与"信仰优先权"(favor fidei,天主教中认为信仰高于一切其他法律的格言)的对峙,母亲的权利与父亲的权利的对峙,刑事司法体系中父母的权利,还有背后最重要的:宗教偏执和反犹太主义。但是说到这个"可自主的年龄"(anni discretionis)——字面意思就是能自主选择的年龄,或者说,能理性思维的年龄——宗教法庭是不认可的,这里就需要莫扎特出场了。

特伦特会议①没有明确界定达到"可自主的年龄"的具体标准。

---

① 译者注:1545—1563 年间罗马天主教会举行的会议,是天主教会内部变革的重大事件。

洗礼和首次领圣体的年龄,在理论和实践上都存在许多差异,通常就交给当事儿童的父母和告解神父去决定孩子什么时候能理解圣事的严肃性——一般是七岁或十二岁,但根据环境每个案例都会有所不同。[113] 然而在 1747 年,教皇本笃十四世规定了七岁以上的犹太儿童可以违抗父母的意愿"选择"接受洗礼。[114] 本笃明确提出七岁的儿童可以不经父母允许就接受洗礼,只要天主教权威机构认定其具备"充分的自主能力"(sufficientis discretionis)。[115]

高等法院在 1765 年的两个强迫洗礼的案子的意见中引用了本笃的教宗训令。玛丽娅·特蕾莎的"诏令"(Currenda)遵从了本笃将"可自主的年龄"定为七岁的旨意,然而这份"诏令"的下文(德意许省略的部分)竟然允许了更年幼的儿童不经父母同意接受天主教信仰:

> 对于年不满七岁但有意愿受洗的犹太儿童,由教会及世俗的权威机构予以鉴定,以准确衡量其是否拥有所需的理性之光[Licht der Vernunft]以承担此重大责任。[116]

看起来高等法院援引莫扎特的案例至少在一定程度上是为了让玛丽娅·特蕾莎相信,即使小于七岁的儿童也可以被认定"拥有所需的理性之光"以皈依天主。不管怎样,根据高等法院的意见,莫扎特具备了"自主判断力",而且他不是作为一个特例,而是作为一个范例被举出的。或者换一个说法:他的特异性被理解为显示了所有儿童的潜在的特异性。[117] 炮制这样一个结论背后的反犹立场已经很可耻了。但是莫扎特的案例还代表了另一种同样阴险的反犹太主义思维,大法官们将他创造力上的早慧,解读为证明了他在道德水平上也具备同样程度的早慧。[118]

启蒙运动晚期和初始浪漫主义时期,天才的形象总是与斗争和反抗相联系,在这一点上音乐的与宗教的判断得到了融合。早期的作曲

　　　　　　　　　神童的写影:莫扎特与对童年的认识

家传记，比如约翰·马特松的《登龙门的基础》(*Grundlage einer Ehrenpforte*，1740年)和梅因沃林的《亨德尔回忆录》(1760年)，以模式化的方法描绘执拗的、自学成才的儿童不顾家长的反对顽强不懈地学习音乐，这会造成对天才的诞生有一种必然性的错觉：因为儿童会天真地追求自己的兴趣，所以强烈的兴趣会自然发展。梅因沃林甚至将亨德尔比作数学家、发明家布莱士·帕斯卡，两者都是"坚持着自己的研究，不但得不到任何支持，而且也违背了父母的意志，然而他们克服了种种压力最终取得成功。"[119] 尽管这个论断与帕斯卡实际的早年生活不符，但梅因沃林将帕斯卡和亨德尔硬套在一起的这个方式，体现了传记写作格外推崇年幼的天才和对成年人的阻挠的坚决反抗。[120] 史蒂芬·罗斯认定这一类套路的使用其实是出于更宏大的目标，目的在于使音乐摆脱工匠形象，而支撑起音乐作为一种绅士的职业、一种真正的"博雅的艺术"的崇高性。[121] 对于玛丽娅·特蕾莎的高等法院而言，这使得他们可以给天主教本身披上一层富有远见卓识的外衣。那些违背家长意愿坚持受洗的孩子，就像违背家长意愿坚持音乐的孩子一样，并不是不服管教或者没教育好，而是有着超越年龄的智慧。

然而，这种自私自利的将创造力和宗教自主权混为一谈的说法结果是短命的。玛丽娅·特蕾莎的裁决在1782年被约瑟夫二世推翻，就在母亲去世，他独立掌权之后不到两年。花时间了解一下这次翻案的前因后果是有价值的，因为莫扎特再一次被提到了（不过这个后续事件在德意许的《实录》及后来的附录中也都没有收录）。因此，这不仅仅是一份对莫扎特的接受史而言非常重要却一直以来被忽视了的文献，它也代表了奥地利儿童制度史上的一个转折点，在这里，宗教归属不再与道德判断绑定，对儿童而言，宗教选择成为道德上中立，并且是无权参与的。

约瑟夫和他的母亲在整个1770年代都在激烈地争辩宗教包容的问题，等到他以皇帝和摄政王的身份接管了权力，他便迅速地推翻了他母亲的政策。[122] 1781 年 10 月，他发布了《宗教宽容许可》，授予了新教徒和希腊东正教徒宗教自由。次年一月，约瑟夫又发布了《宗教宽容法令》，将宗教自由延伸至犹太人，增加了一部分权利但同时也以同化的名义缩减了一部分。[123] 就在两个月之后，新的宫廷高等法院发布了一个"决议"（Votum），推翻了 1765 年玛丽娅·特雷莎关于犹太儿童不正当洗礼的"诏令"。作为犹太教合法化的逻辑结果，他们宣称选择一种宗教信仰需要的不只是分辨对错的能力。令人意想不到的是，他们建议将"可自主的年龄"重设为十八岁，辩称即使十四岁——承担完全刑事责任的年纪——也不足以具备成熟的头脑以做出这样的决定。[124]

高等法院提议这一变更的理由之一是"当今的教育"，因为其复杂性使得青少年"需要比平常更多的时间"来理解不同宗教的优点与缺点。[125] 大法官们引用了早先的法律文书，包括来自犹太家庭的对 1765 年裁决的质疑，以及防止已洗礼的犹太人改变主意而撤销洗礼的固执的祈求。但大法官们也重新考察了前任们曾使用的例证，莫扎特一家。他们写道："从萨尔茨堡被带到维也纳的那些孩子们，在此作为例证是不适宜的。"[126] 像先前一样，虽然他们一开始称"孩子们"，之后可以明显地看出，他们考虑的是沃尔夫冈这个"学者"，而不是南妮尔这个"演奏家"。这回大法官们发现沃尔夫冈作曲方面的天分不足以表明他具备足够的"自主判断力"：

> 在某项艺术上的天赋能力（Genie）偶尔会从人身上迸发，因此，例如在音乐上，有可能通过遵循一定的规则或仅仅依靠记忆力取得一些有深度的成果。但是，即便到了成熟的年龄且拥有了丰富的经验，这也只是一种娱乐，不含有细致的、深度的思维。如果让那些萨尔茨堡的孩子们来判断两件高水平的作品哪件更好，那个七岁的孩子也只会表现出不成熟的判断力（Urtheil），而选择皈依另一种宗教需要的必须是成熟的判断力。[127]

　　　　　　　　　　　　　　神童的写影：莫扎特与对童年的认识

当两种宗教被认定为同样合法，那么个人在其中自由选择就不再具有危险性，而是需要一种更为细腻的洞察力。除了伦理道德之外，审美和品味也变得同样重要。审美判断和伦理判断的融合本身就是一个棘手的问题——一个需要康德以来的哲学家进一步解析的问题——单凭作曲才能，哪怕是天赋，也不可能确保审美判断和伦理判断的水平。

在 1780 年代的案例中，高等法院以十八岁为新年龄线的提议得到了约瑟夫的支持，但是直到 1789 年才有了明确的立法。[128] 不过，和他母亲一样，他也给自己留了条退路：他同意"任何年龄"的儿童未经父母许可皈依天主，前提是他们对天主教的认知完全是来自自学的。[129] 这与卢梭的消极教育的哲学有相通之处，教育者精心设计一个教育环境，让学生在其中自由探索和学习而尽可能减少干预，这也让人想起前文提到过的那些传记中，亨德尔和帕斯卡那样自学成才的儿童的浪漫故事。

约瑟夫保障儿童享有"幼稚的权利"连带影响到了对莫扎特的接受。为了延长青少年阶段的期限，新"决议"的作者们贬斥了对莫扎特的幼年天赋的本质的传统认知，将他的"自主判断力"重新解释为"仅仅"是遵循规则和依靠记忆。这可能也部分由于在 1782 年时的维也纳，一个全新的、成年的莫扎特开始为人们所熟悉。前一年莫扎特来到这座城市定居，而且显而易见的，以"前神童"的身份为众人所知。尽管他广受欢迎，但他毕竟是在饱受非议的情形下辞去了萨尔茨堡大主教下属的职位，并且背弃了他父亲留给他的职业资源和建议，这一年他刚满二十五岁（根据罗马法，这是一个人完全成熟的年龄）。[130]

不论高等法院给年轻的莫扎特拖后腿的动机是怎样的，非常清楚的是，能理性思维的儿童的讨论已经不再像之前那样具有煽动力。[131] 即便天生英才的理论依然盛行，儿童当中创造力的早慧现象在这时候，至少在一定环境下，被简单地解读为鹦鹉学舌，一种"执行"（executio）。

莫扎特就已经不再是"学者",而只能归入"演奏家"一类。就好像经过了这八年时间,作品1号的献词,当初似乎模棱两可的那个夜莺的比方,现在可以回过去确认,其意思就是少年莫扎特是奥古斯丁所谓"没有理性的动物"。

在1765年和1782年的事件中,莫扎特或许都只是棋盘上的一个小卒,但他成了关系到宗教自由的严肃的立法辩论的一部分,这次辩论的结果给哈布斯堡王朝统治下数以万计的犹太人或新教儿童和家庭带来了实质性的影响。[132] 奥地利法院所做的,远不只是将莫扎特的童年作品的潜在意义进行理论化,还直接将这种潜在意义运用到了实践当中。这让人想起十八世纪后期有些雄心勃勃的父母由于受误导,试图完全按照卢梭的《爱弥儿》来培养孩子,按茱莉亚·杜斯韦特的总结,这些失败透顶的实验"迫使想成为教育者的人反思他们对可完善性的理解"。[133] 依此类推,这种将想皈依天主教的人都当作潜在的莫扎特来对待的实验——以及来自犹太家庭的对这种反犹政策的法律上的质疑——迫使法院反思达到"有理性的年龄"意味着什么。最后,正如莫扎特发表的音乐作品从一开始就被当作他的天赋的证据,他自己最终也变成了一件证物:一开始用来支持七岁儿童具备理性,后来又用来反对这个结论。不过争论依然立足于儿童是否有作为思维主体的自主性,而不是将他们打回先前作为家庭的组成部分或父亲的延伸的地位,这一点已经可以看出对儿童独立性的探讨所取得的进展。

1782年的决定反映了当时通过立法提升"儿童"这一类别的年龄上限的一种潮流。玛丽娅·特蕾莎已经通过1774年的《通用学校规程》(*Allgemeine Schulordnung*)建立了六岁至十二岁儿童的义务教育体系,这个法规也落实了1773年教皇取缔耶稣会①之后国家对教育的

---

① 译者注:耶稣会是罗马天主教的修会之一,创立于1534年,1773年被教廷解散,1814年恢复。

接管。[134] 1787 年宫廷高等法院裁定工厂不得雇佣九岁以下的儿童，这使得儿童有机会从六岁开始至少接受三年全日制的教育。[135] 这不仅仅是奥地利历史上的第一个儿童劳动力法规，也是劳工保护方面有史以来的第一个法规，比英格兰的《学徒健康与品行法》早了十五年。最后，承担刑事责任的年龄下限也在 1787 年被约瑟夫从七岁提高到了十二岁。[136] 约瑟夫的法令将童年等同于其他缺乏自由意志的情形，比如暂时或永久性精神失常。将"无犯罪能力"的年限延长五年，这件事无比清楚地体现了童年的本体论的扩展。[137]

对两部重要的德语词典的比较显示，童年界限的认识差异和变化不仅体现在法律上，也体现在词典学上。在 1744 年，策德勒的《词汇大全》认定童年到七岁为止，而 1775 年阿德隆的《语法批判词典》将上限提高到了十岁。[138] 两部词典都出版于莱比锡，但是都在全欧洲的德语地区广泛流通，它们记录了童年这段受保护的人生阶段的延长。

莫扎特的后继者们

尽管儿童保护主义在发展，莫扎特之后的一代代作曲家们却面临着在越来越小的年龄进行演出和创作的逐渐增大的压力。我们先来看看莫扎特自己的圈子，他收过一个门徒，约翰·内波穆克·胡梅尔，在莫扎特身边学习生活了两年(1786—1788)，在十岁时就在莫扎特催促下进行了一次大范围的欧洲巡演。胡梅尔经常被拿来和莫扎特比较，莫扎特的亲儿子同样如此，弗朗茨·克萨维尔，六岁时就以键盘演奏家的身份首演(在 1797 年一次纪念他父亲的音乐会上)，十一岁时就发表了第一件作品。莫扎特之后有一段时期，神童们在幼儿时期发表作品成为一种惯例。伊丽莎白·韦克塞尔的《羽管键琴与钢琴演奏的三堂课》1775 年出版于伦敦，题名页上着重突出她"只有八岁"。[139]

查尔斯·伯尼——为了在自己的专业领域切实击败巴林顿——于1779年向英国皇家学会提交了一篇《一位幼儿音乐家的介绍》，详细描述了生于挪威的威廉·克罗奇的才能。这个孩子两岁时开始自学管风琴，三岁时在皇家小教堂演奏。伯尼兴冲冲地对这个孩子进行了巴林顿十年前对莫扎特作过的同样类型的"测试"，尽管小男孩的临场表现可圈可点，但犯的许多错误使得他不得不这样总结："他的即兴表演比起云雀或黑鸫的天然音符还是略为精致一些的"[140]——这不免让人想起莫扎特的作品3号的献词中夜莺的说法。小男孩的理性并不成熟已经十分明显了，但伯尼的这篇介绍依然通篇把"理性"这个词放在突出的位置上——尽管他也急于澄清，理性极少能在各个方面持续发展，每个孩子也各不相同。他还提到了巴耶的《儿童》，用以显示伯尼和巴耶在年龄和媒介的分类上的不同：

> 与他的作品名称不相称，（巴耶）讨论的不是儿童，而是青少年，他所称颂的奇才中最年轻的也已经七岁，在这个年纪上，我亲眼见过的就有好几个学音乐的学生，已经能够非常干净而准确地弹奏羽管键琴了。[141]

巴林顿也发表了好几篇音乐神童的研究，只不过研究的对象比起他们都憧憬的那位要更年轻，而可展示的能力也更含糊。[142] 他的神童之一，塞缪尔·韦斯利，介绍人威廉·博伊斯称之为"英格兰的莫扎特"，似乎还借鉴了莫扎特的剧本，"把小作者的肖像和奏鸣曲结合在一起"：

> 我能参考的只有一份（韦斯利的）作曲能力的公开出版的证据，一套羽管键琴的八课教程，问世于1777年（当时十一岁），那时候他在音乐界已享有相当的知名度，有一幅十分传神的肖像刻版印行。[143]

带着一种狂热，他甚至开始亲自提供这些"公开出版的证据"，在他关于韦斯利的报告中，他附加了一份由那个男孩作曲的一首"小民谣"的印本，这首歌曲"秋将至兮风萧瑟"诗意的歌词来自同样身为神童的儿童诗人托马斯·珀西。[144]

　　1778 年，巴林顿对神童的热衷落到第三个男孩身上。在他的关于威廉·克罗奇的报告中——比伯尼的报告晚发表两年——他誊抄了一份克罗奇的"即兴演奏，在现场演奏时记谱。我告诉那孩子这个应当作为克罗奇的作品正式发表"。[145]巴林顿应该也很清楚这个说法难以令人信服，毕竟克罗奇这个四小节的"作曲"怎么看都只是一个走样的转调练习，巴林顿自己也承认这一点。尽管如此，克罗奇的家人还是借机大肆宣扬，在他三到九岁之间几乎不间断地带着他巡演（1778—1784），把他的相貌通过出版物和海报对外宣传，刻意夸大他的与众不同。[146]他的名声也传到了德国媒体，《哥廷根袖珍年鉴，1780 年》（*Göttinger Taschen Calender vom Jahr 1780*）的附录中出现了一幅版画。[147]（图1.3）在这幅简直可以算是恶搞莫扎特家庭肖像的画像中，克罗奇以剪影的形式单独呈现，"三岁零七个月大"，还是穿着幼儿连体衣的年纪。他的小脚搁在一只垫脚凳上，让人想起德拉福斯的版画

图 1.3　霍洛维茨基[?]，格奥尔格·克里斯多弗·利希滕贝格，"威廉·克罗齐，音乐神童"的插图，《1780 年娱乐消遣手册》（哥廷根）。苏黎世 ETH 图书馆提供，排架号 Rar‑6528.

中缩短了的莫扎特的双腿，但身体却比现实更大，使得他面前的管风琴显得像个矮小的微缩模型。

在第六章中我们将看到，把作曲家的幼年作品的范围一再延伸直至他的青少年时代最终对莫扎特死后初期的神化产生了作用。出版于 1829 年的莫扎特第一部重要的传记，把从《南妮尔笔记》（*Nannerl Notenbuch*）中发现的莫扎特最早的草稿和习作全都复制了出来。它们比作品 1 号还要早几年，现在把这些作品当作莫扎特的 K. 1－5 意味着——尽管很难区分出其中沃尔夫冈和列奥波德的手笔——它们已经被接受为作曲家本人的作品，而这种接受方式恐怕连他父亲都没有预料到。

这些先例和证据对"新一代莫扎特们"是很不利的。自从他以正式发表作品的儿童作曲家的身份出现，学习中的作曲家们就失去了遮蔽，只能以未成熟的本来面貌进入大众视野。反过来说，如果他们表现出一些才华，他们就不只是被拿到宫廷或私人沙龙中展示，而是被放到公开的音乐会和出版物上，成为一个在巨大范围内受到彻底审查的对象，也就面临随之而来的全部风险。格林在他的《文学通信》中提到，弗朗索瓦-约瑟夫·达尔西斯的父母希望能"续写小莫扎特的篇章"，但是他十二岁左右发表的"令人遗憾"的作品显示，他"一丁点儿才华的影子都没有"。[148] 就连莫扎特自己也受够了早年媒体的批评：在《阿里斯蒂德》发表了关于莫扎特的文章几个月后，蒂索又发表了一封化名"Barbophylax"的来信，信中转述了"一位妄自尊大的年轻医生"的尖刻言论，他"居然大言不惭地向大家宣称，他只用了几页莫扎特的音乐，就治愈了一例任何药物都不见效的失眠症。"[149] Barbophylax 的愤慨语气一点也不能掩饰他，以及蒂索，在拿那位医生的玩笑话借题发挥（大家也都看得出来，Barbophylax，甚至那个医生，可能就是蒂索本人）。

即使儿童保护的政策已经开始出现，对名人的崇拜还是促使儿童作曲家们越来越早地站到聚光灯下。我们该如何协调这两个相反的方向？儿童史就充满了类似的悖论，尤其是在十九世纪：据维维安娜·泽利泽追溯，即使到了儿童劳动力已被视作禁忌的二十世纪初的美国，儿童对于家庭的情感价值依然变得越来越"货币化和商业化"。[150] 杰奎琳·罗斯写道，彼得·潘的形象代表了黄金时代的理念："天真不是童年的属性，而是成年人的渴望的一部分"，詹姆斯·金凯德用更有争议性的弗洛伊德式术语阐释为"有色情意味的含糊其词"。[151] "压迫性的保护主义"自相矛盾地一边将儿童幼儿化了，一边又为压榨他们创造了条件，剥夺了他们的社会功用，同时又保护了他们中的部分人不用参与劳动，这种现象的根源至少有部分可以追溯到莫扎特和他的"后裔"。[152]

在"新一代莫扎特"中最传奇的一位大概要数贝多芬了。他在十一岁时第一次发表作品，借鉴了很多"作品 1–4 号"的套路：他的两部作品题名页上都宣传了作曲者的年龄，"德雷斯勒变奏曲"（WoO 63，1782—1783 年，"作于十岁"[agè（原文如此）de dix ans]）和"选帝侯奏鸣曲"（WoO 47，1783 年，"作于十一岁"（alt elf Jahr））。在"选帝侯奏鸣曲"的献词中，贝多芬（或他的代笔人）甚至借用了莫扎特作品 3 号中与自己的缪斯之间的自夸式对话："年仅十一，我不禁思忖，我有何颜面忝列作者之林？才艺之士又将如何议论？我惶恐万分。但我的缪斯既有此意，我不得不下笔。"[153]

克里斯蒂安·戈特洛布·尼弗在 1783 年的《音乐杂志》中那篇大家熟悉的对贝多芬的介绍中提到德雷斯勒变奏曲，并断言贝多芬"只要沿着这条路走下去，一定会成为第二个沃尔夫冈·阿玛迪乌斯·莫扎特。"[154] 与此同时，与这位前辈的比较也长年困扰着贝多芬。1783 年到 1784 年间他为一份音乐周刊写了两首回旋曲和两首歌曲，《钢琴爱好者精选集》（Blumenlese für Klavierliebhaben）[及《续编》（Neue Blumenlese）]，该期刊在约翰·尼古劳斯·福克尔的 1784 年《音乐年鉴》中受到匿名的批评。这篇恶名昭著的评论将刊内所有的音乐作品，包括贝多芬的，贬斥为入门级别的水平。[155] 不过批评者（很可能是福克尔本人）的结论也延伸到了后莫扎特时代的神童狂热。他尖刻地指出："我们一定是掉回了神话时代"，因为：

> 那种在文明开化的时代只能算是音乐初学者的初步尝试的音乐作品，就像学校里七年级或八年级作的"隽语"（chreia，一种入门级的修辞练习）一样的东西，现在都被视作杰出的作曲，而十二岁的小男孩们都成了有史以来最伟大的钢琴演奏家，他们对音乐知识的了解和对复调的熟知都可以和最知名的教授比肩……许多有识之士已经有理由将惊叹和赞赏当作无知的标志。[156]

当贝多芬面临着莫扎特建立起来的高标准时，莫扎特本人已经被吸收进了启蒙运动时期关于儿童成长的奠基性文本《爱弥儿》，也就是本章开头提到的两部作品之一。在 1762 年的初版中，卢梭洋洋洒洒地罗列了一串出众的年轻表演者的名字，包括了杂技演员、尼科利尼的儿童戏班（将在第三章详细讨论），还有"那个巴黎人依然记得的十岁时在大键琴上演奏不可思议的乐曲的英格兰小女孩"。[157] 卢梭急于让读者相信，他所提倡的只是一种更先进的身体上的培养。在出版于卢梭死后的 1780 年版卢梭全集中，收录了此前十年中他自己的修订和添加，其中包括关于英格兰女孩的那句话的一处脚注。那句注释如下："在那之后，有一个七岁的男孩进行了更加令人吃惊的表演。"[158]

"七岁的男孩"显然是莫扎特，这一点得到了《爱弥儿》所有注释本的认可，却从未被莫扎特研究者注意到。这条脚注很可能来自卢梭本人，因为 1780 年版《爱弥儿》的修订是他负责的。就算这是某位编辑插补的文字，那么将莫扎特与肢体演出的神童们——儿童杂技演员、戏剧演员、小提琴演奏家——相提并论意义何在？从某种角度，这第一眼看起来像是一种转向，"学者""作曲家，音乐大师"，被降级为单纯的"演奏家"，为约瑟夫1782年推翻受洗裁定提供了先例。莫扎特作为一个发表作品的作曲家的出现而带来的窘境似乎被化解了。但脚注描述莫扎特的技艺比尼科利尼的剧团或英格兰女孩"更令人吃惊"。这种"更令人吃惊"是不是由于它代表了一种不只是身体上而且是精神上的早慧，鉴于卢梭对于精神层面的提前成熟是持怀疑态度的？卢梭（或者他身边的某位编辑）注意到了莫扎特，试图对他进行合理解释，并且为此在一部重要的教育学著作中加了一条脚注，这件事意味着童年莫扎特将在未来相当长的一段时间依旧主导着关于童年问题的讨论。

莫扎特作为一个发表过作品的少年作曲家的出现，成为启蒙运动晚期童年研究中许多互相矛盾的概念和议题的标志物。他的"作品1-4号"是纪念性的和证据性的。它们推动人们深入认知或至少是意识到儿童有创造能力、是会思考会创造的存在。而且在很多人眼中，与作为音乐演奏家的作品相比，它们更接近学术上的神童的学术作品。这一点很重要，因为它们是无可争议的出版作品，比即兴的创作或演出更持久地发挥作用。像巴拉捷的翻译一样，它们受到大量无名的消费群体的审查和批判，而不只是依赖于一时的演出和现场公众的评价。这种在时间和空间上延伸了的与儿童作曲家的接触，带来了确认儿童所拥有的理性、社会参与性以及最重要的能动性的新方式。"可自主的年龄"的待选项始终像钟摆一样来来回回，但出版物会继续传承，将莫扎特童年时代的声音完好地保存到他成年。[159]

莫扎特作为一个会思考会创造的儿童的出现而引发的问题在他

后来的人生中丝毫没有得到解决。以他为象征物的各种思想体系的范围也同样从未减小。无论如何，"作品1-4号"，和它们所铭刻的那种童年，在莫扎特的双脚早已踩实地面之后，依然是他本人和对他的接受过程中挥之不去的阴影。

第二章　音乐，慈善，与辛勤劳作的儿童

1768 年 8 月，列奥波德·莫扎特从维也纳给洛伦茨·哈格瑙尔写了一封信，详细探讨了当时许多奥地利人都在关心的话题：天花。

> 女皇陛下已将那位英格兰的接种师（简·英格豪斯）派驻迈德灵的一家儿童收容机构，就在申布伦附近。那里接收贫穷的孩子，每个孩子或他们的父母会在入住时得到一枚杜卡特①。已经有四十多人接种了疫苗，而且状况还不错……几乎所有的医师们都开始狂热地投入其中。很惊喜吗？这不过就是一种病，有那么一种治疗方法，不管有效与否，对医师们来说总是大有赚头。感谢上帝！我们的接种师才是最棒的！[1]

列奥波德这里说的"我们的接种师"其实就是正在肆虐的这种疾病本身。就在不到一年前，沃尔夫冈和南妮尔都得过天花，两个孩子都差点没命。但很多像列奥波德一样的父母，仍然觉得被随机感染的风险，还是小于主动去接种疫苗。接种的流程需要将有活性的人痘种到健康的人身上，引发（希望是）症状较轻的天花感染。这种方法在很多人眼中，正如列奥波德所指出的，不但是一种风险巨大的医学上的赌博，也是一种危险的、对上帝意志的蔑视。[2]

---

① 译者注：杜卡特（ducat），重约 3.5 克的高纯度金币，曾在古代欧洲流通直至一战。

在十八世纪的欧洲,儿童平均死亡率在百分之五十左右,天花正是诸多原因之一。[3] 整个十八世纪,欧洲每年都有四十万人死于天花,足足六分之一的儿童因此丧生。这种灾难性的疾病也给当时的皇室带来了切身之痛,[4] 所以当玛丽娅·特蕾莎听说了简·英格豪斯的疫苗接种工作在英格兰所取得的成功时,便将他请来为自己整个家族接种了疫苗。这件事不论从个人角度还是从政治角度,都有着异乎寻常的风险:疫苗接种的成功率并不稳定,并且遭到奥地利大多数医学专业人士的反对。但是,孩子们活下来了,这一把赌赢了。于是,玛丽娅·特蕾莎刻不容缓地启动了列奥波德所描述的这个试点项目。

标志着项目成功的庆祝活动,莫扎特一家无疑是知晓的,甚至可能参加了。据《维也纳日报》(*Wienerisches Diarum*)[①] 报道,1768 年 9 月,在美泉宫小教堂举行了一次特别感恩活动,还演唱了经文歌《感恩赞》。那天晚上,皇室将美泉宫花园的大门向全市敞开,灯火通明地举办庆祝活动,现场"形形色色的乐团用各自的乐器发出欢快的声响,将所有人心中的喜悦展现得淋漓尽致"。[5] 这一类音乐演出以及媒体的相关报道大大提升了该慈善项目的轰动效应,也促成了像列奥波德这样的持怀疑态度者所感受到的那种"狂热"。

在 1765 至 1790 年间新发起的儿童福利项目相关联的公开的典礼活动和媒体宣传中,沃尔夫冈是一个引人注目的参与者。在本章中,笔者将考察这类项目中的三个:"维也纳孤儿院"(Waisenhaus),"维也纳聋哑学校"(Taubstummeninstitut),"维也纳与布拉格师范学校"(Normalschulen)。这三个机构在建制和人员上有重合之处,同时也都是奥托·乌布利希所阐述的两条开明绝对主义[②]理念的范本:协

---

① 译者注:这份报纸 1780 年更名 *Wiener Zeitung*,均译为《维也纳日报》。

② 译者注:开明绝对主义 Enlightened Absolutism,又称开明专制,是十八世纪部分启蒙学者提倡的、自上而下对封建专制体制进行改良的思潮,实践这一理念的代表人物有普鲁士的腓特烈二世、奥地利的约瑟夫二世、俄国的叶卡捷琳娜二世等。

同努力以构建更人道、更有温情的社会,以及不断加强国家对家庭事务的干预。[6] 莫扎特与这些机构的关系表现为一种"名人背书担保",他的名气使得相关活动、媒体宣传以及这些项目本身的形象大大提升。前两个案例,主要致力于保障处于社会边缘的儿童——孤儿、弃儿、聋儿。第三个案例则有一个更为宏大的目标:全民教育,及其在协调王朝统治下各式各样的宗教的、民族的、地缘政治的从属之间的关系时起到的作用。通过在出版物中的传播,莫扎特的作品使得哈布斯堡对儿童福利项目的改革和集中化工作得到了推进。

对于莫扎特这样一个越来越依赖商业资助的音乐家来说,公益性的音乐会和媒体宣传是一种万无一失的赢得大众青睐的方法——给事业发展披上公益的外衣。列奥波德在伦敦时就认识到了这是一种机遇,当时少年莫扎特出席了为产科医院举行的公益音乐会,获得机会"表演了一幕戏,关于一位英格兰爱国者如何穷尽其力使这所为'惠及万民'而建立的医院发挥更大作用。您看吧,这是在这个相当独特的国家赢得人气的一种方法"。[7] 对于自谋生路的音乐家来说,出席慈善活动所带来的公关上的利益,并不亚于相关机构及其赞助人从中得到的。

在倡导儿童福利事业方面,莫扎特的影响并没有像第一章所提到的,对那场关于改换宗教信仰的法庭辩论的影响那么直接。他也绝不是唯一一位与哈布斯堡的儿童福利机构有关联的音乐家。但他肯定是其中已知的最有名的一位,他作为神童的地位(以及后来作为"曾经的神童"),使他在代言儿童福利项目时显得特别有吸引力。他的与众不同给了弱势儿童(孤儿与残疾儿)带来了提升,而他的多产又为所有受国家照顾的儿童的潜在的生产能力树立了榜样。通过为这三个机构创作的音乐作品,甚至单凭他的存在本身,莫扎特在他自己"辛勤劳作的童年"过去很久之后,依然担当着"辛勤劳作的儿童"的标杆。

儿童与哈布斯堡的慈善事业

当哈布斯堡王朝开始进入改革进程，儿童也是命运得到一定程度改善的众多弱势群体之一。从1765年玛丽娅·特蕾莎与约瑟夫联合执政开始，到1790年约瑟夫去世，王朝实行了多方协调的、持续的、多方位的措施以改善儿童生活，尤其是中等和低收入家庭的儿童。这些举措包括接种天花疫苗等卫生项目、改革弃婴医院和孤儿院、改善教师培训、教育标准化，以及推行义务小学教育。[8]

在救济和慈善盛行的启蒙时期的欧洲，主持儿童慈善事业的包括个人、地方和国家的力量，宗教和世俗的安排，组织形式从日常的、预防型的到干预型的都有。[9]慈善这个词在词源学上最广义的含义"爱人类"①，是德国启蒙运时期主流教育思想泛爱主义（将在第四章进一步讨论）的一块基石。[10]但是，至少在哈布斯堡王朝的实践中，教育和儿童福利的改革绝对不是出于慈善的目的。一份1771年的宣告建立"师范学校"的宣传册明确表示，对教育进行改善和标准化的目的在于将儿童培养成"善良的基督徒，有用的公民，对社会有贡献的成员"。[11]自从1765年约瑟夫开始逐渐掌握国内政策的决定权，这种重商主义的工作安排就被他置于优先的地位。[12]第一步——提升身体健全的臣民总数——影响到了降低婴幼儿死亡率的举措，如减少天花、杀婴、弃婴以及其他导致死亡的因素。这一点，约瑟夫在1765年的一份阐释了人口增长为首要任务的备忘录中讲到："臣民的最大数量决定了国家能从中获取的一切利益。"[13]第二步——改善臣民的经济生产力——推动了对教育和职业培训的改革。这种思想最早由菲利普·

---

① 译者注：这里原文是 philanthropy，可以分解为 phil（爱）anthropos（人类）。

威廉·冯·霍尼克①在他 1684 年的《奥地利富强论》中阐述,在这部书 1764 年的第十四版中提到:对国家而言,身体健全、辛勤劳作的人,是与自然资源一样可贵的财富。[14]

不需要多长远的眼光,就可以看出儿童是这些措施最有前景的目标。正如詹姆斯·范·霍恩·梅尔顿指出的,在很多人看来,国家资助的学校和儿童福利项目,是鼓励所有哈布斯堡臣民从事生产,并向他们灌输勤勉和顺从的观念的最佳方法。[15]儿童福利机构通过与商业、教会和军方的合作,作为幼儿劳动培训机构进行设计和推广,其侧重点就是我们今天称为"投资回报"的东西。儿童被送去参与各种工作,不管是坐在纺纱机前,还是印刷书报,或是参加军事操练,都不仅仅是给收容他们的机构创造直接的收益或增强机构的自给能力,同时还在潜移默化中将他们的人生与社会生产力挂钩。[16]

对于玛丽娅·特蕾莎和约瑟夫而言,儿童慈善事业也带来了诱人的公关机遇,成就了极权统治在启蒙运动时期理想的慈爱家长形象,同时显示出近代化的表象。"公关"这个词用在这里是时代错位的,因为这个说法到二十世纪才刚刚出现。然而,就像其他启蒙时期的封建君主一样,玛丽娅·特蕾莎和约瑟夫对控制民意非常敏感,也非常有兴趣。受到来自英国、法国和德国北部的政治著述的影响,哈布斯堡的开明绝对主义的支柱是将统治者视作慈爱的母亲或父亲,同时也视作这个国家和臣民的仆人。传递这类信息就构成了我们今天所说的公共关系的一种萌芽形式。[17]

休·坎宁安认为,慈善活动本身就可以是公关的一种形式:"同时在民间和国家层面,"他写道,"对于在变革的时代显得不那么稳固的政权,慈善活动为其存在的意义提供了或试图提供支持。"[18]对于哈布

---

① 译者注:菲利普·威廉·冯·霍尼克(Philipp Wilhelm von Hörnigk,1640—1714),官房学派代表人物。

斯堡王朝尤其如此,因为天主教影响到国家对儿童的所有政策,从征用耶稣会资产建儿童学校,到适应新教徒传来的德国北部的教育思潮。[19] 把儿童用作任何政府项目的公众形象是特别有效的,历来如此:因为儿童越来越被视作天真而脆弱的,同时代表了民族乃至整个人类的未来,他们的福利有着不容置疑的优先权。

让儿童参与演出是推广慈善活动的有效形式,这种策略可以追溯到拜占庭的孤儿唱诗班,当时将儿童用作帝国的强大和延续性的象征。[20] 但是在十八世纪后期的维也纳,音乐也可以作为皇室的进步、革新、服务的一种力量和推广工具。[21] 儿童福利项目中的音乐为哈布斯堡皇室提供了与臣民相处的新方式,为新时代的皇家和教会带来了新的面貌。

孤儿院

1768 年,十二岁的莫扎特作为特邀作曲家参与了维也纳"孤儿院"的新教堂的祝圣典礼,这个机构此时刚刚纳入哈布斯堡管辖之下并得到扩建。莫扎特指挥"孤儿院"的唱诗班和管弦乐队演奏了他为此次活动创作的作品,而且据《维也纳日报》报道,他还和唱诗班成员一起演唱了经文歌。从这件事被提及的频繁程度就可以看出莫扎特参与这次活动的重要性,不仅仅是自尼森以来的莫扎特传记,还有整个十九世纪对"孤儿院"的历史的介绍都不断提及此事。[22]

孤儿和弃儿的困境长期以来受到玛丽娅·特蕾莎的关注。她创办"孤儿院"的目的一方面是将孤儿单独收容,因为传统上他们被与贫穷、患病、犯罪的成年人口收容在一起,所以分离能改善他们的生活条件。另一方面,与十八世纪的很多类似举措一样,此举是为了遏制高到离谱的杀婴发生率。要让走投无路的未婚母亲们免于犯罪,必须为她们提供一个杀婴和弃婴之外的可行选项。[23] 1742 年，才刚掌权两年，玛丽娅·特蕾莎就授权纺织厂主约翰·米夏埃尔·冯·金迈尔在他位于伦韦格地区的工厂边上建一所孤儿院，在这里收养女孩直至她们达到能在工厂工作的年龄。当 1745 年这所孤儿院建成的时候，玛丽娅·特蕾莎开启了一项长达二十年的转移儿童和整合现有孤儿院的工作。1762 年，她从金迈尔手上将居住区和工厂一起买了下来，开办了"伦韦格圣母孤儿院"（Waisenhaus Unser Lieben Frau auf dem Rennweg），这里的年均儿童数量从 1760 年的 350 人发展到 1767 年的 600 人，直至 1780 年的 900 人左右。在一幅 1767 年的版画中，圣母玛利亚——也就是女皇本人和这座孤儿院的名字的由来——从天上注视着孤儿院的孩子们。

这一类项目表面上看应该受到全社会的广泛支持，但实际上，在整个欧洲，很多人对改善孤儿院的举措是表示怀疑的。即便是伦敦弃婴医院也遭到各种批判，比如经济学家约瑟夫·马西，他担心这家医院会造成"不好的影响……对于宗教、自由以及大不列颠人民的家庭幸福。"[24] 德国的批评家们也在争论孤儿院的实用性，史称"孤儿院之争"（Waisenhausstreit）。[25] 维也纳也没有例外，"伦韦格圣母孤儿院" 1772 年的年度报告就提到了针对该机构的"猛烈的抨击、诽谤和谩骂"，并且辩解道："任何人只要在任何时间到访孤儿院，亲自测试一下孩子们，就会在几分钟之内发现……那些中伤的文字全是以恶毒、自私和蓄意的目的铸就的。"[26]

玛丽娅·特蕾莎和约瑟夫的规划是将"孤儿院"塑造成技术学校和军事学院的混合体。1759 年，他们雇用了耶稣会士、弗朗茨一世皇帝的告解神父伊格纳茨·帕拉默担任院长，他在"孤儿院"整个存续期间始终主事，包括 1773 年耶稣会被取缔之后。帕拉默很快以在"孤儿院"实施军事化管理而知名，为他赢得一个"儿童将军"的绰号，弗里德里希·尼科莱 1781 年游历德国各地的游记中带着质疑的态度证实了这件事。尼科莱将孩子们的基督圣体节游行描述为一场"宗教军事喜剧",并总结道:"经过仔细的考虑,我不相信这样强迫的、所谓的军事教育对儿童有帮助。"[27] 但是帕拉默对这套以训导为基础的教育方法并不算陌生,军事化管理的孤儿院的出现不晚于 1720 年代,在整个十八世纪,军事培训一直是普通的孤儿院存在的意义。

马丁·朔伊茨将当时奥地利的孤儿院形容为"济贫院、工厂、学校、修道院和感化院"的综合体。[28] 如果讲到维也纳"孤儿院",他可能还要加上"音乐学院"。根据朔伊茨和大卫·布莱克的描述,帕拉默为"孤儿院"开发了一套高强度的音乐课程,内容不只是军乐队音乐。[29] 很可能是受到伦敦弃婴医院一类的机构或是威尼斯和那不勒斯的音乐学院的启发,帕拉默安排"孤儿院"的儿童除了阅读、写字和数学之外,还要学习音乐和绘画。[30] 事实上,在朔伊茨研究过的六家孤儿院的日程安排中,只有维也纳"孤儿院"在公开发布的时间表上标出了音乐教学时段,而且教学内容是"各种不同风格的音乐",而不是单为演唱"圣咏"而学的音乐基础。[31] 特别有才华的乐手将被许可加入唱诗班或器乐队,参加弥撒、每周的学院活动、游行、宗教节日(特别是圣则济利亚瞻礼日)①的演出,也为特别的来访者表演。[32] 早在 1764 年,"孤儿院"就开始发布关于音乐课程的年度报告,作为综合报告的附录。报告中明确指导教师、日程安排、课程内容、乐器,并总结课程的目标和宗旨为"1. 增添上帝的荣耀;2. 儿童的幸福;3. 孤儿院的利益"。[33] 由此可以看出,音乐课程的独特性被视作有助于提升"孤儿院"的整体形象。

在 1768 年,莫扎特一家很可能亲自体验过"孤儿院"的演出活动,或者从年报中了解过,也可能两者都有。逃离了最近一次天花爆发(莫扎特家的孩子们差点死在这场灾难中),刚刚回到维也纳的这家

---

① 译者注:圣则济利亚是代表音乐家的天主教圣人。

人，热切期望凭借已经取得的成功更上一层楼，并希望能进一步讨好皇室，于是与"孤儿院"项目建立了联系。他们多次拜访帕拉默，与他一起出席了一次公开的"孤儿院"军训展示，以及后来的"孤儿院"教堂奠基。[34] 在这些活动中，他们可能商讨过让沃尔夫冈参加将在十二月举行的教堂祝圣典礼。[35] 不管是帕拉默的还是莫扎特家的主意，这样的合作对列奥波德是有吸引力的，他从家里写给他的朋友和房东洛伦茨·哈格瑙尔的一封信中说，有一个机会可以战胜那群曾经阻挠沃尔夫刚的《装痴作傻》(La finta semplice)在维也纳上演的"敌人们"。[36] 通过策划莫扎特在伦敦产科医院的表演，列奥波德早已目睹过一个公益性的形象能带来多大的成功。回到奥地利，且以年纪来说不能再算是神童，列奥波德希望再次使用伦敦的策略能为沃尔夫冈谋得一些利益。

莫扎特为"孤儿院"教堂的祝圣典礼创作了一部庄严弥撒、一部奉献经和一部小号协奏曲，最后这一部由"孤儿院"的一位儿童小号手演奏。只委托一位作曲家来写这样大量的音乐作品已经十分惊人了，更别说这位作曲家还只有十二岁。《维也纳日报》的报道指出"才华横溢的"莫扎特自己演奏了这些音乐作品（意思可能是他用管风琴伴奏），指挥了乐队，甚至参与了经文歌演唱。[37] 1824 年有一篇文章甚至说莫扎特指挥时"跟孤儿一样"，这可能是指他当时穿着"孤儿院"唱诗班的制服或法衣。[38] 详情虽然已经无法验证，但这个细节描述表明，在这场活动过去将近六十年之后，历史学家们依然敏感地察觉到了莫扎特与他为之写了这么多作品的孤儿同台演出所造成的视觉冲击。

莫扎特指挥自己的作品并加入演唱的场面无疑凸显了团结的形象。大卫·布莱克指出："这是孤儿们第一次演出自己同龄的作曲家的作品。"[39] 莫扎特为这次典礼创作的奉献经、小号协奏曲和所有的经文歌都没有留存下来（有人提出 K.117"Benedictus sit Deus"可能就是这部奉献经，但未得到学界认可）。但是 K.139"庄严弥撒"被认为就是莫扎特为这次活动所写的弥撒曲。[40] 其歌剧式的宏大和 C 小调部分的庄严肃穆证实了其使用场合的重要性,也证实了维也纳自从玛丽娅·特蕾莎为改善这座城市的孤儿们的处境迈出第一步以来已经取得的成果。

众所周知,莫扎特特别热衷于根据演奏者的特点作曲,我们或许可以从 K.139 中听出几分向"孤儿院"的歌手和乐手们的才华和训练水平表达的敬意。[41] 合唱部分,由于大量的半音和转调的运用,难度丝毫不亚于独唱部分。"羔羊经"开始处有一大段长号三重奏,中音长号在这里有一段很长的歌唱性的旋律,表明了"孤儿院"的低音铜管乐手的才华并不输给演奏已失传的小号协奏曲的独奏乐手。[42] 作为所有弥撒曲中最扣人心弦的时刻之一,"信经"中的"复活"这一段(谱例2.1),一个在"荣耀经"的低音声部首次出现过的三全音动机,在这里被重配为纯四度,并交给一位女高音独唱,同时管弦乐队淡出以凸显这段"云雀般"华丽的独唱。[43]

谱例 2.1　莫扎特,《C 小调庄严弥撒》,K. 139,"复活"(快板),128‑33 小节

这个花腔清唱的闪耀瞬间是整部弥撒曲中最显眼的独唱段落,因此也是由"孤儿院"最有才华的女高音歌手来演唱的。[44] 莫扎特这部弥撒曲中协奏曲般华丽的段落让人回想起大约五十年前维瓦尔第为威

尼斯慈爱医院（Ospedale della Pietà）的神童们所写的那些高难度的协奏曲和清唱剧，同时也将众人瞩目的独唱者塑造成了孤儿中的楷模，正如莫扎特的参与使他自己成了儿童中的楷模。[45]

在那之后的数年，"孤儿院"的乐手们继续出席各种特别活动，尽管再也没有莫扎特这样级别的作曲家参与。像1768年一样，《维也纳日报》报道了这些活动，其中包括当地的封圣庆典和1770年5月"孤儿院"教堂正式的落成典礼。[46] 在后一项活动中，除了唱诗班、小号手、鼓手参与了礼拜活动，还有几场晚祷和连祷中演奏了"单簧管、横笛（长笛）、克拉里尼（小号）和小提琴的特别的协奏曲"。[47] 两年后，1772年，在一次"学校委员会"对"孤儿院"的公开评估中，独奏表演又一次大展身手。经过一整天学术科目的展示和严格审查之后，委员会和公众受邀欣赏了"儿童们使用各种乐器演奏的多个音乐作品。一个男孩以高超的技术演奏了一部小提琴协奏曲，另一个演奏了双簧管曲目，还有一个女孩唱了一首外国咏叹调"。[48] 如果没有这些才华横溢的个人表演，他们只能被描述为参加了某项活动的一大群平平无奇的孤儿。关注不同寻常的个体，并将其视作整个机构的发展前景的缩影，这个概念似乎源自1768年，因为就在这一年，最不同寻常的儿童莫扎特，大张旗鼓地参与了一次庆典活动，一次为褒奖一家专门抚育社会最底层的儿童的机构而组织的活动。

参加过"孤儿院"音乐课程的儿童似乎一个都没有在之后的人生中在音乐界成名。在这些平常人当中，我们只能粗略了解他们中部分人的就业情形：有唱诗班成员，领唱员，还有宫廷或军队乐手。[49] 但也有更远些的证据显示了"孤儿院"的影响力。在1770年代末，约瑟夫有一小段时间，对附属于"国家剧院"的"戏剧培训学校"（Theatralpflanzschule），有过名义上的支持，这个案例将在第三章中详细讨论。这所学校的构想来自约翰·海因里希·弗里德里希·米勒，一位演员、剧作家，同时也是莫扎特家人的朋友，与莫扎特在1768年的歌唱剧《巴斯蒂安与巴斯蒂安娜》(*Bastien und Bastienne*)中有过合作。米勒的"戏剧培训学校"计划中将"伦韦格孤儿院"一类的孤儿院视作人才的来源,并很可能从中招募过。[50] 不仅如此,米勒在他的回忆录中写道:约瑟夫之所以有意支持这个项目,是由于遇到了"帕拉默身边的一些男孩和女孩,让他感到他们身上有着戏剧的天赋和才华"。尤其是两位演唱了"大弥撒曲"的女孩,她们"美妙绝伦的嗓音,有如天籁"。[51] 在这里,"孤儿院"的独唱者们又一次成了机构内所有孤儿的前途的象征。儿童福利项目的戏剧性和务实性到此就圆满了:部分归功于十年前莫扎特参与了"孤儿院"的活动的传奇事件,"社会底层"的孤儿,至少在理论上,达到了可以在王朝最高级别的剧院演出的水准。

聋哑学校

除了"孤儿院"之外,莫扎特似乎没有在类似儿童福利机构的公开活动中演出过。但是通过出版物,有两家机构借用过他的名气和才华,他在 1787—1788 年为维也纳聋哑学校和布拉格师范学校的出版物谱写过一些歌曲。这两个案例的情形与他在"孤儿院"的形象截然不同。与一次性的活动不同,印刷出版的音乐使莫扎特能够直接接触到更广泛、更分散、更多样化的听众。这些案例中,朴素的、家庭使用的歌曲取代了弥撒曲这样崇高的、公开使用的音乐体裁,大规模的声乐与器乐的结合变成了单声部演唱加键盘伴奏的音乐。然而我们也将看到,"孤儿院"的弥撒曲中述行性的潜台词在新的环境下依然存在。在两个案例中,只要注意一下莫扎特的几首歌曲的书面上的上下文,就会发现它们是怎样拔高了青少年的劳动积极性和产出能力的意义,并将基于改革思维的儿童福利项目与被广泛接受的家庭娱乐活动结合到了一起。

创建于 1779 年的"聋哑学校"是约瑟夫发起的儿童福利项目中有传奇色彩的一个,甚至在 1790 年他的葬礼上发表的"悼词"中被专门提到。除了优待军人、收容未婚母亲、养育和教育孤儿、抚恤穷人和病患,悼词还称颂约瑟夫投身于"将那些最不幸的,到十八世纪为止仍是最不受关注的生命——聋哑人——改造成正常人、公民和基督徒。"[52]

"悼词"的作者说得非常正确。在一个素来以不关心患病或残疾人群而著称的时代,聋人确实是最不受关注的。自从亚里士多德在他的《论感觉及其对象》(De sensu et sensibili,约公元前 350 年)中阐明,语言和听觉能力是高水平理性的必要条件,聋人一直被视作只比动物或怪物略好一些。[53] 听力健全与不健全人之间由于缺乏一种标准化的交流方法,聋人无法为家庭经济做贡献。在特别信奉天主教的奥地利,情况可能更为严峻。他们不可以参加圣事,因为人们相信他们无法理解宗教教义。他们被认为是遭受了永久性的天谴,所以被当作不可接触的贱民来对待。即便是善意的针对耳聋的所谓"治疗",通常都是充满痛苦的肢体切除、外科手术和民间偏方,而近代早期极少数对他们进行教育的尝试(比如一位西班牙的本笃会士在十六世纪初为聋人儿童创办的学校)也只是昙花一现。[54]

但是对待这个问题的态度在十八世纪中叶逐渐改观,尤其是在法国的哲人中间。德尼·狄德罗的两部姐妹篇《论盲人书信集》(1749年)和《论聋哑人书信集》(1751 年),对于重新评估盲人和聋人的智力给出了很有说服力的意见。[55] 1760 年,查理-米歇尔·德·雷佩神父在巴黎创办了世界上第一所免费的聋人学校——"巴黎聋哑学校"(Institut des Sourds-Muets)。[56] 雷佩开发了一套复杂的手势语言供学校使用(包含完整的动词词尾变化和名词阴阳性),这所学校声誉传遍欧洲。与此同时,提升识字率、出版印刷的加速发展和无声阅读的实践,引发了像雷纳德·J. 戴维斯所说的"知识获取从现场演示向书面学习的大范围的转变",也为聋人在欧洲的文化生活中开辟了新的空间。[57]

　　1777 年,约瑟夫在巴黎拜访他的妹妹玛丽·安托瓦内特时,认识了雷佩并拜访了他那所著名的学校。这次访问深深触动了约瑟夫,他一回来就指派神父弗里德里希·施托克与德语教师约瑟夫·梅去向雷佩拜师学艺,目标是在维也纳建一座类似的学校。[58]"聋哑学校"于1779 年开办,有 12 名住校学生,第二年增加到 27 位,到 1789 年有了48 名学生。施托克在他 1786 年发表的《仿效巴黎雷佩神父的教学方法的聋哑人教学指南,附维也纳皇家聋哑学校的新闻》中,明确提出了学校的宗旨。这个地方将"原本没有机会了解宗教的、对国家无用的人,教育成文明人,善良的基督徒,有用的公民"。[59] 这三大目标的表述与前文引用的 1771 年"师范学校"的宣传册的措辞简直一模一样("善良的基督徒,有用的公民,对社会有贡献的成员")。[60] 再一次,在一个旨在帮助聋人的慈善性举措中,人权与社会生产力被紧密结合。不管怎样,这所学校承认了聋人儿童同样符合启蒙思想中可完善性的理念。[61] 尽管 1774 年的《通用学校规程》授权实施的义务小学教育未将聋人儿童包括在内(他们的受教育权到 1883 年才得到保障),"聋哑学校"的创立是使奥地利社会正常接受聋症的重要一步。[62]

　　学校公关活动的一个主要部分是向公众开放的学生日常考试。借鉴了"孤儿院"的剧本,"聋哑学校"举行每周一次的考试和一年一度的公开展示,学生在此过程中接受关于宗教原理的教义问答并进行语法和算数的练习。问答环节可以使用书写、说话或手语等任意一种或多种形式,由学生自行选择。《维也纳日报》报道了每一次考试,基本就像十年前报道"孤儿院"的考试一样,而这些报道使得考试听上去就像表演一样。报道描述这些考试活动取得了极好的效果,观众们给予了"最响亮的掌声"而且被"感动到落泪",因为学生们"通过书写或手语,对我们的宗教的最高深的奥秘表达了最准确、最清晰的理解"。[63]在这些展示之外,"聋哑学校"还出版年度新进展(也是呼应了"孤儿院”的年度报告），使出版物本身成了一种公开演出。

　　并不是所有的亲历者都表示了赞赏。尼科莱在他1781年那部对“孤儿院”持怀疑态度的书中，也同样描述了他访问“聋哑学校”的经历。在这里，他的忧虑指向了学校的教义问答。他愿意相信聋人儿童可以记住那些复杂的答案，但是他还是无法相信“他们理解了每个词的含义”，他觉得“或许还是别浪费他们的精力”去搞那些抽象的概念。[64] 约翰·佩泽尔——莫扎特的一位共济会会友——的看法则更加悲观。在他1786年的《维也纳述略》中有一个关于“聋哑学校”的章节，他声称施托克和他的教师们教学生宗教、自然科学、心理学之类的科目是在浪费时间，因为“天生丑恶的、不受上天眷顾的”聋人儿童不可能像“完备的（身体健全的）儿童”一样拥有领会能力和可完善性。佩泽尔甚至进一步主张，建这样的机构相当于暗暗剥夺了听力正常的儿童获得这样优质教育的机会。在佩泽尔看来，聋人儿童所需要的只是足够分辨对与错的道德指导和足够让他们免于乞讨为生的技能培训。[65]

　　然而在表达了冷漠无情的看法之后，佩泽尔在下一段文字中就赞扬了“聋哑学校”找到了另一种方式来证明自己对普通公众的价值——一家出版社。这家出版社源自学校第三任教师约翰·施特罗默的构想，并在一开始得到了约瑟夫二世的资助。当学校于1786年首次在《维也纳日报》上公告出版社信息时，将它描述为一项有经济价值的资产：公告的作者（很可能就是施特罗默）声称，出版社将为学校的孩子们提供重要的职业技能培训，同时也能增强学校的自给能力，以省出资金用于更需要的项目。[66] 作为又一个慈善生意的案例，出版社被呈现为一件筹集资金的工具。[67] 而正是这家出版社，不久之后将把莫扎特也拉进“聋哑学校”的使命之中。

　　出版社的第一种出版物是一件重要文献：就是前文提到的施托克的那部《指南》，同时配有一幅学校使用的手语字母表的版画，版画由一位"聋哑画师"绘制，一位"聋哑铜版雕刻师"制版。[68] 通过其内容和创作者，这幅插图着力强调了聋人拥有可以开发利用的才华和技能这一观点。出版社很快建起了庞大的出版目录，添置了第二台和第三台机器，每周净利润 150—200 弗罗林（作为参考，莫扎特 1787 年的宫廷俸禄是 800 弗罗林）。[69] 出版社也使得学校可以出版他们的教学方法、广受欢迎的公开考试的结果，以及毕业生的就业情况。[70]

除了以上这些出版物，"聋哑学校"还印了一份儿童期刊，这是当时新兴起的一种刊物类型，将在第四章中进一步讨论。《儿童空闲时间寓教于乐的活动，1787—1788 年》(*Angenehme und lehrreiche Beschäftigung für Kinder in ihre Freistunden*) 不只是针对聋人儿童的刊物，而是以尽可能多的少年儿童为目标读者群体。其读者面相当广：第一期中登载的订购者名单就有 246 个名字，从神职人员、军人、政府官员，到教育者、下层贵族，而后续刊物中提供了在王朝范围内二十五个省会城市的订购渠道，从布拉格到佩斯，到弗莱贝格。当杂志第一次在《维也纳日报》发广告的时候，梅"与其他几位务实的教育者一起"被列名为编辑。[71] 但他的名字并未在实际刊物上出现，刊物中也从未使用"聋哑"这个词，除了题名页上标明发行者为"聋哑学校"。但是读者还是可能知道这是出版社的内部刊物，也能明白应当将其视为代表了"聋哑学校"更远大的目标。

第一卷的序言，是一篇编辑们直接写给儿童读者们的致辞。阐明了刊物发行的目的就是让他们随身带着，并且在"空闲的时候"互相分享。[72] 刊物的内容将解释那些"你经常看见却并不理解的事情"。[73] 这里意味深长的"看见"和"理解"这样的措辞，暗暗回敬了类似尼科莱所表达的对"聋哑学校"的批判，也就是那些常见的对儿童理解能力的质疑。前言接着说，成年并不单单是身体完全长大，还要懂得很多事，这是呼应了康德 1784 年对"启蒙"的定义："人从自设的不成熟中脱出。"[74] 接着，编辑们将刊物的内容描述为"可以让童年阶段的孩子理

解的、增加他们知识、为他们成为有用的公民打下基础，直到他们达到青春期的一切内容".[75]

在刊物的宗旨下，梅主编的《活动》采用了不拘一格的、说教为主的方法，涵盖了儿童刊物最典型的内容：故事、幽默短文、诗歌、纪实以及谜语，几乎所有内容都在对其道德目标进行阐明。刊物时常利用——或制造——机会来解释约瑟夫的一些法令，总是强调皇帝对臣民慈父式的关心——约瑟夫这位"国父"（Landesvater）已经替代了他的母亲"国母"（Landesmutter）。刊物是给男孩女孩们分享的，但主要是男孩们：他们将通过刊物的内容来学到"品行""理智"和"机敏"，以便能够"加入成年人的群体"，而女孩们获得的是"一切能增加你的魅力，让你快乐，给你真正的幸福的东西".[76]刊物中经常有性别差异化的内容，如为女孩而设的"家务管理"专栏，第二卷还有一篇题为"女孩要谦逊"的长篇大论。在当时而言不太寻常的一点是，编辑们有时会发表甚至回复儿童读者的来信，包括对谜语难度太高的投诉。这一点在下面谈到莫扎特对刊物的影响时非常重要，同时也显示了《活动》从一开始就表现出一种与其读者平等对话的姿态。

刊物偶尔会附加一些插页来为文字内容增色，如版刻的插图、地图或歌曲。这些附件总是和刊物探讨的话题有关联。[77]比如说，第四卷有一篇关于贝尔格莱德历史上的数次围城的文章，就附了一幅该地区详细的地图。在刊物的两年存续期间刊登过五首歌曲，第一首附在一个短篇故事后面。故事说的是一个有两只金丝雀的小男孩不关心其中不会唱歌的那只。男孩的父亲批评了孩子的偏心，这无疑是对包容聋人的一种隐晦的呼吁。故事以父亲的一番话作为结尾，听起来充斥着约瑟夫味儿："弗里岑，记住我的话，如果你坚持区别对待，我的儿子，你什么都没有学到。"[78]接着是一首歌曲《捉到鸟儿的男孩》（Der Knabe bein Vogelfang），歌里男孩对一只他捉到的鸟儿表达了怜悯，承诺会照顾它——这是暗喻了约瑟夫对儿童和被仁慈地圈养在"聋哑学校"及类似机构里的青少年的开明的家长作风。[79]

《活动》中的这些歌曲,在听力健全的作者、耳聋的排字工和刻工以及刚刚通过出版物的媒介而参与进来的无差别的读者群体之间,参与建构了一种升华了的和睦关系。正如雷纳德·戴维斯认为:"面对写下的文本,听力健全和耳聋就没有太大区别了……书写是一种有效的手语。"[80] 印刷的音乐作品情况又不同,但是能接触到"聋哑学校"的儿童刊物印刷的音乐作品,至少可以说反映了聆听方式的一种改变,推动了学校同化主义的目标。正如梅让他的学生们背诵的"聋哑人常识"(*Erste Kenntnisse für Taubstumme*):"我是聋哑人/但我不会一直哑。我在学校学说话。我将开口说话。我只是曾经哑过。"[81] 根据这一教义,哑——与童年自身没什么不同——只是一种暂时的缺陷,是能够,也是将会被克服的。在"聋哑学校"的刊物中使用音乐作品也起到了类似的作用,通过出版物,向《活动》所有的听力正常或耳聋的读者,进行无声而激进的、可无限反复的演示,将聋人儿童和听力健全的世界团结到了一起。

莫扎特可能并没有意识到他为《活动》而写的作品的有这么多层次复杂的意义。但他的《小纺织姑娘》(Die kleine Spinnerin,K.531,1787 年)和《出发上战场之歌》(Lied beim Auszug in das Feld,K.552,1788 年)与刊物中其他的版画(包括插图和歌曲)起到了同样的作用,与刊物中的其他内容互相呼应。目前还不清楚莫扎特是怎样与刊物发生联系的,也不知道他从哪里得到了这两首歌词。这两首诗都作者不详。与"孤儿院"的情形不同,此时的莫扎特在职业上不缺收入和知名度,尤其是他 1786—1787 年的《费加罗的婚礼》和《唐璜》取得成功之后。所以这很可能是熟人介绍的无关痛痒的工作。关系最深的可能是版画家兼出版商伊格纳茨·阿尔贝蒂,图 2.1 就是他为《活动》制作的一幅插图。阿尔贝蒂是莫扎特所在的共济会分会的成员,就在四年后他出版了《给儿童和儿童伴侣的歌曲集》(其中有莫扎特的三首艺术歌曲 K.596－598)和《魔笛》的第一版歌剧脚本。[82] 另一个可能的联系是艺术与音乐经销商克里斯托弗·托里切拉,他在 1784 年至 1786 年间印行了一批莫扎特的作品,同时他也是"聋哑学校"出版社授权的经销商。[83] 另外我们还发现,莫扎特去世之后,在他的藏书中还有一件"聋哑学校"的出版物,即阿曼德·威廉·史密斯的《关于实用音乐的哲学杂谈》。[84]

不管莫扎特是在什么样的背景下向《活动》供稿,他似乎对歌曲主题与刊物中相关文字内容的关联性有充分的认识。据德里克·比尔斯的看法,莫扎特的《出发上战场之歌》——作于 1788 年 8 月 11 日,发表于该刊第四卷——有好战和煽动的意味,与刊物中的许多文章一起,支持那场有争议的、最终结局悲惨的奥地利-土耳其战争(1787—1791)。[85] 马修·黑德指出,这首歌曲的解释性的注释"证实了其战略性地采用了以'后宫诱逃'(Die Entführung aus dem Serail)中的奥斯敏为代表的被丑化的土耳其人的刻板印象",但这首歌曲蕴含的还不只是比尔斯和黑德发现的战争鼓吹和种族主义。[86] 根据介绍,《活动》登载这首歌曲是作为向战争中阵亡的读者家属致敬的一项计划的一部分。编辑们宣告发起一项名为"纪念约瑟夫和叶卡捷琳娜二世联盟的英雄"的系列活动,"为了将他们逝去的父亲或亲人的事迹唱进他们哀伤的灵魂深处,年轻的读者们可以经常在音乐的伴奏下用心演唱这些歌曲"。[87]

编辑们强调,这些"书面的纪念"不只是献给贵族的,也献给普通平民。[88] 他们邀请读者提供失去的所爱的人的名字,在后续的刊物中发布。这次似乎又是施特罗默的点子,因为他就是指定的儿童来信的收信人。为确保歌曲质量——编辑们写道——他们将对《活动》前三期发表过的歌曲进行调研(不用说,其中包括了莫扎特自己之前的作品《小纺织姑娘》)。[89]《出发上战场之歌》前面冠有一篇用韵文写的《致年轻人的前言》,写给那些在战争中失去父亲的孩子——尤其是男孩子。这首诗称莫扎特的这首歌将让他们的孙辈都会记得他们的父辈作出的牺牲。"亲爱的儿子!"诗的结尾是这样的,"听听你父亲如何得到救赎……/看看英雄父亲们的形象!"[90] 紧接着就是这首歌曲,充满战争味道的调式和节奏,速度标示为"庄严的"。

对紧挨着《出发上战场之歌》的上下文内容作一些更深入的了解,就会看到莫扎特这部最偶然的作品还有更深层次的含义。比尔斯写道:"这首歌的歌词完美地呈现了当时对于战争和整个国家政策的普遍态度中的一种困惑、犹豫——或者说复杂感。"然而,为之谱曲,使莫扎特"无可辩解地参与了一次非常明确的、精心策划的鼓吹战争的活动"。[91] 但是根据刊物中相关内容来看,这首歌曲既是用来鼓吹战争,也是用来安抚军事伤亡者的孩子们的手段。歌词让悲伤的儿子以父亲的口吻,铭记他最美好、最有英雄气概的时刻——也就是"beim Auszug",出发的那一刻。第二,这首歌曲鼓励儿子将约瑟夫视作有资格替代"一位父亲……/深爱自己孩子的父亲",他背后还有慈爱的上帝,"将异教徒、土耳其人、犹太人和基督徒/都当自己孩子一样包容"。[92] 最后,尾声处的一个刺耳的三全音,没有解决,听上去是在安慰性的、解决性的歌词之外略微点出一种尴尬,甚至丑陋。

如果说《出发上战场之歌》主要是写给男孩们的,那么早些时候莫扎特为《活动》写的《小纺织姑娘》——作于1787年12月11日——则呈现了一个理想的女儿形象。但是《小纺织姑娘》与第一卷中相关的文字内容的关联更加晦涩难懂。这首歌曲并不是附在关于纺纱的文章后面,而是紧接着一篇名为"河狸"的长篇对话。对话内容是一位父亲给自己的儿子卡尔和女儿汉辛讲解关于河狸这个物种的知识:它们的形态、它们设计水坝和抚育幼崽的方法、它们攻击和自卫的方法、它们的栖息环境以及它们对人类的用途(图 2.1)。对话的实际内容远远超出了自然史的范围,父亲热衷于时不时地跑题去聊聊生命组织、造物、自然法则、阶级、学习方法,以及约瑟夫皇帝对臣民慈父般的关心(偶尔还会有来自孩子们的母亲的感叹,和父亲对她的纠正)。

Beschäft. f. Kind. I.B. Seite 81.　　　　I. Alberti sc.

图 2.1　伊涅亚兹·阿尔贝蒂,"河狸"插图,《儿童空闲时间寓教
　　　于乐的活动,第 1 卷》(维也纳,1787 年),第 81 页后。奥
　　　格斯堡大学图书馆提供,排架号 02/VI. 1. 8. 235 - 1.

　　这篇漫长的对话在连续几周的刊物中占据了总共 61 页之多的版
面,引来了寄给编辑的批评信。一位年轻的读者,只署名"M. v. S."
(没准是"梅和施托克"的隐语),抱怨称:"它实在太长了,我可以老实

承认，我一点也不觉得有意思。"[93] 编辑们以教训的口吻发表了一篇五页的对"M. v. S."的回复。他们承认，确实会有人同样感到无聊，但编辑提醒读者们，当他们长大之后必须能够应对连续五个、六个甚至七个小时的工作。接着他们强调了"教"（lehrreich）和"乐"（angenehm）的不可分割：

> 我们写的一切都是为了让你们开心，但要注意其中的区别；从我们这份小报中你们获得的不只是快乐（Vergnügen），还有受益（Nutzen）。愿天上的主禁止你们习惯于将青春仅仅用于游戏，用于娱乐，而不用于任何正经事，不用于提升你们的灵魂！[94]

接下来又是足足十八页关于河狸的内容，编辑们仿佛就是在挑衅读者敢不敢反对这个话题。父亲规劝孩子们"要以河狸为榜样"，因为"伙伴之间就需要这样的勤勉（Fleiß）和互相理解（Einverständnis）"。[95] 最后，父亲告诉孩子们，"到这里，孩子们，我的故事就结束了。为了奖励你们的专注，我送你们这幅版画。"[96] 下一页就是《小纺织姑娘》，莫扎特的那首歌被当作一件"奖品"，奖励儿童实践了这种对将来的人生有用的勤勉（图 2.2）。

1. 你在纺什么呢？隔壁的弗利茨问，
当他最近来的时候。
你的小纱轮转得像闪电！
那有什么用？

2. 还是出来和我们一起玩游戏吧！
"弗利茨先生，我不会做那种事，
你一定要问的话，我有我的方式

图 2.2 莫扎特,《小纺织姑娘》(K. 531),《儿童空闲时间寓教于乐的活动,第 1 卷》(维也纳,1787 年),第 178 页后。奥格斯堡大学图书馆提供,排架号 02/Ⅵ. 1. 8. 235‑1.

来消磨时间。

3. 有什么用? 多蠢的问题!

你有很多东西要学！
如果你不再成天玩耍，
你就不会问这个问题。

4. 为了我的两个小妹妹，
我在织亚麻衬衣。
东西一年比一年贵，
我怎能不关心我的纱轮。

5. 每当我织出一条结实的
足足值一便士的带子，
妈妈就会拿出我们的秤
一磅一磅地称出来。

6. 她为纺织花掉的钱，
都会用粉笔记下
从我们纺织的价值中减去这些
我就能有一条裙子了。

7. 其他姑娘都邋里邋遢，
而我就有自己的短裙；
人们会说，多可爱的孩子，
她都已经不玩娃娃了！

8. 妈妈喜欢听到这些话，
这也让我感到光荣，
我将失去这一切，先生们，

　　　　　　　　　　　　神童的写影：莫扎特与对童年的认识

如果我不努力工作。

9. 响起来吧,我的纺纱轮,
把我的槽里装满线;
冬天近了,我的妹妹们,
上学的路上会很冷。

10. 如果人们看到她们
在外面受冻,
他们该有多鄙视我!
不,我不希望这样!"[97]

在《小纺织姑娘》中,没有名字的主人公的邻居"弗利茨"来到她家里想哄她出去玩。弗里茨的邀请占据了整首歌四十行歌词的前五行,而纺织姑娘的拒绝是一篇一气呵成的足足三十五行的布道词,讲解了孝道和家庭劳动的价值和回报。她先指出弗利茨贪玩是一种幼稚,接着讲述了她的纺织对(不宽裕的)家庭经济有贡献,对自身的价值感和母亲的名誉也有贡献。对女孩而言,把玩具换成劳动工具是一件值得她骄傲的事情,而更重要的是,这件事要让别人看到,要让别人觉得她已经长大,不需要这些幼儿的游戏了。因此纺织姑娘就代表了1780年维也纳出版的一份儿童字母表中列出的儿童的"勤勉""顺从""守秩序"等值得提倡的美德。[98]

这首作者不详的诗歌原本可以将这段对话写成弗利茨和小姑娘现场的对答,但是实际上却写成了事后的叙述,由小姑娘自己(甚至可能是她的某位家庭成员)在事后讲述。小姑娘在第八小节插入的"先生们"这一句,暗示了这段话更关键的听众群体。从另两处女孩提到别人对她的行为怎么说或可能怎么说来看,这一点就更明显了。第一处是她想象人们羡慕她漂亮的裙子(她用纺纱攒起来的钱买的),评价她"多可爱的孩子/她都已经不玩娃娃了!"纺织姑娘第二次提到别人对她的看法是在最后一小节,这里她最终明确了辛勤工作的意义所在,是不希望别人看到她的妹妹们在冬天上学时因衣物不足而受冻的景象而谴责她——这些衣物她自己就能织出来。"他们该有多鄙视我!"她十分苦恼,"不,我不希望这样!"开头那个兴起全诗的女孩和弗利茨的实际的对峙,已经转变成了她和周围铺天盖地的想象中的评判者的对峙。她最后的理由是消极的:不是赢得赞许,而是避免责难,这才是作出良心选择的最终动机。《小纺织姑娘》充满了对一个女儿的真正价值的清醒认识,她要学会"等价交换"地衡量她对家庭的贡献。

纺织姑娘认识到她的青春是活在公开环境之中的,是要得到成年人的认可的,包括关系近的(她母亲)和关系远的(人们"die Leute"),这是启蒙时期关于女性问题的更总体性的讨论中十分常见的论调。在描述爱弥儿的恋爱对象苏菲时,卢梭写道,因为"女人是为取悦男人而存在的,"

> 所以这一点非常重要,女人不仅应该忠诚,而且她的忠诚必须由她的丈夫、她身边的人以及所有人去判定。重要的是,女人必须谦逊、殷勤、内敛,而且她的美德不仅是她自身清楚,也要让每个人都能看到……正是这个理由使得修饰外表都是女人的责任,也是为什么对她们而言荣誉和名声与贞洁一样不可或缺。[99]

正如纺织姑娘代表了理想的自觉的女性特质,弗利茨与女孩的对峙可以解读为象征了不耐烦的写信人与更本分的刊物读者之间的分歧。就像那勤勉的女孩一样,刊物鼓励辛勤劳作的读者——就像辛勤劳作的河狸一样——把家庭工作和阅读自然史都视作比无意义的游

神童的写影:莫扎特与对童年的认识

戏更重要。换句话说,"乐"只能被"教"包含或取代。

莫扎特在谱曲中也巧妙地将快乐与劳作结合到了一起。作品开头的动机,通过属音和主音的往复勾连,隐约提示了织布机踏板的隆隆声。[100] 但莫扎特用欢快的旋律淡化了一本正经的文字内容。恩斯特·奥古斯特·巴林在他对莫扎特歌曲的分类中,基于这部作品活泼的八分音符节奏、口语化的分句和跳跃的音程,将《小纺织姑娘》归类为"维也纳歌唱剧歌曲(Vienese Singspiellied)"。[101] 第 5—6 小节和第 9—10 小节的上行大六度加上它们跳跃的节奏听起来尤其轻松自在,而 19—20 小节用同样音程的一个陡降来表示终止。这个陡降带来的顽皮的感觉与纺织姑娘那呆板的成熟形成对比。作为一个正在努力工作的人,她表现得好像特别享受这个过程。在这里,我们听到的是纺织姑娘脚下的踏板,同时也是歌唱剧女主角脚下的舞台地板的声响,纺织姑娘正通过她说话:两个人同样是站在舞台上,扮演着观者期待的形象。歌词上大段的自我引述(假设旁白就是姑娘本人)和音乐上诙谐的曲调相结合,使得整首歌曲成为一种面对观众的独白(与第三章讨论的那些儿童演员的刺激的尾声表演颇为相似)。

在另一个层面上,纺织姑娘的劳动积极性——即便轻松自在——不只是象征了《活动》这份刊物,也象征了"聋哑学校"整个项目本身。玛丽娅·特蕾莎在她 1765 年的《纺纱学校兴办许可令》中规定,所有 7 至 15 岁的被遗弃或贫穷的儿童必须在纺纱学校登记。被纺织姑娘的劳动积极性所掩盖的物资贫乏,对当时很多被边缘化的儿童而言是无法回避的现实。[102] 至于"聋哑学校",其出版社为男学生提供职业培训,同时女学生学的是"与其性别相适应的各类手工劳动,比如缝纫、编织和丝纺"。[103] 在年报中,学校骄傲地汇报他们将男性毕业生分配到出版社工作,而将女性毕业生分配参加家庭工作。所以莫扎特的纺织姑娘也可以解读为学校的一位女学生的形象,渴望通过实现学校所相信的那个承诺来回报她的母亲("圣母")。

《活动》里的各种儿童形象都为读者树立了勤勉和爱劳动的榜样，这份刊物还在整体上承担着另一个目标：占用儿童的自由时间。大卫·格拉米特曾揭示过德国的歌唱教程、摇篮曲集是怎样"训导"私人歌唱活动，对家庭生活中一个原本不受监管的方面进行了标准化和商业化。[104] "聋哑学校"出版社自称其建立的初衷就是将学生的自由时间转化成能产生收益的交易。[105] 正如我们已经看到，《活动》的编辑们迫切希望他们的小读者们能清楚地认识到他们自身和他们的自由时间所涉及的劳动经济：

> 你们一定要愉快地听我们讲，仔细地记住我们的建议和教诲，并且勤勤恳恳地把这些都用到工作中去，亲爱的孩子们。否则，我们就全白忙了，你们善良的父母为你们买这本杂志的钱也全白花了；因为即使有些东西不贵，你们也不应该让你们的父母付出一笔开销，而你们却不去用这样东西而使得这笔开销白费。你们父母用来买东西的每一分钱都来之不易，如果他们本来可以在别的地方派上用场的钱，被你不派用场地白费掉，他们会生气的。[106]

这可真是异常直白地表达了"投资回报"的教育哲学，而这正是"聋哑学校"对出版社投资的意义，再往深处看，则是约瑟夫对这所学校的投资的意义。包括那个有自己的方式"来消磨时间"的纺织姑娘，包括维也纳的聋人儿童，《儿童空闲时间寓教于乐的活动》要求所有的小读者们千万不要把"空闲"当作"自由"，而要明白，自由时间是用代价换来的，它也可以用来换取收益。[107]

莫扎特为《活动》创作的音乐作品显然是学校的一个重大卖点。1788年11月的公告中列出刊物的内容有"寓言、故事、谜语、短信件、各种虚构内容、装饰版画、[以及]著名的莫扎特作曲的歌曲"，口气就好像从没有别的作曲家为其谱过曲似的（实际上当然有，只是没有一个可以在名气上与莫扎特相提并论）。[108] 在第二卷第一期的前言中，编辑们爽快地为《小纺织姑娘》在周刊形式初次印刷中的一些错误道歉。他们甚至还表示将为所有预订读者更换有瑕疵的卷期，并且承诺不会再给读者造成此类不便。[109] 莫扎特和他父亲都是非常看重刻印的准确性的，所以有可能正是莫扎特要求"聋哑学校"印刷了更正页。不管怎样，刊物的编辑能发表这样一篇道歉，足以说明莫扎特的"名人背书"的力量。[110]

师范学校

在本章的最后一个案例中，莫扎特的名气和才华再一次被整合到了一个影响王朝统治下所有儿童的宏大项目之中。"孤儿院"和"聋哑学校"都是维也纳的机构，目标是将边缘儿童——孤儿、弃儿、聋儿——纳入社会之中。除了首都这些有明确对象的项目，还有覆盖面更广的旨在将哈布斯堡领土上所有儿童和教师的教育都标准化的举措。在 1774 年的《通用学校规程》的第一句话中，玛丽娅·特蕾莎就宣告："对不论男女的所有青少年的教育是各民族真正幸福的最重要的基础。"[111] 约瑟夫也有同感，但他害怕民众受教育水平提高后可能引发的后果。因此，他提高了中学的学费，只对小学教育实施普及。[112] 约瑟夫的反智立场或许会招致奥地利知识阶层的批判，但他十分坚定：教育必须"合乎身份"，与儿童的阶层与社会地位吻合，那也就意味着只有小学教育是可以普及的。[113]

在这方面，奥地利就像在其他治国方面一样，把它的近邻和老对手普鲁士视作小学教育中心化的模范。腓特烈二世于 1763 年颁布了《通用乡村学校条例》，授权推行启蒙教育并将之标准化。[114] 在其成功的实施过程中，最顽固的障碍之一就是缺乏教师培训机构。[115] 所以当玛丽娅·特蕾莎解散了耶稣会,开始起草她的《通用学校规程》时,她求助于约翰·伊格纳茨·冯·费尔宾格。此人在1760年代建立了系统化的"师范学校",即教师培训学校,从而成功地帮助中欧的天主教会改善了教区学校的水平。[116]帕拉默在"孤儿院"的教育手段本就是以费尔宾格的方法为基础的。[117]而且费尔宾格又有能够调和天主教会和国家的官房派利益的先天条件,因而成为起草《通用学校规程》和监督其实施的不二人选。

梅尔顿曾指出:"在十八世纪……学校成为国家政策的核心目标恰恰是由于学校能以非强迫的方式教会人们严格的服从。"[118]在以各种举措提升小学登记入学率的同时,学校本身也变得更加善待儿童,而音乐在灌输这种价值观的过程中起到了关键作用。早在1760年代,费尔宾格受命在西里西亚地区改革教区学校的时候,他已经明白了这一点。在给萨根的学校使用的一部1766年的新编的《教义问答歌曲集》的前言中,他写道:"歌曲的韵律能帮助记忆,相较于普通的教义问答教科书,儿童能更好地记住歌里的词。"[119]两年后,在修订版的《教义问答歌曲集》附的致教师的信函中,他指出,歌曲"就是配上了韵律的祈祷文":

因此只是动嘴唇或只用声音的高低去歌唱是不足以荣耀上帝的。你的心不可以离开全能的主,而是全心全意歌颂那一位。唱歌的时候,要像圣保罗所说的,用你的灵魂和全部生命去歌唱。[120]

费尔宾格从玛丽娅·特蕾莎这里接手了皇家的学校改革之后,歌曲集再次发挥了显著的作用,虽然在《通用学校规程》中,音乐只是被一带而过。新的天主教歌曲和教义问答歌曲,与费尔宾格在西里西亚发布的类似的东西,开始在维也纳出版发行(一部分是在圣安娜师范学校的支持下)并免费发放。[121]这些出版物通过"师范学校"发行,也

　　　　　　　神童的写影:莫扎特与对童年的认识

强化了学校改革和教会改革之间的互相支撑。当约瑟夫试图约束天主教会的权利和奢靡时，向儿童（也就是下一代教众）推广受新教影响的教堂歌唱方式就是他的长期战略中重要的一环。

与"孤儿院"和"聋哑学校"的案例中一样，在考试、毕业、周年庆典以及其他"师范学校"向公众展示其价值的各种高规格活动中，音乐都占据了重要的地位。例如，1780年31位初级官员的考试，结束时演奏了宫廷钢琴家约瑟夫·安东宁·斯捷潘作曲的"结束曲"。《维也纳日报》中对这首由毕业生表演的"使用了土耳其音乐元素的动人的歌曲"的描述，这部"通篇都非常优秀的作品"的作曲者斯捷潘的身份，都表明了音乐在赢取公众认可和证明机构存在的合理性上的重要意义。[122]

在维也纳"师范学校"的早期历史中，音乐，尤其是印刷出版的歌曲集所表现出的重要性，使得之后在哈布斯堡领土上创办的"师范学校"都会出版自己的音乐。莫扎特就在此时进入了画面，在布拉格的"师范学校"出版的一部歌曲集中。布拉格的第一所"师范学校"创办于1775年，而波希米亚是众所周知的哈布斯堡学校改革最成功的地区，在1779年到1798年之间，开办了674所产业学校，1790年时入学率达到三分之二。[123]布拉格"师范学校"继承了耶稣会解散之后留下的出版社，仿效其他的先例，也开始了图书出版。"师范学校"的许多出版物都同时出两个版本，一个德语版，一个捷克语版，以方便波希米亚地区尽可能多的读者来阅读。[124]

从很早开始，音乐就在布拉格"师范学校"的存续期间占据了重要地位。学校里的一位教书写和自然史的老师，弗朗茨·施泰因斯基从1778年开始带领学生在弥撒上演唱，并利用上学时间进行排练。[125]施泰因斯基在若干年后写道，合唱教学是早年唯一一种受到教育改革者喜爱、并在"师范学校"里实施的集体教学。[126]这种"集体唱歌"和"集体教学"合二为一的形式，从"师范学校"二十五周年庆典录的题名页的版画上就可以看到(图2.3)。从雅典娜手中接过书本的一群男孩，几乎看不出和围着乐谱的唱诗班歌手有什么区别，甚至他们的嘴都张开着好像在歌唱一样。

波希米亚人的音乐教育素来以质量高、范围广而知名。从查尔斯·伯尼到克里斯托弗·威利巴尔德·冯·格鲁克都曾以亲身经历验证过，不仅是唱诗班歌手和宫廷乐手，连"乡村学校"里的普通孩子都在日常教育中打下了很好的音乐基础。[127] 正如梅尔顿指出的，这里有相当大的一部分原因，是早年的教区学校中音乐的突出地位，这源于对教众参与性和集体宗教仪式的重视。[128] 然而，也有部分改革者将音乐在地方学校的核心地位视作一种负担。费迪南·金德曼，波希米亚学校委员会的负责人，可以算是"布拉格的费尔宾格"，曾写过一份

图2.3 路德维希·柯尔，题名页版画，阿莱什·帕日泽克，《布拉格师范学校1800年11月15日庆典详情》(布拉格，1801年)。慕尼黑巴伐利亚国家图书馆/Bildarchiv提供，排架号 Paed. th. 4294.

神童的写影：莫扎特与对童年的认识

关于波希米亚城镇卡普利茨的教育的重要报告，他在报告中不屑地称，在对学生的脑子里"填鸭式地灌输"了一堆单词和少量最基础的教理问题之后，他们还学了"一点点音乐"，"农村的学校似乎想把这个当作最重要的科目"。[129] 捷克的办学思路中这种对音乐的重视，得到的是一种模棱两可的接受，这背后牵涉到的远不只是在教室里唱唱歌。维也纳与这片在宗教和语言上都是异质的世袭领土之间的微妙的力量平衡，才是问题的关键。

"师范学校"最早的歌曲集出版于 1783 年，《公共场合和家庭祷告使用的歌曲》(*Lieder zur öffentlichen und häuslichen Andacht*，1783 年，以下简称《祷告歌曲》)，由施泰因斯基在金德曼协助下编写。在之前的十年中，莱姆戈、哥达、哥廷根、维也纳、阿尔托纳等地都已有过供"公共场合和家庭"使用的歌曲集。[130] 但是之前这些集子大多只包含赞美诗的文本，最多配上别处找来的已有的旋律。然而 1783 年布拉格的这本《祷告歌曲》中却有大量几乎都是原创的旋律。这部书出了两个版本，一个只有 32 页的简版，和一个 241 页的扩充版。后者副标题为"附我国最优秀的作曲家创作的旋律"，书中还有 5 页附加页印了 118 首旋律。[131] 正如施泰因斯基在扩充本的尾注中指出的，这些旋律"被印得非常小，以免书价格太高"，需要"将它们抄写到专门的赞美诗抄写本上"，以便在学校或教堂活动时使用。[132] 118 首旋律中只有七首来自已有的歌曲集。其余的，据施泰因斯基在前言中声称，都是委托"我们最杰出的大师"创作，如斯捷潘、科泽鲁赫（可能是指列奥波德·科泽鲁赫）和弗朗蒂舍克·克萨韦尔·杜舍克。[133] 标了三个星号的歌曲是由施泰因斯基本人作曲。[134]

为什么要花这么多精力和成本去委托捷克作曲家创作新的曲子？《祷告歌曲》卷首用一句圣经引文解释了其中缘由：圣咏 149：1，"请你们向上主讴唱新歌"。在前言中，施泰因斯基明确了歌曲在宗教崇拜中的核心地位，但又指出，现代基督徒的耳朵"习惯了吵闹的交响

曲",会觉得哀婉的旧式教会歌曲不堪入耳。[135] 接着他造作地问道:
"有没有办法既可以避免现代音乐的粗制滥造,又能够摆脱旧的唱诗
班歌曲那种枯燥无味?"答案当然就是这部歌曲集,其中许多作品施泰
因斯基已经在布拉格"师范学校"用了好些年了。[136] 就这样,青少年和
新式学校成了创新的宗教歌唱活动的核心,而这部歌曲集本身也被用
作了对公众的品味转变的直接回应。[137]

　　由于儿童不再是主要读者群,因此书中提到"师范学校"只是用来
让公众更清楚地知晓施泰因斯基在"师范学校"的职位。所以这部歌
曲集应当理解为是为儿童和青少年的家庭宗教实践而作的。这部书
出版一年之后,约瑟夫下令在布拉格建立了一个新的教区部门和一套
新的宗教秩序,为此对《祷告歌曲》中的许多内容进行了重印。在这部
名叫《布拉格祈祷活动使用的教堂歌曲和弥撒乐曲》(*Kirchengesänge
und Gebete gemäß der Gottesdiensteinrichtung zu Prag*)的新书中,旋律是参
照《祷告歌曲》的。[138] 同年,"师范学校"出版社出了一个《祷告歌曲》的
捷克语译本,分发给"波希米亚境内所有的牧师、学校总监和教师,在
教堂和学校传播这些陶冶性情的歌曲"。[139] 这部歌曲集是约瑟夫在整
个王朝范围内对天主教歌唱活动进行标准化的一件工具。

　　在修订后的德语第二版在 1788 年问世的时候,编者们邀约莫扎
特为两篇简单的赞美诗小段"哦,上帝的羔羊"和"出埃及之时"(K.
343a 和 b)谱曲。[140] 大卫·布莱克等研究过这两首歌的学者发现,《祷
告歌曲》的第三版和第四版没有存世。[141] 然而,1805 年的第五版(已扩
充到 332 页)又刊载了莫扎特的歌曲,并有一篇长长的序言(可能出自
施泰因斯基,但没有署名)。从序言来看,莫扎特是应约翰·约瑟夫·
施特罗巴赫的要求原创了两首曲子。施特罗巴赫是国家剧院管弦乐
队的指挥,曾指挥过《费加罗》和《唐璜》的演出,还是圣尼古拉斯教堂
唱诗班的指挥。[142]

　　由于《祷告歌曲》中间的第三、第四版似乎没有存世,我们无法确

定莫扎特的歌曲最早刊载于第五版还是更早。但是，编辑们显然费了不少心思解释莫扎特在《祷告歌曲》中的出现。序言中有一个长达十四页的章节，标题为"公众对我们的歌曲集的评断"，其中提到了莫扎特。这段文章是对《通用德语书目》（*Allgemeine deutsche Bibliothek*）对《祷告歌曲》第一版的负面评价的竭力反驳。就像莫扎特在《活动》中的出现为"聋哑学校"的项目增添了光彩一样，他在《祷告歌曲》中出现似乎也是出于同样的目的。

另一部与布拉格"师范学校"相关的歌曲集使用了一首莫扎特的音乐来给辛勤劳作的年轻人提供陪伴。正如前文提到过的，尽管玛丽娅·特蕾莎在教师培训和课程标准化上进行了多方位的投入，但是留给约瑟夫的局面是，只有平均百分之二十到三十的符合条件的学生入学。[143] 约瑟夫采用了胡萝卜加大棒的手段，对逃避入学处以高额罚金，同时创办了"产业学校"。这样，儿童可以在为家庭贡献一定的收入的同时接受扫盲级别的教育。这项措施的范本就是布拉格"师范学校"，金德曼——也是《祷告歌曲》的编辑之一——在该校引入了纺纱班，让女孩们可以一边学习和练习纺纱工作，一边聆听教师们道德说教性的故事和对话。[144] 这一课程成功地吸引了许多家庭，提升了整体入学率，在 1775 年为金德曼赢得了波希米亚教区教育总监的职位。梅尔顿指出："开办纺纱班的学校入学率相对较高（百分之七十五），这正是金德曼将启蒙教育和乡村经济结合到一起的成功之处。"[145]

1789 年，莫扎特在陪同李希诺夫斯基王子旅行时两次途经布拉格。就在这一年，"师范学校印书馆"出版了一部《给参与生产劳动的年轻人的歌曲集》（*Sammlung einiger Lieder für die Jugend bei Industrialarbeiten*），编者弗朗茨·斯蒂亚斯尼是"师范学校"女生班的一位教师。在这部歌曲集的序言中，斯蒂亚斯尼写道，他已经在学生们学习缝纫、纺纱和编织的过程中试用了这些歌曲。[146] 他发现学生们在唱歌的时候比听别人朗读故事时兴奋得多。他还写到，他仔细观察了学生们对一些歌曲的反应,从中选择了他们最喜欢的一些作品。这部选集中还包含一首《小纺织姑娘》,但不是《活动》中莫扎特谱曲的版本。但是保罗·内特尔在这部选集中发现了与莫扎特关系更近的歌曲:《让我们穿上招人喜爱的花裙子》(Sey uns Willkommen blumingstem Kleide)。这首歌曲所使用的旋律,来自《费加罗的婚礼》中《如果你想跳舞》(Se vuol ballare)的唱段[147](图2.4)。从这首换词歌曲可以看出,斯蒂亚斯尼和他的女学生们对这个唱段相当熟悉,所以乐意拿它来改编成新的东西。

> 让我们穿上招人喜爱的花裙子
> 点缀着田野和乡间的欢乐!
> 为孩子们采些玫瑰,趁着花儿还盛开
> 陶醉吧,欢笑吧,时光在飞逝!
>
> 让公子哥们去抱怨,我们是孩子,我们玩闹
> 我们舞蹈,我们跳跃,我们开怀大笑
> 没有任何烦恼、痛苦或悲伤
> 忠于上帝,忠于德行,忠于我们的皇帝!

在这首俏皮的小步舞曲中,费加罗发誓要"指导"他的主人,选用的这段曲子既令人耳目一新,又有恶作剧的味道。[148] 斯蒂亚斯尼保留了莫扎特用五个四小节分句的不对称句法,但对最后两个分句进行了——似乎只能说——通俗化。去掉了用切分节奏强调的"si!",把最后两句变得更加对称,以对应新配的歌词,因为最后一句歌词要全句重复一遍。

不知莫扎特是否许可了这首换词歌曲——这似乎是那部曲集中唯一一首明显借用了已有的旋律的歌曲——不过考虑到他自己也在

《唐璜》里随手借用《费加罗》的旋律，他要是看到一屋子的"小纺织姑娘"学着费加罗的调子唱歌，一定会觉得非常有意思。但是当女孩们唱着"我们是孩子、我们玩闹/我们舞蹈，我们跳跃，我们放声大笑"（莫扎特 1791 年的歌曲《儿童游戏》(Das Kinderspiel) 回应了这段歌词，将在第四章中讨论）的时候，她们实际上正弯着腰坐在纺纱轮前。尽管对很多家庭来说工作时间会挤占学习时间，而现在连职业培训都要给道德教育让出空间了。

斯蒂亚斯尼写道：曲集中的歌曲"给我的学生们带来活跃的情绪和愉快的心情，提振她们的劳动积极性，增加她们的收益，同时用美的感受滋润她们的心灵"。[149] 这不只是回应了金德曼的浮夸之词。在弗里德里希·阿诺德对其 1787 年在布拉格的旅行的记录中，他描述了他观察到的一个班级的正在唱歌的纺织姑娘，用他的话说，她们成功地"把辛勤工作变成了一种游戏。"

整个班级都到齐了，她们立刻开始用欢快的旋律唱一首富有教育意义的歌曲，这使她们干得更加卖力了。就这样，谋生和娱乐结合到了一起。[150]

阿诺德接着评论说，在"师范学校"的纺纱班，歌唱活动是有大量先例的。对于捷克的音乐文化，他有一段精辟的论述：

波希米亚的工人习惯于在工作时独自哼唱小曲。如果不这样做，那准是心情不好。但可以确定的是，他们唱的曲子都是不怎么上档次的……那些女孩中的大部分一定会成为工人，也就会在不知不觉中将这样类型的歌曲带进社会。这才是真正能破除恶习的方法，每一个希望为人类做点什么的人，都应该把钱捐献给这样的机构。[151]

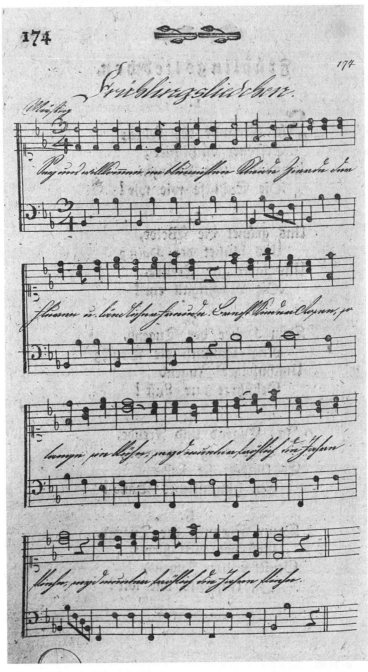

图 2.4 《春之歌》，斯蒂亚斯尼，《给参与生产劳动的年轻人的歌曲集》
（布拉格，1789 年），174 页。Scripta Paedagogica Online 提供，
排架号 AD5683.

看起来,阿诺德是把那些坐在"师范学校"纺纱轮前的女学生都想象成了不知不觉的歌曲改革者——或者说,回想一下本章开头的疫苗计划,他把她们想象成了公共卫生工作者在音乐领域的对应,为新一代的捷克工人"接种疫苗",免受过于粗糙的工作歌曲的毒害。所以,就像《活动》一类的出版物弘扬了一种辛勤劳作的、顺从的理想儿童形象,而斯蒂亚斯尼的《歌曲集》之类的作品,把儿童当作了一代一代社会进步的推动力。由此可见,自从十二岁的莫扎特把音乐作品和自身形象提供给"孤儿院"使用以来,慈善生意,以及音乐与儿童福利之间错综复杂的关系发展到了何种程度。

第三章　儿童如何演戏

在上一章中,笔者揭示了哈布斯堡对产业教育的重视对于我们理解莫扎特为"孤儿院""聋哑学校"和"布拉格师范学校"写的音乐作品有些什么启示。这些教育和儿童福利机构的目标,是最大限度提升哈布斯堡王朝未来臣民们的劳动积极性。要将儿童培养成有产出的工人,必须对他们的自由时间进行管控,并且把劳动积极性本身塑造成一种美德,就像我们在莫扎特的歌曲《小纺织姑娘》中看到的一样。与此同时,我们也看到了莫扎特的纺织姑娘用来表现她的劳动积极性的戏剧性的瞬间。

在本章中,笔者将转向另一类儿童表演者和儿童工人,他们与莫扎特之间有着更深的联系,也在品行这件事上提出了额外的问题,他们就是儿童戏剧演员。在萨尔茨堡,莫扎特曾接触过两种以儿童为核心的戏剧:由萨尔茨堡的本笃会大学学生表演的"学院戏剧",以及"儿童戏班"——由职业儿童演员组成的居无定所的演出团体,在欧洲四处巡游,演出改编的或模仿的成人戏剧。[1] 粗看起来,这两种机构有天壤之别,一个是神圣的,一个是世俗的,一方是崇高的、有学识的,另一方则是贴近生活的、商业性的。但是,两种机构的演出剧目却有着高到令人吃惊的重合度,在"学院戏剧"的舞台上,除拉丁语悲剧之外,也演出"即兴喜剧"式的哑剧,而"儿童戏班"的舞台上,既有最新的滑稽戏,同时也有莎士比亚和莱辛的作品。尤其是在萨尔茨堡,两种机构经常面对面竞争,而施拉滕巴赫大主教(莫扎特的第一位雇主),对双方都是狂热的支持者。[2]

　　莫扎特在萨尔茨堡的成长过程中,他两种机构都参与过。他五岁时第一次公开登台,就是在大学演出的拉丁语戏剧《匈牙利王西吉斯蒙德》(*Sigismundus Hungariae Rex*,1761 年)中,跳了一段幕间舞蹈。而他第一部上演的歌剧作品,幕间剧《阿波罗与雅辛托斯》(*Apollo et Hyacinthus*,K.38,1767 年)是由学生们在大学剧场演出的。他为大主教的祝圣周年庆典创作并演出的《利琴查》(*licenza*,"使命时刻"Or che il dover,K.36,1766 年),由一群意大利演员组成的巡游戏班在晚间的娱乐活动之后上演。第二天晚上,在意大利戏班演出之后,到过萨尔茨堡"儿童戏班"中最著名的一家——"贝尔纳戏班"登台演出。莫扎特很可能至少参加过一次贝尔纳戏班的演出,而且他后来的多部歌唱剧的合作者都与儿童戏班有密切关系。贝尔纳戏班有一部歌唱剧《巴斯蒂安娜》,可能就为莫扎特创作歌唱剧《巴斯蒂安和巴斯蒂安娜》(K.50,1768 年)提供了参考,而另一部《苏丹王宫》,则构成了莫扎特未完成的歌唱剧《扎伊德》(K.344,1779 年)的基础。《扎伊德》创作的时期和涉及的人员表明,莫扎特的这部作品有可能是为"戏剧培训学校"(Theatralpflanzschule)所作,那是一家存在时间不长的隶属维也纳国家歌唱剧院的机构。

　　这两种戏剧机构,"学院戏剧"和"儿童戏班"引发了关于童年、品德与戏剧的争论。"儿童戏班"尤其令主张改革的教育学家们感到为难,因为儿童装腔作势的表演场面与童年认知中越来越强调的无邪和天然相抵触。虽然像贝尔纳那样的戏班自 1770 年代以来已逐渐形成了更文雅更有道德水准的剧目和剧团形象,但是接连不断的关于剥削和虐待的报告促使有关方面设法寻求一些不易受指摘的替代方案。同时,德语的媒体上正展开一场关于"学院戏剧"的宣传册大战,纠缠的问题是年轻人是否对戏剧中的道德暗示敏感。而争论的背后,还有皇家关于性同意的年龄的法令,以及关于儿童劳动力的法规。[3] 因此,大学的剧院和商业的剧院同处于一个巨大的"性系统"中运营。"性系统"是社会史学家伊莎贝尔·赫尔使用的术语,指的是"通过社会机制对性行为产生影响并赋予意义的有固定模式的途径。"[4]

于是,莫扎特创作出他最初的戏剧作品的时期,正是哲学家和教育学家在探讨带有道德教育意义的娱乐作品的适用性,以及儿童是否适合参与一个长期与性服务有关联的行业的时期。为了研究莫扎特与"学院戏剧"及"儿童戏班"的关联,我选择了三部作品:《阿波罗与雅辛托斯》《巴斯蒂安和巴斯蒂安娜》和《扎伊德》。三部作品全都指向戏剧行业中性与商业的令人不安的关系,也全都提出了教育学家和儿童福利倡导者最关心的问题:怎样理解儿童和他们在社会秩序中的位置?

本笃会"学院戏剧"和"阿波罗与雅辛托斯"

自从 1622 年本笃会创办萨尔茨堡大学以来,"学院戏剧"在学校日程和这座城市的戏剧和政治生活中都一直是一项重要的活动。[5] 作为耶稣会年终演出和大斋节①戏剧的副产物,"学院戏剧"为学生们提供了提升和展示拉丁语熟练度的机会,同时也可以弘扬本笃会的理念。[6] 演出在特定的时间和学年结束时("年终演出"Finalkomödien)举行,管弦乐队和剧中的大部分角色都由学生担任。[7] 在这座统治者同时也是教会领袖的城市,"学院戏剧"也具备政治和公关的功能,以维持萨尔茨堡作为大主教辖区的地位。按照托马斯·莱德勒的概括:"萨尔茨堡大学的戏剧是用来在某些方面展示教会的教义和政治上的

---

① 译者注:大斋节(Lenten)是基督教传统活动,自复活节前七周开始,教徒可在此期间进行斋戒和悔罪等相关活动。

权宜,当然,也用来颂扬亲王-大主教既正统又有治国才智的圣人形象。"[8] 最后,这所大学的剧场是萨尔茨堡唯一一座永久性的公共剧场——萨尔茨堡其他的戏剧活动仅限于大主教的私人宫廷剧场和巡游戏班的短期驻留。奢华的布景、设备和道具,使得"学院戏剧"成为萨尔茨堡不可错过的活动。

"学院戏剧"的主心骨是五幕拉丁语悲剧,这种戏剧从早期开始就同时包含在幕间演唱的"幕间剧"(intermedii,通常用拉丁语演唱),内容一般是对主线剧情的补充。在十八世纪,开始增添了加演节目,形式可以是哑剧甚至独立的歌唱剧(Singspiels)、多种多样的德语喜剧(通常用萨尔茨堡方言)。[9] 因此晚间的娱乐方式与歌剧院非常相似,就像正歌剧演出会有插曲和尾声。在"幕间剧"和哑剧中,宫廷作曲家如米夏埃尔·海顿和安东·阿德尔加塞尔会与大学教员合作,而大主教的小教堂的歌手和乐手们会加入学生的演出。依据耶稣会的做法,"年终演出"演两场,第一场观者仅限女性,下一场仅限男性。[10]

年轻的莫扎特最早接触戏剧就是从"学院戏剧"开始的。他有记载的第一次公开演出,是在1761年的"年终演出"中作为"伴舞"(salii)参演了《匈牙利王西吉斯蒙德》。但是他既没有在这部悲剧中扮演任何角色,也没有演唱"幕间剧"《托拜厄斯》(Tobias)——一部由小教堂乐队长约翰·恩斯特·埃贝林作曲的作品。莫扎特只是为两出哑剧,或者叫"插戏"中的一出或是全部跳了舞,根据"节目单",这两出"插戏"分别是《史蒂夫和他的妻子》(Stöfl und sein Weib)和《绿狗旅社的店主》(Der Würth beym grünen Hund)[11](图3.1)。这些"农村滑稽戏"在萨尔茨堡是很流行的"插戏"形式,"史蒂夫"一类的丑角从1748年开始就在大学剧场中出现。[12] 据戏剧史学家奥托·隆梅尔的看法,巴洛克校园戏剧中的这一类民间元素,对后来维也纳的"通俗剧目"的发展产生了很大的影响。[13] 尽管演出背景是很有档次,但年幼的莫扎特实际只是上台搞搞笑而已。

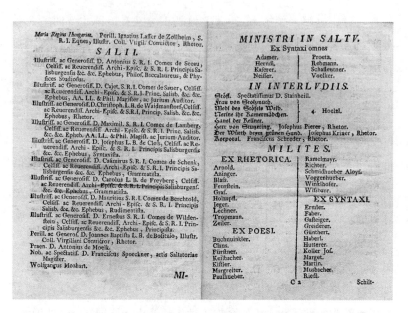

图 3.1　马里安·维默尔,《匈牙利王西吉斯蒙德》(萨尔茨堡,1762 年)。萨尔茨堡大学图书馆提供,排架号 R‑4102‑I.

在 1761 年的"年终演出"中登台,沃尔夫冈不仅仅是参与了萨尔茨堡最受欢迎的传统戏剧活动,他也在跟随父亲的足迹。列奥波德幼年在奥格斯堡至少为六次耶稣会的活动演唱过,最早的一次年仅四岁。[14] 他很可能把这次活动视作将儿子介绍给萨尔茨堡宫廷的理想机遇。他已经安排莫扎特在海顿和阿德尔加塞尔"指导下"创作了宗教歌唱剧《第一诫的义务》(*Die Schuldigkeit des ersten Gebots*, K. 35),这部戏于 1767 年 3 月在大主教住所的剧场演出。两个月后,沃尔夫冈"单飞",为悲剧《克罗伊斯的仁慈》(*Clementia Croesi*)的幕间剧《阿波罗与雅辛托斯》作曲。两者的剧本都是由鲁菲诺斯·维德尔神父撰写,表演者是他的学生,大学里语法学院的三年级(句法研习班)的学生,演出地点就在大礼堂,时间是五月份。

考虑到德语哑剧和歌唱剧在大学剧场的受欢迎程度,列奥波德没有选择这些体裁作为沃尔夫冈的首演，乍一看有些令人惊讶。但是，作为一个十一岁男孩献给本笃会大学的第一件作品，更高雅、更保守的拉丁语"幕间剧"看起来是个慎重的选择。而且考虑到沃尔夫冈已经写了《第一诫的义务》，也许列奥波德觉得有必要让他在使用拉丁语的体裁上一展身手，这将有助于赢得意大利喜歌剧的创作委托，而这无疑是他们愿望清单上的下一个目标。[15] 尽管这一体裁是比较崇高的，而莫扎特的"幕间剧"却保留了些许田园风格的元素，这在同类作品中很常见，比如米夏埃尔·海顿的《梦》(Der Traum)，那是之前的校园活动中的狂欢节演出的戏剧"Pietas in Hostem"的加演哑剧。

　　维德尔的《阿波罗与雅辛托斯》改编自奥维德的作品。在《变形记》中，雅辛托斯与阿波罗相爱，而雅辛托斯在一次掷铁饼事故中不幸死于阿波罗之手。奥维德之后的改编者给故事增加了一位情敌，泽菲洛斯故意将铁饼扔出了赛场而杀死了雅辛托斯。这样的故事情节放到本笃会的男生学校的舞台上是有些风险的。维德尔为了弱化故事中的同性恋爱关系的暗示，将两位男主之间的关系改为柏拉图式的，同时给阿波罗增加了一位爱恋对象，雅辛托斯的妹妹梅利亚。[16] 从更实际的角度来看，梅利亚为这部"幕间剧"增添了第二位女高音声部以及仅有的一位女性角色，使得主要演员达到了五个人（两个女高音，两个女低音，和一个男高音）。在那个时代，"学院戏剧"中的拉丁文幕间剧一般都有五个角色，其中要有一位女性（当然，都是由男歌手来演唱）。尽管现在泽菲洛斯也成了与阿波罗争夺梅利亚的对手，维德尔依然让他对雅辛托斯表达出了一种非常接近神话原作中对同性恋情的崇拜和暗示的感情。

　　泽菲罗斯在"幕间剧"中是承担了所有"罪孽"的避雷针，梅利亚则以同样的方式演绎了所有的美德。她虔诚地信仰神明，能够看出阿波罗的神的身份，对他的求婚毫不犹豫地接受。她仅有的一次冒犯神明也是由于德行过于纯粹：她认为阿波罗杀死了她的哥哥而与他断绝了关系,这是第二幕最后的一大段二重唱。但阿波罗原谅了她的渎神,因为他知道她这样做是出于纯洁的兄妹之情和对泽菲洛斯天真的信赖。在"幕间剧"的结尾一切得到解决的时候,梅利亚的父亲俄巴洛斯确认她的美德得到了神的怜悯:在最后的三重唱之前的一句台词中,俄巴洛斯宣告:"无辜的人不会被剥夺奖励。"[17]

《阿波罗与雅辛托斯》是莫扎特为特定的声音作曲的最早案例之一——在这个案例中,是青年男性的声音。"幕间剧"的演出人员在"节目单"上有记录,将其与同时期的其他节目单相比较,会发现"学院戏剧"反复邀请同一批歌手,他们大多是当地唱诗班的成员。[18] 这表明莫扎特在为《阿波罗与雅辛托斯》作曲时,通过外界评价和亲身经历,可能已经对他们的声音非常熟悉。他刻画角色时借助了歌手的年龄和声音类型。梅利亚和雅辛托斯都是女高音的角色,阿波罗和泽菲洛斯都是女低音,俄巴洛斯是男高音。二十三岁的马蒂亚斯·施塔德勒(俄巴洛斯)是演员中年纪最大的,他当时是大学生,不久之后加入了宫廷乐队担任男高音歌手,后又成为小提琴手。

约瑟夫·冯德通(泽菲洛斯),十七岁,是圣彼得教堂的乐手,也是一位当地唱诗班领唱的儿子。在《阿波罗与雅辛托斯》之前,冯德通的名字从未出现在任何"节目单"上,再加上他只排在两个伴舞角色之前,表明他可能处于唱诗班歌手变声之后的"宽限期"。[19] 如果演《阿波罗与雅辛托斯》时他正在变声的拐点上,那他的声音或许有利于表现泽菲洛斯这个角色的一种紧张和"不自然"的感觉。他的咏叹调,第二幕的"等一下!两位求婚者"(En! Duos conspicis),泽菲洛斯试图说服梅利亚嫁给他而不要嫁给阿波罗。这段 A 大调的咏叹调,音域从五线谱下方的 A 到高出第五线五度的 E,中间有几处跨过换声区的大跳,几乎是为了凸显冯德通的变声而设计的。

阿波罗是一个高得多的女低音角色,演绎这个角色的是一位年轻得多的歌手,十二岁的小教堂唱诗班歌手约翰·恩斯特。阿波罗登场的咏叹调"我是牧羊人阿波罗"(Iam pastor Apollo),A大调,比泽菲洛斯的"等一下！两位求婚者"高出四度。然而,这首从头反复的咏叹调的B段,莫扎特给了恩斯特一些有挑战性(而且音相当低)的花腔段落,表明恩斯特的音域、技术和气息控制都优于冯德通。[20]

克里斯蒂安·恩齐格(雅辛托斯)与恩斯特同龄,相对而言是一位新人,才第二次出现在萨尔茨堡的"节目单"上。费利克斯·富克斯(梅利亚)是一位十五岁的演唱女高音声部的歌手,经常在萨尔茨堡大教堂或宫廷演唱清唱剧的最主要的声部。[21]富克斯和恩斯特从以前开始,到《阿波罗与雅辛托斯》之后,在很长的时间里一直都是海顿和阿德尔加塞尔首选的高音和中音歌手。他们经常扮演情侣,不论是拉丁语的"幕间剧"还是地方特色的德语歌唱剧。他们在海顿的《梦》当中演唱了达蒙和阿玛莉丽丝的角色。他们演绎男女主角的经历莫扎特可能非常熟悉,也凸显了这样一个事实：尽管《阿波罗与雅辛托斯》这个标题是来自神话原作,但"幕间剧"的"现代"主角是阿波罗和梅利亚。甚至连终场的梅利亚、阿波罗和俄巴洛斯的三重唱,G大调三拍子的"终于,电闪雷鸣之后"(Tandem post turbida fulmina),都让人想到《梦》当中达蒙和阿玛莉丽丝的那首F大调三拍子二重唱"哦,阿玛莉丽丝,我真幸福"(O Amaryllis, ich lebe vergnügt)的田园风格元素。

当莫扎特在"学院戏剧"这种体裁上留下印记,熟练地驾驭其通行的语汇、道德传统和隐含的性内容的同时,这一体裁正因为这些传统和隐含内容而受到攻击。1762年,约翰·戈特黑尔夫·林德纳发表了《论校园表演》,其内容为四部德语的"学院戏剧"以及一篇对此体裁进行评论的序言。[22]当时,林德纳是里加的路德派大教堂学校的校长,在序言中,他(在探讨了其他一些问题的同时)认为不应该让儿童扮演不道德的角色。不当的行为只要最终被纠正就是可以接受的,但是,儿童不可以演绎"禽兽和怪物"或"无可救药的恶棍"。[23]林德纳也对男生扮演女性角色以及表现爱情的场面表示不满,在他看来,这些只适合出现在职业剧场中。"只有父子之情、兄弟之情、[和]友情(在绝对没有邪念绝对正经的前提下)……才能确保感情的烈焰不会渗入毒素、激起欲念,或错误地导致天然的、不可接触的冲动。"[24]

一篇对林德纳戏剧的轻蔑的评论,开启了一大波辩护和反击,连约翰·戈特弗里德·冯·赫尔德①也于1768年参与其中。在赫尔德一篇未发表、仅有手稿流传的文章中,他问道,正当他和一批学者开始更深入地研究人类生活,为什么还会有人希望青少年和儿童远离舞台。[25]他认为,审查他们的剧作,就是否认年轻人的生活也像年长者一样富有戏剧性,否认他们也有自己的激情和矛盾冲突。[26]赫尔德引用了贺拉斯、卢梭和狄德罗,热情地提倡戏剧中的现实主义,包括儿童戏剧。如果学生们要做的只是演绎模范,那么,赫尔德担心,"我们在舞台上展示的就不再是自然的人,而是**政治**的人(这里加粗的赫尔德原文为大写),不再是人,而是猿猴。"[27]

我们可以把这场争论称为"学院戏剧之争",因为同时发生着一场"丑角之争",那是始于1737年的一场关于德语戏剧的功能和内容的宣传册大战,以卡罗琳·诺伊贝尔在她戏班的演出中取消"丑角"为开始的标志,1752年玛丽娅·特蕾莎禁止即兴戏剧使争论升温,1768年随着约瑟夫·冯·索南费尔斯的《关于维也纳戏剧的通信》而在媒体爆发。[28]尽管两场争论的焦点是不同的剧目,但同样关心戏剧在道德和教化方面的潜在功能。正如马丁·内德巴尔曾指出的,戏剧的教化意义的倡导者们充分利用了这一事件的巨大反响。1755年,演员和剧作家弗里德里希·威廉·魏斯克恩——后来在"巴斯蒂安和巴斯蒂安娜"中与莫扎特合作——将说教性的戏剧称为"医治灵魂的糖衣药丸",显然这个说法可以类比我们在第二章见过的教育学表述中自称

---

① 译者注:约翰·戈特弗里德·冯·赫尔德(Johann Gottfried von Herder,1744—1803),德国思想家。

"寓教于乐的活动"。[29]

　　然而在萨尔茨堡,本笃会大学在戏剧改革面前可以算是个钉子户。即使在1768年12月,奥地利学业委员会禁止任何"校园剧场"举办校园演出之后,萨尔茨堡的演出依然持续了八年之久。[30] 最终为萨尔茨堡的"学院戏剧"画上句号的,似乎主要不是道德问题,而是大主教的个人喜好。施拉滕巴赫对"学院戏剧"的主要不满在于毫无节制的长度,而不是内容,而他的继任者科洛雷多不满的基本上是开销。[31] 1775年,科洛雷多开办了萨尔茨堡第一所公共剧场,明确表示以创建一种"教化戏剧"为目的。[32] 一年后,他发布了学校规程"关于公开的结业活动"(De publicis peroratinibus),其中要求不再进行"学院戏剧"的全套舞台演出,改为在颁奖典礼上的不带舞台布景的朗诵。[33] 最后,在1778年,科洛雷多将大学剧场整个关闭。在这段历史的最后阶段,萨尔茨堡的作曲和作词者们,对"学院戏剧"的形式和内容进行了种种实验,包括将拉丁语的"幕间剧"整个换成经过改良的德语"幕间剧"(或许其目的在一定程度上是想挽救这一戏剧体裁)。由此,萨尔茨堡既代表了德国戏剧走向世俗化和商业化的趋势,也代表了对戏剧的教育意义的不懈追求,即便在"学院戏剧"这种戏剧体裁消失之后。

　　尽管莫扎特在《阿波罗与雅辛托斯》之后再也没有涉足这一体裁,但我们知道他对这些争论是很清楚的。他甚至在1781年给父亲的一封信中提到了"丑角之争",信中讨论了与小约翰·戈特利布·施特凡尼在歌唱剧上合作的计划(该计划最终成果就是"后宫诱逃"),他的看法是:"我十分确信(丑角)在音乐中尚未被取消,在这件事情上,法国人是对的。"[34] 只要看看莫扎特塑造的如彼德利诺、帕帕吉诺等喜剧型跟班的角色,就能知道他在他整个歌剧创作生涯中,依然是偏袒丑角的,也是偏袒他自己所处的社会圈子。[35] 大学剧场和公共剧场的失败和关闭,恐怕也是莫扎特决定离开萨尔斯堡,放弃大主教给予的职位而前往维也纳的理由之一。

"儿童戏班"与《巴斯蒂安和巴斯蒂安娜》

尽管施拉滕巴赫厌恶漫长的"学院戏剧"夜演,科洛雷多永久关闭了大学剧场,萨尔茨堡的戏剧史家们还是会急忙补充说,这并不意味着两位大主教反对一切形式的戏剧。相反,他们在位期间都对途经萨尔茨堡的巡回戏班十分支持和关照。施拉滕巴赫在世的时候甚至由于喜爱低级趣味的戏剧而招来过一些批评。[36] 例如 1767 年 2 月,他拒绝出席为他本人的生日而准备的"学院戏剧",而在他自己的"官邸剧场"观看一家意大利戏班的演出。这次缺席造成了一条不大的负面新闻。[37]

施拉滕巴赫明显特别喜欢儿童们的戏班。实际上每一个巡回戏班都有年轻的演员,出身演艺家庭的儿童通常会传承父母的职业。[38] 但是,完全由儿童和年轻的表演者组成的戏班是一种很受欢迎的新奇事物,让人回想起伊丽莎白时代的男童唱诗班,像圣保罗大教堂的童声班和皇家小教堂的童声班(在莎士比亚的"哈姆雷特"中被称为"小雏鸟们"而名扬后世)。[39] 十七、十八世纪的儿童戏班与成年的同行走着相同的路线,表演着基本相同的剧目,掌握着数量令人惊讶的戏剧、歌剧、芭蕾和哑剧。[40] 这些戏班出没于各种场合,从市集的大棚,到皇家的加冕礼现场,从阿姆斯特丹到巴黎,从维也纳到汉堡。

启蒙时期的哲人如德尼·狄德罗和让-雅克·卢梭等曾称赞过在 1740 年代活动的最早的巡游儿童戏班之一:"荷兰小童班"(Piccoli Hollandesi)。约翰·马特松在他 1749 年的《哑剧研究》中,将"荷兰小童班"[41] 评价为以一己之力复兴了古希腊哑剧艺术。[42] 然而,也有批判家,比如戈特霍尔德·埃夫莱姆·莱辛,对儿童演员的早熟表现出一种怀疑的,有时甚至有些神经质的态度。[43] 正是那些使这一类表演长

　　　　　　　　　　　　神童的写影:莫扎特与对童年的认识

期受到欢迎的因素,让道德主义者和戏剧改革家十分紧张:这之中,首当其冲就是儿童演员能够冒充成年人的举动的奇妙能力,包括爱情戏和暴力戏。儿童戏班通常拿手的是喜剧中比较有伤风化的"即兴喜剧"及其衍生剧种,在"丑角"早已在理论上被逐出德国舞台之后依然如此。尽管儿童戏班和其他巡回戏班都参与了在使用德语的土地上传播更上档次、更有文化的戏剧和歌剧,从莎士比亚作品到布尔乔亚悲剧,但是他们依旧保留着祖传的即兴表演的肢体喜剧。[44]

1760年代后期,最著名的德国儿童戏班由费利克斯·贝尔纳率领,活动年代从1761年到1787年,在1760年代至少有两次途经萨尔茨堡。这家戏班对外有很多种名号,"费利克斯·贝尔纳先生带领的青年演艺团","儿童大师班",或者直接叫"佩尔纳家的孩子们"或"贝尔纳家的年轻人"。关于贝尔纳的戏班资料甚多,有数量可观的歌剧脚本、戏剧脚本和当时媒体的评论留存至今,同时还有一部四十多页的由同行人弗朗茨·克萨维尔·加尼尔撰写的编年记录《贝尔纳青年戏剧团的消息》(Nachricht von der Bernerischen jungen Schauspieler-Gesellschaft),这部书还出了三版(1782年,1784年和1786年)。[45]加尼尔详细记录了戏班的人员和剧目,可见其不同寻常的受欢迎程度。这部书同时也显示了戏班在存续的二十五年间是如何逐步发展的。

当贝尔纳戏班在1766年第一次到访萨尔茨堡时,表演者的年龄在六岁至十七岁之间,平均十一岁。十五年后的1781年,年龄上限从十七岁提升到了二十一岁,平均年龄十四岁。[46]然而有一点必须注意的是,许多所谓"成年"的戏班演员初次登台的年龄也在十六岁左右,所以,成年戏班和儿童戏班在年龄上是有相当大的重合度的。[47]而且从当时的记录可以清楚看到,贝尔纳戏班的成年成员通常与年轻的演员在戏剧和歌剧中同台演出,尤其是在悲剧和严肃歌剧中担任爱情戏的主角。[48]因此,尽管主要的卖点——也是主要的受批判的点——是早慧的儿童演绎成人的奇妙场面,但是可能也有青少年和年轻的成人在冒充儿童演员。看起来，年龄和性别一样，是一个柔性的分类标准，表演者算年轻还是年长，是一个可以浮动的概念。[49]

"儿童戏班"受到批判的罪名有二。一方面，即使在自然主义的时代，他们依然迫使观众承认表演的非自然的基础，正如维也纳一家主流的评论性的报纸《真实日报》(Realzeitung)的这篇评论所说：

> 当一个小男孩扮演的老人说出一些只有成年男人才懂的事，不是说得含糊不清就是滑稽可笑。如果这些戏不是特意为儿童创作的，如果这些戏是本就应该由成人来演的，那这样的戏就是极其不自然的。[50]

"儿童戏班"的另一桩罪名涉及儿童与行为规范的界限。以克里斯蒂安·费利克斯·魏瑟为例，他是剧作家、歌唱剧剧本作家，以及当时最有影响力的儿童刊物《儿童伴侣》(Der Kinderfreund，1775—1782年)的编辑。在1778年的一期《儿童伴侣》中，魏瑟让笔下一个虚构的神灵为最近途经莱比锡的"某个儿童表演团体"令人震惊的演出哀叹道：

> 我实在无法忍受，听到他们唱着、说着那些最淫秽的，我都不想提的，最粗俗的东西，还伴着最无耻的动作。哦，对那些可怜的、无辜的、为了蝇头小利而被出卖的牺牲者，我何其怜悯：因为我看到他们不久将会变成什么样，我也看到他们的第一次青春（大多还是孩子）被遗憾地荒废，若不是仁慈的上帝始终注视着他们、奇迹般地将他们从堕落之中挽回，他们或许已经变成那样了。[51]

魏瑟如此激烈地反对压榨这些演员，其动机可能还不只是对儿童福利的高尚考虑。说到底，他在他自己的《儿童伴侣》上发表的儿童戏剧作品跟那些他试图贬低的戏班演出,其实是同样的商业产品,同样是"待价而沽"。[52] 然而,他的指责揭示了"儿童戏班"与性和商业关系紧密相连这个不愉快的事实,同时也揭示了,即便对儿童的保护主义理念正在发展,这一类团体依然广受欢迎。

贝尔纳戏班非但丝毫不回避这些批判,反而欣然接受乃至经常将其搬上舞台,尤其是在序幕、尾声、致谢、告别等戏班演出框架中。1775 年,在戏班到达美泉宫花园的时候,一位姓名不详的"小塔利亚"直接向女皇玛丽娅·特蕾莎致辞。"哦,女皇陛下",女演员恳求道:

> 请庇护我们的演出,
> 我们还小,我们的胸怀还太狭窄,
> 但我们的心很大,
> 它为奔涌的人群跳动,
> 每一滴血都是为您而流,
> 至高无上的统治者,德意志的明珠。[53]

这种夸张的谦卑姿态是戏剧的副文本中常见的俗套,看似不加艺术性修饰是为了衬托支持者的伟大,在这里实际体型娇小的演员更加体现了这种谦卑,她的心和身体也是对这整个群体的转喻。

虽然在对玛丽娅·特蕾莎歌功颂德时表达得很雅致,但平时贝尔纳戏班就和前辈们一样,利用表演者的年轻来制造尖刻而猥琐的幽默。[54] 在 1779 年的一场充满暗示的演出《女挤奶工和两个猎人》(*Das Milchmädchen und die beiden Jäger*)的独白式的尾声中,女主演玛格丽塔·利斯金(一位经常表演这一类尾声的女演员,而且图 3.2 中可能就是她)将常见的打破的牛奶罐的色情暗示加以延伸,来隐喻她自身作为一个演员的商品化:

Demithige Danckfagung
Von der Kleinen gelerten
pernerishen actrice und
Tänzerin.

图 3.2　年轻有学识的佩尔纳家的女演员女舞者的谦逊谢幕致辞(玛格丽
　　　　塔·利斯金?)(萨尔茨堡,1783 年)。萨尔茨堡国家档案馆提供,
　　　　排架号 015.799‑Ü.

"现在它破了,这美丽的罐子",就像格斯纳的牧神说的,"碎成了
一片片。"
我把我的牛奶带到舞台上,向所有人出售。

　　　　　　　　　　　　　　　　神童的写影:莫扎特与对童年的认识

想象我自己是一个妻子，拥有少女能期盼的

最可爱、最好的丈夫。[55]

利斯金（感觉更像是贝尔纳借她的口）继续隐晦地描述戏班中的年轻女性失贞的过程：

连上台表演都还嫌太小，但我们知道怎样变成熟，

接着骑士们骑着健壮的骏马来了，

拼断了长枪，让我们这些少女心神荡漾……

带我们到骑士中间当他们妻子，付给我们十足的金子。

那样更好吗？——不，先生们，我们留下，而且不长大才更好。

我们留下为大家歌唱，给眼睛和耳朵带来欢愉。[56]

这部尾声既有地方性的也有自传性的含义，指的是戏班固定成员可以预想得到的结局，利斯金不可避免的失身，以及戏班成员最终长大成年。留住青春的诉求——请不要娶我们，让我们留在戏班而永远年轻——是双刃的。甚至可以说，儿童显见的天真无邪与拿他们来展览的道德上有欠缺的表演工作之间的冲突，对生意大有益处——加尼尔说，1780 年在伯尔尼，足有 1 100 人观看了戏班演出，苏黎世有 1 200 人。[57] 最终，我们不必对这种既受欢迎又有争议的情形感到惊讶，即使在我们的时代，这种分歧和暗示依旧困扰着年轻的演出者们。

笔者在贝尔纳戏班上花了那么多时间并不仅仅是因为他们是莫扎特时代最杰出的儿童戏班，并且留下了最丰富的资料档案。同时也是因为他们途径萨尔茨堡的时候莫扎特一家也在那儿，而且正是沃尔夫冈在创作《第一诫的义务》和《阿波罗与雅辛托斯》，并尝试获得《装痴作傻》（K.51/46a，1769 年）的作曲委托的时候，换句话说，是莫扎特学习为歌剧作曲的最初的时期。这家戏班可能间接与莫扎特的歌唱

剧《巴斯蒂安和巴斯蒂安娜》和《扎伊德》有关。最后，贝尔纳家族私底下也与莫扎特一家相识，这一点可以从列奥波德1785年的一封信中得到印证，笔者将在本章结尾再谈这一点。

戏班第一次在萨尔茨堡有记录的逗留是在1766年12月，他们的首演就在十岁的莫扎特的《利琴查》（licenza，K. 36，男高音音乐会咏叹调"使命时刻"or che il dover）在大主教施拉滕巴赫的授圣职礼的庆典中演出之后的一天。[58] 至于贝尔纳戏班首演演了什么还缺少资料——宫廷记录员贝达·休伯纳神父只记录了戏班有六位女孩和四位男孩，他们将在基督降临节期间住在市政厅。[59] 戏班一直留到狂欢节结束，在1767年2月在宫廷进行了表演，当时的节目包括歌唱剧《能言善辩的西班牙人》（Großsprechender Spanier，约翰·约瑟夫·费利克斯·库尔茨创作，戏班的合唱指导帕尔马作曲）和两部芭蕾舞。[60]

贝尔纳戏班的剧目中也有一部歌唱剧《巴斯蒂安娜》，他们用的版本被认为是1764在维也纳的凯恩特纳托尔剧院首演的版本，脚本作者是弗里德里希·威廉·魏斯克恩（就是他将说教性的戏剧称为"医治灵魂的糖衣药丸"）和约翰·海因里希·弗里德里希·米勒。音乐由查尔斯-西蒙·法瓦创作，这出戏改编自原创法语喜歌剧《巴斯蒂安和巴斯蒂安娜的爱情故事》（Les amours de Bastien et Bastienne，1753年），包含约翰·巴蒂斯特·萨维奥增加的五个新段落。[61] 评论者相信，贝尔纳戏班1766年至1767年的逗留，使得莫扎特和萨尔茨堡的宫廷小号手约翰·安德烈亚斯·沙赫特纳，一位莫扎特家族的朋友，有机会接触了《巴斯蒂安和巴斯蒂安娜》，并于1768年合作完成了他们自己的版本。[62]

但是历史学家们似乎尚未提出这个不可回避的问题：莫扎特构思《巴斯蒂安和巴斯蒂安娜》有没有可能就是为了贝尔纳戏班？莫扎特不太可能在没有接受委托，甚至连一家具体的演出剧院都没有的情况下就承担这样大的一项作曲工作，尤其是考虑到他繁忙的日程和他这一家人的抱负。我们对这部歌唱剧诞生的情形所知甚少，因为莫扎特一家当时在萨尔茨堡和维也纳，所以这段时间没有家庭通信。另外，从《巴斯蒂安和巴斯蒂安娜》手稿的纸张来看，莫扎特是在离开萨尔茨堡之后开始这项工作的，不是在维也纳就是在奥尔米茨。[63] 格奥尔格·尼古劳斯·冯·尼森在 1828 年的《莫扎特传》中断定这部歌唱剧于 1768 年 9 月或 10 月在安东·梅斯梅尔的住所演出，这种说法尚未得到验证，即便是对的，梅斯梅尔这样一位平民不太可能个人委托创作这样一部作品。[64] 另有一种可能性，《巴斯蒂安和巴斯蒂安娜》有另一种版本，一个全程演唱的版本完成于 1769 年初，在莫扎特从维也纳返回萨尔茨堡之后。沙赫特纳对魏斯克恩和米勒的脚本的修改中有一项就是将念白改成了宣叙调，而莫扎特谱曲的前四首宣叙调是写在萨尔茨堡的纸笺上的。[65] 这个版本依然是未完成的，但很有可能是为了贝尔纳戏班而作的。当他们 1774 年再次在萨尔茨堡逗留，他们于 11 月在宫廷表演了一出歌唱剧《巴斯蒂安娜》。莫扎特与沙赫特纳当时都受雇于宫廷乐队，所以很有可能参与了这次演出。[66] 加布里埃拉-诺拉·塔尔发现这一版本中可能包含一些莫扎特的音乐，但即便如此，在存在时间不长的期刊《萨尔茨堡戏剧周刊》(*Salzburger Theaterwochenblatt*, 1775—1776 年)关于这个团体的第二次来访的评论中没有提到这部作品，也没有提到莫扎特，加尼尔的《消息》的所有版本中也都没有。[67] 目前的资料还不足以得出结论。

　　像《阿波罗与雅辛托斯》一样，《巴斯蒂安和巴斯蒂安娜》的故事表现了性渴望和嫉妒，并且充斥着对性经济的激愤。在巴斯蒂安娜和科拉斯第一次同台的场景中，她承认她没办法为他的帮助支付报酬，想用耳环抵偿，而他回答："像你这么可爱的孩子，我只要几个吻就满足了。"[68] 随后的巴斯蒂安娜的咏叹调"那时我的巴斯蒂安，开了个玩笑"(Wenn mein Bastien im Scherze)，描述了巴斯蒂安如何从她这里"偷走一朵小花"，而她"从内心深处感受到与他做这件事时同样的快乐"，这个隐喻就像打碎的牛奶罐一样熟悉。[69] 巴斯蒂安娜的下一首咏叹调"只要我也像那种女人"（Würd ich auch, wie manche Buhlerinnen），表明她明白，像她的竞争对手，那位不知名的"贵妇"（Edefrau）那样吸引那些仰慕者有多容易。而且她接受了科拉斯的劝诱，假装对她自己的一位城里的追求者有兴趣，以煽动巴斯蒂安的嫉妒心。[70]

然而，同样在这首咏叹调中，巴斯蒂安娜又明确地对城市的诱惑表示拒绝，而选择了"美德/依然存在于那牧羊人的小屋"。科拉斯支持这种反城市文明的偏见，声称：

> 除了乡村，哪里还能见到这样的天真无邪。在城里，人还在摇篮里就已经很精明，女儿常常比母亲懂得还多。[71]

巴斯蒂安关于巴斯蒂安娜的咏叹调"我爱的人那可爱的脸颊"（Meiner Liebsten schöne Wangen），延续了这个话题，再次以一段歌词直白地控诉城里的性经济：

> 高傲地俯视我们的财主们
> 只是对稀罕的东西感兴趣，
> 他们爱她的天真无邪，而且
> 得到她让他们觉得幸运。[72]

这里可以看到与利斯金的"女挤奶工"的尾声相对应的说法，都是既明白又无可奈何，正如琳达·泰勒所说："巴斯蒂安娜的音乐人格呈现出一种复合的个性：一大半是法国式的天真少女（ingénue），但也有部分意大利式的女仆（sevant）和德国式的女孩（Mädchen）的特征。"[73] 从没有人深思过莫扎特为这样的文字谱曲的意义，这也就是说，像《阿波罗与雅辛托斯》一样,十二岁的男孩熟悉这些表现勾引和偷情的歌剧套路是完全被社会所接受的。

多少有些令人吃惊的是,虽然主题有问题,1768 年的一份儿童刊物居然从《巴斯蒂安和巴斯蒂安娜》选取了"我爱的人那可爱的脸颊"改编出版(同时还有莫扎特的另一首歌曲,"An die Freude",将在第四章讨论)。这份期刊,《用于娱乐和教学的新文集》(*Neue Sammlung zum Vergüngen und Unterricht*,1768 年),出版于维也纳,是另一份儿童杂志《用于娱乐和教学的作品集》(*Gesammelte Schriften zum Vergüngen und Unterricht*,1766—1767 年)的后续。[74] 这两种刊物似乎是维也纳最早的儿童读物(德国主要的儿童出版中心是莱比锡),而且就像第二章提到的《活动》一样,其内容是教育性的戏剧、诗歌、歌曲、故事和散文。[75] 虽然我们不太了解在什么样的背景下,列奥波德安排将《巴斯蒂安和巴斯蒂安娜》中的咏叹调改编后发表在这份刊物中,但我们知道,他在 1768 年 3 月从维也纳写给哈格瑙尔的信中提到,玛丽娅·安娜·莫扎特向他们共同的朋友沙赫特纳索要"《儿童杂志》(*Kinder Magazin*)的第一部分"。[76] 历代学者都认为玛丽娅·安娜所指的是《儿童杂志》(*Lehrreiches Magazin für Kinder*,1758—1767 年),这是法国第一份儿童杂志,勒普兰斯·德博蒙夫人的《儿童杂志》(*Magasin des enfans*,1756 年)的德语版。[77] 然而,更合乎逻辑的情况应该是,玛丽娅·安娜说的"儿童杂志"并不是莱比锡的《儿童杂志》,而是维也纳的《新文集》,这份将在几个月后刊登她儿子的音乐作品的杂志。[78]

"达芙内,你玫瑰般的脸颊"(Daphne, deine Rosenwangen)的乐谱手稿在列奥波德手上,意味着由他负责进行钢琴改编,将歌唱剧的咏叹调改编成独立的儿童歌曲。[79] 或许列奥波德将此视为利用沃尔夫冈的作品牟利的方式,不论《巴斯蒂安和巴斯蒂安娜》最终能否登上舞台。在期刊目录中这首歌曲被列为"配乐歌曲"(Lied nebst Musik),意味着不想指明它与歌唱剧的关联。歌词有多处明显的改动(可能出自沙赫特纳、列奥波德，甚至可能是出版者）也可以看出，列奥波德考虑到了刊物的未成年人读者群体。加上"达芙内"这个名字，将内容变成了田园风的歌词，与《新文集》中的其他内容保持风格一致，比如第二期当中的"牧歌（Schäferlied）"，或者第四期当中的克洛依与达蒙的诗体对话。[80] 第三人称改成了第二人称，让歌手直接对着自己的爱人表达，更符合独立歌曲的特性。最后，第三段歌词作了戏剧性的改动：想要侵占巴斯蒂安娜的、"爱她的天真无邪"的"财主"，换成了听到讲述者与达芙内的幸福故事将会妒忌的"王子们"。这就将原诗中最直白的词句，从性压榨的领域，转移到了美好的田园世界。

尽管莫扎特的咏叹调的这两个不同版本都带着理想主义色彩，但十八世纪儿童表演者演绎的田园风格的角色掩盖了通常很严酷的现实，对这种现实，莫扎特一家（至少列奥波德和南妮尔）是有切身体会的。对演员而言，表演本身就是一个缺少保护的行业，而相比于成年同行，年轻的表演者更容易在身体和性方面受到虐待、压榨和胁迫。[81] 不止一位历史学家曾描述过一位法国儿童戏班的班主将戏班变成了自己的"私人后宫"，而尼科利尼对"荷兰小童班"成员施加的体罚则有详细的记载——这在体罚不被当回事儿的年代是司空见惯的。[82] 在这些方面，贝尔纳与他的同行们并无不同。《德国戏剧杂志》（*Theater-Journal für Deutschland*）1783 年卷，称赞了贝尔纳对戏班的财务管理有道，至少是在为他自己致富方面，但又提到，

（戏班成员）不论年纪大小都在他面前发抖，没有他的允许没人敢走出大门一步，而且要忍受对他们微薄工资的所有限制（有些根本没有工资），与奴隶相去无几。他让那些小男孩小女孩们始终穿着破衣烂衫，这是应当谴责的，从我提供的演出作品清单就很容易看出，他给他们分派了多少唱歌、跳舞和演出的工作。[83]

这样的条件加上旅途的艰辛以及青少年整体上的高死亡率,加尼尔报告的百分之十二的死亡率(1786 年版《消息》中提到名字的 58 名戏班成员有 7 名死亡)似乎低得难以置信。[84] 然而,死者中有一位是贝尔纳自己的女儿雅内特。在生了小女儿埃莉泽之后,贝尔纳的妻子将雅内特和妹妹埃莉泽一起从戏班带走,1776 年回到戏班,当时两个女孩大约一个八岁,一个十岁。[85] 就在一年多之后雅内特死了——加尼尔在《消息》中没有记录死因,虽然其他戏班成员他都记了。埃莉泽和她的母亲在戏班又待了四年,在 1780 年离开贝尔纳和戏班之后再没回来,此时埃莉泽十四岁。[86]① 加尼尔的《消息》的 1782 年初版和 1786 年的第三版中有一幅标注"贝尔纳小姐"的剪影(图 3.3),我们不清楚这是纪念贝尔纳的哪一位女儿的,但不论是哪一位,贝尔纳是在向一位已故或已远离的女儿致敬。

1782 年,埃莉泽·贝尔纳嫁给了歌手和演员约翰·内波穆克·佩耶尔,这场婚姻使她进入了与莫扎特家族相识的圈子。这对夫妻与贝尔纳夫人一起在萨尔茨堡住了几年,后来搬到了维也纳,再往后去了慕尼黑。1785 年,列奥波德每隔几天就给在圣吉尔根的南妮尔写信,交流最近的八卦,向她通报她的儿子列奥波德尔的健康状况。在九月份的一封信中,他告诉她佩耶尔和埃莉泽就住在附近,"结果,不是前面就是后面,我周围总有人在排练音乐。"[87] 三个月后,他提起埃莉泽——此时已十九岁——和她母亲之间的一次交流,消息来自双方都认识的人,作曲家约瑟夫·格雷茨:

> 那位"亲爱的妈妈"(cher Mama)刚一开口,女儿就大喊:"闭嘴,你个老骗子! 你个老混蛋! 否则我就不客气了,你个恶棍!"等等,等等。你猜怎么着,精彩的还在后头:"为了钱你让我当婊子,把

————————————

① 译者注:这一段及下文的年龄和年份记录有矛盾,不清楚哪里有笔误。

图 3.3 《贝尔纳青年戏剧团的消息》(维也纳,1786 年) 中
"贝尔纳小姐"的剪影。维也纳市政厅图书馆提供,
排架号 A‑12861.

我跟大男人锁在房里",等等,等等。这就完了? 没有! 还有呢:
"我爸养的就是一群小婊子,一个接一个地怀上孩子",等等,等
等。就到这儿吧! 谁想去佩耶尔夫人家里可得有心理准备。[88]

在信的结尾列奥波德恩请南妮尔保密。"我希望别让其他人看到这
个,"他请求自己的女儿,"我只跟你说过。"[89] 但这个故事已经是二手
的了,也就意味着早已在萨尔茨堡市面上广为人知:埃莉泽的父母不

仅让她卖淫(很可能包括她姐姐),而且她父亲带着戏班在中欧巡游时一直如此。在1785年年底之前,约翰和埃莉泽搬去了维也纳,在那里和沃尔夫冈成了朋友,受约翰启发,莫扎特在1786的某段时间创作了两部不正经的卡农:《火星对我来说很难读懂》(Difficile lectu mihi Mars, K. 559)①和《哦,倔强的佩耶尔》(O du eselhafter Peierl, K. 560a)。[90]

列奥波德转述的埃莉泽·贝尔纳的指控,与主要出自加尼尔之手的关于贝尔纳戏班的描述反差之大是令人吃惊的。在1786年版的《消息》中,加尼尔记录了戏班的十四条规章制度,给人一种非常专业的感觉,甚至稍稍照顾到了演员的权利(例如,有权质疑角色分配的决定)。第十二条明文规定团体成员的合同在"履行中发生经证实的不道德行为"的情形下无效。[91]除此之外,加尼尔和其他人写到贝尔纳时总是充满赞赏的,尤其是谈到他在遗嘱中慷慨地为戏班成员留下财产。这种正面形象塑造到了二十世纪依然延续。在1925年对维也纳戏剧的调研中,埃米尔·卡尔·布吕梅尔和古斯塔夫·古吉茨断定贝尔纳的行为"在道德上无可挑剔",而1936年《萨尔茨堡大众杂志》(Salzburger Volksblatt)中的一篇关于"萨尔茨堡的儿童剧院"的文章竭力论证贝尔纳"并不是一个压榨儿童的人,而是一位在遗嘱中为47名曾经的儿童演员留下遗产的值得尊敬的人"。[92]甚至在1973年,罗伯特·明斯特尔只能故作镇静地表示"莫扎特父亲在1785年12月2日转述的佩耶尔家庭纠纷可以在莫扎特书信全集中读到"。[93]但明斯特尔又说,"埃莉泽的母亲,苏珊娜·贝尔纳曾在1771年'狠心'地抛弃了她丈夫"。[94]显然这里完整地引述埃莉泽的话是不可考虑的,但明斯特尔还是忍不住对贝尔纳夫人的人品表示怀疑。

————————

① 译者注:这部作品的歌词是无意义的拉丁语词汇的组合,用以模拟德语中的一些秽语的发音,众所周知莫扎特热衷此道。

这段插曲与莫扎特并没有多大关联,除了有可能暴露出他和他姐姐幼年在外巡游时曾遭遇过的额外风险。在 1785 年列奥波德向南妮尔分享了埃利泽·贝尔纳的控诉的那封信之前一周,他在另一封信里提到了另一件八卦,这次是关于魏兹霍费尔戏班的,当时这家戏班正驻留在科洛雷多大主教十年前开办的公共剧场。八卦的内容是一位宫廷侍从的女儿怀上了孩子,男方可以肯定是魏兹霍费尔戏班的一位演员。列奥波德容许自己描述了一些污秽不堪的细节,因为照他的说法,"我都这么大年纪了,还有什么好顾虑的(bekümmere)。"[95] 说完整件事之后,他开始反思为什么女孩的父母没能保护女儿,而让她遭遇这种显然司空见惯的命运:

> 只要能让孩子平平安安,有多少父母不惜与魔鬼做交易,却不把教育放在心上。你至少得有 100 只眼睛和 100 只耳朵,才能时时刻刻看着女孩,防止她堕落(Verführung)。[96]

南妮尔肯定能听得出列奥波德这番充满痛苦的评述中暗含的对自身经历的回顾。在 1763 年到 1766 年的欧洲巡游中,他们经历了那么多演出、宫廷拜访和小酒店公演,很可能两个孩子中的一个或两个都曾在某些场合遭遇过危险。从列奥波德写回萨尔茨堡家中的信件来看,当然他是时时刻刻都在孩子们身边,兢兢业业地守护着他们的安全的。但是,让他们作为年轻的演员暴露在公众面前,这就不可避免地让他们直面受伤害的风险。他们能够幸免于难,除了谨慎之外,只能说是幸运。

在贝尔纳戏班的全盛时期过去之后十年,社会上才刚刚形成对儿童戏班的警惕。在 1790 年代,"儿童戏班"在萨尔茨堡被禁止,一支由克萨维尔·克雷布斯带领的戏班(他们的剧目中居然有《后宫诱逃》)因审查而陷入困境,最终解散了。[97] 压垮"儿童戏班"的最后一根稻草 1821 年来临,哈布斯堡外务大臣的儿子被曝光,曾性侵著名的弗里德里希·霍舍尔特的维也纳儿童芭蕾舞团数百名年轻女孩。[98] 针对此事,弗朗西斯二世皇帝禁绝了维也纳所有的此类团体,并在 1824 年将禁令推广至所有省份。[99] 这是否是一种信号,代表了对青少年权利的新的关注,对将青少年与公共生活的隔离的期望,对消化一件可耻的丑闻的迫切需求,还是三者都有,这是一个无法解答的问题。

"戏剧培训学校"和《扎伊德》

上述两种传统的戏剧形式之外,出现了一种不同的形式,试图将"学院戏剧"在道德上的无可挑剔和"儿童戏班"经久不衰的吸引力结合到一起。1772 年,演员和剧作家约翰·海因里希·弗里德里希·米勒(上文已提到过,此人是《巴斯蒂安和巴斯蒂安娜》的脚本作者之一)带领一群儿童在维也纳演出了他的戏剧《爱之岛,或,丘比特,心灵的探索者》(*Die Insul der Liebe, oder Amor ein Erforscher der Herzen*),伊格纳茨·乌姆劳夫配乐。《爱之岛》与诺韦尔的两部实验性的"儿童芭蕾"作品同时演出,而且米勒创作的本意似乎是让年轻舞者们的随意发挥的。[100] 但《爱之岛》深受观众的好评(其中包括贵族),并且得到了《维也纳日报》长时间的正面报道。[101]

米勒原本就是约瑟夫二世的亲信,1776 年,皇帝派米勒前往沃尔芬比特尔与莱辛会面,带回了改进维也纳戏剧的理念,为后来的国家剧院和国家歌唱剧院打下了基础。在回忆录中,米勒称他为年轻人开办戏剧培训机构的想法最初来源于莱辛。[102] "每一种艺术都要有学校,"据说莱辛这样告诉米勒,"只有通过这种方式,通过艰苦的学习和辛勤的汗水,学校培养出来的演员才有资格赢得这个时代的尊重和景仰。"[103] 米勒对这个想法进行了自己的解释,最后归结为一个教育项目,以此引入职业演员的培养。他的表述反映了当时的人们将儿童道德上的脆弱等同于所有戏剧观众和整个民族的观念：

> 千百年来的经验证明，对品格教育的最初的一步，决定了未来人
> 民的品格。这些印记是不可磨灭的，将对人的一生产生影响。一
> 切感受、情感、偏好和能力都要在最初萌芽时加以引导，此时柔软
> 的、无偏见的心灵能被任何微小的力量改变。这一点在道德教育
> 中毫无疑问是正确的，因此在培养每一位艺术家的过程中也是同
> 样要考虑的，只要有一所设施完备的幼儿戏剧院校，以上两者就
> 都可以达成，所以这样一个机构的不可估量的益处是不言而喻且
> 毋庸置疑的。[104]

  在玛丽娅·特蕾莎的《通用学校规程》（第二章已论及）实施仅仅
两年之后，米勒已经用道德教育为说辞来证明表演学校的存在意
义——这又是一个例证，表明了关于童年的理论与演艺行业之间动态
的互相交织与互相影响。

  1777年，正当约瑟夫的国家剧场开始成型，米勒向皇帝提出了这
所"戏剧培训学校"提案。在他的回忆录中完整引用的这份提案中，米
勒倡议演员要同时接受职业培训和伦理培训，而且他建议，除了表演、
歌唱和舞蹈课之外，还要教学生地理、宗教和历史。[105] 米勒将他的"戏
剧培训学校"视作有才华的贫穷儿童和孤儿的一个职业机遇，否则这
些人才将被"浪费掉"。[106] 而且正如第二章所提到的，约瑟夫在维也纳
"孤儿院"接触过几个有才华的儿童，这促使他同意了米勒的提案。

  然而，这种支持只是名义上的：约瑟夫二世并未提供"戏剧培训
学校"的启动资金，即便是在1777年12月他任命米勒为国家歌唱剧
院首任院长之后。但米勒没有放弃。在国家歌唱剧院的就职典礼上
演出了伊格纳茨·乌姆劳夫的《矿工》（*Die Bergknappen*）六个月之后，
米勒在城堡剧院重演《矿工》的同时，安排上演了奥古斯特·罗德的

"新式儿童喜剧"。这部"新式儿童喜剧"叫《回家的路，或康复》(*Der Ausgang，oder die Genesung*)，一部情感剧，是在 1776 年发表的献给"泛爱学校"(Philanthropinum，将在第四章详述)的一组三部作品之一。米勒这次排演邀请到了施特凡尼本人，莫扎特后来的合作者，来扮演父亲，而米勒自己的五个孩子扮演儿女们，这些孩子后来好几个都在宫廷剧场谋生。[107]

用这样专业的阵容上演一部家庭情感剧，无疑是试图向约瑟夫证明"戏剧培训学校"是一个有价值的项目。第二年——也就是莫扎特与他在《巴斯蒂安和巴斯蒂安娜》中合作过的沙赫特纳正在合作创作未完成的《扎伊德》那一年——约瑟夫卸掉了米勒在国家歌唱剧院的职位，据他本人说，为了让他终于有精力来创办他的"戏剧培训学校"。[108] 米勒个人出资承担了这项艰难的工作，在六月份的一期《维也纳日报》上用四页的广告宣告了这个机构的成立，同时请求资助。[109] 正式的首演于 1779 年 7 月在凯恩特纳托尔剧场举办，演出了歌唱剧《泽尔默斯和米拉贝拉，或完美爱人》(*Zermes und Mirabella，oder Die volkommenen Verliebten*)。[110]

米勒这家寿命不长的"戏剧培训学校"上演过莎士比亚的《暴风雨》和《哈姆雷特》——后者是贝尔纳戏班最喜欢的剧目之一——以及其他许多戏剧和歌唱剧，还有诺韦尔的芭蕾舞剧。但这个项目从未得到过多少推广，在首演和《回家的路》之后，似乎再也没有见到过后续的剧目单。1780 年 10 月，米勒获得了玛丽娅·特蕾莎女皇两个小时的接见，他们讨论了"戏剧培训学校"的事，米勒声称得到了玛丽娅·特蕾莎诚挚的支持。[111] 然而一个月后女皇去世，剧院临时关闭，之后这个新兴的项目再也没有唤起任何人的兴趣。米勒在 1781 年的《德国戏剧杂志》的一篇文章中呼吁资助，而约瑟夫不顾批评的压力，将学校与国家剧院合并，允许米勒留下年龄最大的一批学生，但迫使他放弃了芭蕾舞。[112] 1782 年 2 月，这家学校在完成一场《哈姆雷特》的演出后关闭,而整个国家剧院的项目也在不久之后告终。

　　书信中没有证据表明莫扎特一家曾讨论过米勒的项目。莫扎特家庭的通信中关于如何讨好国家歌唱剧院的内容也缺少细节。但是当沃尔夫冈于1781年三月抵达维也纳时,"戏剧培训学校"还在活动(尽管他写给家里的信中没有提到参与过他们任何演出)。而莫扎特到维也纳之后的第一件委托工作是为国家歌唱剧院创作的《后宫诱逃》(当时斯特凡尼已代替米勒掌管歌唱剧院)。在汇报这件事的信中,沃尔夫冈谈到了一个之前构思过但没有成功的项目:歌唱剧《苏丹王宫/扎伊德》。莫扎特告诉父亲:"至于沙赫特纳那部小歌剧,我没有任何办法——理由还是我经常提到的那样。"我们不清楚这个理由是什么,不过后来沃尔夫冈曾提到过维也纳人比较喜欢更轻快的戏剧。[113] 同时,斯特凡尼给了莫扎特《后宫诱逃》的脚本——由于正是歌唱剧院最终将这出戏搬上舞台,史学家们认为莫扎特的《扎伊德》也是为国家歌唱剧院而写的。[114] 然而,也有可能,《扎伊德》的创作原本不是为了国家歌唱剧院,而是为了米勒的"戏剧培训学校",这家据称刚刚得到了玛丽娅·特蕾莎的支持的学校。

　　有一些不可忽视的间接证据可以支持这一假说。首先,莫扎特创作《扎伊德》是在1780年,正值"戏剧培训学校"的全盛时期。事实上,当玛丽娅·特蕾莎离世导致所有剧场关闭,列奥波德叫沃尔夫冈暂缓"沙赫特纳的戏"的时候,他加了一句:"没准这部歌剧以后会给你带来征服维也纳的机会呢?"[115] 第二,《扎伊德》改编自贝尔纳戏班的剧目中的一部原创歌唱剧《苏丹王宫》——至于莫扎特和沙赫特纳是如何接触到《苏丹王宫》的,以及他们和贝尔纳的实际关系是怎样的,无从知晓。[116] 他们肯定见过一份(佚名的)1779年的波岑的脚本,但不能肯定他们是否了解约瑟夫·弗里贝特作的曲谱。[117]

　　第三是关于《扎伊德》中唯一的女性角色这个耐人寻味的问题。《苏丹王宫》里有两个女性角色,扎伊德和斯科拉文,后者在苏丹面前展示才艺的时候演出了一首元戏剧（meta-theatre）式的歌曲。[118] 但斯科拉文这个角色在莫扎特的歌唱剧中没有保留，至少在现存的手稿中没有，现存的手稿似乎是到第一幕终曲就结束了。泰勒相信莫扎特省略了斯科拉文是由于她的方言咏叹调难以处理，但是，莫扎特为一家永久性剧院创作的歌唱剧只有一个女性角色，这实在是无法想象的。[119] 在一种环境下，这类角色安排的规矩可以适当放宽，那就是米勒的"戏剧培训学校"。

目前为止，关于《扎伊德》和"戏剧培训学校"之间的直接联系的推测依然只能是推测。莫扎特家的通信没有提及米勒的这个附加的项目，虽然莫扎特和米勒一直都是朋友。然而，我们可以看出，《扎伊德》的当时流行的土耳其后宫戏的设定与"儿童戏班"的表演者们所处的环境有相通之处：与十八世纪想象中的充满奇幻色彩的苏丹王宫中的宫人一样，这些儿童演员都是"异乡人"，也是没有多少实际力量的。[120]《扎伊德》的前身《苏丹王宫》中，斯科拉文的那首才艺表演歌曲，就表达了这个角色应当演绎的多层次的内涵：

> 我明白，越蠢越有好处，
> 比耍小聪明更好，
> 我就装作很蠢的样子，
> 我就顺应潮流。
> 他们开口闭口都是金子和钱币，
> 他们要给我半个世界，
> 但我什么都不在乎，
> 只盼我能快些重回故乡。[121]

这个调剂氛围的喜剧角色，一个来自"兰德尔"（Ländl）的农村姑娘如今远离故乡。当她被苏丹选中时，她面向着观众演唱了这段咏叹调。

通过这段内心独白,她控诉了土耳其后宫的势利,既把她当作有才华的演员来尊重,同时又给她像"狗"和"猴子"一样低贱的地位。在这个过程中,斯科拉文也暗中控诉了"儿童戏班"这类机构——他们对自己心爱的演员们的物化和压榨。评论家们在描述这些戏班时使用的诸如后宫、奴役之类的表述,既是来自其剧目,又反哺了那些剧目。

从很早开始,莫扎特和他的家人就遇到过各种类型的儿童演员,并与他们一起工作过,从本笃会学校的学生,到唱诗班歌手、戏班演员,以及他们在旅途中遇到过的神童和年轻乐手。他们对参与演出的儿童易受伤害性的了解是来自自身经验的。而且在一些人眼里,这个家庭和居无定所的戏班并没有太大差别。在贝达·休伯纳的日记中,从 1766 年 11 月莫扎特一家从欧洲巡游回来开始,他写道,列奥波德"在英格兰和在其他国家一模一样,带着孩子们在公开舞台和剧院表演,跟外国的戏剧演员并没有区别"。[122] 玛丽娅·特蕾莎女皇在 1771 年将这家人作为"无用之人"遣出宫廷,还告诫他的儿子费迪南不要录用莫扎特,因为他们"像乞丐一样满世界跑"。[123] 这样的评论隐含的远不只是阶级上的蔑视:戏剧行业与卖淫之间的关联是莫扎特一家无法摆脱的。这是他们将孩子拿到舞台上展示所付出的代价。

第四章　儿童歌曲和关于游戏的作品

　　对童年和德行的焦虑并不仅仅关系到教堂、孤儿院、学校和舞台之类的公共空间，家庭环境甚至遭到更多的质疑。教育者们总在针对儿童该如何使用在家里的时间进行争论和提出指导意见。在玛丽娅·特蕾莎1774年的《通用学校规程》实施很久以后，她的大部分的臣民，不论哪个阶层，依然在自己家里教育自己的孩子，或是根本不教育。[1] 既然哈布斯堡的政府尚不能够说服儿童去上学，道德性和功利性教育就可以（实际上是必须）搬到儿童家里的客厅和游戏房里去实施。

　　儿童读物市场的诞生来源于一种高明的广告策略：煽动消费者的焦虑以产生并延续对于新产品的显著需求。在我们这个案例中，这种焦虑就是儿童阅读父母书架上的小说。想一下卢梭在《爱弥儿》中为什么一开始允许爱弥儿阅读的文学范围仅限《鲁滨逊漂流记》，他给出的理由之一是："你应当想尽办法，不让你的学生的头脑接触到任何他尚不能掌握的社会关系的概念。"[2] 与第三章中探讨过的那些关于"学院戏剧"中呈现的道德缺陷的争论类似，教育者们担心，让儿童几乎不受限制地接触虚构类作品，等于预先否定了儿童的社会性无知，而这种无知正越来越被视为儿童的关键品质。

　　对于让儿童读者在尚未成熟时接触成年人的或道德上有问题的内容的担忧，远在教育改革和十八世纪后期的出版潮流之前就已经存在。但是在《爱弥儿》之后，德语世界的作者们才开始提出一系列解决这一"问题"的方法，其形式就是儿童读物。这一年轻的类型中最有影响力的连续出版物就是儿童期刊《儿童伴侣》(Der Kinderfreund，莱比锡，1775—1782年)，第三章中对儿童戏班的抨击就是来自这一刊物。其作者兼编辑克里斯蒂安·费利克斯·魏瑟是一位知名的德国诗人、剧作家、歌剧脚本作家、翻译家以及教育学家，他以在成年人中已经广受欢迎的《德育周刊》(moralische Wochenschriften)为标准创办了《儿童伴侣》。与《德育周刊》一样(第二章中提到的《儿童空闲时间寓教于乐的活动》也属于同一类型)，《儿童伴侣》也是一份包罗万象的刊物，提供一切类型的有教育意义的消遣内容：诗歌、戏剧、对话、谜语、歌曲、故事、插图和纪实。所有素材都纳入一个道德性的叙事框架，由一位慈祥的"一家之主"讲述，他的名字叫门托尔先生(Herr Mentor，明显是借鉴了荷马的《奥德赛》和费奈隆的《特勒马科斯纪》中特勒马科斯导师的名字)。门托尔与四个孩子(年龄在五到十一岁)、他的妻子(基本只是个背景)，以及一群朋友一起生活，那群朋友的作用是提供内容来表达想要让教儿童的东西——也就是要教给《儿童伴侣》的读者们的东西。

《儿童伴侣》的印刷量达到一万册，据某种估计，光是在德国就有至少十万儿童阅读过(有不少修道院和皇家订阅)。[3] 而它还只是在十八世纪的后三分之一时间里近五十种德语儿童刊物中最受欢迎的一种。[4] 同类"畅销榜"第二名是《儿童小丛书》(Kleine Kinderbibliothek，汉堡，1779—1785年)，约翰·海因里希·坎普主编的半年度读物，这套书在二十五年中出了十版。[5] 坎普是一位教师、教育学家与作家，他在《儿童小丛书》第一卷的序言中指出他的目标是提供一种"既有乐趣又有教育意义同时还通俗易懂的"阅读材料。在1782年的第二版中，他又补充了一句："而且从任何角度来看，对他们都是绝对无害的。"[6] 坎普甚至把他这套文摘的每一卷根据目标读者群的年龄分成了三部分(5—7岁，8—10岁，11—12岁)。[7] 对儿童成长阶段的高度敏感(本书

第一章探讨的主题），加上对儿童的产出能力和德行的焦虑（第二、第三章），成为构建这一新兴儿童读物市场的工具。

我们在第二章已经接触过一些莫扎特为儿童期刊创作的作品。但莫扎特一家同时也是这一类读物的消费者。列奥波德偏好老式的教育学作品：他十分欣赏伊拉斯谟，那位写过两种关于教育的论著（1529 和 1530 年）的作者，还有费奈隆的《论女子教育》（1687 年）和《特勒马科斯纪》（1699 年），后面这部书他曾在父子俩第一次意大利巡演时布置给沃尔夫冈阅读。[8] 虽然沃尔夫冈并没有在书信中谈到过当时的教育学家如魏瑟、坎普、卢梭等，但他的藏书中有魏瑟的《给儿童的歌》（1767 年）和坎普的《儿童小丛书》。事实上，他有四首儿童歌曲的文本是来自《儿童小丛书》的。而且，鉴于家里的书是 1783 年的第二版，而那些歌曲创作于 1787 至 1791 年之间，这些书很可能是他们原本就收藏的家庭藏书，而不是仅仅为了寻找歌曲文本而置备的。[9] 除了魏瑟和坎普之外，沃尔夫冈的藏书还包括地理、自然史、数学、逻辑学及其他科目的儿童教科书，这些书很可能是他和康思坦策用来教育他们幸存的两个孩子，卡尔·托马斯和弗兰茨·克萨维尔的。[10]

在沃尔夫冈的藏书中还有一套三部慕尼黑耶稣会神父马蒂亚斯·冯·勋伯格的道德教育性的书籍：《培养年轻人高尚心灵的小故事和一些教育杂谈》（*Lehrreich Gedanken mit kleinen begebenheiten zur Bildung eines edlen Herzens in der Jugend*，1771 年）、《人类的事业》（*Das Geschäft des Menschen*，1775 年）和《年轻人的美德》（*Die Zierde der Jugend*，1777 年）。勋伯格是一位非常严肃的保守派，弗里德里希·尼科莱在《旅行记》（*Beschreibung einer Reise*）中称他为"极端偏执者"。[11] 关于《年轻人的美德》——这部书题献给萨尔茨堡大主教科洛雷多——约尔格-迪特尔·科格尔写道："按照勋伯格的看法，年轻时的贞洁是荣耀的源头，是一切美德之母。不能在年轻时坚守贞洁并认识到其价值的人，将在之后的人生中迷失。"[12] 乌尔里希·康拉德怀疑这些书是列奥波德给沃尔夫冈的,并觉得沃尔夫冈不太可能把这些书放在心上(对照一下他在那段时期与堂妹玛丽亚·安娜·特克拉·莫扎特,又称"小堂妹"(Bäsle),之间措辞下流的通信,这点就显而易见了)。[13] 然而,由此可以看出莫扎特是如何接触到了道德上最保守的、将两性隔离教育和年轻人的贞洁视作神圣不可侵犯的教育学作品。

在本章中,笔者将莫扎特的若干首儿童歌曲作品置于他自己的其他歌曲和其他作曲家的儿童歌曲的背景之上,试图发现阅读、游戏、工作、性别、性和道德是如何在家庭儿童歌曲上交汇的。莫扎特最初的和最后的歌曲(《致欢乐》(*An die Freude*,K.53,1768年),和《儿童游戏》(*Das Kinderspiel*,K.598,1791年)都是为儿童谱写的,它们将作为本章的收尾。像先前讨论过的《小纺织姑娘》一样,包括这几首在内的歌曲作品有意识地发挥着公共和私人领域之间媒介作用。它们包容而不排斥游戏,但是它们将之想象为一种工作——既是对成年人的劳动的练习,又是对逐渐分离的少男少女各自的圈子的适应过程。在J. W. 斯米德对儿童歌曲的调研中,他发现这些作品中儿童的形象"并不是一种其与成人差异性需要得到尊重的存在,而是一种循规蹈矩的成人的未成型状态,因而其行为必须尽快依照成人社会所遵循的道德和社会准则进行调教"。[14] 对这些曲目几乎不可避免地要以福柯的方式解读①:正如大卫·格拉米特这样描述当时以学校为基础的歌唱教育,"那套教育的方法正是训导和实体化,非常契合地体现了福柯所定义的训导实践"。[15]

然而,《小纺织姑娘》真正揭示的是,儿童歌曲并不能简化地看作是一种训练实践,或是对"洋溢着最甜蜜、最鲜活的旋律"的青春活力的美好表达,也不是"莫扎特在人生最后的时光重返青春"的标志。[16] 事实上,儿童歌曲以一种极其复杂甚至自相矛盾的方式,促使儿童,男

---

① 译者注:福柯(Michel Foucault, 1926—1984),法国哲学家。

孩和女孩去演绎自己的童年时代、演绎少年时代和少女时代——这种方式与游戏本身同样复杂且自相矛盾。在启蒙运动后期,游戏作为一种儿童活动饱受争辩,它或是被不切实际地理想化,或是令人不安地与性关联,还会被成年人的世界当作一种训练,或具有严重的破坏性、或完全无关紧要。[17] 不同的儿童歌曲通常以互不相同的方式处理游戏这一主题,避免了人们将这一类型的作品简单地视作只具备其核心的教育和怀旧的成分。同时它们还表明,将童年视作完全独立的、受保护的人生阶段的概念,在十八世纪绝对不是一个既定事实。

作为训练的游戏活动

在第一章和第二章,我们已经看到了启蒙时期教育改革者相信游戏是教育的基石。这不只意味着教育可以(也应该)是快乐的,同时意味着游戏可以(也应该)有教育性(这也就是常见的说法"寓教于乐"及其各种变称的来源)。[18] 这其中并没有什么特别新鲜的东西:J. 阿伦·米切尔对于中世纪的玩具和游戏时间提出反问:"在什么时代,儿童的休闲活动不是教育,不是对社会风俗的初步认识或是对国家机制的探究?"[19] 启蒙时代的不同之处是对象和理论基础。对象范围扩大了,除统治阶层之外还涵盖了中等和中上阶层;理论基础是双重的:以非强制性的或"悄悄的"指导推进开明的专制主义,与此同时,煽动对无序、无监管的游戏活动的恐惧感。在《教育漫谈》中——坎普在他1787 年的《学校和教育事业综述》(*Allgemeine Revision des gesammten Schul-und Erziehungswesens*)中翻译过——洛克写道:"应将儿童的所有游戏和消遣朝着有益、有用的习惯的方向引导,否则将带来不良的习惯。"[20] 看起来卢梭对于游戏的看法更宽松一些,他在《爱弥儿》(同样在坎普的《综述》中有过注释)中断言:"整个童年全部是或者应当是由游戏和嬉戏玩耍组成的",他指出游戏"仅仅是从工作中得到放松"。[21]但实践中,《爱弥儿》中儿童所处的环境的概念是一个巨大的、精心设计的、受严格管束的实验室,并处于不间断的道德指导之下,可见卢梭上述宽松的表达并不可信。

德国教育学改革的领军人物——与洛克与卢梭相当——是出生于汉堡的约翰·伯恩哈德·巴泽多,他于1768年提出"泛爱主义",这是一种颇有影响力的教育理念,并通过他1774年在德绍创办的一所实验学校得到发扬光大。受洛克和卢梭影响,巴泽多提倡一种比前辈们更为轻松快乐的学习方法,将课程伪装成类似"西蒙说"或"二十个问题"一类的游戏,后来被称为"游戏教学法"。[22] 与《爱弥儿》中一样,这种游戏绝不是自由的,而是由家长和教师精心安排和密切监控的。巴泽多的代表作《基础课本》(Das Elementarwerk,1774年),一部以图片为主的五卷本综合性的儿童教程,并不是面向教师,而是直接面向家庭的。[23] 在第一卷中,巴泽多就提出:

> 我们不可以限制儿童进行无害的游戏的自由……但你可以设法让他们几乎只会选择你愿意告诉他们的游戏,那些可以有益于提升身体技能、增加头脑中的概念或培养未来的德行的游戏。[24]

甚至连幼儿也不能幸免于这种教育要求:

> 我们喜欢和幼儿玩耍。但我们还可以设法使这种快乐带来更多益处……与幼儿或略大一些的儿童玩的每一个游戏、开的每一个玩笑,都必须经过设计以达到明确的目的,或是帮助他们认识物件或自己的名字,或是作为语言基础的初步练习,或是锻炼身体。[25]

在与教程配套的由插画师丹尼尔·霍多维茨基制作的《基础课本

铜版画集》中,能清楚地看到这种将游戏工具化的理念。[26] 九十六幅图片,每一幅都对应一部分正文,"儿童和儿童伴侣"要大声朗读相应文字内容——成年人的任务是向儿童解释每一幅画面的含义。[27] 图版5,是一组三幅描绘了游戏和娱乐活动的图片中的第一幅,代表了此书所针对的最低年龄段的儿童,所以对应文字也不是由儿童来朗读,而是由母亲读给一群儿童听(图 4.1)。文本中对谈,儿童称读者为"妈妈",遵循了卢梭派提倡的母亲是婴幼儿的第一位教师的理念。[28]

毫不意外的是,最激烈的室外游戏都是小男孩在玩,而仅有的室内空间似乎是女性专属。集体舞蹈是少见的两性有身体接触的场景,所以理所当然,这个场合要有成人的监管和评判。巴泽多将窗口的人物描述为一位悄悄注视着的祖父,并揣测,当他看到"那个无知的女孩

图 4.1　丹尼尔·霍多维茨基,图版 5,"儿童娱乐活动"(Vergnügungen der Kinder),出自《巴泽多基础课本铜版画集》(柏林和德绍,1774年)。奥地利国家图书馆提供,排架号 ∗31. B. 7.

腿抬得太高,女孩是不该这样的","他对此会说些什么"。[29] 在描述右下图中女孩玩洋娃娃的画面时,"妈妈"告诉女儿们,抱洋娃娃的时候,要像她们看到的自己的保姆将小孩子抱在怀里的方式那样去做。"妈妈"强调,这样女孩子们将来就能在自己家庭中帮助自己的母亲或亲戚们照顾真正的孩子。[30] 通过对《基础课本》中相应文本的逐字朗读,将会使儿童习惯于认为自己的生活也是受到同样水平的审视的,并且会寻求以同样的方式与家长相处。

图版 6 展示了略微年长一些的儿童,对应的文本要由两个八岁儿童朗读(图 4.2)。根据文本的指示,上两幅画面由女孩讲述,下面两幅则是男孩。左上图中的游戏叫"来客人了",是让女孩练习像大人一样接待访客的。[31] 这幅图和下方的图之间的反差,女孩僵硬的举止、梳

图 4.2　丹尼尔·霍多维茨基,图版 6,"其他儿童娱乐活动"(Andere Vergnügungen der Kinder),出自《巴泽多基础课本铜版画集》(柏林和德绍,1774 年)。奥地利国家图书馆提供,排架号 ∗31. B. 7.

　　　　　　　　　　　神童的写影:莫扎特与对童年的认识

妆台、发型,与室外玩耍的男孩各种充满活力的运动姿态和飘逸的头发之间的反差,让我们看到,在只和自己同性的伙伴一起玩耍的过程中,发育期之前的女孩必须练习的是稳重和细心,而男孩们必须练习的是行动和探索。不仅如此,女孩们总是一起玩耍,而男孩们,正如旁白的解说,"每个人有自己的游戏和娱乐"。[32] 这没什么好特别惊讶的,但让我们看到了合作与独立的观念有多么性别化——这一点将成为我们接下来探讨的几首儿童歌曲的主题。

作为道德游戏的音乐: 儿童歌曲的兴起

游戏活动曾经是一种暂时摆脱其他社会责任的相对不受制约的领域,而现在巴泽多急切地将其重构为一种训练活动。但是,歌唱属于什么类型的游戏,或者说训练呢? 巴泽多在他可能有过的教育哲学中从未允许歌唱占据核心地位——在泛爱学校的课程中,歌唱并不是一门学科,而是与舞蹈和骑马一样的身体锻炼。[33] 在第一章中我们已经看到,洛克和卢梭对待游戏的功利主义方法没有给音乐留下多少空间。人们相信器乐尤其危险,因为缺乏说教性的文本来进行道德阐释以消解其固有的颓废本质——唯一的例外是格奥尔格·菲利普·泰勒曼的存续时间不长的《忠诚的音乐大师》(*Der getreue Musicmeister*,1728—1729 年),正如史蒂芬·佐恩指出的,它将对位练习变成了期刊中的"道德辅导的一道风景线"。[34] 至于儿童的歌唱活动,卢梭不以为然,认为其"从没有灵魂",也不会有,因为这需要儿童不该具备的高水平的伪装能力(和生活经验)。[35] 卢梭警告说:"模仿性、戏剧性的音乐不适合他(爱弥儿)的年龄,"书中提到这一点大约是在爱弥儿十三岁到十四岁之间。"我甚至不希望他随口哼唱,如果他真的想唱歌,我会试着专为他写歌,写一些让他这个年纪能感兴趣而且同他的想法一样简单的歌。"[36] 在这里,卢梭半真半假地,或许是不经意地,提出了儿童歌曲要有独立曲目的倡议。

这个倡议得到了德国教育学家的回应和认真对待,对于歌曲用于儿童教育的可能性,他们整体上比英国人或法国人更乐观——而且对于其必要性更有体会。在《基础课本》出版之前十多年,在一期与《爱弥儿》同年(1762)诞生的道德主题的周刊《北欧卫士》(*Der Nordische Aufseher*)中,常驻哥本哈根的教育家戈特弗里德·贝内迪克特·丰克哀叹这个时代缺乏熟悉音乐的思想者和作家。[37] 为了论证儿童艺术教育在伦理方面的作用,他以希腊人为例,他们将音乐知识视作必备的普通文化素养。丰克认为,对年轻人来说音乐是最好的艺术,因为音乐最接近他们自然玩耍的节奏,他指出:

> 有些有益的练习可以像他们平时玩的游戏一样轻松而有趣。他们能很快地从奶妈那儿学会粗鄙的摇篮曲,也能同样快地学会轻巧优美的诗句。他们喜欢听他们的家庭教师讲那些吓唬人的童话,也同样喜欢优雅的有韵或无韵的寓言,或是精彩感人的故事。他们学习唱歌或演奏乐器时会很开心,就跟用卡片搭房子时一样。他们对美的、正常的东西的品味可以轻易地、不知不觉地建立起来,也可以同样轻易地、不知不觉地被不好的东西摧毁。[38]

丰克在这里利用对未受约束的游戏和歌唱活动的微妙的抨击,将对于音乐曲目的需求合理化了。丰克所运用的阶级歧视、性别歧视的二分法,将女性看护人的"粗鄙的摇篮曲"放到像他这样的教育学家提供的高雅的文化和音乐内容的对立面,为不断发展的家长作风的干预开辟了空间。[39]

"我一直希望,"丰克继续说道:

希望……能有一种可以毫无顾虑地交给孩子们的作品集。其中的作品要经过仔细挑选,同时照顾到诗歌性和音乐性。我们需要找到轻巧优美的诗句,其中不能包含任何一点对没有道德意识的人产生危险的内容;同时要找到同样的轻巧、上口、自然、有内涵,而且与歌词内容相适应的音乐。[40]

在《北欧卫士》发表十年之后,丰克的文章被巴伐利亚教育学家克里斯蒂安·戈特弗里德·伯克在他 1772 年的《改善青少年教育周刊》(*Wochenschrift zum besten der Erziehung der Jugend*)中再次刊发。[41] 在注释中,伯克以赞同的态度认为"为魏瑟、盖勒特,哈格多恩和拉瓦特尔等人的歌曲所谱写的优秀的旋律,已经实现了丰克的希望"。[42] 就在中间这十年时间里,包括以上四位在内的众多诗人和作曲家,带来了专为年轻的读者群体创作的歌曲数量的激增,详情可参见表 4.1。

这些曲集绝不是无人问津的老古董。从《通用德语书目》的评论,众多的印次和卷数,以及在当时更受瞩目的儿童期刊中的单独印行的歌曲来看,我们可以认为儿童歌曲有相当大的读者群体。莫扎特去世时,他的藏书中,除了他曾供稿的约翰·亚当·希勒的《四声部经文歌及咏叹调……供学校及其他歌唱爱好者使用》(1776 年)之外,还有至少一种儿童歌曲集。希勒在他那部书的序言中提议,在德国大型和中型城市的大部分学校都应该有一个合唱团体,以便"人们合情合理地要求"演出他这些作品。此后,他还有一篇文章同时向新教徒和天主教徒推荐这部曲集。[43]

儿童歌曲与宗教歌曲和民间歌曲都有关联,因而同时具有前者的说教目的和后者的文化气息。歌曲的主题多种多样,有对大自然的象征,有对人的享乐生活的赞美,有日常生活中俗套的小插曲,还有玩伴的突然死亡,这些内容为年轻的读者提供了手段去应对和表达多姿多彩的童年经历和情感,同时也强调了这些问题中蕴含的道德观念。

表 4.1 1760—1799 年间主要单独发行的儿童歌曲集

年 份	题 名	作 词	作 曲	出版地
1766、1768	《给儿童的小曲,为提升德行》,附人声与钢琴曲谱,2卷 _Kleine Lieder für Kinder zur Beförderung der Tugend. Mit Melodien zum Singen beym Klavier, 2 vols_	克里斯蒂安·费利克斯·魏瑟	约翰·阿道夫·沙伊贝	弗伦斯堡
1769(修订于 1775、1784)	《给儿童的歌(增订版),附约翰·亚当·希勒谱写的新曲 _Lieder für Kinder, vermehrte Auflage. Mit neuen Melodien von Johann Adam Hiller_	魏瑟	约翰·亚当·希勒	莱比锡
1772	《给儿童的歌》,附戈特洛布·戈特瓦尔德·洪格尔谱写的新曲 _Lieder für Kinder. Mit neuen Melodien von Gottlob Gottwald Hunger_	魏瑟	戈特洛布·戈特瓦尔德·洪格尔	莱比锡
1773	《给女孩的小曲》 _Kleine Lieder für Kleine Maedchen_	戈特洛布·威廉·布尔曼	布尔曼	柏林与哥尼斯堡
1774	《布尔曼给男孩女孩的小曲》…附选自周刊《老人》的歌曲 _G. W. Burmanns Kleine Lieder für Kleine Mägdchen und Knaben… nebst einem Anhang etlicher Lieder aus der Wochenschrift: Der Greis. Zu Zweyen Stimmen ausgesetzt_	布尔曼	"J. G. H."	苏黎世

年 份	题 名	作 词	作 曲	出版地
1774	《给儿童的五十首教堂歌曲》 *Fünfzig geistliche Lieder für Kinder, mit Claviermäßig eingerchteten Melodien, zum Besten der neuen Armenschule zu Fiedrichstadt*	克里斯多夫·克里斯蒂安·施图尔姆	希勒	莱比锡
1774	《女孩的歌》，人声与钢琴 *Lieder eines Mägdchens, beym sungen und claviere*	[F. A. C. 韦特]	不详	明斯特
1774	《给女孩的小曲》，为布尔曼配的新曲 *Neue Melodien zu G. W. Burmanns Kleinen Lieder für Kleine Mägdchen*	布尔曼	约翰·弗里德里希·沙尔	柏林
1775	《爱国青年基督教歌曲》 *Christliche Lieder der vaterländischen Jugend, besonders auf der Landschaft, gewiedmet. Mit Choral-Melodien zu vier Stimmen*	约翰·卡斯帕·拉瓦特尔	J. G. H.	苏黎世
1775	《给德国奶妈的摇篮曲》,附曲谱 *Wiegenliederchen für deutsche Ammen, mit Melodien*	弗里德里希·尤斯丁·贝尔图赫	恩斯特·威廉·沃尔夫	里加

年 份	题 名	作 词	作 曲	出版地
1776—1791	《四声部经文歌及咏叹调总谱》,由多位作曲家谱写,供学校及其他歌唱爱好者使用,6卷 Vierstimmige Motetten und Arien in Partitur, von verschiedenen Componisten, zum Gebrauch der Schulen und anderer Gesangsliebhaber, 6 vols.	(多人)	希勒	莱比锡
1777	《给少年们的小曲》 Kleine Lieder für Kleine Jünglinge	布尔曼	布尔曼	柏林与哥尼斯堡
1777	《给儿童的小曲》,附人声和钢琴伴奏的曲谱(抄本) Kleine Lieder für Kinder. Mit Melodien, zum Singen beym Klavier [manuscript]	?	?	莱比锡
1780	《给儿童的歌》,附非常简易的新曲 Lieder für Kinder mit neuen sehr leichten Melodieen	?	格奥尔格·卡尔·克劳迪乌斯	法兰克福
1781—1790	《选自坎普儿童丛书的儿童歌曲》,附人声和钢琴伴奏的曲谱 Lieder für Kinder aus Campes Kinderbibliothek mit Melodieen, bey dem Klavier zu singen, 4 vols.	(多人)	约翰·弗里德里希·赖夏特	汉堡、沃尔芬比特尔与布伦瑞克

神童的写影:莫扎特与对童年的认识

年 份	题 名	作 词	作 曲	出版地
1782	《选自〈儿童伴侣〉的歌曲集》 *Sammlung der Lieder aus dem Kinderfreunde, die noch nicht mit neuen componirt waren, Melodien von Johann Adam Hiller*	魏瑟	希勒	莱比锡
1786	《儿童的早晨,下午和节日,配钢琴伴奏》 *Morgen, Abend und Festgesänge für Kinder beim Clavier*	?	克里斯蒂安·弗里德里克·海尼克	莱比锡
1787	《儿童版鲁道夫·克里斯多夫·罗修斯的歌和诗》,配简易旋律 *Faßliche Melodien zu Rudolf Christoph Loßious Lieder und Gedichte ein Etui für Kinder*	鲁道夫·克里斯多夫·罗修斯	格奥尔格·魏玛得·魏玛	埃尔福特
1789	《给参与生产劳动的年轻人的歌曲集》 *Sammlung einiger Lieder für die Jugend bei Industrialarbeiten mit den hiezu gehörigen Melodien*	弗朗茨·斯蒂亚斯尼	(多人)	布拉格
1789	《给年轻钢琴演奏者的带旋律的歌曲》 *Versuch einiger Lieder mit Melodien für junge KlavierSpieler. 3 Theile*	?	卡尔·戈特利布·黑林	莱比锡
1789	《十二首儿童歌曲》,人声和钢琴 *Zwölf Kinderlieder fürs Gesang und Clavier. Ein Geschenk für die Musicliebende Jugend*	?	约翰·海因里希·埃利	苏黎世

年份	题名	作词	作曲	出版地
1790	《简易钢琴歌曲》 Einfache Clavierlieder	（多人）	（约翰·戈特利布·）卡尔·斯帕齐尔	柏林
1790—1801	《培养爱国主义精神的歌》 Gesänge zur Beförderung Vaterländischer Tugend. Neujahrsgeschenk ab dem Musiksaal an die Zürcherische Jugend. 12 Stücke	（多人）	（多人）	苏黎世
1791	《给儿童和儿童伴侣的歌曲集》 Liedersammlung für Kinder und Clavierfreunde am "Frühlingslieder"	（多人）	（多人）	维也纳
1791	《给儿童和儿童伴侣的歌曲集》 Liedersammlung für Kinder und Clavierfreunde am "Winterlieder"	（多人）	（多人）	维也纳
1792	《施皮尔曼的25首给儿童的首歌》 25 Lieder für Kinder von Spielmann	施皮尔曼	文森茨·马舍克和弗朗茨·杜舍克	布拉格
1794	《哈同歌曲集配曲》 Melodien zu Hartungs Liedersammlung, zum Gebrauche für Schulen und zur einsamen und gesellschaftlichen Unterhaltung am Klavier	（多人）	（约翰·戈特利布·）卡尔·斯帕齐尔	柏林

年份	题 名	作 词	作 曲	出版地
1795	《带曲谱的儿童歌曲》 Lieder mit Melodien für Kinder	?	格奥尔格·弗里德里希·沃尔夫	莱比锡
1798	《儿童歌曲与曲谱》 Kinderlieder und Melodien	霍尔斯蒂希（等）	卡尔·戈特利布·霍尔斯蒂希	莱比锡
1798	《给儿童的心灵教育歌曲》，钢琴伴奏 Lieder für Kinder zur Bildung des Herzens, am Klavier	?	格奥尔格·劳伦茨·施奈德	科堡
1798	《给德国好妈妈的摇篮曲》 Wiegenlieder für gute deutsche Mütter	（多人）	赖夏特	莱比锡
1799	《青少年歌曲》，2卷 Lieder für die Jugend, 2 vols.	（多人）	赖夏特等	莱比锡
1799	《给儿童的品行教育和歌唱欣赏的歌曲》 Lieder für Kinder zur Bildung der Sitten, und das Geschmacks im Singen. 1. Abtheilung	（多人）	塞德尔	布拉格

表中数据来源：Buch, introduction and "Chronological List of Printed Kinderlieder, 1766 – 1792," in *Liedersammlung für Kinder und Kinderfreunde*, ix – xix and 163; Head, *Sovereign Feminine*, 57; Head, "'If the Pretty Little Hand Won't Stretch,'" 207; Schilling – Sandvoß, "Kinderlieder," 181 – 183; Brüggemann and Ewers, eds., *Handbuch zur Kinder – und Jugendliteratur*; Schusky, "Illustrationen in deutschen Liederbüchern für Frauen und Kinder," 332 – 334; and Friedlaender, *Das deutsche Lied im 18. Jahrhundert*.

在十八世纪早期和中叶关于歌曲和歌唱剧改革的争论,已经将德国声乐艺术变成了实施道德辅导和增加社会凝聚力的手段,对民间风格的简单直白进行重塑,使之从一种美学上的缺陷转变为一种伦理上的优势——一种在德国艺术中备受推崇的"高尚的质朴"的意符。[44] 但是,歌曲与享乐(即地中海式的颓废)之间纠缠不清的关联,令德国启蒙时期学者们感到焦虑。例如,在《基础课本》中,巴泽多警告说,音乐"与各种艺术门类一样,容易被滥用",因为它有能力唤起几乎任何情感和冲动。[45]

为保护儿童免遭"滥用"的音乐的毒害,需要从内部和外部同时干预:内部,即对歌曲内容的干预,而外部,是或明或暗地在歌曲中植入成人的监督。两种方式通常是重合的,我们在《小纺织姑娘》中已经看到,叙述者描述她希望自己在纺纱轮前的辛勤劳动能得到怎样的夸奖时,叙述对象是一个年长的男性群体("先生们")。这种隐含的听众群体和表演性的代际对话,在儿童文学中是一种广泛应用的手法,正如儿童歌曲隐含的听众包含了家长、教师和看护人。[46] 许多歌曲被写成由家长唱给孩子听的形式,或者是父母和孩子各唱一段的二重唱,就像是一种以音乐为形式的教义问答。多位学者认为,有些儿童歌曲的难度表明它们主要是供成人演唱的,儿童则是目标听众。[47]

这一类曲集中的第一部,魏瑟本人的《给儿童的歌》(*Lieder für Kinder*),就开创了家长参与的传统。仅仅在六年之内,就至少有三位作曲家为他的诗歌谱曲——约翰·阿道夫·沙伊贝、希勒和戈特洛布·戈特瓦尔德·洪格尔。[48] 魏瑟诗集和希勒1769年的曲集这两部书都用了这样一幅卷首插图——一位母亲向着摇篮中的婴儿歌唱,尽管曲集中并没有摇篮曲。歌曲中也没有出现鲜明的母亲形象,反倒是父亲在向孩子们讲话和歌唱,就像魏瑟的《儿童伴侣》一样。《给儿童的歌》只有歌词的版本(1767年),最后是两首父亲视角的歌曲:《给一对孩子的信》(*Zuschrift an ein paar Kinder*)和《给两个孩子的规劝》

（*Ermahnung an zwei Kinder*）。后一首是充满怜爱和怀旧的对子女的玩乐情景的回忆：

> 亲爱的姑娘，可爱的少年，
> 尽情玩吧，在我的怀里！
> 当我双臂抱着你们，
> 我就是国王。
> ……
> 我愉快地加入你们的游戏
> 满怀温柔的宠溺，
> 哦，那时我感到的快乐，
> 就像再次回到了童年！[49]

这里，游戏起到了营造浪漫氛围的作用：它不再是一个只属于儿童的生活舞台或是一种需要小心监控的具有潜在危险的活动，而是一种手段，通过共同游戏，让饱经沧桑的父亲能重新把握自己记忆中的少年时代的简单的快乐。

与之相反，唯一一首有母亲形象的歌是唱给她听的，歌曲《一对孩子在母亲生日时唱给她的歌》（*Ein paar Kinder an khre Mutter，bey derselben Geburtstage*），最早出现在 1769 年第二版，由希勒作曲的那部曲集中。歌曲的开头，两个孩子称赞母亲是"最好的朋友"，有一节歌词描述了卷首插图中定格的那个时刻："你关切的、紧张的目光/总是注视着我们的摇篮。"[50] 看起来，在魏瑟的世界里，父亲负责讲道理，而母亲负责聆听和监视。

在其他绝大多数儿童歌曲的图像素材中，母亲始终以陪伴者的形象出现。我们以下面这幅题名装饰画为例，它来自沙伊贝的《给儿童的小曲》(1766 年)，这是魏瑟《给儿童的歌》一套比希勒更早的配曲版本(图 4.3)。这幅版画展示了在家中的一家人,一位年轻的女性在羽管键琴上为一位拿着书唱歌的男性伴奏,而画面左边是一个小姑娘在跟着她们,家里的狗正在给她捣乱。雷娜特·舒斯基注意到了人物身上考究的服饰,推断唱歌的男子是一个富足家庭的私人教师。[51] 不论这代表了母亲、父亲和女儿,还是两姐妹和她们的教师,或是别的组合,这幅图像凸显了曲集对低龄儿童的示范作用。伴奏者背对着我们,因键盘上架着的巨大的乐谱而显得矮小,她位于男性歌手边上靠下的位置对应了狗与小女孩位置关系,连她们伸出的双手都是互相对应的。在这里,两位女性伴奏者和忠实的宠物在示范着专注和顺从。

图 4.3　题名页版画,沙伊贝,《给儿童的小曲》(弗伦斯堡,1766 年)。奥地利国家图书馆提供,排架号 SA. 82. E. 30.

再看另一幅版画,来自一份儿童读物,女性在儿童歌曲中监视者的角色更加显而易见。这部作品集《给儿童与儿童伴侣的娱乐活动》(*Unterhaltungen für Kinder und Kinderfreunde*,1778—1787 年),主编是克里斯蒂安·戈特蒂尔夫·萨尔茨曼,巴泽多的泛爱学校的一位教师。这幅版画描绘了《娱乐活动》第三卷中的一出"喜剧",名叫《记住,

　　　　　　　　　神童的写影:莫扎特与对童年的认识

只有自己能让自己开心!》(*Denk，daß zu deinem Glück dir niemand fehlt，als du!*)(图 4.4)。在这出戏中，一个叫玛丽安娜的爱发牢骚的女儿总和家人格格不入。版画描绘的这个场景中，母亲建议两个儿子，海因里希和费迪南与她一起唱赞美诗《赞美主，清晨的太阳》(*Lobt den Herrn，die Morgensonne*)。"或许你们的琴声能把恶灵从你们妹妹身上赶走"，她尖刻地说，并要求玛丽安娜"注意听"。[52] 但玛丽安娜打断她的两个兄弟，与他们吵嘴。母亲责备了玛丽安娜，与儿子们一起继续唱赞美诗的下一段。从画面中看，唱歌的同时，海因里希站着弹

图 4.4 约翰·阿道夫·罗斯马埃斯勒，题名页版画，萨尔茨曼，《给儿童与儿童伴侣的娱乐活动，第三册》(莱比锡，1780 年)。慕尼黑巴伐利亚州图书馆提供，排架号 Paed. pr. 2984‑3/4.

奏古钢琴,费迪南坐在母亲怀里一起唱歌,而玛丽安娜脸朝着墙。当母亲发觉海因里希取笑玛丽安娜时,她呵斥他:"如果你想鼓励别人来赞美我主,你就不能冒犯他们。"[53] 这个群体音乐活动的瞬间被用作整卷书的题名页装饰画,验证了家庭歌唱活动本质上是表演性的——玛丽安娜必须若无其事地加入其中,否则就没资格享受母爱,这显然是对萨尔茨曼的所有读者发出了参与进来的强制命令。

刊登了莫扎特最后三首歌曲的儿童曲集——1791 年的《给儿童和儿童伴侣的歌曲集》(*Liedersammlung für Kinder und Kinderfreunde*)的题名页装饰画(图 4.5),同样贯彻了母亲在积极健康的家庭音乐活动中的重要性。[54] 这部曲集(本章后面我还会再提到),可能是维也纳最早的,也是唯一的一部儿童歌曲类的出版物——这一类读物显然在莱比锡、柏林和苏黎世更受欢迎。

图 4.5 克里斯蒂安·桑巴赫,题名页版画,《给儿童和儿童伴侣的歌曲集:春之歌》,普拉西多斯·帕施编(维也纳,1791 年)。奥地利国家图书馆提供,排架号 MS27064. q. 4°/2, 24.

画面中一大群小爱神似的儿童乐手之中,最显眼的是分别站在母亲两边的两个男孩,可以认为是她的儿子。一个拿着笛子,另一个拿着小提琴,嘴巴微张,仿佛是在唱歌。母亲向拿笛子的大一些的男孩做着指挥的手势,同时左手在古钢琴上弹出和声。在右侧背景中,长女扮演了一个辅助角色,静悄悄地拨弄着一台竖琴。就从这一页题名页开始,整部曲集就将男孩假想为歌唱者和独奏者,而女孩和女人是伴奏者,家庭的整体表达是最终的目标。[55] 换句话说,这些歌曲的创作初衷就是作为室内乐,用以构建家庭内部的和谐。

游戏的危险,和欢乐的真谛

在儿童歌曲中,游戏不仅仅是娱乐活动,同时也是对抗低级趣味的解毒剂。就是这一观念的推动下,诞生了最早的印刷出版的儿童歌曲。就在魏瑟和沙伊贝的《给儿童的歌曲》出版的同一年,有一组共九首曲子,被收录于 1766 年一期马格德堡的道德类周刊《老人》(Der Greis,1763—1769)中,这份刊物的主编是约翰·萨穆埃尔·帕茨克,一位神职人员、诗人和剧本作家。[56] 帕茨克以自己挚友的名义为《老人》中的这些歌曲作序,文中指出,儿童找不到适合演唱的音乐作品,现有的不是大型的难以掌握的作品,就是"除了美酒和爱情之外别无内容"的小曲的集子。[57] 老人的侄女克莱莉最近拜访了她的一些女生朋友,其中一个:

> 经常在钢琴边上演唱或演奏那些表达了不纯净的心灵的歌曲,因此我希望,不要把本该是美德的东西变成让灵魂堕落的途径。[58]

帕茨克写道,那样的歌曲也许对成年人无害,因为他们已经形成了坚定的道德准则。但是他坚信，年轻人软弱而易受影响的心灵，只能接触有教育意义的、适合其年龄的、"让他们在学习音乐的同时把最重要的道德真理灌输给他们"的歌曲。[59]

　　帕茨克的引言之后的九首儿童歌曲正为世界上像克莱莉和她叔叔一样的人提供了这样一个选择。第一首是赞美上帝的赞美诗，后面的歌曲则在自然世界里寻找道德说教的素材。[60] 有一首《玫瑰花丛》（Der Rosenstock）几乎不加掩饰地隐喻了"一时的欢愉"的毁灭性的危险。[61] 紧接着是一首《欢乐》（Die Freude），歌颂了平静祥和的、无性别差异的集体游戏活动的美好：

　　　　欢乐，我的伙伴
　　　　始终伴着我，
　　　　你流淌在心中和脑海，
　　　　我从未尝过痛苦。

　　　　你无穷无尽的祝福
　　　　充斥我整个身体，
　　　　使我翩翩起舞
　　　　教我随你歌唱。

　　　　跳跃着，我赶忙加入
　　　　那群欢笑着的玩伴，
　　　　我们只感到快乐
　　　　这感觉正好。[62]

即便只是在一个狭小而风格鲜明的音域范围内，乐曲仍然突出了歌词中强烈的欢快感。经过八个小节儿童的小手就能轻易演奏的乐段，

《欢乐》进入一个有力的、军乐式的 F 大调,左手用浑浊的低音八度描绘儿童"跳跃",上行的琶音尤其契合第二段歌词中的那句"使我翩翩起舞"。巴泽多的《铜版画集》中的那个抬起脚的女孩(图 4.1)几乎跃然眼前。

《欢乐》这首歌将欢乐描述为一位教授积极健康的歌曲的老师。以这种自我标榜的方式,帕茨克将他自己的歌曲变成了积极健康的童真精神的体现和鞭策。《欢乐》要传达的信息非常清楚:本质上天真无邪的集体游戏活动是可以的,而一对一的涉及男女情感的"游戏"是要回避的。下一首歌就举出了性堕落的危害,《欢乐的丧失》(Der Verlust der Freude),再一次重申失贞的主题,与之前的《玫瑰花丛》遥相呼应。在这首歌里,叙述者哀悔他难以启齿的"恶行",劝告读者"切记,承载欢乐的心/欢乐是无邪的孩子/你若想留住它/寻欢作乐莫要超出你的年龄"。[63]

"欢乐"这个词在道德方面,甚至是性方面的内涵可能对莫扎特创作的第一首儿童歌曲也产生了影响。《致欢乐》(K. 53),是为 1768 年维也纳的儿童期刊《用于娱乐和教学的新文集》(*Neue Sammlung zum Vergnügen und Unterricht*)而作的一首歌曲。[64] 在帕茨克的歌曲《欢乐》中,"欢乐"的形象是一位"女性同伴",而《致欢乐》中赋予"欢乐"的形象是一位女神,"智者的女王",相当于阿芙罗狄忒、美惠三女神、狄奥尼索斯和狄安娜等经典神话角色。这首歌曲较上档次的设定表明了它的目标读者可能是已有一定年龄或社会地位的人群。歌词内容也更偏向内心活动,讲述者直接与"欢乐"对话,而不是在共同活动中进行接触,我们可以看一下七段歌词的第一段:

> 欢乐,智者的女王,
> 头顶着花冠,
> 我用金色的里拉琴,

轻声赞美你，即便蠢人们嗤之以鼻：

请在宝座上聆听，

智慧的孩子，总是亲手

给你的皇冠

缠上最美的玫瑰。[65]

接下来的诗句描绘了这位智慧的母后如何勇敢面对命运之神和死神的威胁，带领着诗人平安度过一生。

这首诗的作者是安斯巴赫的诗人约翰·彼得·乌茨，它最初并非发表于儿童刊物，而是在乌茨 1768 年的《诗歌全集》中。[66] 同年，莫扎特为这首诗的配曲与出自《巴斯蒂安和巴斯蒂安娜》的"达芙内，你玫瑰般的脸颊"（第三章讨论过）一起刊登在了《用于娱乐和教学的新文集》上。莫扎特为《致欢乐》所作的旋律相比于《老人》中的"欢乐"更有一种宁静的、赞美诗般的氛围，让人联想到 C. P. E. 巴赫那样的作曲家的"教会歌曲"。[67] 这首歌的复杂程度也远远超越《老人》中的那些歌，甚至超越希勒或沙伊贝的《给儿童的歌曲》：四十个小节的乐段，没有一句重复的乐句，在先后转向属调和上主音的调性之后才回到主音。

在儿童歌曲曲目的蓬勃发展中，对游戏中品德问题的所谓忧虑也始终存在，对集体歌唱活动的描述也反映出这一点。1776 年，巴泽多的泛爱主义同道弗里德里希·埃伯哈德·冯·罗乔为乡村学校办过一份仅有的儿童读物，也叫《儿童伴侣》。其中有一节"论游戏和娱乐活动"（Von Spielen und Vergnügen）的开头，有一段描述儿童自发游戏活动的田园诗，其中集体歌唱活动被表现为绝对纯洁的：

当威廉、弗里茨、马丁、卡尔、苏菲、路易泽、玛丽和伊丽莎白还是孩子时，只要天气好，他们就会在放学后会玩几个小时。其中一个唱儿童歌曲，其他人就跳舞，或者大家一起在树荫下唱歌。[68]

甚至当男孩子们为了不在玩球时弄脏而脱掉衣服之后，这个场景中田园风情的天真无邪依然不受影响。但是，当罗乔继续为小读者们阐释他自己的这段轶事时，他在最后给了一段警告：

> 就这样，他们既愉快又健康，所有看到过这些好孩子的天真无邪的欢乐氛围的人们都很高兴。
>
> 　　天真无邪的欢乐是每个人都可以拥有的，只有低贱的、粗俗的快活是禁止的。[69]

罗乔在这里将游戏活动的特征描述为一种有潜在危险的消遣，是蕴含着威胁的。这与许多同时期的儿童读物是一致的，它们都警告少男少女们警惕性欲的危险。回到第二章提到过的1780年的维也纳的道德字母表，字母V的例词是"Verlangen und Liebe"（欲望和爱），接下来详细解说了堕落的可怕之处，说青少年（即，男孩）败给诱惑而让自己"被荡妇勾引，沉醉在她的色欲之中"将导致这种堕落。[70] 这让人想到帕茨克的儿童歌曲中天真无邪的欢乐的不堪一击，尤其是《玫瑰花丛》中的叙述者"一时的欢愉"的哀叹。

还有人担心阅读本身也会引起类似的玩物丧志——马特·厄尔林罗列过坎普等人对于"阅读作为一种具有潜在危险的消费形式"（由于没有产出、没有约束）的焦虑的表述。[71] 儿童文学中常用的套路，比如父亲式的交谈对象或虚构的家庭对话等，既可以供现实中的家长仿效，同时又"直接回应了当时由于虚构文本的流通而引发的一些认知上的动摇"。[72] 由于阅读也是一种越来越强调独处的行为，也就被与其他难以管控的独处行为联系起来。在1780年代，围绕自慰的病理化出版了大量的宣传册与传单，其中领衔的是许多最知名的泛爱主义作家，包括坎普、勋伯格和萨尔茨曼。这场"小册子潮流"（Brochurenflut）是瑞士医师萨米埃尔-奥古斯特·蒂索最早在德国发起的，我们在第一章已经认识的这位医师曾撰文讨论了天才儿童的神经系统，包括莫扎特。

反自慰运动可以说是十八世纪后期德国儿童性行为学构建中极其不着边际的一点——伊莎贝尔·赫尔给它贴上了性行为规范中的"思想实验"的标签。[73] 该运动所采用的说辞与不要让儿童接触不健康的歌曲的警告几乎一模一样——这并不令人惊讶，毕竟这两类文本基本来自同一批作者。[74] 两种问题所涉及的危险，都在于未成年人的性行为，而且相应的不健康行为都被视为存在因果关系。萨尔茨曼——图 4.4 中爱发牢骚的玛丽安娜的故事的作者——在 1785 年写了一份传单《论年轻人的秘密罪过》（*Ueber die heimlichen Sünder der Jugend*）。文中，萨尔茨曼提出警告："情歌、游戏、诗歌、小说"是有风险的，有可能让孩子"在未成熟时感受到""诱惑……而且其乐趣将吸引他们很多年"。[75] "之前除了玩耍和学习、遵守和服从之外没有其他功能的年轻的灵魂，将开始坠入爱情，梦想漂亮的女孩，而这个年纪的孩子应该通常只会梦到娃娃和小马"。[76] 这显然是针对男孩和他们紧张的家长们的。对于女孩的性觉醒，或是被完全无视（像萨尔茨曼的文章一样），或是被描述为极端悲剧性的。赫尔引用克里斯托弗·马丁·维兰德 1775 年的评论说："不存在主动的女孩，因为女孩如果主动，那就是已经堕落到了极点了。"[77]

男孩面临的威胁还涉及另一个与劳动相关的教育焦虑的主题："游手好闲"。正如我们在第二章看到的，未规划的自由时间不仅困扰着中产阶级教育学家，也让孤儿院负责人和职业教育倡导者们十分操心。我们已经看到过莫扎特的《小纺织姑娘》如何给劳动积极性赋值。在另一部儿童歌曲集，戈特洛布·威廉·布尔曼 1777 年的《给少年们的小曲》（*Kleine Lieder für Kleine Jünglinge*）中，就有一首歌曲叫作《游手好闲》，在一段欢快的 G 大调进行曲中，叙述的男生表示绝不希望无所事事，不论是作为男孩还是成年男人。"游手好闲是通往罪恶的道路/工作是我的渴望和追求！"[78]

赫尔将这种对待赋闲状态的道德危机感追溯到德国官房学派，在一些政治经济传单论及儿童在国家福利中的地位时，也浮现出了同样的危机感。例如约翰·海因里希·戈特洛布·尤斯蒂的 1760—1761 年的论文《国家的权力与幸福的基础》（*Grundfeste der Mache und der Glückseligkeit der Staaten*）："儿童在五六岁时就（已经）可以做的工作数以百计；要让工作成为他们的天性，就绝不能让他们习惯于游手好闲。"[79] 约瑟夫·冯·索南费尔斯在他 1770 年的论文《警察、贸易与金融的原理》（*Grundsätze der Polizei，Handlung und Finanzwissenshaft*）也表示过："青少年的游手好闲是一种罪恶。"[80] 布拉格教育家卡尔·海因里希·赛布特 1771 年的《论教育对国家的幸福的影响》（*Von dem Einflusse der Erziehung auf die Glückseligkeit des Staats*）中，提出警告说："还有什么比国民的劳动积极性和活跃度对一个国家更有利——我甚至可以说，更关键？ 又有什么比懒惰和游手好闲更有害无益？"[81] 像莫扎特的《致欢乐》这样的儿童歌曲，同时为男孩和女孩们树立了这样的价值观，使欢乐本身成了扮演一个理想臣民的排练，和对冰冷的土地和死亡的抵御（回想到《致欢乐》的歌词时）。

女性的常识：演绎少女时代

鉴于私人阅读导致的道德危机感，如此众多的泛爱主义作家都将想象力投入到新的歌曲创作中似乎是违背常理的；毕竟，在公共交际中，除了跳舞之外，就很少有像在键盘伴奏下唱歌那么亲密的活动了。许多歌甚至以这一特征为主题，比如《爱神》（"最近，姐妹，听我说好吗？"）[Der Liebesgott（Neulich，Schwestern，Darf ich Sagen?）]。这首歌最初在 1762 年由克里斯蒂安·恩斯特·罗森鲍姆谱曲，收录于

1777年的一部编者不详、内容相当低俗、很可能是戏仿性质的曲集《给儿童的小曲》中。[82] 罗森鲍姆宣称词作者是一位"十五岁的年轻美人,很快将成为最受缪斯青睐的人"。[83] 这首诗戏仿了戈特霍尔德·埃夫莱姆·莱辛1747年的作品《死神》("昨天,兄弟,你能相信吗?")〔Der Tod(Gestern, Brüder, könnt ihrs galuben?)〕,这部作品中就使用了将家庭键盘演奏作为色诱的前奏的套路。[84] 与莱辛的原作一样,仿作以叙述的形式,通过一位年轻的修女对她"姐妹"的讲述,表现了一个姑娘险些失贞的故事——对年轻的女性来说,其性质与死亡无异。[85]《给儿童的小曲》中只有头两小节歌词,"爱神"的身份——究竟是丘比特还是一位男性追求者——并没有揭晓:

最近,姐妹,听我说好吗?
发生了这么一件事:
前不久,在钢琴边上(Clavier)
爱神来到我面前。

他卖弄风情地(Schäkernd)炫耀他的箭囊
他卖弄风情地谈起邪恶的仇敌
来感受你从未感受过的东西吧
孩子,你已经玩够了。[86]

罗森鲍姆原本的诗歌包含另外七段,从中可以看出女孩其实是个老手,成功地用音乐将追求者吸引在自己身边,最后经过一番交涉保住了自己的贞洁。[87] 但是只印了这样头两段歌词,不完整的叙述就有一些耐人寻味了。"姐妹"可以是家里的姐妹或者女性同伴,弹钢琴的女孩的"孩子的玩耍"显示了一种与反自慰读物中特别具体的问题类似的担忧。这首歌配的插图呈现了非常罕见的年轻女性在不受监视的情形下一起玩耍、唱歌的场景——一个道德意义十分模糊的瞬间。

在1777年,像《给儿童的小曲》这样的曲集里还有"最近,姐妹"这样挑逗性的歌曲,意味着在帕茨克的《老人》提出不满已经十年之后,音乐出版者依然没有坚决地审查向青少年发行的歌曲。而魏瑟本人也对这样的不坚决示不满。魏瑟1778年发表于《儿童伴侣》的一篇文章,哀叹了职业儿童戏班"将可怜的天真无邪的生灵拿来出售",就在同一篇文章中,他提醒年轻的读者,不要将技能用在"无耻的调情歌曲"上,[88] 即使是在私人场合,"门托尔"也告诉大家:

> 我曾经听到孩子,嗓音很有天赋的孩子,应父母的要求,演唱意大利语、法语和德语的"调情歌曲"(Buhlerlieder),同时做着夸张的动作,他们得到了观众响亮的掌声回应,以及他们满心欢喜的父母带着得意扬扬的笑声的聆听。请原谅,我实在不能鼓掌,甚至你还会看到我摇头表示不赞同!我知道人们会说我死脑筋,或太严肃,但是让我看到一个十岁的女孩演唱《我可爱的偶像》(Amabile Idol Mio)实在让我感到恼火。如果主题是对社会或乡间生活的美好感受,或是对你们这个年龄应承担的义务的一种鼓励,哦,那你会听到我嘴里喊出多么大声的"Bravo"!——幸好,感谢上帝!我们还有许多不同类型的歌曲,演奏它们,或用你们甜蜜的无邪的小嘴演唱它们,会得到美德之神的赞赏。[89]

魏瑟从"孩子"到"十岁的女孩"这个性别浮动让人想起帕茨克的《老人》以及他对于侄女克莱莉的焦虑。

女孩对受关注的高度觉察性——在卢梭体系中就是"修饰外表的责任"——一直以来都是少女时代所遭受的令人不快的非难之一。[90]塞思·勒若认为这一点"几乎从一开始就是女性文学的主导性主题之一:女孩永远活在舞台上,身为女性就是一种表演",他将其描述为文学中的"演绎少女时代"（与朱迪斯·巴特勒的表演性词汇"当女生"的说法颇为相似）。[91] 对于儿童歌曲中的"演绎少女时代"，莫扎特可谓驾轻就熟："小纺织姑娘"的女主角回绝了弗里茨代表他的同伴发出的玩游戏的邀请，而选择了留在家里为了母亲、妹妹和"人们"去劳动，她只是放弃了一种角色而选择了另外一种——甚至她那段长篇大论的答复本身也是表演性质的。有意识地展现美德这件事自身就是矛盾的：正如蒂利·布恩·屈耶写到十八世纪小说中的音乐场景时说，这种形式本身就"隐含了…一定的美德与色情之间的张力"，而且是供人窥探的。[92]

莫扎特对"演绎少女时代"的贡献还不只是《小纺织姑娘》和儿童歌曲。单从喜歌剧中举一个例子，《女人心》（K. 588，1790 年）中德斯皮娜的咏叹调"一个十五岁的女人"（Una donna a quindici anni），就以一个悖论开头：为了求偶之战而武装起来的十五岁的"女士"：

> 一位十五岁的女士
> 必须知道每一样时髦的事，
> 恶魔的尾巴藏在哪里，
> 什么是好的什么不好。
> 她必须知道那些缠绵的情侣们，
> 如何用恶劣的手段，
> 假装欢笑，假装落泪，
> 还有如何编出好听的借口。[93]

德斯皮娜在这里向多拉贝拉和费奥迪莉吉大致解说了年轻女性必须在十五岁就掌握的性知识——在 1790 年的维也纳，女性在这个年纪有性经验还算是相当早的。[94]

莫扎特的另一首歌曲中，一位年轻女性经历未成年性行为的风险

神童的写影：莫扎特与对童年的认识

被她的母亲成功消除。这首《魔法师》(Der Zauberer，K. 472)创作于
1785 年。尽管不是儿童歌曲,歌词依然是魏瑟写的,选自他的《幽默
歌曲》(*Scherzhafte Lieder*),还有三首莫扎特谱曲的歌曲出自这里。[95]
《魔法师》使用了许多与"最近,姐妹"相同的套路。女性叙述者显然是
一位年轻的未婚女性,她以警告的口气对同伴们说:"姑娘们,远离达
莫埃塔斯!"接下来是一段田园风格的叙述,讲述了叙述者在遇到一位
英俊的牧羊人之后的性觉醒:"我感受到了从未感受过的东西。"女孩
[没有名字,但可能是克洛伊,因为莫扎特为魏瑟谱曲的另一首歌《隐
瞒》(Die Verschweigung)"中提到这一对情侣的名字]任由达莫埃塔斯
将自己拉进了灌木丛里,由于母亲在关键时刻赶到才没有继续。女孩
最后松了一口气的表达——"哦,众神啊,在这么多魔法之后/最终会
发生什么呢!"——既维护了叙述者守贞的体面,又让听者沉醉在故意
欲说还休的情景之中。[96]

歌词始终摇摆于一对对熟悉的有色情意味的反义词之间——"一
阵红,一阵白""行,不行""逃开,追逐""甜蜜,痛苦"——莫扎特的谱曲
也是如此,从主调 G 小调,切换到完全和谐的降 B 大调,又回到 G 小
调,同时在织体和强弱上以生硬的变化来反映说话者的心理冲突。[97]
通过暗示性的"美德与色情之间的张力",《魔法师》抗拒了儿童歌曲提
倡者们要求的道德化,展现了一种与 K.531 中辛勤劳作、禁欲的纺织
姑娘不同的女性形象。

在莫扎特的歌曲中还能找到其他"演绎少女时代"的例子。比如
《老妇人》(Die Alte,K.517,1787 年)。弗里德里希·冯·哈格多恩作
的这首诗,是描绘不同年龄阶段的人的形象的一组作品中的一首,这
组作品中还有《儿童》(Das Kind)、《少年》(Jüngling)、《老先生》(Der
Alte)等等。[98] 在《老妇人》(这一组中唯一一首莫扎特作曲的歌曲)中,
一位老妇人回忆"在我那时候…孩子长大/品行端庄的姑娘成了新娘"
的情形,以及妻子如何"管束着她的丈夫"。如今,"哦,糟糕的时代…

母性本能"在年轻人还没准备好的时候就已经掌控她们,丈夫们"跟我们对着干,还使唤我们"。莫扎特用高度戏剧性的表情记号"略带鼻音"(Ein bißchen durch die Nase)刻意凸显了肃穆的、对位的低音线和小调式风格。由此可见其目的是将角色的年龄特征夸大到讽刺的程度,如果歌手是年轻女性,则这一点会更加显著。莫扎特的这三首歌曲《小纺织姑娘》《魔法师》《老妇人》可以当作是对同一个女性原型的整个生命历程的传记,让她像不断更换戏服似的扮演着各种女性形象。

男人的使命:怀旧之情与歌唱的男孩

马修·黑德曾指出,十八世纪为"半边天"而作的家庭音乐,即"属于业余音乐爱好者和女性的音乐类型,始终脱离不了自然性、歌唱性、本能、未经训导和轻柔感人等范畴,但不包括学识"。[99] 所有这些范畴也可以和童真相匹配,而且黑德还特意在研究中加入了几部为女孩创作的歌曲集。[100] 但是歌唱的男孩又是怎样一种形象?莫扎特一些以男孩为主导的儿童歌曲又对青少年形象产生了什么样的影响?我们已经在图 4.1 和 4.2 中看到,少年时代和少女时代是同样精彩的演出,但男孩们演绎的是喧闹、独立行动和探索。如果说儿童歌曲中少女时代被表现为融入社会习俗的过程(巴泽多的游戏"来客人了"在音乐中的对应),那么,少年时代通常是室外的、远离社会的。女孩们演绎文明,而男孩们演绎自然。

莫扎特为 1791 年的《给儿童和儿童伴侣的歌曲集》(Liedersammlung für Kinder und Kinderfreunde)创作的三首歌曲,可以用来阐释这一点。这三首歌曲在本节中都会进行讨论,因为它们都以男孩为主人公。《对春天的渴望》(Sehnsucht nach dem frühlinge, K.596)歌词来自克里斯托弗·阿道夫·奥维尔贝克的诗,原题"小弗里茨呼唤五月"(Fritzchen an den Mai),表现的是小弗里茨为了和小伙伴出去玩,而对等待积雪融化感到不耐烦。[101] 歌词内容集中于弗里茨等待春天时消磨时间的室内和室外的游戏活动——玩牌、捉迷藏、滑雪橇等。在第四段,弗里茨对他的妹妹洛蒂表示同情,"可怜的女孩只能等着/等着花儿开放"。[102] 洛蒂的被动——"她坐在她的小椅子上/就像孵鸡蛋的小母鸡"——与叙述者"在雪地上飞奔"的活力形成对比。[103] 洛蒂演绎的有责任心的少女时代,是对宽容克制的静态训练,而弗里茨的少年时代则是四处招摇和无忧无虑。

最早的单独发行的儿童歌曲集,通常至少会将其中一部分歌曲按性别进行区分。有一些儿童歌曲集是专门针对女孩的,同时也有较少的儿童歌曲有针对男孩的分集。布尔曼 1777 年的《给少年们的小曲》就是一个例子,其中一首《游手好闲》之前提到过。[104] 在序言中,布尔曼向读者保证他作曲时专门考虑到了"儿童的声音",他还在这部给男孩的歌曲集中一些歌曲标上星号表明由女孩来演唱效果更好——这再一次暗示了这些歌曲集绝不是独自使用的,而是要和家庭成员共享的。[105] 其中绝大多数歌曲表现了一种理想中的阳刚的美德和服从,比如在《愿望:成为一个好人》(Der Wunsch: ein braver Mann zu werden)里,歌手夸耀自己的正直并且赞颂"亲王和祖国"。[106]

像坎普的《儿童小丛书》(1779—1781)一类的资料中能看到一种更加经过深思熟虑的、感性的男孩主体性。莫扎特的藏书中有这套读物的前七卷,他给 1791 年的《给儿童和儿童伴侣的歌曲集》创作的春之歌的歌词就来自头两卷。他的《春天》(Der Frühling, K. 597)来自《儿童小丛书》中针对年龄较大的十一至十二岁儿童的部分。[107] 在这一部分另有一个故事叫"有头脑的少年",讲的是一个年轻人回绝了他喝酒赌博的同学,而到室外接受宗教读物的启迪。怀着对身边广阔的自然的感恩,他跪倒在地,向上帝的"父亲般的引导"起誓。[108] 独自阅读的行为在这里被纳入了宗教感性主义的轨道。在《春天》这首歌中也可以看到类似的对自然和神的崇敬。在一段降 E 大调的隆重的柔板中——开头的一段华丽的钢琴已经有了《魔笛》序曲的雏形——叙述者将"鲜花覆盖的田野"奉为造物主的祭坛,来赞美上帝"创造了欢乐"(回应了 1768 年的那首《致欢乐》)。

K.529《小弗里德里希的生日》(Des kleinen Friedrichs Geburtstag)同样让人感受到那种柔和、虔敬的少年时代,这首歌创作于 1787 年11 月,布拉格(他当时在那座城市指挥《唐璜》的首演)。这首歌曲在莫扎特生前没有发表,但很可能原本打算发表在莫扎特于 1787—1788 年间供过稿的两种刊物中的一种:一个是他发表过《小纺织姑娘》(K.531)和《出发上战场之歌》(K.552)的维也纳的《活动》,另一个是他发表过两首教会歌曲《哦,上帝的羔羊》和《出埃及之时》的布拉格师范学校的一份刊物(关于这两种刊物的详情可以参见第二章)。

从这部作品在莫扎特谱曲之前的发表记录可以看出,K.529 是作为一首儿童歌曲而创作的。《小弗里德里希的生日》的歌词最早匿名发表于巴泽多和坎普主编的泛爱主义刊物《教育学探讨》(Pädagogische Unterhandlungen),当时用的题名是"为爱而爱"(Liebe um Liebe)。[109] 其实际作者是泛爱学校的一位教师约翰·弗里德里希·沙尔,原本的后记清楚地显示,这首作品是用来纪念德绍的王储弗里德里希的九岁生日的,同时也是纪念泛爱学校创办四周年。[110] 歌词中描述弗里德里希"年轻而温柔","像小绵羊一样柔和/像小鸽子一样温顺"。[111]"他勤勤恳恳地/去上学和做礼拜",当他的朋友们聚起来为他庆祝生日时,"看到的和听到的/都是歌唱、舞蹈和游戏"。诗原本的结尾是一句欢呼:"弗里德里希王子万岁"(Es leb' Prinz Friederich!),但坎普在他 1779年的一期《儿童小丛书》中刊印这首诗的时候,他加了一段词,将上帝奉为弗里德里希的最高保护者:

神童的写影:莫扎特与对童年的认识

身处天堂的上帝

听到了他们的祈祷；

他的祝福将伴随这男孩

不论他走到哪里。[112]

莫扎特将坎普增加的段落谱为歌曲的尾声，为作品增加了一层儿童歌曲中罕见的神秘色彩。

1787 年，莫扎特给这首诗谱曲的时间点有些奇怪：王储此时已经十八岁了，而且在前一年加入了普鲁士军队。不论是他还是泛爱学校都没有什么可庆祝的周年纪念日，莫扎特似乎也没有和泛爱学校的人员有任何密切的联系。但这首诗似乎在其原本的功能之外获得了生命力：作曲家约翰·弗里德里希·赖夏特早在 1781 年就为它谱曲，刊载于《选自坎普儿童丛书的儿童歌曲》(*Lieder für Kinder aus Campes Kinderbibliothek*) 的第一卷。[113] 其中，小弗里德里希似乎被定格在了五岁，以代表理想化的少年时代，一种不受国境线限制的理想形象。甚至有可能，莫扎特也从这个被献祭、被冻结在时间里的男孩身上感受到一些共同之处。

对待少年时代的这些矛盾的态度——怀旧的、喧闹的、虔诚的——汇聚在了莫扎特最后一首儿童歌曲之中，1791 年《给儿童和儿童伴侣的歌曲集"春之歌"》(*Liedersammlung für Kinder und Kinderfreunde: "Frühlingslieder"*) 中的《儿童游戏》(*Das Kinderspiel*, K. 598)。《春之歌》是题献给弗朗茨大公和玛丽·特蕾斯大公夫人的，他们于前一年的九月份刚刚结婚。献词用季节来象征王位的继承和男方的年龄，从多个层次提示了家长和儿童应如何去理解这些歌词、乐曲，及"春天"的政治内涵：

奥地利的盛夏为列奥波德而欣喜，

春天的这份欣喜将来自弗兰西斯……

终有一天,那些春天为之萌动的年轻人,

将在他们的盛夏中敬奉您,哦,王子,

请让这些快要融化的春天的小曲,飞入他们的心灵——

让他们为您而存在。[114]

我们可以把《儿童游戏》视作《小纺织姑娘》的对应:它描绘了一个玩耍的男孩,他与"伙伴"(Brüder)在外面四处玩闹,身边完全没有成年人或他们的照顾。《歌曲集》中的其他歌曲按气温上升的顺序对春天的象征物进行了分类,用细心构筑的句子以严谨的条理从一个理念发展到下一个。然而《儿童游戏》却不一样,它表现了一个未经媒介作用的男孩的内在世界:它昂首阔步地推进,表现了儿童游戏中蓬勃的精力和漫无目的性。不仅如此,它还突破了描绘自然风光的田园式的陈词滥调——夜莺、云雀、紫罗兰、玫瑰、潺潺的小溪之类的。它让动词替代了名词的主导地位,男孩们四处奔跑追寻着他们片刻的幻想,我们仿佛跟随着弗利茨,从纺织姑娘家里走出来,走进了田野。

这首歌值得完整地探究一下,它描绘了少年时代的令人吃惊的面貌,既是活跃的又是柔和的,没有负担却又是有自我意识的。欢乐回归了,带着一种放纵的形态,同时与色情保持着一定的距离。

1. 我们孩子享受着(Schmekken,字面意思是品鉴或品尝)

如此众多的愉悦!

我们开玩笑,恶作剧

(当然了,只在游戏当中)!

我们叫喊,我们歌唱,

四处奔跑,

四处跳跃,

　　　　　　　　　神童的写影:莫扎特与对童年的认识

在草地上四处打滚！[115]

第二段和第三段表现了对长大成人的忧虑，抗拒这种忧虑、享受眼前的时光需要积极的行动。拒绝一切描述性的词句，似乎也是对其他描写季节的诗歌中常见的描摹技法的批判。

> 2. 为什么不呢？有的是
> 时间去抱怨！
> 我们中间谁发牢骚
> 就一定是傻瓜。
> 看着玉米和草地，
> 这是多么快乐！
> 这快乐根本没有办法
> 用语言来描述。

> 3. 嘿，兄弟们，跑吧
> 在这草地上打滚吧！
> 我们还可以这样做，
> 并没有什么不妥。
> 我们再长大些，
> 就不太合适了；
> 我们只能昂着头
> 冷漠地四处走走。

第四至第八段讲述了发现了一只蝴蝶和一只小鸟的过程，这些短暂的、脆弱的生命在他心中激起的不是捕捉或玩弄的冲动，而是点燃了好奇心，激起了保护欲。这一部分让人想起第二章讨论过的歌曲"捉到鸟儿的男孩",大自然隐喻了男孩们对加入性经济的迟疑,同时还涵盖了对暴力和悔恨的暗示。

4. 看,兄弟们,
   那儿有只蝴蝶!
   谁去抓住它?
   但请不要伤害它!
   那儿又有一只,
   或许是它的朋友;
   但是不要打它
   否则另一只会哭!

5. 那是歌声吗?
   那声音多么美妙!
   太棒了,伙伴们,
   那是一只夜莺!
   它就停在那儿,
   高踞苹果树的枝头;
   如果我们赞美它,
   它会继续歌唱。

6. 到我们这儿来,小可爱,
   让我们来看看你!
   是谁教会了你歌唱?
   你唱得如此美妙!
   但不要被我们干扰,
   亲爱的小鸟!

　　　　　　　　神童的写影:莫扎特与对童年的认识

我们所有人
都爱听你唱歌。

7. 它去了哪里?
怎么都看不见它!
它在那儿拍打翅膀!
快回来,回这儿来!
但没用,我们的快乐
此刻已经离去!
一定有人伤害了它
以某种方式。

最后两段营造了家人和家的安全感,男孩和他的玩伴们在天黑时将要
回去。这里明确了这份安全感才是男孩们平平安安地、无忧无虑地探
索的前提,这里也揭示了白天象征了生命历程本身,日落则是死亡的
预兆。

8. 让我们来编花环,
这里有这么多鲜花!
谁要能找到紫罗兰,
就能从妈妈那里
得到一件奖励:
一块或两块糖果。
好棒,我找到一枝,
我找到一枝,好棒!

9. 糟糕,太阳是不是

已经快要下山？

我们还那么有劲和快活，

哦太阳，再等一下吧！

那么兄弟们，明天再见！

睡个好觉！晚安！

对，明天我们将

再次欢笑，再次玩耍！[116]

　　这首诗显露出一种对成人的矫揉造作的批判，和对作为理想中的普通人的无忧无虑的儿童的天真无邪的游戏的赞颂。这让人想起约翰·戈特弗里德·赫尔德，他在《批判之林》（*Kritische Wälder*）的第四卷和其他地方，都将音乐和童年与自发的、未经媒介作用的情感表达联系在一起。[117] 这正是奥维尔贝克在 1781 年初次发表《儿童游戏》这首诗时要追求的东西，他将这些作品编为一个名叫《弗利茨之歌》的作品集（这个集子里还包含了《小弗里茨呼唤五月》，莫扎特为其谱曲成为《对春天的渴望》，K. 596）。[118] 在序言中，奥维尔贝克宣称他的作品不像别的诗歌通常是用儿童的方式来表达"成人的理想"，《弗利茨之歌》是"真正发出儿童的声音"。[119] 尽管弗利茨种种的"调皮捣蛋"和不听话，奥维尔贝克认为，他所拥有的真诚是魏瑟和他直接的后继者们塑造的天使般的儿童形象所不具备的。正是由于这一特征，汉斯-海诺·尤尔斯认为《弗利茨之歌》是儿童文学中"反权威"流派的分水岭，是第一部使用了儿童天真烂漫的主动语态的作品。[120]

　　然而讽刺的是，奥维尔贝克对儿童的声音的"真正的"律动的关注，反而让他更加远离了儿童的利益，变得远比魏瑟的作品更朝向成年读者群体。正如奥维尔贝克在《弗利茨之歌》的序言中强调的："看着小家伙们在四处游荡，对我们成年人来说应该始终是一种愉悦。"[121] 奥维尔贝克甚至标示出四十九首诗歌中的十五首不适合儿童阅读，背离了最初由坎普创立的对年龄分类的重视。[122] 同样,在莫扎特为《儿童游戏》谱的曲子中也弥漫着为成年人而作的感觉,这种感觉主要来源于对演唱者的角色形象的模糊呈现。要理解这首曲子的不同寻常,可以将它与之前的两个作曲版本进行一下比较:格奥尔格·卡尔·克劳迪乌斯 1780 年的作曲,和约翰·弗里德里希·赖夏特 1781 年的

图 4.6　(a) 格奥尔格·卡尔·克劳迪乌斯,《儿童游戏》,选自《给儿童的歌》(法兰克福,1780 年),14 页。哥廷根 SUB 提供,排架号 DD2001. A. 395.
(b) 约翰·弗里德里希·赖夏特,《儿童游戏》,选自《给儿童的歌》(汉堡,1781 年),第 1 卷,3 页。德累斯顿 SLUB 提供,http://digital. slub-dresden. de/id415087503; Mus. 3922. K. 2.

作曲。两个版本都以较直接的方式处理了《儿童游戏》抑扬抑格的韵步(Wir Kin-der，wir *Schmeck-en die Freu-den recht viel*)：克劳迪乌斯在几乎是"沉重的"(pesante)3/8 拍中使用了均匀的八分音符，加一个八分音符弱起；赖夏特在 2/4 拍中使用了扬抑抑格的节奏，同样用一个八分音符弱起。

莫扎特在谱曲时选择了与克劳迪乌斯同样的3/8 拍。但是，莫扎特将弱起小节从八分音符缩短到了十六分音符，导致一种喘不过气的效果，经过连续五重反复，反而强调了原本非重音的音节。

莫扎特的节奏处理生动地刻画了弗利茨短暂的注意力持续时间，以及几乎不可阻挡的活力，尤其契合第一段歌词。一连串动词呈现的刺激感，紧接着交给代词和连接词带来的令人来不及喘息的意识流，还有什么比这更能真切地表现男孩特质呢？但是，这个跳跃性极强的十六分音符弱起在表现这种激动的同时，相比克劳迪乌斯和赖夏特的

图 4.7　莫扎特，"儿童游戏"(K. 598)，选自《给儿童和儿童伴侣的歌曲集："春之歌"》，帕施编(维也纳，1791 年)，24 页。奥地利国家图书馆提供，排架号 MS27064‑qu. 4°/2，24.

简单节奏,对歌手的演唱技巧也提出了更高的要求。不仅如此,键盘两声部的伴奏,左手采用十六分音符的分解和弦的音型,要求歌手与伴奏者有更好的默契。总之,虽然实际内容是儿童,莫扎特的《儿童游戏》在技术要求上是成熟的。换句话说:奥维尔贝克以及之后的莫扎特,越是追求忠实地表现儿童的内在生命,他们的儿童歌曲越难被儿童读者所理解。[123]

这一悖论在一个相关的美学领域的论著中更为常见,那就是"通俗性":为了让民间作品适应中上阶层的阅读需求,诗人会将其表现得更加精致优雅。在他的《民间音调的歌曲》(1785 年)第二版序言中,约翰·亚伯拉罕·彼得·舒尔茨指出"民间音调"应该是这样的:"民间音调的全部奥秘就在于这种表面上的熟悉感;但是不能将其与熟悉本身相混淆;因为后者只会让一切艺术家都感到无趣。"[124] 在围绕儿童诗歌的探讨中也会发现类似的担忧:在《弗利茨之歌》发表之后,一位哥廷根林苑派的诗人告诫奥维尔贝克不要沉迷于"孩子气"。[125] 童真与孩子气之间,似乎只是一线之隔,正如通俗和庸俗一样。

赫尔德将这两组词汇之间的联系发掘得更加彻底。约翰·亚伯拉罕·彼得·舒尔茨的《民间音调的歌曲》第一版之前九年,赫尔德自己的《民间歌曲》(1778—1779)之前五年,他已经在他 1773 年的《论德国人的性格和艺术》一书中提炼出了"儿童音调"这个术语。在谈到我相时,赫尔德引用了歌德的《野玫瑰》(Heidenröslein),一首依然被当作"通俗性"的示例的诗:

> ……在我们的时代,很多人在探讨为儿童而作的歌曲。要不要听一首更老的德国(歌曲)?其中并没有超验的智慧或道德,儿童已经被那些东西骚扰得够多了——那只是一首幼稚的、寓言式的儿歌而已。[126]

赫尔德并没有将歌德的诗解释为通俗歌曲，也没有针对《野玫瑰》中表现出的幼稚做任何辩解或解释。相反，在引用了这首诗，包括其"孩子气的副歌"之后，赫尔德总结道："这不就是'儿童音调'吗?"[127] 换句话说，这首诗在作为一首通俗歌曲之前，首先是一首儿童歌曲。"孩子气(Kindertümlich)"这个类别为"通俗(Volkstümlich)"类别开辟了道路。[128]

总之，在莫扎特和他同时代人的儿童歌曲中，我们发现，歌曲被泛爱主义者利用，作为他们"游戏教学法"的一个方面以及道德教育的一件工具。在这个意义上，儿童歌曲表现为对游戏时间的侵占，对家庭空间的侵入。同时，像《小纺织姑娘》和《儿童游戏》这样的儿童歌曲的自反性姿态，也定格了一个临界点，介于给儿童的音乐和从童年中获取精神解毒剂或免疫剂的音乐之间——也就是介于"给儿童"的歌曲和"给儿童伴侣"的歌曲之间。这就是为什么《儿童游戏》中会表达出一种对幼年时代的怀念，像弗里茨认为的："有的是时间去抱怨！…我们再长大些…我们只能昂着头冷漠地走过。"那种对牧歌式的青春时光一去不返的感受——不需要事实支撑，由儿童自己表达出来的感受，是 1791 年已经成型的浪漫主义童年理想的一部分。

儿童歌曲可能构成了第一个也是唯一一个在欧洲音乐史上为了给年轻人和年纪大的人共享而创作的业余音乐作品目录。想象这些歌曲的演唱场景，也就是想象在一个空间里，家长、儿童，兄弟姐妹们轮流演唱，互相聆听，建立起一种共享的情感语汇（在下一章还会看到，这种语汇还延伸到了器乐领域）。同时，儿童歌曲确立了家庭中的性别角色并灌输这一概念，训练男孩和女孩们用恰当的方式去看待并实践游戏与阅读，经过同样训练的父母会始终照看着这个过程。对莫扎特以游戏和童年为主题的歌曲，以及逐渐积累起自身意义的曲目和传统的关注，揭示出莫扎特自身所体现并帮助其具体化的"童真"这一包含着服从与抗拒的复杂混合体。

第五章　童真的律动

在儿童歌曲中,儿童的游戏行为被表现为对成年人劳动的暗喻和训练场,同样,室内乐也可以当作家庭情感的暗喻和训练场。在这一章中,笔者将诠释莫扎特为父母子女和兄弟姐妹而创作的器乐作品,它们是家庭音乐肖像的一种形式,同时也提供了演练和睦家庭的新理念的一次机会。这并不是说在启蒙运动创造了这样的条件(或是儿童死亡率降低)之前,成年人对儿童没有感情。菲利浦·阿利埃斯的历史基础研究性的著作《儿童的世纪》(*L'Enfant et la vie familiale sous l'ancien régime*,1960 年)引发的许多回应,已经证明了这一无须争辩的事实。[1] 然而,认为这种爱值得不断反思、培养和展示的观念是全新的。我们已经了解了在泛爱主义运动中,以及给"儿童伴侣"的文学读物中提倡的那种毫无保留的对儿童的爱。例如,克里斯蒂安·费利克斯·魏瑟《儿童伴侣》的第一期,虚构人物"一家之主"门托尔宣称他爱自己的孩子"胜过世上一切宝物,胜过整个世界,对,我甚至可以说,胜过自己的生命"。[2] 室内乐将这种毫无保留的家庭情感仪式化,让中产阶级家庭能够像贵族家庭一样将牢固的家庭关系仪式化。

有三部莫扎特的器乐作品可以作为这样的家庭音乐仪式的示例:《三键盘协奏曲》,K.242(1776 年作于萨尔茨堡),《长笛与竖琴协奏曲》,K.299(1778 年作于巴黎),《四手联弹奏鸣曲》,K.521(1787 年作于维也纳)。三部作品都在创作时或出版时明确了是为特定的父母、孩子或兄弟姐妹而作。K.242 是为安东妮娅·罗德隆伯爵夫人和她的两个女儿阿洛伊西娅和约瑟法而作,后者当时分别是十四岁和十一岁。K.299 是为德吉讷公爵与他女儿玛丽-路易斯-菲莉皮娜共同演奏而作。至于 K.521,最初是莫扎特为自己和他的一个学生弗兰西斯卡·冯·雅克恩而作,但是在出版的时候,他将这部奏鸣曲题献给了一对未婚的姐妹娜内特·那托普和芭贝特·那托普。

在三部作品中,最初的演奏者或被题献者在历史上的形象表明了乐器要表现的角色形象是以家庭关系为基础的。就像所有的肖像画家一样,莫扎特知道他最优先最重要的任务是取悦他的资助者。[3] 但这些作品描绘的形象既有典型性,同时又有个性。《四手联弹奏鸣曲》在师生关系之上包裹了一层亲密的姐妹关系。《三重协奏曲》展示了母亲与两个女儿之间的互相包容和轮换交替。《长笛与竖琴协奏曲》凸显了父亲与女儿之间的协作和自主。通过将音乐与特定家庭成员进行显而易见的关联,莫扎特将这种关系变成了音乐主题,让演奏者和聆听者去识别,就像同时代的情感小说和戏剧对待读者和观众的方式一样。

爱德华·科罗曼和西蒙·基夫指出,在室内乐和管弦乐的器乐声部中注入象征性的角色形象这种行为至少可以追溯到海因里希·克里斯托夫·科赫的《音乐辞典》(1802 年),甚至可以认为是约翰·格奥尔格·祖尔策的《艺术总论》(1774 年)。[4] 同时,怀·J. 阿伦布鲁克认为莫扎特的器乐作品充满了"喜歌剧价值",总是通过形象鲜明的角色的互相作用来凸显主题。[5] 但是,虽然像阿伦布鲁克、基夫、科罗曼等音乐史学家在诠释这一时期的器乐作品时将其比喻为一种对话或戏剧,我们可以同样简单地将这些作品看作一种舞蹈:一种无言的、有界限的,同时也是基本上动态的、变化莫测的社会接触和展示。[6]

将十八世纪音乐与舞蹈联系起来并不是什么新鲜事物——毕竟,这是话题理论(topic theory)的基础。但是,虽然话题理论将音乐的素材和词汇描述为以舞蹈为根源,但笔者将音乐与舞蹈联系起来有更为宽泛的目标：家庭成员共同进行的音乐活动的现象学和实体经验，以及——最关键的是——这些活动中伴随着的宁静。舞蹈和器乐在语言表述上的缺失通常是关注艺术道德功能的批评家和哲学家担忧的源头。这也可以是一种缓冲：在充斥着对话的社会环境中，它提供了一种——用简·奥斯汀笔下的一个角色的话来说——"不可多得的宁静"。[7] 约翰·杜辛格曾说，奥斯汀笔下最有深度的时刻就是邂逅，他将其定义为"一种极端专注的互动，从中反映出人类行为的微妙"。[8] 就像奥斯汀笔下的球类或牌类游戏，莫扎特的这三部作品同样为接触提供了契机——只不过这里的接触是家庭成员间的。其中揭示出的行为的微妙，以及这类接触中蕴含的社交性的暗示，直到今天基本还是通行的。

莫扎特清楚知道身处一个有音乐生活的家庭意味着什么：这不只是他的生活经验，也是他的职业生涯从一开始就树立起来的形象的关键部分，第一章讨论过的德拉福斯的版画（他的家人到1770年代还在兜售此物）就明确了这一点。[9] 当他还只是幼童的时候，就在欧洲的舞台上公开展示他与父亲和姐姐的亲密无间——而且这种亲密是与键盘二重奏这种音乐体裁密不可分的。莫扎特一家，和莫扎特为家庭而作的音乐作品都代表了这种紧密团结的家庭关系，在各种公开和私人场合中，以演出和出版物为媒介得到传播。从这里可以看出，在他后来的音乐作品中观众是如何听到（包括我们现在如何听到）兄弟姐妹或家长孩子之间的交互的——正如莫扎特自己的童年，像德拉福斯的版画一样，跟随着他直到成年。

诠释这些作品可以借鉴科罗曼曾提出的一种分析室内乐的方法——"多重代言（multiple agency）"，也就是将重点放在"将乐谱仅仅视作一种剧本，而关注乐手在再现剧本中的社会性交互时所扮演的角色"。[10] 这套以织体为主导的叙事性的方法，与杰西卡·沃尔多夫用于莫扎特歌剧的"剧情阅读法"有相似之处。像歌剧一样，四手联弹奏鸣曲和多重协奏曲都有着"在舞台上表演的角色，这些角色有动机、有目标,并且将被卷入冲突并在各种事件的进程中寻求解决"。[11] 我们可以想象"正在演奏并/或正在聆听的'剧中人'",就像汤姆·贝甘在诠释海顿为他的学生创作的作品时那样。[12] 或者像罗杰·莫斯利所说,我们可以听出这些音乐中呈现了一种活泼的脉动,这种脉动可以追溯到"即兴喜剧"中的"笑料",也是数码时代的多玩家合作游戏的预兆。[13] 回到舞蹈这个比喻,笔者并非将这些乐谱当作剧本或歌剧脚本来使用,而是认为它们更接近哑剧的脚本,或是芭蕾舞或交际舞中的舞步记录。其中依然有角色或"剧中人",但他们的动作既有空间上的,也有时间上的意义,既有固定的,也有可变的方面,不借助台词展开剧情,更多依靠他们自己的理解来进行表达和即兴演绎。

音乐的情感表达范围同样是千变万化的——毕竟,在奥斯汀的一个角色讲出口之前,他们可能在一场交际舞中感受到、想到任何事,他们的肢体动作可能与他们的想法或言谈有着幽默甚至辛辣的对比。科罗曼曾写道:弦乐四重奏既可以表现协作与让步,同样可以轻易地表现"好胜和竞争"。[14] 任何演奏者超过一名的音乐作品都是这样的。家庭动态是复杂的,通过任何媒介来象征家庭动态,所呈现出的都远不只是关爱和服从。举个例子,纳奥米·米勒形容莎士比亚的《暴风雨》中的兄弟姐妹"在一系列社会的和家庭的关系的基础上,构建了统治和欲望、追求和丧失的起点"。[15] 这里要探讨的莫扎特的三件作品同样代表了类似的家庭关系,而且各有其独特之处。

键盘上的亲密:四手联弹

虽然 1763 年卡蒙特勒画的肖像并没有让沃尔夫冈和南妮尔一起坐在键盘前,但是在他们的欧洲巡演中,键盘二重奏是他们的必备节目。[16] 从众多媒体的评论上可以看出,这对姐弟共同表演过的有缩编的协奏曲、奏鸣曲、带即兴助奏的作品(有时还需要另一架钢琴),甚至还有用手绢盖住键盘的杂耍式的表演。[17] 他们还用新发明的乐器演奏,比如伯卡特·舒第1765年制作的双键盘羽管键琴。[18] 因此,这对姐弟在众人眼中的新奇程度,常被与他们面前的乐器相提并论。

在1760年代,四手联弹的键盘作品也同样新奇。在很长一段时间内,《四手联弹奏鸣曲》,K.19d(发表于1788年)被认为是这一类作品中最早的一部,但这部作品现在已经不再归于莫扎特名下。克利夫·艾森指出,有资料提及1760年代的四手联弹奏鸣曲的稿本现已不存,但现存最早的四手联弹的印本的年代是1772年:路易-约瑟夫·圣阿芒的一部名字容易让人误解的作品《键盘四重奏,须由两人在同一台琴上演奏》(*Quartetto per il cembalo, qui doit s'éxécuter par deux personnes sur le même Instrument*)。[19] "键盘四重奏"在1772年听起来恐怕有点科幻味道,毕竟当时连弦乐四重奏也算是比较新鲜的(海顿的Opus 1最初发表于1764年)。可以确定是莫扎特本人创作的最早的四手联弹作品 K.381(123a)和 K.358(186c),作曲年代也是1772至1774年之间,但直到1783年才发表。他为四手联弹创作的五部奏鸣曲和一组变奏曲全部在他生前发表过——这一现象,正如玛丽安娜·施特尔策尔指出的,在莫扎特的音乐作品中并不多见。[20] 这意味着这一体裁与市场关系之密切,而我们将看到,这种密切关系将在儿童文学出版物的范围内引发对这一体裁的作品的回应。

这一新的体裁对其第一位消费者有什么意义呢?在那个时代,两个人近距离地坐在同一台琴边上显然是一件值得关注的事,因为在那个时代,正如我们已经看到的,成年男女之间最善意、最短暂的身体接触也要受到充满焦虑感的严密监管。自从弗朗茨·赛德尔曼1781年发表了《供两人在一架钢琴上演奏的六部奏鸣曲》,对不受监管的接触的担忧就已经非常明显了(图5.1)。[21] 在题名页版画中,一对成年男

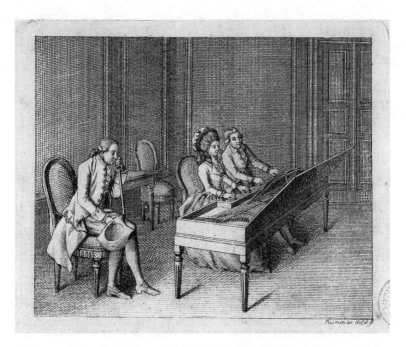

图 5.1　约翰·奥古斯特·罗斯马埃斯勒,题名页版画,弗朗茨·赛德尔
曼,《供两人在一架钢琴上演奏的六部奏鸣曲》(莱比锡,1781
年)。德累斯顿 SLUB 提供,排架号 Mus. 3550‒T‒2.

女坐在古钢琴前,女性演奏第一声部,男性第二声部。两人身体之间
保持着得体的距离,一位男性旁观者向读者明确了这两个人不是独
处。然而这位旁观者像被吸住了似的身体前倾——至于吸引他的到
底是音乐,还是两位演奏者之间的距离,这就很难说了。

　　这位旁观者让人想起巴泽多和霍多维茨基的《基础课本》(第四章
讨论过)中的那位监视着儿童室外舞蹈的祖父,一道阻挡觉醒的铁壁。
不管怎样,理论家梅宁拉德·施皮斯 1745 年的一篇关于作曲的论
文——列奥波德的藏书中有一份——将室内乐描述为,与很多其他事物
一样,"会激起爱欲"。[22] 而在绘画史上也有着长期的传统,从维梅尔[①],到

---

① 　译者注:维梅尔(Johannes Vermeer,1632—1675),荷兰画家。

让-奥诺雷·弗拉戈纳尔①到彼得罗·隆吉②,都将音乐教学或家庭音乐活动中,单件乐器前的近距离接触看作求爱的前奏。[23]另有一幅叫《音乐》的版画描绘了两个人同坐于一台钢琴前,出自霍多维茨基1781年的一组作品《妇人们的消遣》(图5.2)。尽管严格说来这不是

Die Musik.

图 5.2　霍多维茨基,《音乐》,出自《妇人们的消遣》,
　　　　《柏林年鉴》(柏林,1781年)。奥古斯特公爵图
　　　　书馆提供,排架号 **Uh 4° 47(161)**.

① 译者注:让-奥诺雷·弗拉戈纳尔(Jean-Honoré Fragonard, 1732—1806),法国画家。
② 译者注:彼得罗·隆吉(Pietro Longui, 1701—1785),威尼斯画家。

四手联弹,画中一个年轻的男人还是象征性地用手指向琴键。与赛德尔曼的画形成对比的是,两人之间的距离几乎没有疑问地显示了音乐在这里只是身体接触的借口。[24]

然而,键盘边上未必只有男欢女爱,也可以是纯精神的交流,不论是师生之间,还是家庭成员之间。约翰·内波穆克·德拉·克罗切为莫扎特一家画的那幅著名的肖像,也是1780—1781年间,以家庭环境下的亲密的四首联弹音乐为场景,同时也成为公众认知莫扎特一家的人格面貌的参考(图5.3)。从某种角度来说,它可以被看作1763年卡蒙特勒的肖像的后续或回应。

列奥波德在这里代替南妮尔成为那个格格不入的人,他没有再像卡蒙特勒的画像或是他自己的《小提琴演奏》的题名页上一样拉着小提琴,而是满怀期待地等在一边,手上拿着那件象征了他对音乐史最

图5.3　约翰·内波穆克·德拉·克罗切,《莫扎特一家》(1780/1781年)。
©国际莫扎特基金会。

　　　　　　　　　　　　神童的写影:莫扎特与对童年的认识

值得一提的贡献的乐器。同时,他的两个孩子,已经长大但尚未婚配,在羽管键琴前承担着同样的责任。塞缪尔·布林曾有文章写到这幅肖像画中刻意凸显的"手指敏捷度",他将互相交错的沃尔夫冈的右手和南妮尔的左手描述为"姐弟间的温情和关怀的风格化表现…他侵入她的旋律位置表现出的是一种深情而不是霸道"。[25] 就笔者所知,莫扎特没有一部双人键盘作品中有这样明显的手位交错,但是,当然了,正如莱珀特谈到家庭肖像画时指出的,这一类画作表现的主要不是实际的音乐练习场景,而是家庭关系和赋予其意义的社会习俗。[26]

莫扎特一家的这幅肖像多少带有一丝怀旧的意味,尤其是将它与卡蒙特勒更早的那幅肖像对照来看。此时的沃尔夫冈和南妮尔都是二十多岁,但有许多资料记录了这对姐弟在这一时期依然在演奏四手联弹,尤其是有客人来访时。[27] 除了深情之外,沃尔夫冈的右手跨越南妮尔的左手,同时还展现出两个成年人的体型在键盘前显得局促的滑稽感——当他们还是孩子时就没那么困难。1789 年,丹尼尔·戈特洛布·蒂尔克的《钢琴演奏原理》(*Klavierschule*)——当时是为击弦古钢琴而写的——推荐用莫扎特等人的四手联弹奏鸣曲来培养数拍子和进入的精确度。[28] 但是,蒂尔克又不建议过多演奏双人键盘作品,"因为它们可能对指法安排产生不利影响,尤其会影响到手和手臂的位置;因为大多数情况下,两人会贴得非常紧,手就会发生纠缠等情形"。[29] 尽管蒂尔克的《钢琴演奏原理》是为击弦古钢琴而写,而画面中是羽管键琴,但是,演奏者在身体紧贴的情形下尽力保持镇静和端庄,仍然是四手联弹曲目中精彩的一幕。

四手联弹的键盘音乐作品对家庭尤其合适,因为女性和儿童的身体更容易(也更无可指责地)适应这一因乐器限制而导致的近距离接触。1777 年,查尔斯·伯尼创作了一组《四首供两人在一台钢琴上弹奏的奏鸣曲/二重奏》,他还加了一篇序言,指出这些作品特别适合

"一户人家有两个学生需要使用同一台键盘乐器"。有了伯尼的作品，他们就不再是分别练习，而是"能够互相助益，并且在音乐训练中互相陪伴"。[30] 似乎伯尼在这里承认了一个在大家庭里常见的争夺键盘乐器的冲突，而将其变成了一项教育资源。音乐由此可以被处理为一种缓解家庭矛盾的手段。

四手联弹作品也被推崇为一种教育工具，作为教师的莫扎特也参与其中。我们知道，他与多位学生，依据稿本演奏过他早年的四手联弹奏鸣曲 K.381 和 K.358。[31] 他也和他 1786 至 1788 年间的入室弟子约翰·内波穆克·胡梅尔一起演奏过二重奏，他还为和他在维也纳的学生约瑟法·奥尔哈默共同演奏而创作了 K.448（D 大调双钢琴奏鸣曲）。[32] 这类做法在当时非常普遍，以致约瑟夫·海顿写了一部四手联弹主题和变奏来加以讽刺：《教师与门生》(*Il Maestro e scolare*)，约作于 1768 至 1770 年间，由胡梅尔于 1781 年出版。这部作品是一篇冗长的音乐随笔，由第二声部的"教师"和第一声部的他的"门生"一问一答来展开。[33] 其中第二声部部分有着难到极致的切键（cut-key）指法，而第一声部的对应部分简单到可以视奏。汤姆·贝甘对此提出过三种同样有力的解释。如果辅奏部分就是为了让人无法演奏，那可能就是海顿对那些能力平庸的教师的一种嘲笑。相反，如果"教师"有能力驾驭这种指法，那可能就是描绘了一位大材小用的、排遣自己的无聊的教师小幽默（就是海顿自己？），或是为了讨好能力有限的学生，使弹奏效果听起来更高水平一些。[34] 不论其意义何在——当然三种说法都不互相排斥——这出小喜剧的核心都是一种纯精神的手、声部、个性和角色形象的交互。[35] 类似的键盘二重奏的受欢迎度，很可能刺激了莫扎特决意在 1783 年在阿塔利亚发表他的第一部二重奏，这是他在这家出版商的 Opus 3。

神童的写影：莫扎特与对童年的认识

K.521,C 大调四手联弹键盘奏鸣曲中的姐妹情深

不需要太多想象力就能领会到海顿的《教师与门生》所表现的角色形象,毕竟作品命名就是标题音乐式的。但如果是那种只有编号的四手联弹作品呢? 比如 K.521。我们可以先看一下 1787 年印本的献词:“献给那托普家的娜内特和芭贝特小姐。”玛利亚·安娜(娜内特)和玛利亚·芭芭拉(芭贝特)当时一个二十二岁,一个十八岁,都尚未出阁,是维也纳商人弗朗茨·威廉·那托普的女儿。而这位商人是莫扎特一家和雅克恩一家的朋友。两位小姐可能有一位或全都曾是莫扎特的学生,或是他的学生奥尔哈默的学生。[36]

从几个细节可以看出这条献词值得仔细研究。首先,这是莫扎特四手联弹键盘作品中唯一一部有献词的。而且,前面已经提到过,莫扎特原本将奏鸣曲手稿寄给了他的学生弗兰西斯卡·冯·雅克恩,通过她的丈夫,莫扎特的朋友戈特弗里德·冯·雅克恩,将作品给了她。[37] 但是当霍夫迈斯特首次出版这部奏鸣曲时,却不是题献给弗兰西斯卡,而是那托普姐妹。不仅如此,而且其中没有称呼姐妹俩的教名,而是使用了儿时的小名:娜内特和芭贝特。莫扎特不是第一个向一对姐妹奉献音乐作品的人:海顿在 1780 年发表过一组六首键盘独奏奏鸣曲 Opus 30(他在阿塔利亚出版的第一部作品),就是题献给两位键盘演奏家玛丽安娜和卡塔丽娜·奥恩布鲁格的。[38] 但莫扎特的奏鸣曲是双人演奏,再加上用了小名,很容易让购买了曲谱的人想象两姐妹在一起演奏的画面。

另一条指向 K.521 的戏剧性内涵的线索来自晚于这部奏鸣曲一年出版的一个儿童故事。这个故事最初见于 1788 年的《给儿童和非儿童的道德拨浪鼓》(*Moralische Kinderklapper für Kinder und Nichtkinder*),

一部由约翰·卡尔·奥古斯特·穆索伊斯编辑，出版于哥达的故事集。[39] 这部故事集改编自一部 1784 年的法语书《道德拨浪鼓》(*Les hochets moraux*)，但其中这个故事，《和谐》(Harmonie)，是德语版新增的。《和谐》的故事讲的是两对姐妹，一对好，一对不好。坏姐妹汉辛和菲克辛分别被自己的父亲(一位地方官)和母亲宠坏了。家里总是争吵不断，两个女儿各自倚仗偏袒自己的家长互不相让。为了缓解矛盾，她们的姨母提出将两姐妹带去看看她居住的城市。她们很高兴地跟着去城里观光，很快认识了城里的好姐妹洛特辛和古斯特根。与那对争执不休的乡下姐妹不同，洛特辛和古斯特根"身上闪耀着青春的一切美好，温柔得像春天的晴空里清晨的第一缕阳光，互相的关爱胜过血缘带来的羁绊，心与灵魂浑然一体"。[40]

汉辛和菲克辛刚到达目的地不久就又开始了争吵。为了解决"不和谐"(Mißlaut)，洛特辛"满怀欢喜地"坐到了键盘前，古斯特根跟随着她，"两人用莫扎特甜美悦耳的和弦，编织出最打动人心的四手联弹奏鸣曲"。一位作曲家以这种方式被单独举出名字是令人惊讶的——故事集中再也没有过这样的指名道姓，当时的儿童文学提到在世的艺术家也是非常罕见的。

故事还没结束：

> 在甜蜜的和声中，灵魂和心灵在天鹅般洁白的小手上结合，时而短暂地停顿，时而旋律相合，流畅地将页面上艺术家写下的音乐记号转换成熟悉的东西(即音乐)。[41]

就像布林谈到德拉·克罗切的肖像画一样，焦点仍在手上。[42] 在《和谐》中，姐妹俩"天鹅般洁白的手"被抽象化，成了两位模范姐妹的灵魂和心灵的结合点，就像莫扎特自己是《和谐》这个故事和姐妹俩的结合点一样。甚至"停顿"这个术语的使用，也象征着音乐张力通过姐妹间的"协和音程"得到了解决。[43]《道德拨浪鼓》在 1794 年重印时,在这个故事的题名之上加了一幅版画,描绘了这一场面,显然版画家和编辑都认为这是至关重要的瞬间(图 5.4)。

图5.4　《和谐》的插图,出自约翰·卡尔·奥古斯特·穆索伊斯《儿童道德拨浪鼓》(哥达,1794 年),77 页。慕尼黑巴伐利亚州图书馆提供,架号 Augsburg, Staats-und Stadtbibiothek LD 4966.

音乐一结束,姨母对两个争吵的姐妹说:

"看一看想法相似的两个灵魂的例子,感受一下姐妹情深的感觉……'协和女神'(Eintracht)创造了让你我快乐的美妙音色,她拨动了洛特辛的手,她主宰了古斯特根的指。但是当'不协和女神'(Zwietracht)移动了'楔锤'(Tangenten),就令人伤心了:因为她只孕育不协和音程,在那样刺耳的旋律中,没有人能歌唱或舞蹈。"[44]

故事的结尾,乡下的姐妹十分惭愧,转身面向对方,发誓会改正错误,学习键盘前的完美榜样,去培养姐妹之情。

洛特辛和古斯特根演奏的奏鸣曲究竟是哪一首依然是一个谜,但不太可能是 K.521。[45] 穆索伊斯 1787 年 10 月 28 日在魏玛去世,出版商弗里德里希·尤斯丁·贝尔图赫在他死后撰写的序言落款日期是 11 月 4 日。穆索伊斯想到的可能是莫扎特 1783 年发表的两部早期的四手联弹奏鸣曲(K.381 和 358),这两部作品 1787 年依然有出版。鉴于奏鸣曲 K.521 完成于 1787 年 5 月 29 日,但直到 1788 年才由霍夫迈斯特出版,晚于《道德拨浪鼓》,存在一种诱人的可能性(尽管非常微小),即莫扎特或霍夫迈斯特为了与《道德拨浪鼓》中的故事产生共鸣,才选择了将 K.521 题献给那托普姐妹,而不是反过来。不管怎样,可以想象这样的场景,一家人大声朗读穆索伊斯的故事,甚至可能照着故事表演,并且演到那一段时演奏起一首莫扎特的双人键盘作品,他们还能在当时的儿童期刊和作品集中读到无数类似的小品、戏剧、歌剧同样这么做。从某种角度来说,穆索伊斯在给他自己的戏剧创建一种音乐提示,而两者的说教功能对于莫扎特和他的消费者来说都是非常熟悉的。医师和业余乐手阿曼德·威廉·史密斯有一部《关于实用音乐的哲学杂谈》,与 K.521 同年出版于维也纳(而且莫扎特去世时藏书中有此书),书中写道:"在教育中,音乐与其他任何方法同样,可用于使人类变得顺从和文明。"[46]

在 K.521 中挖掘"姐妹情深"需要关注织体的变化,因为键盘上多出来的那双手主要就是通过织体的范围和样式的变化而体现出来的。宁静的第二乐章是一个三段体的行板,其中 B 段却像暴风般激烈。[47] A 段的开头部分显得相对方方正正,每两小节就出现一次休止(谱例 5.1)。若不是在两双手之间进行声部切换的话,可能会给人一

神童的写影:莫扎特与对童年的认识

谱例 5.1　莫扎特,《C 大调四手联弹奏鸣曲》,K. 521,第二乐章(行板),1－
8 小节。

种很生硬的感觉。在第一个两小节的分句中,两双手形成了一种三重
奏,其中第一声部的右手建立了歌唱性的主题。第二声部在第一小节
跳到中央 C 上方的 F,离第一声部的左手只有三度的距离,使得两位
演奏者的手和身体在一开始就处于异乎寻常的近距离。第二个分句
(小节 3—4)织体扩展到了五条线,各个声部在合唱般的平行织体上
行进。第三个分句(小节 5—6)再次改变了织体,由第二声部的低音 F
引领的一段旋律,先是保持着平行十度,接着转变成对位关系,两个人
右手分别向反方向移动,最后又回转相合,仿佛深情款款的对唱。最
后一个分句(小节 7—8)又回到五声部的合唱,形成一种第二和第四

分句之间织体上（以及主题上）的"押韵"。

这一段音乐中的相互协调，与莫扎特之前写过的任何四手作品都不一样。在 K.381,358 和 497 的慢乐章中，织体保持着一种相对静态，我们不妨称之为"超级键盘"，即外侧的两只手负责旋律和低音，有时可以互换角色，内侧的两只手以分解琶音弹奏伴奏音型。[48] 然而 K.521 的第二乐章，光是这八个小节的织体变化已经很像弦乐四重奏的多乐手对话——这并不奇怪，因为两年前，1785 年，莫扎特已经发表了他广受赞誉且自我感觉也很好的"海顿"四重奏。

K.521 的第三个也是最后一个乐章是一个以不紧不慢的小快板速度行进的回旋曲。"柔和的"回旋曲主题有一种不张扬的、节奏单一的、"通俗（volkstümlich）"的感觉（谱例 5.2,20—27 小节），让人想起莫扎特的变奏曲《啊妈妈，请听我说》（Ah, vous dirais-je maman）K.265，一部 1785 年发表于维也纳的同样是 C 大调的作品。第二声部左手主音上的持续低音使人联想到阿伦布鲁克在《费加罗的婚礼》——作于前一年的那部歌剧——中发掘出的田园风味的音符：这些音符揭示了"绿色世界"的一角，在其中，用她的说法："人类天性可以发现——或是重新发现？——其最自然的纽带的暗淡的痕迹。"[49] 最终乐章始于这样一个充满童真的田园式的曲调，对于一部题献给一对姐妹的奏鸣曲是非常合适的。

像所有的绿色世界一样，任何一丝戏剧性的冲突都会威胁到这一乐章的融洽，而从第 28—29 小节开始的对比性的插部，以四个八度的军号般的喧嚣——与"柔和的"回旋曲主题形成了充满活力的对比。（这些军号声也让人想起第一乐章的开场的方式。）这一乐章最动人的地方正是这种喧嚣最终是如何被回旋曲主题吸收掉的。第一个插部中，喧嚣的管乐渐弱，自然过渡到主题。第二次，小调式的插部滚滚而来，甚至有一段渐强，直到被柔和的回旋曲主题替代，就像魔术表演最后揭晓谜底一样（谱例 5.3,142—143 小节）。这一片段就如同穆索伊

谱例 5. 2   K. 521，第三乐章(小快板)，20—29 小节。

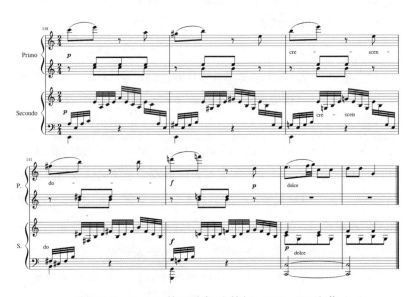

谱例 5. 3   K. 521，第三乐章(小快板)，138—144 小节。

斯的故事,争吵的姐妹被洛特辛和古斯特根的'美妙音色'压倒,'融洽'战胜了冲突。阿伦布鲁克写道,田园的"庇护"之所以"坚不可摧,正是由于它能和白天世界的残酷现实共存。"⁵⁰ 在这里,节奏单一的田园式的回旋曲主题轻松地取代了短暂威胁到其宁静祥和的喧嚣而辉煌的主题。

在乐章的最后几个小节,两个声部合作将来自回旋曲主题的 X 部音乐内容进行重新诠释,以构成富有韵律感的收尾的材料。这一手法让人想起《费加罗》第三幕中书信二重唱的结尾,"多么温柔的西风"成了姐妹间相依与协作的又一首赞歌。苏珊娜和伯爵夫人的声线在二重唱的结尾处互相环绕,和声演进在加速的同时进行了简化。两部作品同样坚定的对律动的强调让我们又想到阿伦布鲁克关于田园诗的另一个见解:这是"(女性)活动的特殊空间,男性无法企及的空间,为她们独有的天职所艰难占据的空间。"⁵¹ 就像书信二重唱一样,K.521彰显了女性间的紧密联系。

我们不知道是什么样的灵感促使穆索伊斯写了《和谐》这个故事(如果真是他写的),也不知道是什么样的灵感让莫扎特投身于歌颂姐妹之情。不过,《道德拨浪鼓》之后的版本都保留了《和谐》这个故事,以及相应的版画和对莫扎特的引用,直到 1823 年的修订版也是如此,足足四十年之久。莫扎特的四手联弹作品与姐妹纽带之间的亲密关系影响十分深远。丽贝卡·赛佩斯曾以启蒙时期的同情观与摩西·门德尔松①的"多样性的统一"的理念为背景,来解释双键盘作品。赛佩斯描述说:"通过身体动作和音乐感受的结合,双人键盘作品的演奏者们能够在表现其各自个性的同时,演练情感关系的建立过程。"⁵² 一定要说的话,这种关系因为两位演奏者坐在同一件乐器前而更加

---

① 译者注:摩西·门德尔松(Moses Mendelssohn, 1729—1786),德国启蒙时期思想家。费利克斯·门德尔松的祖父。

紧密。

音乐作为兄弟姐妹感情的标识和催化剂,同样见于儿童歌曲,例如《兄妹和谐》(Brüderliche Eintracht),这首歌出自魏瑟的《给儿童的歌》第二版(1769 年),约翰·亚当·希勒作曲。这首歌曲包含了一个哥哥和一个妹妹轮流演唱的四段歌词,以及最后一段两人一起演唱的结尾。第一段副歌是这样的:"这才是真正的兄妹/因为他们的爱如此之深!"[53] 最后一段,不仅兄妹俩一起演唱——而且唱出了"兄妹和声"。① 键盘的右手乐谱分成了两行,可以假定是妹妹唱上边这行,哥哥在下方三度配和声。在副歌最后一次出现的时候,希勒加入一段模进,让上声部提高到比之前更高的高度,深化了二重唱的深刻性。这时的歌词是:"当两颗心紧紧相依/只有美丽的血浓于水的关系!"[54] 跟《兄妹和谐》一样,K.521 也捕捉到了兄弟姐妹间日常的亲密时刻(既是那托普姐妹的,也是莫扎特姐弟的),同时注入了和谐与协作的价值。文学史学者纳奥米·米勒和纳奥米·雅夫纳曾指出:兄弟姐妹的关系通常遮蔽于"主要与权力和地位相关的家庭关系——家长身份与婚姻"。[55] 即使这是那托普姐妹和莫扎特姐弟的最终归宿,莫扎特的四手联弹键盘作品依然为这一独特的兄弟姐妹间的纽带创造了空间,以展示其救赎的力量。

F 大调三键盘协奏曲,K.242 中的让步和轮换

莫扎特为父母和孩子共同演奏而创作的多重协奏曲似乎并没有像他的键盘二重奏在《道德拨浪鼓》一样,以文学作品的形式被人铭

---

① 译者注:这里利用 harmony 这个词双关,这个词既是和谐的意思,也是音乐中的和声。

记。但它们依旧在音乐会的公开（或半公开）场合展现了家庭生活氛围。在1774年到1780年之间，莫扎特创作了六部双重或三重协奏曲，其中有些被称为"小协奏曲（concertone）"或"协奏交响曲（symphonie concertante）"。在这一阶段出现一个创作小高峰有几种可能的解释。首先，在曼海姆和巴黎这两座城市有一些体裁正时兴，莫扎特在1770年代的后几年正在这两个城市生活和工作。[56] 也有可能，这一体裁对莫扎特来说是一种作曲上的挑战，是一个解决织体处理和管弦乐配器的复杂性的机会，更别说还有多人共同演奏华彩段落的独特乐趣。

在这些多重协奏曲中，K.242 和 K.299 似乎是仅有的两部为特定家庭成员订制的作品，两者都作于1778年春。那么，我们可否像K.521一样，从这些协奏曲中听出家庭的动态呢？鉴于我们现在以及莫扎特自己对委约人的了解，这样一位充满戏剧性思维的作曲家会用处理歌剧角色的方式去处理协奏曲，应该是十分合理的。不管怎样，就在两年之后，莫扎特在给父亲的一封信中提到人们常说的喜欢"咏叹调要完美地适合歌手，就像精心裁制的衣物完美地合体一样"。[57]

但是一部多重协奏曲不是光有戏剧性就够了。西蒙·基夫在他的书中论及莫扎特的钢琴协奏曲的戏剧性对话时指出，尽管协奏曲作为一种更公开的音乐体裁在其戏剧性层面体现了"对话原理"，然而室内乐需要在一种更内部化的层面上开展对话。[58] 因此，K.242 和 K.299 提供了非常有力的素材以考察两个层面的相合之处。将二重奏或三重奏置于管弦乐队面前的舞台上，就将对话性植入了戏剧性之中。[59] 也许我们可以将基夫对钢琴协奏曲的对话式解读进行延伸，以涵盖独奏乐手间的对话以及独奏组和整个乐队之间的对话的整个体系。至于像 J. S. 巴赫的三台和四台羽管键琴协奏曲（BWV1063 - 1065，约1730年），或 C. P. E. 巴赫的键盘和钢琴协奏曲（Wq. 47,1788年），多键盘的协奏曲中还有一个重要的方面是，仅仅将这些巨大、昂贵且往往是新奇的乐器聚集到舞台上展示已经是一个奇观。[60] 而要在自己家里演奏这样一部作品，你至少要拥有或能够弄到多台键盘乐器，这毫无疑问是非常富裕的标志。

从题献词可以清楚地看到，K.242 是为罗德隆伯爵夫人而作，供她与她的两个女儿，14 岁的阿洛伊西娅和 11 岁的约瑟法一起演奏。[61] 当学者们提到这部协奏曲时，一般会假定三个部分是按年龄从大到小的顺序排列，而忽略约瑟法负责的那个聊胜于无的第三键盘部分。沃尔夫冈后来将这部作品改编为他和姐姐南妮尔演奏的双钢琴版本，更是让这种忽略显得很有道理——关于这个改编，马留斯·弗洛修斯刻薄地说："[莫扎特]基本上不需要抛弃多少实质性的内容。"[62] 但或许我们不应该急于忽略了约瑟法·罗德隆。我们知道这对姐妹是跟着列奥波德学习键盘演奏的，而且她们与萨尔茨堡最优秀的业余管弦乐队一起演奏过。当然，作为萨尔茨堡首屈一指的贵族名门，罗德隆家是这支乐队每周的音乐会的主办者。但是列奥波德骄傲地向沃尔夫冈汇报，到 1778 年 6 月 11 日为止，她们"已经各自演奏过三次"（可能包括 K.242 的首演）并且"为我和她们自己都赢得了声誉，"这其中还包括阿洛伊西娅在 6 月 7 日的一场演出中"非常出色地"演奏了安德烈亚·卢克西的协奏曲。[63] 列奥波德向来对其他乐手的技术水平直言不讳，尤其是跟他自己儿子谈的时候，所以他显然是对两姐妹的演奏十分满意。

这部协奏曲之后的两次演出显示了它有多受众人欢迎。第一次就在当年十月于奥格斯堡，在一次为钢琴制造者约翰·安德烈亚斯·施泰因举办的公开活动中，施泰因与莫扎特同台演奏其中的一个声部。这次演出在当地报纸上引发了狂热的评论，足可见三位独奏者同聚一堂的新奇程度："你几乎没办法知道该先注意哪一个，所有的聆听者都兴奋无比。"[64] 次年三月，莫扎特在曼海姆的圈子中的三位年轻女性——罗莎·卡纳比赫，阿洛伊西亚·韦伯和特蕾丝·皮埃隆——共同演奏了这部协奏曲，作为他和母亲前往巴黎前的告别活动的一个节目。当时，三位演奏者分别是十四岁，十九岁和十五岁。卡纳比赫是莫扎特已经出师的学生，他在多封给父亲的信中表扬过她，其中一封提到她"以她的年龄而言非常聪明而执着"。[65] 韦伯大约是莫扎特的初恋，皮埃隆是韦伯家的侍女。所以，显而易见，这部协奏曲以其最初的三键盘谱本，在创作之初的几年里就在莫扎特的熟人圈子里有大量的演出历史。

罗德隆家族不只是莫扎特家的邻居，他们也是这家人在宫廷中的重要资助者，与阿尔科家族和菲尔米安家族都有关联。[66] 但沃尔夫冈在创作协奏曲时并不是两位千金的教师，后来也不是。她们起初跟随宫廷管风琴师安东·阿德尔加塞尔学习，在他 1777 年 12 月去世之后先师从列奥波德，后来是南妮尔。[67] 因此，这部协奏曲关系到萨尔茨堡多个贵族名门的巴结、影响和资助。在以上背景下，为十一岁的约瑟法而写的所谓"多余的"第三键盘的部分，实际上可能是一种对可理解性和可参与性的慷慨的平衡，一种以耐心和幽默精心编排的家长与儿童之间的互相迁就。

家庭协作与互惠的展示在协奏曲的最初乐章中最为显著。第一个谱例是开场的快板中一个短暂而意义重大的片段，一个只有在演出中才能显现出来的片段，需要脱离页面上的音符而通过舞台调度来产生戏剧效果。这个片段出现在呈示部的结尾处，第一键盘和第二键盘以一唱一和的形式演奏出一个华彩乐句（111—113 小节，谱例 5.4）。接着，由第二键盘和第三键盘重复了这种一唱一和（114—116 小节）。

从表面上看，114—115 小节只是完全重复了 111—112 小节——音高、音区、节奏都完全相同。但是在演出中，你会听见并看见一种1—2，2—3 的模式：键盘一将乐句传递给键盘二，键盘二再将其原封不动地传递给键盘三。如果假设每个部分的演奏者是依年龄递减顺序的，结果就是这一唱一和首先是母亲和大女儿之间的，紧接着由大女儿和小女儿重复。[68] 因此，这个片段主要通过视觉调度体现了其重

谱例 5.4　K. 242，第一乐章(快板)，111—116 小节，仅独奏部分。

要性——或者换句话说，只有在现场，亲眼看到过这样传递的人才能理解。

　　中间的乐章，柔板，表现得更像是第一键盘和第二键盘的二重奏，而第三键盘远远地在背景中配上伴奏音型。但在最后一个乐章，一个小步舞曲速度的奏鸣回旋曲中，第三键盘扮演了重要角色，在每一次回旋曲主题出现后的结尾延长段中，以及终结了中间插部的三次"起始"中十分明显。换句话说，"约瑟法"是终结的催化剂。

　　第一键盘和第二键盘在乐章起始处一起交代了回旋曲主题，而主

谱例 5.5　K. 242，第三乐章（回旋曲，小步舞曲速度），16—22 小节，仅独
　　　　 奏部分。

题结束时的结尾延长段是由第三键盘发起的（谱例 5.5）。第一键盘
和第二键盘以十六分音符开启了结束句（16—19 小节），而第三键盘
以不慌不忙的三连音回应（20—21 小节），重建了主题的第一个乐句
的三连音节奏，这个步调接着由第一键盘接手（21 小节）。这一模式
在回旋曲主题每次回归时都会再次出现，暗示第三键盘的职责是"踩

刹车"，就好像它就代表了终止的节奏。在再现部的结尾，最后一次
"起始"之前，第三键盘再次打断第一和第二键盘的十六分音符音型，
重建三连音节奏（谱例5.6）。然而这一次，结尾延长段由第三键盘领
衔，并且采用了在这一乐章中从未听到过的和声演进：I^6 – vi – IV –
V。主导的织体被彻底颠倒了：第三键盘之前一直在主旋律素材的背
景当中，现在承担了最活跃的部分，而第一和第二键盘处于辅助地位，
使用断奏的和弦来强化和声效果。就这样，第三键盘一时成了主角。
在186—189小节，第三键盘在第一键盘和第二键盘重中十六分音符
时依然保持三连音，而乐队演奏两拍子的八分音符——形成了第三键
盘独自掌握的一个独立的乐层。就好像对第三键盘越来越抢眼的领
导角色的回应一样，在最后一次管弦乐利都奈罗的最后几个小节，弦
乐声部首次亲自接过了第三键盘的三连音的结尾延长段。在乐章结
尾，第三键盘的影响力已经超越了三个独奏者组成"家庭内部空间"而
延伸到了管弦乐队所代表的"公共观众"之中。

　　想象一下罗德隆伯爵夫人和她的两个女儿演出这部协奏曲，我们

谱例 5.6　K. 242，第三乐章，180—190 小节，仅独奏部分。

谱例 5.7　K. 242,第三乐章,207—212 小节,仅弦乐部分。

可以思考这部作品创造了怎样一种母女和姐妹间的纽带供她们发掘。耐心、空间上的让步、母性的内在化以及对教育要求的回应,一切都体现在这部作品中。正如玛丽·亨特所指出的,喜歌剧的幽默效果可以通过"看着角色根本不赞同或不理解,明显只是为了配合而唱着同样的音乐"来得到。[69]一部三重协奏曲就像一部无词的"喜歌剧",演奏者和观众可以插入任何他们希望的情节:两姐妹可以一边还在争执一边共同创造"美妙音色"(就好比在家庭肖像中表现得咬牙切齿)。重要的不是每个家庭成员内心深处的感受——那些争斗、积怨,或任何一个有兄弟姐妹的人在家庭日常生活中都习以为常的更严重的冲突。这里重要的点,被亨特称为"律动的一致",在这个家人增进感情的短暂时刻让所有的声音一致,趁着母亲的女儿们还没有跟她们的丈夫和孩子组建她们自己的"室内乐组合"。[70]

有一个儿童故事充斥着这一主题更高层次的变形,这个故事收录于魏瑟的 1778 年的《儿童伴侣》中,也就是 K. 242 创作的这一年。尽管这个故事并没有像《和谐》一样以音乐为主题,但《姐弟情》这个故事表现了孩子们被要求欺骗父母,以达到艾米丽·布鲁斯称为"提升感性度和横向关系"的目的。[71]在这个警示性的故事中,弟弟卡尔意外伤到了他的姐姐尤尔辛,用的是他们的父亲,一位陆军少校的枪。在养伤过程中,尤尔辛为了保护卡尔而向暴怒的父亲撒了谎。最后的结局是真相大白，所有人都得到了谅解。

　　布鲁斯介绍了故事的梗概，其中门托儿一家就这个故事讨论了在他们的日常生活中是否可以学习这一过于戏剧化的榜样，从中可以看出故事的灵感来源于七岁的弗里茨为他五岁的小妹妹而作出的更不起眼的利他举动。[72] 门托儿作了道德上的总结："当兄弟姐妹之间无比同心同德，一个人的痛苦会让对方感到比自己的痛苦更甚，我会对此表示赞同，我愿意表扬和欣赏那样的孩子。"[73] 他们的一位朋友甚至引用了普鲁塔克的《道德论丛》(Moralia)中的《论手足之情》(De Fraterno amore)：

> 与大自然灌注在手足之间的最初的爱相比，关系再亲密的友人之间的情谊也只能算是其影子或模仿。如果一个人不能珍视并实践这样的爱，如何能期待他去爱别人或被别人所爱？[74]

　　这里所颂扬的手足间的无私互助——在当时最流行、最有影响力的儿童期刊中——超越了孝道，甚至超越了诚信，至少暂时是这样。

　　乌特·德特马探究过家庭内部戏剧的演绎如何强化了狭隘的、重视亲情的家庭的新形象。像三重键盘协奏曲这样的家庭音乐仪式取得了类似的效果，三个女人在舞台上——所有家人都在场——会花时间去思索莫扎特的音乐所编织的轮流、协作和空间上的让步。

> 家庭从结构上和经验上都是一个在私有空间里的有凝聚力的团体，它在自身的仪式中成为自身的例证，同时在表现自我的过程中歌颂自身。[虚构的]舞台布景和演出场地是融合在一起的，而且家庭剧场并不尝试建起"第四道墙"，业余的演员们扮演家庭成员，同时也扮演了观赏者。[75]

这样的协作学习的过程意味着,像《儿童伴侣》这样的期刊或是K.242这样的协奏曲都可以帮助关系亲近的家庭成员实践其情感纽带。

K.299,C 大调长笛与竖琴协奏曲中的引领、追随和放手

1777 年夏,就在完成了罗德隆家的协奏曲几个月之后,莫扎特在给科洛雷多大主教的一封信中就子女责任的问题阐明了自己的价值观。这封信是为了恳求他的雇主允许他的父亲出行,在信中,莫扎特总结了所有他在成长中学到的应当承担的责任,以此来维护他的父亲,就像他父亲一再为他做的一样。这封信是对列奥波德的仿效,在此过程中微妙地主张了莫扎特现在是家中主导的、最有力的音乐人物的地位。

> 我最仁慈的亲王和君主! 父母们总是尽力使他们的孩子可以挣到自己的面包,为此他们同样维护自己和国家的利益……我的良知告诉我,是上帝让我对父亲感恩,他不知疲倦地花费时间教育我,我才能减轻他的负担,照顾我自己,将来还能供养我的姐姐。[76]

这些句子莫扎特没准是从巴泽多的《基础课本》或魏瑟的《儿童伴侣》一类的书里逐字逐句抄来的,他早已熟谙孝道的约瑟夫式表达和功利主义者的教育目标。

过了不到一年,莫扎特将他在信中宣扬的父母之道——培养儿童的自给能力——通过 K.299,C 大调长笛与竖琴协奏曲搬上了舞台。这部协奏曲的委托人是阿德利安-路易·德·伯尼埃尔·德吉讷伯爵

（后成为公爵），打算由伯爵本人演奏长笛，他的女儿玛丽-路易泽·菲利皮娜演奏竖琴，此时莫扎特刚到巴黎不久。在作曲时，玛丽·路易泽十八岁或十九岁，数月之后就结了婚。协奏曲很可能是用于室内管弦乐队在私人或半私人场合的演出，甚至可能是用于订婚或结婚典礼上。[77] 没有证据表明这部作品在伯爵的官邸演出过——显然，他没有支付莫扎特作曲的费用，教学的费用也没有给足，这让莫扎特十分恼火。[78]

约瑟夫·弗兰克，一位认识莫扎特的医生，曾在 1852 年声称莫扎特告诉过他自己"讨厌"长笛和竖琴。[79] 不论这话是不是真的，莫扎特很欣赏德吉讷一家的才华，形容那位父亲"无与伦比"，而那位女儿"极其出色"。[80] 事实上，还有不少竖琴作品是献给玛丽-路易泽的，其中包括弗朗切斯科·佩特利尼的竖琴二重奏和约翰·巴蒂斯特·克隆福尔茨的一组十二首为竖琴作的前奏曲和咏叹调。[81] 玛丽-路易泽不只是莫扎特作品的受献者，也是跟他学作曲的学生之一，他在写回家的信中详细提到过每天给她上课。

与那些带有音乐肖像的案例一样，这部协奏曲不仅描绘了德吉讷公爵和公爵小姐，也描绘了一对父亲和女儿。在与之最接近的协奏曲中——K.242 和 K.365——织体上的互相迁就是流动的，前因-后果式的成对的乐句在声部间平等地对答，通常是按顺序的、一问一答的模式。然而，K.299 通过三个乐章展示了独特的织体安排：从第一乐章典型的二重奏，到第二乐章切割到极短的分句（大部分是回声效果），最后在第三乐章给每件乐器整段的独奏。由此产生的效果是声部之间的独立性逐渐提升，考虑到当时背景——一位即将离开父亲嫁人的女儿——这将在演出中令人感到格外辛酸。

协奏曲以如胶似漆的亲密感开始，在第一乐章中着重体现了长笛和竖琴的不可分割。两件乐器以八度关系同时进入，与管弦乐队隆重的乐章开头相呼应。之后，长笛和竖琴在这一乐章中的大部分时间都是同时发声的。在主部主题和副部主题，以及属调上的新素材中，两件乐器就像一件合体乐器，一架"长笛竖琴"，只有过渡部分是一个例外，两件乐器处于一个单独的、简短的一问一答的段落。

接下来的展开部，两件乐器第一次互相分离，通过由长笛发起的一问一答的乐句完成了转调。再现部两件乐器回到同时发声的模式，仿佛两者再一次成为一件合体乐器。如果说展开部代表了复合的"长笛竖琴"的分裂，再现部则展示了其重新组合。莫扎特在华彩之前加入一个自由延长，但将华彩部分留白，显示出他相信两位有才华的乐手能自己写出——甚至可能联手即兴演奏——他们自己的联合华彩。

与第一乐章主要呈现的"长笛竖琴"的织体相反，第二乐章，小行板，由回声效果主导，代表了长笛和竖琴之间第一次拉开了距离。当收尾的素材在再现部再次出现时将这一过程进一步延展（谱例5.8），对答的单位从一个小节（88—92小节）拉长到三个小节（92—97小节），然后用极短促的十六分音符构成的华丽的琶音进行模仿（98小节）。换句话说，第一乐章中长笛和竖琴几乎总是一起发声，而第二乐章为两者之间建立了一个有限但确定无疑的独立性。

谱例5.8　K.299，第二乐章（小行板），88—100小节，仅长笛与竖琴部分。

第三乐章继续叙述这一逐渐加强的独立性,使用了一个主题变化令人眼花缭乱的奏鸣回旋曲式。[82] 与前一乐章不同,每件独奏乐器单独演奏的小节数要多出许多,单件乐器有了八个、十二个、十四个、十五个小节的独奏。第一乐章占主要地位的乐器的交融变成了轮换,这里同时也表现了一种聆听:长笛静下来聆听竖琴,竖琴静下来聆听长笛。现在两者的联合更少了,而他们的轮换也是非对称的,不遵循任何可预见的模式。[83]

不止在这个部分,而是在整个乐章中两件乐器都表现出了独立性,他们也不再像第二乐章一样互相对话或在同样的旋律素材上加花演奏。在这一乐章,每次长笛或竖琴独奏时,都会引入新的主题性的素材,都是开头的利都奈罗中没有出现过的曲调。两件乐器一起交代新素材的情形只出现在主调向属调过渡的段落中。于是这一段给人的整体印象是两个独立的声部,甚至可以说是两部独立的协奏曲,只在结束句上合在一起。当然,两者在乐章最后,也是整部协奏曲最后的独奏乐句上联合了起来。但这是一个一闪而过的尾声主题,最初由乐队交代,也是两者一起演奏的仅有的主题之一。

经过三个乐章,协奏曲的结构可以理解为象征了子女的抚养和独立的过程。其中也有些不同寻常:笔者从未见过其他十八世纪的长笛和竖琴协奏曲,尽管有许多同样配置的带伴奏的奏鸣曲。那么,一位父亲与自己弹竖琴的女儿一起与管弦乐队或室内乐队共同演奏意义何在?乐器本身的性别身份是看得出的:演奏竖琴是年轻贵族女性喜欢的才艺(最著名的就是玛丽·安托瓦内特),尽管绘画和雕塑经常将其表现为一种高雅的色情的象征。然而,职业竖琴演奏家几乎全是男性,而且多有放荡的恶名。[84]

而长笛演奏家,不论职业还是业余,几乎全都是男性——例如,约翰·约阿希姆·匡兹和腓特烈大帝——主要是由于演奏乐器时需要可见的用力呼吸和脸部扭曲,这被认为对女性来说是不得体的。[85] 我们在第四章中已经见过这种对长笛和竖琴的性别化处理，在《给儿童和儿童伴侣的歌曲集：春之歌》的题名页插图中，大儿子在前景中演奏长笛，而大女儿与母亲一起用竖琴伴奏。因此父亲的在场可以抵消年轻未婚女性演奏竖琴协奏曲所带来的不检点的暗示。就像第四章中的图片里父母监视并引导他们孩子的阅读和游戏一样，K.299是一次经戏剧处理的监视行为的真实呈现。

莫扎特一生都在与有才华的年轻女性一起表演，从他姐姐到小提琴家雷吉娜·斯特利纳萨奇、钢琴家玛丽亚·特蕾西娅·冯·帕拉迪斯和约瑟法·奥尔哈默。[86] 他甚至与竖琴神童申克尔小姐有过交集，这个女孩1765年在"圣灵音乐会（Concert Spirituel）"首次登台时年仅十二岁，赢得了《法国水星报》热情洋溢的报道。[87] 申克尔受到音乐赞助人孔蒂亲王路易·弗朗索瓦·德·波旁的资助，并在第二年被收入亲王自己的管弦乐队。[88] 在莫扎特1766年回到巴黎时，他们就在这位孔蒂亲王的宫廷演出，米歇尔-巴特雷米·奥利维埃的一幅画记录了这场盛事。[89] 跟莫扎特一样，申克尔也出生于一个音乐世家，家人也试图凭借她幼年的声誉赢得皇家永久性的职位。两个孩子都曾混迹于同一个由赞助人和公开音乐会构成的网络。两人共同的背景或许是莫扎特创作这部协奏曲的间接参考。

莫扎特可能还受到了布尔乔亚悲剧传统的影响。苏珊·古斯塔夫松指出，在莱辛1772年的《爱米丽娅·伽洛蒂》和席勒1784年的《阴谋与爱情》等戏剧中，父亲和女儿经历着一种令人不安的重设父权秩序的性-政治动态。[90] 当然，这一类套路中有喜剧性的层面，就像即兴喜剧剧情中青年情侣戏耍父亲角色，玛丽·亨特将此解读为一种代际变换的社会性的隐喻，并且类似内容在莫扎特的喜歌剧中一而再、再而三地出现。[91] 莫扎特的协奏曲，可以说起到了多层次的作用——传记性的、自传性的、象征性的、原型性的——同时演绎了对公共舞台的占据和放弃，未婚和已婚人士之间的铰合点，以及在守护责任从父亲转移到丈夫的这个节点上父亲和女儿之间的紧张关系。在一个更普通的层面上,也可能给父亲和女儿在将来婚后某个场合重聚提供了现成的借口。这部作品将家长作风与监护,放手和重聚的可能性,全都一起呈现了出来。

伸出手

约翰·雅各布·恩格尔①1785年的《关于模仿的一些思考》基本是一部写给演员的探讨戏剧肢体表达的专著。这部著作中,这位德国启蒙运动哲学家将身体的动作和姿态按照意图和作用进行了分类。[92]恩格尔在这部两卷的著述中使用了大量版画来阐明他的分类体系,罗列了来自古典戏剧的图片,其中多为莱辛或狄德罗的布尔乔亚悲剧中最常见的角色。在一对插图中,一个儿童向母亲伸出手,而母亲也向孩子伸出手(图5.5)。恩格尔煞费苦心地描述了两人各自身体的部位如何互相弯曲、伸展、形成指向对方的张力:男孩的手臂举过头顶,"所有的肌肉都收紧了",而母亲"放低她的手臂表示欢迎"。[93]两个人物是分开绘制的,画面上方儿童向上伸手,下方的母亲向下伸手。这可以简单地解释为对应了恩格尔文中描述两个人物的顺序。但是作为一种阐释性的插入,这副版画让画中两个角色不管是在横轴还是纵轴上都不是面对面的。现有的设定让人更容易从对比的角度去看待两个形象,而要将它们组合成一幅完整的画面对观者来说还是要费一点脑筋的。

恩格尔的作品无疑是职业演员的指南,而不是儿童读物或家长参

---

① 译者注:约翰·雅各布·恩格尔(Johann Jokob Engel,1741—1802),德国作家、戏剧导演。

图5.5 约翰·威廉·迈尔,人物 17 和 18,约翰·雅各
布·恩格尔《关于模仿的一些思考,第一卷》(柏
林,1785 年)。慕尼黑巴伐利亚州图书馆提供,排
架号 Res/L. eleg. g. 126‑1.

考。但这些图片将家长和儿童互相伸出手的动作升华为"儿童"和"儿
童伴侣"。弗里德里希·席勒在他的《论天真的诗和伤感的诗》
(1795—1796 年)中曾以类似的术语谈到儿童。我们喜爱天然的事
物,而在儿童身上,席勒认为,由于"他们对我们来说代表了已经失去

神童的写影:莫扎特与对童年的认识

的童年",并且"只有当差异"——理性与幻想、自由与束缚、年轻与年长——"融合到一起的时候才能体现出神圣、完美的东西"。[94] 家长与儿童之间的感性接触,以音乐为其情感货币单位,将年轻人与年长者之间的相互依托仪式化了。

有太多十八世纪童年研究都着眼于儿童的培养或"塑造",或是着眼于儿童作为成年人幻想的积聚。但是从表面价值接受恩格尔这幅原型母亲形象,就意味着思考当时成年人向儿童的倾斜。玛拉·古芭等作者致力于复原儿童在历史上的推动者地位,在这些研究影响下,我们可以将家长和儿童的关系视作一种互相转化。这无疑是一种不均衡的力量演变过程,但是带有一定程度的互惠,而且家长在自我塑造中付出的努力是不亚于他们对儿童的塑造的。

在莫扎特 1785 年的 Opus 10《海顿四重奏》的献词中,我们可以看到这一理论在莫扎特作为作曲家兼家长的自我塑造中所起的作用。莫扎特的这篇献词打破了音乐作品只题献给皇家资助者的传统:他将他的音乐题献给了他仰慕的同行、导师,而最重要的是,"朋友":

> 致我亲爱的朋友海顿,
>
> 　　当一位父亲决心将自己的孩子送进广阔的世界,他相信自己有责任将他们托付于一位非常受人景仰的人士的保护和引导之下,尤其当此人同时也是他最好的朋友,那是再幸运不过了。[95]

将自己的弦乐四重奏比作自己的孩子,莫扎特还期望他们未来会给自己的生活带来宽慰:

> 他们在这里,哦,伟大的人,亲爱的朋友,我的六个孩子。诚然,他

们是漫长而艰辛的劳动的成果，但是……我敢自夸，我的这些后裔有一天将带给我慰藉。[96]

最后，他将这些孩子转交给这位朋友照顾，进一步将海顿比作他们的养父，他们的"导师"：

> 因此我相信你会仁慈地接受他们，成为他们的父亲、向导和朋友！从这一刻起，我把对于他们的一切权利转让于你，然而我要祈求你包容地看待，他们身上由于我作为父亲的偏袒而未能发现的缺陷，祈求你不要因为这些缺陷而中断你慷慨的友谊，因为这对他非常重要，我最亲爱的朋友，作为你最忠实的朋友，这是我全部的期待。[97]

关于父亲身份、监护与友情的说法可能直接出自《儿童伴侣》的创刊号。不仅如此，这些东西一点也不像八年前莫扎特写给科洛雷多大主教的信。当时，莫扎特写到了自己有义务减轻他父亲的负担，而此时，莫扎特已经是家长的口气，将孩子托付给指定的守护者。

"我们对童年一无所知"，卢梭在 1762 年的著作《爱弥儿》中留下这句名句。[98] 从一方面来看，他的修辞手法不过是一种销售术——但是，在这个简明扼要的句子中，卢梭明确了对童年的核心的可变性的重视。按照克里斯·詹克斯的说法："儿童，通过启蒙运动这段时期，已经……逃入了差异之中。"[99] 将这个说法重新组织一下，可以说："儿童被托付给了差异。"为了更进一步亲近儿童，卢梭（以及整个欧洲受他启发的教育改革者）感觉到——或者说他们相信他们有必要感觉到——年轻人与年长者之间的距离感前所未有的清晰。那样的距离已经是不可接受的。就像恩格尔的原型母亲一样，家长必须向着孩子的方向尽可能地延展，以跨过这道沟。原本温和的漠不关心或理所当然的关爱，转变成了浮夸的关注，到了下一个世纪又一翻身变成了全身心的向往。莫扎特为家庭成员而作的器乐作品保存了这一僵局不可解决的本质。这些作品制造了空间，让儿童和家长去互相接触，去仔细思考他们之间的障碍，用和谐的音乐、动作、柔情和幽默的交互去填补中间的空白。但它并不尝试用文辞去解决这一接触中固有的冲突和张力，或是进行缓解。这些音乐作品，只是在"愉悦的轻快的步伐"中喊口令、设计造型、处理身段。[100] 我们恰巧能听到的，似乎也只有这些了。

第六章　令人快乐的莫扎特

1802 年,莫扎特的《C 大调小弥撒曲》("麻雀弥撒",K. 220,1775—1777)在玛丽·特蕾莎皇后(弗兰茨二世的妻子)位于拉克森堡的行宫演出,但不是按照莫扎特原本的作曲。莫扎特曾经的室友和家族友人,作曲家兼指挥家保罗·弗拉尼茨基,对"麻雀弥撒"进行了改编,供贝希特斯加登——据萨尔茨堡二十英里的小镇——生产的玩具乐器演奏。贝希特斯加登几个世纪以来都是木工艺的重要据点,今天,当地的装饰盒、圣诞饰品、人偶和玩具依然知名。贝希特斯加登的木工们制作的玩具乐器包括哨子、笛子、小号、铃铛、手鼓、拨浪鼓等(图 6.1)。约翰·赖斯发现,莫扎特这部作品的圣哉经里的啁啾主题——也就是作品别名的由来——可能给了弗拉尼茨基灵感,将这部作品与贝希特斯加登的哨子联系了起来。[1]

在弥撒的配曲中加入玩具乐器看起来有些颠覆传统品味,但弗拉尼茨基的做法并非没有先例。从 1760 年代开始,音乐中就存在一个专属于玩具乐器的分支"贝希特斯加登音乐"。[2] 作曲家兼本笃会唱诗班领唱爱德蒙·安格尔有一部交响曲,叫作《贝希特斯加登音乐》(约1760 年代),曾在全欧洲上演,并出现在 1791 年 4 月维也纳的一次公益音乐会的曲目中(后来有消息称,莫扎特也参与了这次音乐会)。[3]这部交响曲从 1811 年开始有印刷版本,之后的德语、法语和英语的版本分别将其归于约瑟夫·海顿、米夏埃尔·海顿和列奥波德·莫扎特名下。[4]虽然这些作者判定是错误的,但我们还是知道莫扎特一家对

　　　　　　　　神童的写影:莫扎特与对童年的认识

图 6.1　贝希特斯加登生产的部分玩具乐器。上方左起：带哨子的棘轮（MIR2118），哨子骑兵（MIR2145）。下方左起：带哨子的音乐盒（MIR2147），鸟哨（MIR2150）。日耳曼国家博物馆提供。

贝希特斯加登的玩具和玩具交响曲这一音乐类型是有所了解的。1764 年，列奥波德在一封旅途中写给家里的信中，描述了巴黎妇女把自己打扮得"就像贝希特斯加登的娃娃（Docken）一样"，而 1770 年，沃尔夫冈从博洛尼亚给南妮尔写信说自己想家，说到他希望能吹一下《佩特尔茨卡默交响曲》（Pertelzkammersinfonie）①里的小号和小

———————————

① 译者注：有学者认为 Pertelzkammer 可能是 Bershtesgaden 的音讹。

横笛。[5]

　　赖斯认定弗拉尼茨基对莫扎特的弥撒曲作的玩具乐器改编属于玛丽·特蕾莎的"谐谑音乐(Scherzmusick)"作品集——她喜欢带有巴伐利亚乡村和传统音乐风味或是戏仿此风味的音乐作品。"谐谑音乐"在莫扎特家族的曲目边缘也能找到，例如列奥波德的《雪橇音乐》(*Die musikalische Schlittenfahrt*，1755年)，其中使用了雪橇铃，还有《乡村婚礼》(*Die Bauernhochzeit*，也是1755年)，其中使用了风笛和手摇琴。沃尔夫冈在1780年代写过一系列幽默的小曲，从三重唱《亲爱的丈夫，帽带在哪儿》(*Liebes Mandel，wo is's Bandel*，K. 441)到以排泄物为主题的卡农，以及《音乐玩笑》(*Musikalischer Spass*，K. 522)，还有莫扎特最后的歌唱剧《魔笛》(K. 620，1791年)中的牧笛和钟琴音乐背后的精神也属于此类。[6] 从一方面来看，帕帕吉诺与莫扎特幼年时的"负篓货郎(Kraxenträger)"有直接关联，贝希特斯加登的货郎背着木制的手工玩具、徽章和小盒子翻山越岭在巴伐利亚和蒂罗尔的城镇和村镇售卖。[7] 莫扎特的时代最有名的"负篓货郎"无疑是安东·阿德纳(约1705—1822)，此人受到路德维希国王的赏识，据说活到了117岁。他肯定无数次路过萨尔茨堡，沃尔夫冈和南妮尔可能在小时候遇到过他。阿德纳这样的"负篓货郎"与最早在《魔笛》中扮演帕帕吉诺的埃马努埃尔·席卡内德的形象之相似是一目了然的(图6.2)。人们甚至可以想象得到阿德纳用一支牧笛或"玩具横笛"宣告他的到来的画面，或者在脑中回响起"我是快乐的捕鸟人"(负篓货郎)那样的曲调。[8] 帕帕吉诺在《魔笛》中演奏的钟琴与牧笛音乐，在早期的出版物和作品集中是最常见的选段之一。如今到处可见的发条式音乐盒中，这些旋律依然在大众文化中代表着莫扎特。对很多人来说，玩具莫扎特才是莫扎特。

　　在最后一章中，笔者将解释莫扎特最初是如何变得gemütlich——温馨、亲切、通俗易懂的。虽然今天他是"热门点播"，但莫扎特刚刚去

图 6.2 （a）奥伯阿默尔高生产的"负筐货郎"明信片"Kraxenträger aus dem Stammhaus Lang sel. Erben um 1750"；bpk-Bildagentur/柏林国家博物馆欧洲文化馆，普鲁士文化遗产基金会/纽约州艺术资料库提供。（b）阿尔贝蒂，帕帕吉诺，出自席卡内德，《魔笛，两幕大歌剧》[脚本]（1791 年）。奥地利国家图书馆提供，排架号 580065‑A.

世的时候还没有这样广泛的号召力。在他人生的最后几年以及刚去世的头几年，有些人将他的描述为有才华但相当怪异的作曲家，他的音乐作品难以演奏，对听众来说则是难以理解。"难到极致""过分困难""过分矫饰/造作"之类的说法，甚至"过度调味"这样的烹饪比喻都一而再再而三地出现在十八世纪结束之前对莫扎特音乐的批评当中。[9] 即便为莫扎特辩护的人也承认他的高深莫测，比如牧师、神学家及音乐家约翰·卡尔·弗里德里希·特里斯特（在《大众音乐报》上发表的一篇十一部分的回顾了十八世纪德国音乐发展的文章）将莫扎特的一些器乐作品与莎士比亚作比较,以解释其中的一些"怪异之处"。特里斯特写道,这两个人拥有"描绘怪异荒诞事物的癖好和才华"并且"对旧的艺术法则满不在乎……莎士比亚以其令人惊讶的场景设置招致批评,而莫扎特则以其令人惊讶的调式转换"。[10] 在十九世纪初期,莫扎特接受中的这种浪漫主义方向开始与强调其"简约""优雅""轻盈"和"纯净"的评价并存。[11] 约翰·达维里奥将其称为"直白的审美对莫扎特音乐的吸收",并且这代表了大众层面的"美妙的莫扎特"在听众和学者中依旧根深蒂固的看法。[12]

在莫扎特接受的早期趋势中有一个易被忽视的方面,就是他在十九世纪的前三十年左右在青少年市场的出现,这一点也恰与儿童出版物的持续蓬勃发展相合。这其中包括供青少年阅读的莫扎特传记,为年轻的、入门的乐手选编或简化的莫扎特音乐作品集,以儿童为对象的音乐以及伪称莫扎特创作的音乐游戏,最后还有依据《南妮尔笔记本》初次出版的莫扎特最早的作曲草稿。这些资料门类众多,覆盖的地域范围也很广。其中表现出的不是一项有协调合作的运动,而更像是各路出版商单纯地瞄上了将这位世人瞩目的前神童推介给青少年读者群体所带来的收益。不论个体的决策有多少投机色彩,他们合到一起为更大范围的莫扎特接受带来了变形效应,影响到了面向普通读者的传记文学和面向普通公众的音乐出版物。适宜儿童的莫扎特出版物使得这位作曲家变得容易接近,冲淡了他古怪的形象,为"安全的"、幼儿化的莫扎特打下了基础,而这一形象与将他神化同样是误导性的。

我们不妨将在此探究的那些适宜儿童的古玩称为"莫扎特碎片(Mozartetti)":它们是短小的、往往是不完整的、看起来微不足道的,像彩色纸片一样被撒在出版物的世界,而且是出了名的难以根除——即便当一些伪作的作者身份已经得到纠正。直到今天它们依然影响到大众想象中的莫扎特形象,然而它们对于莫扎特研究者却处于一种历史叙述的盲点上——甚至包括勾画出了"莫扎特产业"在作曲家的未亡人和出版商手中构建过程的学者，如露思·哈利威尔和格尔诺特·格鲁伯。[13] 一旦伪作被认定是伪作，学者们就不再重视它们，而历史学家们提到那些儿童传记文学时，充其量只是将其视作格奥尔格·尼古劳斯·尼森 1828 年出版的那部存在很多问题的"最早的权威"传记的注脚（这部书由康思坦策·莫扎特在 1826 年尼森去世后完成）。

与其将"莫扎特碎片"当作莫扎特关联物中的玄学成分忽略掉，笔者宁可将其视作证明了儿童文学市场对莫扎特接受的根本转变所起的作用的证据，而这一转变是得到尼森的传记背书认可的。尼森出于音乐上的"莫扎特式"特质而将一首摇篮曲误收入莫扎特作品中，这种本质上是循环的论证——因为听起来很莫扎特，所以一定是莫扎特写的——证实了之前三十年产生的问题：将天真、随性和悦耳等特质视作莫扎特风格的核心。[14] 换句话说，本章将介绍来自他本人名字的形容词"莫扎特式的"这个词的内涵是如何从艰深难懂转变成悦耳动听的。

儿童传记文学中的莫扎特

将莫扎特变得适宜于儿童，这件事一开始，以及在本质上就是一个商业决策。莫扎特的遗孀康思坦策以及实际上参与的他的姐姐南妮尔是他的艺术资产的实际处置者，而康思坦策尤其急于从那份财产中获取最大收益。她花费许多年与布莱特克普夫与黑特尔出版社就莫扎特的音乐作品权利进行了复杂而深入的洽谈，1798 年布莱特克普夫在他们社内刊物《大众音乐报》宣布将要出版全集，使这些洽谈更为深入。哈利威尔将《大众音乐报》称为布莱特克普夫的莫扎特"宣传机器"，而传记生平是他们主要的推广工具。[15] 在全集项目启动的同时，《大众音乐报》正在发布弗里德里希·罗赫里茨、康思坦策和南妮尔提供的趣闻轶事，构成了"莫扎特与童年"的神话的两极：强调莫扎特神童时代的经历，以及成年莫扎特不变的大孩子形象。[16]

从莫扎特死后的传记传统中最早的一份资料——弗里德里希·施利赫特格拉尔的《1791年讣闻录》(*Nekrolog auf das Jahr 1791*)中的讣告（最初出版于1793年）——开始，莫扎特作为儿童演奏家和作曲家的令人惊异的成熟，与普遍认为的他贯穿短暂人生的不成熟，就已经开始带着一种互相作用的必然性被联系在一起。[17]正如第一章提到过，"早成"的莫扎特与"长不大"的莫扎特的结合被学者们解释为受上天眷顾的天才的浪漫主义理念的宣言。其实这种结合的原因可以更简单：施利赫特格拉尔的讣告的主要信息来源都是与莫扎特的童年相关的人物——他的姐姐南妮尔，以及家族好友约翰·安德烈亚斯·沙赫特纳，萨尔茨堡的宫廷小号手，后来与莫扎特在《巴斯蒂安和巴斯蒂安娜》以及《扎伊德》中合作过（见第三章）。南妮尔和沙赫特纳都提供了关于童年莫扎特的生动回忆，这些内容被传记文学一再复述，直到传至尼森手上。追溯这些"神童"轶事被复述和变形的过程——一个很可能在交到施利赫特格拉尔手上之前就已经开始了的美化过程——就是从最初阶段开始观察莫扎特神话学。

有这么一则轶事，最初来自沙赫特纳，事实上在所有早期传记中都被转述，由于其中包含了一段对话，使之从长篇累牍的描述性文字中脱颖而出，尤其让人觉得眼前一亮。故事大约发生在莫扎特四岁到五岁的样子，但不能确认莫扎特此时是否已经开始学习作曲。故事说，沙赫特纳与列奥波德从教堂回到家时，看到沃尔夫冈正在乐谱纸上涂写。列奥波德问沃尔夫冈他在写什么，他回答："一部钢琴协奏曲。"虽然他因为还没写完所以不让看，但列奥波德坚持要看一看。起初，他们因为沃尔夫冈把羽毛笔插进墨水缸底而造成的许多墨点而窃笑。但是当列奥波德仔细读下去，他的眼中泛起了泪水，他对沙赫特纳说:"看…看这写得多么正确而恰当。"他表扬了沃尔夫冈,但告诉他,这部作品太难演奏了,而沃尔夫冈毫不犹豫地回答:"所以这才叫协奏曲,你必须练习才能弹好。"接着沃尔夫冈开始演奏,然而他也不能把自己的作品充分处理好。但即使是这样一次失败也让沙赫特纳意识到,沃尔夫冈"认为演奏一部协奏曲与创造一件奇迹是一样的"。[18] 由此看出,莫扎特在他学会作曲之前,或是受过演奏协奏曲的键盘训练之前,就已经掌握了绚丽的协奏曲的创作手法。

这则轶事,是在列奥波德将沃尔夫冈和他姐姐向公众展示之前的最后一个传记性叙事,几乎完整地在十九世纪早期所有重要的传记资料中被转述。[19] 但在尼森 1828 年的传记中,被加入了一层新的东西,同时使这则轶事有了新的发展。尼森的版本给这则轶事之前增加了一个假想的背景故事如下:

> 少年时代,我们的莫扎特还不具备作曲的知识,然而,他突然冒出了一个写一部键盘协奏曲的念头。尽管他还不能创作出一件真正的艺术品,但是,他孩子气地尽到他最大的努力,似乎艺术的法则对他的天赋提供了帮助。他在稿纸上涂涂画画,折腾了许久,直到他认为已经完成。[20]

之后就是沙赫特纳所叙述的那个故事,两位年长的绅士对协奏曲的正确性惊叹不已。

这些句子并不是尼森自己想出来的,而是他逐字逐句从一部不太出名的莫扎特传记里抄来的,这部 1803 年的作品,题为《莫扎特精神》(*Mozarts Geist*),尼森在他自己的书的序言和参考书目中列出过。莫扎特研究者们对《莫扎特精神》十分熟悉,但通常只会顺带提一下,这是最早的一部主要面向年轻读者的莫扎特传记。副标题是"给年轻乐手们的学习用书",作者——伊格纳茨·费迪南德·阿诺德,来自埃尔富特的一位小说家和管风琴家——在序言中写道,他希望让年轻的艺术家们从这位作曲家的天分之中感受到"发现新事物的不可名状的快乐"。[21]

阿诺德这部足足 452 页的传记巨著,开头是一百页的作曲家生平回顾,接着是对部分作品的具体研究。他这个扩展的轶事版本并没有出现在大家一般期望的位置——也就是关于生平的章节——而是出现在下一章,题为"关于艺术家的才华或天赋"。这段文字是阿诺德对莫扎特去世后早期评价的原创贡献,而他做这件事是为了他年轻的读者群体考虑。阿诺德希望纠正那些仅仅在小孩子表现出学习上的悟性时才称之为天才的家长或教育者。阿诺德认为,所谓天赋,是指某些人可以在没有意识到或隐约意识到的情况下遵循一定的规则进行创造活动。"他们对事物进行改变、重塑直至自己满意并且能让自己相信这个结果是美的。这些人就是艺术家。他们所拥有的同龄人无法掌握的东西,就叫'天赋'。"[22]

阿诺德相信,这则协奏曲轶事"确信无疑地表明了我们的莫扎特的天赋"——这里天赋被理解为本能与努力的结合,是与生俱来的。[23]阿诺德急于提醒他的读者们:"虽然上天给了(莫扎特)很多,但他通过自己的努力和不知疲倦的坚持获取了更多。"[24] 在对于努力的评价和对协奏曲轶事的加工,强调莫扎特反复地删改之间,阿诺德清楚地表达出希望青少年音乐家以莫扎特为榜样。这两段话都一字不差地出现在了尼森的传记里。[25] 就这样,一个写给儿童的莫扎特故事,转变为了莫扎特传记传统中的一套主导性的说辞。

在被尼森的传记转述之前,《莫扎特精神》对市场有过更直接的冲击。在此书出版时,《大众音乐报》对其作了正面评价,注意到书中对已有资料的引用,夸奖阿诺德对莫扎特的乐谱作了仔细研究,并认可他宣称的此书对年轻人的价值。[26] 在 1810 年,阿诺德又出了一部海顿的传记与之配对,同年,他将两部传记都收入一部两卷本的作曲家传记集,这部书在 1816 年被重印。[27] 阿诺德显然不是唯一一个意识到面

向青少年的莫扎特传记是有钱可赚的。在十九世纪的前二十年出过
不少此类作品,详见表6.1。

表 6.1　早期莫扎特传记对比清单,1793—1828

| 年份 | 普 通 读 物 | | 青 少 年 读 物 | |
	作者,简名(出版地)	形式	作者,简名(出版地)	形式
1793	弗里德里希·施利赫特格拉尔,《莫扎特》,《1791年讣闻录》(哥达)	期刊文章		
1798	托马斯·巴斯比,《莫扎特生平》,《瓦尔坡利亚纳月刊》(伦敦)	期刊文章		
	弗朗茨·克萨维尔·尼梅舍克,《莫扎特生平》(布拉格)	专著		
1799	康思坦策·莫扎特,《莫扎特的一些轶事》,《大众音乐报》(莱比锡)	期刊文章		
1800	南妮尔·莫扎特,《莫扎特童年的另一些轶事》,《大众音乐报》(莱比锡)	期刊文章		
	克里斯蒂安·西比希克,《沃尔夫冈·戈特利布·莫扎特》,《德国学者和艺术家博物馆》(布雷斯劳)	传记集文章		
1801	特奥西尔·弗雷德里克·温克勒,《莫扎特评传》(巴黎)	专著		

年份	普通读物		青少年读物	
	作者,简名(出版地)	形式	作者,简名(出版地)	形式
1803			伊格纳茨·阿诺德,《莫扎特精神》(埃尔富特)	专著
1804	让-巴蒂斯特-安托瓦内·叙阿尔,《莫扎特轶事》(巴黎)	文集文章		
1806			彼得·布兰夏德(与弗里德里希·卡尔·科拉福特),《莫扎特,一位知名音乐家》,《新名人传》(维也纳)	传记集文章
1807	《莫扎特在英格兰》,《优雅世界报》(莱比锡)	期刊文章	约瑟夫·弗莱赫尔·冯·霍迈尔,《沃尔夫冈·戈特利布·莫扎特》,《奥地利名人传》(维也纳)	传记集文章
1810			伊格纳茨·阿诺德,《沃尔夫冈·阿玛迪乌斯·莫扎特与约瑟夫·海顿》,《知名音乐家对比》(埃尔富特)	传记集文章
1813			伦克,《莫扎特生平轶事杂谈》,《新青年报》(莱比锡)	期刊文章
			西奥多·克里斯蒂安·埃尔罗特,《少年音乐家莫扎特》,《给年轻人和朋友们的有益身心的口袋书》(莱比锡)	期刊文章

年份	普通读物		青少年读物	
	作者,简名(出版地)	形式	作者,简名(出版地)	形式
1814	施腾达尔,《莫扎特生平》,《莫扎特、海顿与梅塔斯塔瑟生平》(巴黎与伦敦)	专著		
1818	《莫扎特童年轶事》,《关注》(格拉茨)	期刊文章	《莫扎特童年轶事》,《受教育阶层晨报》(图宾根)(同一篇文章)	期刊文章
1826			卡尔·米希勒,《沃尔夫冈·莫扎特》,《名人生平回忆》(柏林)	传记集文章
			约翰·弗里德里希·弗朗茨,《沃尔夫冈·阿玛迪乌斯·莫扎特》,《知名艺术家青少年时代趣事》(阿劳)	传记集文章
1828	约翰·阿洛伊斯·施洛瑟,《莫扎特传》(布拉格)	专著		
	格奥尔格·尼古劳斯·尼森,《莫扎特传》(莱比锡)	专著		

除了那些已经讨论过的较有知名度的传记,在出现于十八世纪后期繁荣于十九世纪的大量儿童期刊以及年鉴中,还能见到各种莫扎特的生平简介和奇闻逸事(可想而知,都是偏向其童年时代的)。在1813年一部由植物学家西奥多·克里斯蒂安·埃尔罗特主编的儿童读物中,有一篇生平简介《少年音乐家莫扎特》(Das musikalische Kind Mozart)。埃尔罗特在简介的最后表达了对作曲家离世的哀悼,但只是为了强调他的精神并没有完全消失,"因为我们依旧经常听到——我们的子孙

也会愉快地听到！——他那可爱的旋律的回响。"[28] 莫扎特还出现在多部给年轻读者的传记集中。他往往是与荷马、凯撒、牛顿、拿破仑这样的人物并列的唯一的音乐家或作曲家，再次证实了他在音乐史之外的影响力（正如第一章所论述的）。例如 1806 年的《新名人传》中，他与同时代受人敬重的英国、法国、俄国政治家们同列。（图 6.3）[29]

图 6.3　肖像：约翰·彼得·弗朗克、米拉波伯爵、沃尔夫冈·阿玛迪乌斯·莫扎特、威廉·皮特、维克多·莫罗、俄皇亚历山大一世，皮埃尔·布朗夏[和弗里德里希·卡尔·克拉夫特]，《新名人传》(1806 年)，第 2 卷，254 页后。奥地利国家图书馆提供，排架号 287621‑B. 2.

　　　　　　　　　　　　　　神童的写影：莫扎特与对童年的认识

这些书改变了莫扎特的"出格的"作曲家的形象。例如《新名人传》，将莫扎特称为被低估的，甚至是在生前遭到打压的，他的音乐作品因"太难演奏"而遭到忽视。[30] 同一出版社一年后出版的《奥地利名人传》，称赞莫扎特是"永不枯竭的快乐，既动听，又壮丽，但从不蹈袭他人"，他"在许多主题上令人羡慕的共通性，从最短小的歌曲…到宏大惊人的《唐璜》…从他最小的键盘奏鸣曲，到恢宏的 C 大调交响曲，都是音乐艺术与美的典范"。[31] 在将莫扎特封圣的过程中，这些传记类通俗读物都试图在这套典范中塞入更多的体裁，从最普通的到最高水准的作品都被囊括在内。而且这个范围的极限似乎是在被不断地刷新。

简单易懂的莫扎特，第一部分：钢琴学习用的作品选

一个为大众所接受，且经久不衰的莫扎特的诞生，需要一种技术条件使得未来的世世代代都能够听到埃尔罗特所谓的"他那可爱的旋律的回响"。这种技术条件就是音乐出版物，布莱特克普夫与黑特尔出版社首先讨好的是家庭音乐市场，他们的《全集》优先考虑莫扎特的歌曲、室内乐，以及最重要的，为钢琴而写的奏鸣曲和变奏曲。[32] 在莫扎特自己的主题分类目录中，他把 1788 年的两部作品称为《给初学者的小奏鸣曲》(kleine Sonaten für Anfänger)，即 C 大调键盘奏鸣曲，K. 545 和 F 大调小提琴奏鸣曲，K. 547。[33] 当 K. 545 在 1805 年首次出版时，它的名称被翻译成《简易奏鸣曲》(sonata facile)，从此冠以"简易""小""轻松""初学者"等词汇的莫扎特作品改编开始大量涌现。[34]

"简易"的莫扎特在出版商的目录中并不比"轻松"的赖夏特，"小"海顿，或"短小轻松"的万哈尔更常见，而这些作曲家同样成了钢琴家或歌手的入门教材选曲对象。但"简易的莫扎特"很快成了范例性的。1813

年《大众音乐报》对弗里德里希·库劳创作的《简易奏鸣曲》的评论中,通过与"莫扎特的较小的奏鸣曲"的比较来肯定库劳的作品的品质。[35]可见莫扎特较普通的音乐作品当时已成为学生键盘曲目的仿效标准。

将蒂尔克的《钢琴演奏原理》(第五章提到过)的第一版和第二版作一个比较,会是一个很有收获的案例研究。在1789年第一版给"零基础初学者"的推荐参考书中,蒂尔克建议学生去找莫扎特以及同时代人的四手联弹奏鸣曲,赖夏特、希勒等人的儿童歌曲,以及海顿、C. P. E.巴赫等人的独奏奏鸣曲。[36]当蒂尔克为1802年的第二版修订这一段落时,他在清单中加上了"同样非常有用的,莫扎特(如 XII petites pieces)、海顿(如 Sammlung leichter Klavierstücke)及其他作曲家的短小作品"。[37]在这份推荐的同时,第二版还加入了莫扎特等作曲家的数百首短小的作品片段,作为蒂尔克的建议的实际例子,训练内容涵盖所有技术,从指法到手位交错到音乐表达。

其他的钢琴教学和练习作品集同样在十八十九世纪之交开始使用莫扎特的选段。约翰·彼得·米尔什迈耶1801年的《儿童钢琴小教程》中,除了摇篮曲、民歌之外,同时有简化版的"Se vuol ballare"(《费加罗的婚礼》)和"Fin ch'han dal vino"(《唐璜》),以及格雷特里、海顿的主题,贝多芬的《致维也纳市民的告别曲》(Abschiedsgesang an Wiens Bürger,WoO 121,1796),同时还有题为莫扎特作曲,实际出自安东·哈默尔的一首圆舞曲。[38]

1819年,在布拉格出版了一部题为《W. A. 莫扎特的钢琴教程》的教学曲集。[39]虽然题名如此,但其中的论述部分根本没有提到莫扎特。在指法练习之后的第一个音乐选段是来自《魔笛》中的合唱"Es klinget so herrlich"的简化改编。之后十七首分级的选段中,莫扎特的只有一半都不到。入选的最后一首莫扎特作品是第11首,改编自他的管弦乐小步舞曲与三重奏 K. 604/1(1791年)。后面更难一些的选段来自贝多芬、海顿和玛丽亚·特蕾西娅·冯·帕拉迪斯等人,最后一首,也是最复杂的选段是 C. P. E. 巴赫的《论键盘乐器演奏的真正艺术》(1753 年)中一部奏鸣曲的一个乐章。鉴于莫扎特作品的选段与相关论述的不足,我们只能将此书题名中的莫扎特的名字解释为一种机会主义的品牌宣传。但是,作品集难度越高,就越没有莫扎特登场的机会,这样一个事实表明了这是一种有意的选择——不仅使用莫扎特相对简单的音乐作品,还要将莫扎特与简单联系到一起。

简单易懂的莫扎特,第二部分: 骰子游戏与字母歌

《新名人传》明确指出,莫扎特去世后不久,"他的作品集和修订本一部接一部飞速问世,关于他的一切,事无巨细都被挖掘出来。"[40] 有些音乐作品被错误地或误导性地归于莫扎特名下——前面已经提到过,1801 年的《儿童钢琴小教程》中那部圆舞曲伪作就是一个例子。在面向儿童的伪托的音乐作品中,我们会发现更多适宜儿童的莫扎特在文化中的发展轨迹。

第一个例子,音乐骰子游戏,这一类作品并非完全或主要以青少年为目标的——但后来就和青少年联系了起来。今天,音乐骰子游戏总是被解释为启蒙运动理性主义者的哲学思想的例证,或是对浪漫主义的独创性和自由创作的参与,甚至是二十世纪序列式和演算式作曲方法的前身。[41] 然而在十八世纪,它们通常被宣传为一种创造简单的舞蹈旋律的魔术式的捷径。1780 年代的一份维也纳的出版物将骰子游戏作曲描述为"法国社交界最新的时髦消遣之一"。[42]

莫扎特显然熟悉这些时髦玩意儿,甚至在 1787 年 5 月草拟过一个看起来是小步舞曲片段的表格(K. 516f)。但学者们不能肯定,莫扎特是打算设计一个骰子游戏,还是仅仅将其当作——用尼尔·扎斯洛的话说,"标准化小步舞曲机器。"[43] 无论如何,莫扎特这件草稿在生

前并未发表,甚至直到 1937 年的第三版克歇尔目录中才被收录。但他的名字被和一种十八、十九世纪之交在德国城市中特别流行的骰子游戏联系到了一起。

骰子游戏的出版中,盗版和误标作者是常见的,这一方面显示了这种勉强算是"作曲"体裁的著作权不确定性,另一方面显示了名人的市场反响度。有一个马克西米连·施塔德勒作曲(设计?)的骰子游戏——这位作者是一位作曲家和神职人员,当时是梅尔克的本笃会修道院的僧侣,后来是莫扎特作品的编目者——在 1780 年代被出版了无数次,其中还有一次挂在约瑟夫·海顿的名下。两部归在莫扎特名下的骰子游戏最初由柏林出版商莱尔斯塔勃在 1793 年匿名出版。我们并不知道原本的作曲者,完全有可能还是施塔德勒。两个游戏中的一个是用来产生对列舞曲(contredanse),另一个则是圆舞曲,而它们的名称回应了其他流通中的产品常用的那套"你也行"风格的说辞:"教你用骰子创作出任意你想要的(圆舞曲或对列舞曲),不需要懂音乐或理解作曲。"两者之中,圆舞曲游戏显然特别流行,在一年不到的时间里,莱尔斯塔勃又出了一套《按说明书创作的 24 首圆舞曲,来自24 位大多不懂音乐(!)的人》。[44]《文学通报》对这一出版物的一篇简评认为它向所有不相信只要掷一下骰子就能完成出色的圆舞曲的人给出了证明。[45]

莱尔斯塔勃的两款骰子游戏不久就被胡梅尔商行盗版,而胡梅尔这次将莫扎特的名字放在了题名的显要之处。[46]五年后,1798 年,波恩的西姆洛克商行同时印行了圆舞曲和对列舞曲的游戏,再一次加上了莫扎特的名字。[47]又过了三年,1801 年,又有两家音乐出版商用莫扎特的名字销售这些游戏:沃尔姆斯的约翰·米夏埃尔·葛茨和汉堡的 G. P. 阿诺德。[48]这些骰子游戏被相隔甚远的不同地域的出版商归在莫扎特名下,验证了这位作曲家在世纪之交的受欢迎程度。但莫扎特的名气同时也让这些本来显然不值一提的音乐体裁提升了档次。

当1813年《大众音乐报》否定了两件《按说明书…》出版物是莫扎特的作品时,那篇文章的作者沮丧地回顾了其前辈们的错误,他们将一件"小小的玩物"看作了"那样美妙而有深度,而将其归于那位受上帝眷顾的天才,即莫扎特,尽管他一生都未曾想到过这等事物"。[49] 作者因这些音乐杂项受人追捧而感到尴尬,可能说明有莫扎特的遗属介入,或者只是因为这种时尚已经过气了。接下来,作者又用了四页纸来展示一段八小节旋律的不同小节组合的可能性的计算。将莫扎特扯进来的目的已经达到了,一件原本是聚会小游戏的东西已经上升到了精密的数学问题。

扎斯洛和汉斯·皮默都注意到,这些骰子游戏被频繁地向"对音乐一窍不通"的人营销,意味着儿童也是这一类作品的目标消费者。[50]从许多骰子游戏——比如 N. 比冈的"音乐多米诺"(Domino musical,1779,巴黎)和英文版"音乐多米诺"(Musical Domino,1793,伦敦)——中可以清楚地看到这一目标,因为它们是直接面向儿童或学生的。[51]莱尔斯塔勃的骰子游戏同样如此,即使在莫扎特的错误署名被指正之后。在1810年左右,位于伦敦的音乐出版商查尔斯·惠斯通又印了另一种以"按说明书……"为素材的盗版,题名是"莫扎特的,(原文如此)音乐游戏,或给青少年爱好者的一件圣诞音乐礼物;本游戏是一套巧妙、简单而系统的方法,让你不需要任何作曲知识,只要转一下数字陀螺,就能创作出无数悦耳动听的圆舞曲"。数字陀螺,在很多人看来用于青少年的游戏是可以接受的,因为这东西没有骰子所具备的不良的隐含意义。[52]惠斯通在一段写给读者的序言中宣称:

> 这一作品的构思主要来自已故的大名鼎鼎的莫扎特,用来激发好奇心,同时通过计算给大家带来乐趣,尽管它不包含科学原理,但让青少年使用者有机会对旋律结构有所认识,同时也能进行音乐创作的练习。[53]

当然,这是胡编乱造的自吹自擂,但是利用了儿童音乐与文学作品中我们熟悉的套路:"寓教于乐"。阿诺德 1801 年托名莫扎特的骰子游戏在广告中就使用了这样的语言,向"希望给自己的孩子一件既有乐趣又有教益的礼物的家长们"致意。[54] 这一类伪作始终难以根除,在一些现代的重印乐谱中也多次出现,甚至在 1991 年菲利普斯的莫扎特全集录音当中。这在莫扎特的早期接受中形成了稳固的互惠关系:使莫扎特青春常驻,同时使他的一类"不起眼"的作品档次提升。

1820 年代柏林出版了一件《字母歌···供童声使用》,题名下挂着莫扎特的名字,使莫扎特与"既有乐趣又有教益"的儿童娱乐之间的联系得到了进一步巩固(图 6.4)。"编曲者"很可能是卡尔·爱德华·帕克斯,一位居住在柏林的音乐教师,他还有其他几部圆舞曲、对列舞曲和儿童合唱作品在利施克商行出版。[55] 但这首字母歌实际上既不是莫扎特写的,也不是帕克斯写的。[56] 它应该是剽窃自一位被称为"迪伦

图 6.4　《莫扎特字母歌》,《诙谐音乐》(柏林,约 1820 年代)。慕尼黑巴伐利亚州图书馆提供,排架号 Mus. pr. 2009. 135.

伯格"的作曲家的歌曲集,名为《严肃与诙谐(Ernst und Scherz)》,由西姆洛克于 1813 年出版于波恩。[57]《严肃与诙谐》肯定不是为儿童写的:其中有一首饮酒歌,还有一首唾弃婚姻的歌,这首"字母歌"是其十二首歌中的第七首,更像是一个玩笑而不是教育素材。歌曲集最后是一首"幻想曲(Quodlibet)",其中包含了来自"魔笛"的句子以及一些下流的双关语。《大众音乐报》对这部曲集极为愤慨,称其内容"污秽不堪",并质疑其作者的"社会阶层(Volksklasse)"。[58]但这部书肯定是相当流行的,因为它直到 1845 年还在印刷,同时还有单独印发的"幻想曲"。帕克斯那首托名莫扎特的字母歌也在继续印刷。[59]就像骰子游戏一样,"莫扎特"字母歌顽固地保留在大众的想象中:时至今日它已成为一首业余儿童合唱团和专业录音艺术家都很欢迎的儿童音乐作品,尤其是在法国,萨拉贝尔出版社依然以莫扎特的名字在出版这首歌。[60]

托名的音乐骰子游戏和字母歌的存在,表明了对出版商来说,将莫扎特的名字与音乐游戏和玩笑联系起来是有诱惑力的,而且他的名人身份只是其中一部分。这些作品在吸引"完全不懂作曲"的人的同时,强化了那些面向初学者的奏鸣曲所树立的"简单、轻松"的人格面貌。轻松愉快的音乐作品也需要作曲家的形象是令人愉悦的、老于世故的绅士,甚至还要带一点江湖气。或许这也解释了类似体裁中频繁用到了"海顿爸爸"的名字。[61]但莫扎特的传记传统,远比海顿的更强调他作为作曲神童的职业生涯。因此,在他整个人生乃至去世之后,还始终被与儿童和童年紧密联系,这意味着只要是欢快的、适宜儿童的音乐作品就会被音乐出版商自然而然地贴上"莫扎特"商标。

简单易懂的莫扎特,第三部分:尼森传记中的"圣物"

最终极的"莫扎特碎片"恐怕就是尼森 1828 年那部传记中出现的

为青少年和儿童而写的作品了。尼森的传记内容只选取了三部音乐作品作为插在文字内容中的乐谱选摘,以及另外四部作品作为插入页或叫"单页乐谱(Musikblätter)"。[62] 鉴于这部传记连同附录足有921页,这为数不多的带乐谱的音乐实例对整部书的完成举足轻重。这七部音乐作品中,六部是莫扎特写的,其中三部写于十岁之前。姑且假设,尼森的出版商布莱特克普夫想要避免与他们的出版目录中已经单独出版的曲目重复,并且想用别处找不到的音乐秘藏来吸引消费者。不论动机如何,这些谱例的实际效果是在文字之外建立了一条并行的叙述轨道,将莫扎特青少年时代的作品具体化,成为一种"珍贵的圣物",尼森本人使用了这个称呼。[63]

这些珍藏中,第一件我们可以考察的是"摇篮曲"(Wiegenlied),这部作品直到十九世纪末依然被认为是莫扎特本人的作品(K.350)(图6.5)。这部作品就像骰子游戏和字母歌一样,已经变得几乎与莫扎特无法分离:当1892年马克斯·弗里德伦德尔证明这不是莫扎特所作的时候,它是莫扎特第二著名的歌曲,仅次于《紫罗兰》(Das Veilchen),而且在整个二十世纪继续不断被录制。[64] 这首为弗里德里希·威廉·戈特的戏剧《埃斯特》(Esther)中的词句而作的简单曲调,其实来自不入流的作曲家伯恩哈德·弗利斯,最初发表于1795年。[65]

无法确定《摇篮曲》最早究竟是如何与莫扎特联系上的,但是1825年康思坦策手上有一份作者不详的抄本,她将其交给了出版商安德雷,而对其真实性的认证却模棱两可。康思坦策在给安德雷的信中说到《摇篮曲》时开头是这样的:"非常悦耳,怎么看都像是莫扎特式的,天真,随性。"[66] 尼森的传记一字不差地记录了这段描述(也许是康思坦策自己动的笔)。这首伪作摇篮曲出现在尼森的传记的《附录》(Anhang)中,归在"莫扎特遗物中的音乐片段与草稿清单,大部分由马克西米连·施塔德勒神父收集整理"。[67] 但"附录"遗漏的是康思坦策原信中关于《摇篮曲》的说明的后半部分。在指出了"像是莫扎特

图 6.5 "莫扎特作的摇篮曲",出自尼森,《莫扎特传》(莱比锡,1828 年),
20 页后。法兰克福大学图书馆提供,阿图尔·叔本华遗物,urn:
nbn:de:hebis:30‑1137524.

式"的风格之后,她承认南妮尔从没听说过这首歌,尽管这首歌应该作
于莫扎特少年时期,因为不是在维也纳作的。不仅如此,康思坦策还
承认,《摇篮曲》中完全没有"暴露出作曲者的年轻"。[68] 换句话说,她并
不能确认这首摇篮曲是莫扎特的作品。然而,这首摇篮曲不仅被收入
"附录",而且荣幸地成了插入的"单页乐谱",《凯西利亚音乐季刊》上
发表的两篇关于这部传记的书评的第一篇还将其单独提出来,称其
"相当可爱"。[69] 或许布莱特克普夫与黑特尔希望他们的读者把这首不
显眼的小摇篮曲取下来偶尔在睡前演奏一下? 他们难道预见到了不
久之后的 1840 年,《音乐对话-辞典》中在定义"摇篮曲"这个词时将引

用"睡吧,我的小王子(Schlafe, mein Prinzchen)"作为典型例子?[70] 不管怎样,这部伪作在莫扎特正统曲目中留存了超过一个世纪,仅仅因为康思坦策模棱两可的一句她觉得"像是莫扎特式".[71]

从本人名字演化而来的形容词"莫扎特式的(Mozartisch)",最早见于康思坦策对这首摇篮曲的真实性的认定,当这个词开始被用于描述其他作曲家时,其内在力量大大增强。据笔者所知,"莫扎特式的"这个词最早用于正面意义上描述莫扎特以外的作曲家,是在贝多芬的最初两部交响曲(发表于 1801 和 1804 年)的早期评论中。《柏林音乐广讯报》1821 年的一篇文章就形容贝多芬的第一交响曲是"直截了当的莫扎特式",而他的第二部则是"已经有些超越了莫扎特的交响曲".[72] 这篇评论最后也收入了尼森的传记,在关于贝多芬的一个章节中。[73] "莫扎特式"不再带有怪异和极端的含义,现在表示的是优雅、精致、令人愉悦。以一种出乎意料的方式,贝多芬在成熟之前被视作是"莫扎特第二"(第一章已讨论过)。他特立独行的、艰深的音乐,使莫扎特显得更悦耳,更易理解。[74] 蒂娅·德诺拉认为,对雅致和"愉悦感"等莫扎特风格的认同并没有给贝多芬的"力量"留出空间,但是,读过一些将两位作曲家并举的评论文章之后,会觉得贝多芬的"力量"似乎给莫扎特的"愉悦感"留出了空间。[75] 借用迪伦伯格的作品集的那两个词:贝多芬的"严肃(Ernst)"衬托出了莫扎特的"诙谐(Scherz)",反之亦然。

最后还有几件作品,确立了幼年莫扎特的主导地位,并且将我们带回比本书的开头提到的音乐作品更早的年代,这些东西同样被完整地收入了尼森的传记。这是出自《南妮尔笔记》的一些草稿,列奥波德在笔记本上抄录了一些曲子供南妮尔练习使用,同时也记录了五六岁的沃尔夫冈在作曲方面的一些最初的尝试(K.1-5)。[76] 对于一个从七岁就开始发表作品的作曲家来说,只有这些未发表的乐章和片段可以称得上是幼年作品了。早在 1817 年,居住符兹堡的理论家和音乐教

　　　　　　　神童的写影:莫扎特与对童年的认识

育家约瑟夫·弗勒利希就无比激动地宣称获得了这些"作曲界的英雄"的最早的成果。[77] 虽然他承认这些作品本身有点小,弗勒利希还是声称它们显示了"这个伟大的灵魂独特的发展方向"。[78] 尼森照搬了弗勒利希的话,并欣喜地复制了莫扎特自己写的几个乐章,以及为他和南妮尔在键盘上学习而抄录的几个乐章,共十二页"单页乐谱"——这是目前为止这部传记中最长的音乐谱例。这份谱例的长度甚至令部分最初的读者瞠目结舌:《凯西利亚音乐季刊》的第二篇,也是针对这部传记的更有批判性的一篇评论中,评论者有点暴躁地表示他看完了所有"单页乐谱"也"基本看不出什么进步"。[79]

尼森在传记中留出如此巨大的篇幅来摘录《南妮尔笔记本》并不意味着他认为 K.1-5 的重要性大于比如"唐璜"或朱庇特交响曲。但引入这些鲜为人知的莫扎特关联物显然会在崇拜者、完美主义者、好古者中间引起反响,同时这些音乐作品易于演奏这一点也会成为面向拥有钢琴的家庭的一个强有力的卖点。通过将大量的篇幅挥霍在这些小练习曲上,尼森把尚未进入职业领域的幼年莫扎特最不起眼的作品丰碑化了。[80]

甚至《南妮尔笔记》中的草稿还不是《莫扎特传》中出现的莫扎特最早期作品。尼森还收录了一首据说是莫扎特构思的、在每天睡前与他父亲的亲子时间使用的、胡诌的摇篮曲(图 6.6)。伦敦出版的《外国评论季刊》中对尼森传记的评论文章中几乎全文翻译了这则轶事,显示出这首小曲对此书的接受起到了多大的推动作用:

> 莫扎特深爱自己的父母,尤其是他父亲,每天晚上临睡前他都会唱一小段他特意谱写的歌谣,他父亲让他站在椅子上,为他伴唱。歌唱中,他经常亲吻他父亲的鼻尖(幼儿热衷的行为),这个仪式一结束,他就上床睡觉,带着无比的满足和快乐。[81]

图 6.6 莫扎特(?)，《睡前曲》，出自尼森，《莫扎特传》(莱比锡，1828 年)，35 页。慕尼黑巴伐利亚州图书馆提供，排架号 **Mus. th. 4904.**

尼森的书中称这一习惯维持到莫扎特十岁，在他最早的奏鸣曲发表之后好几年。尼森接着说："歌词大概是'oragna figata fa marina gamina fa'。"[82]

于是，这首意大利语顺口溜摇篮曲，被当作了莫扎特"最早的作品"。不论这是康思坦策从莫扎特那儿听来的，还是来自沙赫特纳或南妮尔的回忆，或是完全捏造的，它被呈现为一种转述，一种幻想出来的直接性的媒介。列奥波德为莫扎特唱和声这个行为完整封存了莫扎特家庭中欢乐与学术气息的不可分割性(再说事到如今还有什么必要分割?)——虽然由于不明原因和声部分在转述中被遗漏了。歌词是意大利语情话的戏仿，而不是德语或萨尔茨堡的方言，这一点将甚至还没成为音乐家的沃尔夫冈表现得很有国际范。[83]

卢梭在 1782 年《忏悔录》的第一卷中写道："在思考之前我就能感觉到——这是人性的常理。"[84] 如果尼森这个睡前小曲可信，我们可以说，沃尔夫冈在演奏或作曲之前就能歌唱。现在他的作品的尽头是一段睡前小曲，是一个深化父子关系的私密仪式，他可能常和康思坦策谈起这件事，所以她一直都记得。幸亏有她，一位刻工将这首小曲排

神童的写影：莫扎特与对童年的认识

成铅字，布莱特克普夫将之印在了第 35 页，这个私密仪式从此被永久地供奉在出版物中，全世界都能读到——正如卢梭将自己内心世界毫无遮掩地展示在震惊的读者面前。当尼森将莫扎特最初始的、最早年的、最私人的作曲成果，甚至是他的音乐襁褓都拿出来传抄，拿出来消费，莫扎特为童年与市场之间的关系所带来的转变就全部完成了。

致　谢

　　在这部书完成的整个过程中，许多人的慷慨相助令我铭感五内。首先，我要感谢以下图书馆和档案馆的热心的工作人员：奥格斯堡大学图书馆、慕尼黑巴伐利亚国家图书馆、大英图书馆、大英博物馆、瑞士苏黎世联邦理工学院图书馆、日耳曼国家博物馆、奥古斯特公爵图书馆、国际莫扎特基金会，下萨克森州州立暨哥廷根大学图书馆、奥地利国家图书馆、萨尔茨堡大学图书馆、德国国际教育研究所教育史研究图书馆的 Scripta Paedagogica Online，萨克森州立暨德累斯顿大学图书馆、史密森尼学会图书馆、萨尔茨堡国家档案馆、法兰克福大学图书馆，以及维也纳图书馆市政厅分馆。我也要感谢蒙特霍利约克学院图书馆、计算机信息服务部，尤其是伊森·鲍尔斯和馆际互借部，在这些年中不辞辛劳地帮助我获取研究所需的资料。

　　许多值得尊敬的同事在我著书的各个阶段阅读了我的稿子并给予指正。我要感谢他们对前期草稿提出的真知灼见：瑞贝卡·阿伦特、凯瑟琳·巴特勒、梅拉妮·古德斯布拉特、乔纳森·希克斯、丽萨·雅克尔斯基、乔纳森·莫尔顿、艾米莉·里奇蒙·坡洛克、劳拉·普罗塔诺-比格斯、梅根·罗布以及阿妮西娅·汀伯雷克。从我在加州大学伯克利分校读研究生，到牛津大学新学院担任助理研究员，这些同事和朋友们提供了深入的意见，使得每一章节乃至整个课题的观点更加鲜明。他们经常能指出我看不到的问题，他们宝贵的陪伴让我每次回首这些年的时光总是倍感欣慰。

对于芝加哥大学出版社,我要感谢玛尔塔·托内古蒂在成书过程中的耐心和鼓励,还要感谢特里斯坦·贝茨和迪兰·蒙塔纳里,他们在处理书稿筹备和提交阶段的无数细节问题时表现得既友善又专业,令人敬佩不已。我也要感谢匿名读者们反馈的既有鼓励又有挑战,同时还饶有趣味的报告,我还要感谢玛丽安娜·塔托姆和塔玛拉·加塔斯细致的文本编辑和校对,以及琼·索耶斯编制的索引。

本书所使用的材料部分经过若干会议和学术研讨会的交流,使我有机会在撰写的不同阶段得到诸多学者的宝贵意见。感谢加州伯克利学术研讨会的组织者、伦敦国王学院、五校联盟童年研究研讨会、牛津大学、社会学与神经科学会议的总统学者们、哥伦比亚大学(鸟类、人类与其他动物的歌曲传递)、《唐璜》档案研讨会、美英十八世纪研究学会、美国莫扎特学会、美国音乐学学会。许多十八世纪研究专家与我分享了他们的信息和看法,他们的热忱使我们之间的协作与相聚始终令人愉快,这些学者包括:杰西卡·瓦尔多夫、马丁·内德巴尔、艾斯黛拉·朱伯特、布鲁斯·阿伦·布朗、保罗·科尼尔森,以及鲁珀特·里奇维尔。

一些已经远在他乡的同事们曾给予的支持和鼓励给予了我前行的力量,扩展了我对研究对象的思考,乃至对更广阔的历史、政治、伦理领域的认识,这些帮助我不能视而不见。除了前面提到过的专家学者,我还要感谢奥尔加·潘特利瓦、蒂芙尼·恩、比尔·基伦和肖恩·库朗,以及其他来自马里逊路107号的精英们,感谢他们激发了观点的碰撞,并给我树立了学术生涯的榜样。在牛津,除了已经提到过的,我还要感谢彼得·富兰克林、珍妮弗·托普、丹尼尔·格里姆利、斯蒂文·格拉尔、蕾切尔·摩尔、贝内迪克特·泰勒和迈克尔·伯登,感谢他们激发我灵感的交流、合作,甚至是一些异想天开的计划,那三年世外桃源的时光让我感觉仿佛掉进了爱丽丝的兔子洞一样。

对我帮助最大的当属我在加州伯克利的导师们。在如何保持对历史的新鲜感、提出大问题以及享受能带来巨大收获的轨道碰撞的声音等方面，尼古拉斯·马修和詹姆斯·戴维斯始终是我的榜样。尼克鼓励我进一步扩展对这个课题的思考，这部书正是建立在这基础之上。玛丽·安·斯玛特一直都是我写作准确性和想象力的学习榜样。她在我最初组织这些问题时卓有见识的引导，以及此后在我们的交流中展现的关注和洞察力，都是我无法回报的珍贵礼物，我唯一能做的就是将这一切再教给我的学生们。她也教会了我如何与我的内心批判和谐共处——或者说，至少是暂时休战。理查德·塔鲁斯金教会了我如何快速地阅读和轻灵地讲学，他让我明白了教学也是一种写作，我几乎每次站在课堂上都会想到他。最后，已故的怀·J. 阿伦布鲁克对本书提供了无法估量的帮助。我在第五章提到奥斯汀，部分是源于她在我组织的一次关于《魔笛》的会议上作了主旨发言之后与我母亲的一次谈话。聆听这两位我仰慕的女性谈奥斯汀是我永远无法忘怀的时刻。

　　本书发端于加州伯克利和牛津，但是完成于蒙特霍利约克学院，此处音乐系的同事们——尤其是加里·施泰格瓦尔特、大卫·桑福德和奥拉波德·奥莫霍拉等几位教席——对我表示了热情的欢迎，并且从一开始就支持了我在教学和科研上的发展。由凯西·露娜发起的每周五上午的教员写作小组，五年来每周坚持不懈地指导和静静地陪伴，我对此的感激无法用语言表达，尤其要感谢的是莎拉·培根、玛拉·本杰明、霍利·汉森、塞林·休斯顿、杰奎琳·露丝、凯瑟琳·奥卡拉汉、卡伦·雷姆勒、玛丽·伦达、梅根·萨尔茨曼和莫妮卡·施密特。我另外的写作搭档薇薇安·梁和艾米·考丁顿，以及全国教师发展和多样化中心的教师成就计划，都为我写作水平的提升带来了难以估量的帮助。我要感谢安娜·卡拉平-斯普林戈隆和贝丝·西格林，她们仔细审阅了我的翻译。最后，我要感谢我在蒙特霍利约克的学生们，他们的专注、创造力、坦率和行动精神每天都在激励着我成为一个更虑事周全、更称职的教授。身处美国历史上这样一个艰难的、转型的时刻，我想不到什么地方比这里更好。

我最要感谢的是来自我的家人和朋友们的从不动摇的精神支持，时不时的冷静的批评，以及令人愉悦的幽默感。因为我的父母，我在家的大多数时间是在学习中度过，被书和大众文化所环绕。我的父亲罗伯特教会我欣赏喜剧的精妙之处、流浪艺人的精湛才艺，以及大自然的无穷魅力。我的母亲琳达让我明白了没有什么行业比得上演艺行业，没有任何东西能像后台音乐剧那么温暖人心。"你的罪孽将得到宽恕/请用你的勤奋给予我自由。"我们当然愿意——最理想的是在最前排，眼含着泪水，最先站起身来。

我的丈夫伊安，在我过去的人生的一半时间都是我最好的支持者和伴侣。即使在困境中，他的智慧和小幽默也总会让我惊喜，而他总能在恰当的时间点让我们停下手头的工作，打开音响，尽情起舞。作为一位热爱工作的档案员、影视迷、书虫、园丁和父亲，他给每一天带来快乐。这本书与我们的爱一起献给我们的女儿诺拉，一位有着科学家灵魂的萌新艺术家（或许是相反？）。她的善良和无止境的好奇心中如果有我的一份贡献，我可以说我为人母的奇妙旅程——也是这部书提出的一系列问题的由来——是成功的。

注　释

导言

1. 列奥波德在一封(巴黎)致洛伦茨·哈格瑙尔(萨尔茨堡)的信中描述了这幅肖像画,1764 年 4 月 1 日,*MBA* 83：第 155‐158 行;英译见 Anderson,第 44 页。

2. 列奥波德(慕尼黑)致玛利亚·安娜(萨尔茨堡)的信,1774 年 12 月 30 日,*MBA* 308：第 5‐11 行;英译见 Anderson,第 255 页。

3. 列奥波德(萨尔茨堡)致 J. G. I. 布莱特克普夫的信,1775 年 10 月 6 日,*MBA* 320：第 26‐28 行;英译见 Anderson,第 265 页。

4. 列奥波德(萨尔茨堡)致玛利亚·安娜和沃尔夫冈(曼海姆)的信,1778 年 1 月 26 日,*MBA* 410：第 61‐67 行;Anderson 无该片段译文。

5. 莫扎特(巴黎)致列奥波德(萨尔茨堡)的信,1778 年 7 月 31 日,*MBA* 471：第 165‐167 行;英译见 Anderson,第 587 页。

6. "Verzeichnis jetzlebender Componisten in Deutschland", *Musikalischer Almanach für Deutschland auf das Jahr 1784*, ed. Johann Nicolaus Forkel (莱比锡),见 Dokumente,第 195‐196 页,Documents,第 220 页。

7. 列奥波德(慕尼黑)致布莱特克普夫父子商行(莱比锡)的信,1781 年 2 月 12 日,*MBA* 582：第 11‐12 行;英译见 Anderson,第 710 页。

8. 南妮尔(圣吉尔根)致布莱特克普夫与黑特尔商行(莱比锡),1799 年 9 月 24 日,*MBA* 1268：第 70‐75 行;Anderson 无。

9. Siskin and Warner, "This is Enlightenment：An Invitation in the Form of an Argument",第 1 页。

10. Siskin and Warner，"This is Enlightenment"，第 22 页。

11. 关于这一类观点可参考 van Orden，*Music and the culture of print* 的导言，以及 Taruskin，*Text and Act*。关于音乐与媒介作用，见 Born，"On musical mediation"。

12. Cunningham，*Child and Childhood*；Melton，*Absolutism*；Cook，"Children's Consumption in History"，以及 Cook，"Children as Consumers"。

13. Blanning，*The Culture of power*；Beasles，*Enlightenment and reform*；Morrison，"Authorship in Transition"。关于"奥地利启蒙运动"的特殊性，可参考 Ritchie Robertson 的作品，他最新的文章在 *Enlightenment and Religion in German and Austrian Literature* 的第二部分有收录。

14. 关于童年史撰写方法的批判性综述，见 Cunningham，"Histories of Childhood"；Jenks，*Childhood*，及 Fass，"Is There a Story?"

15. 可参考 Marten，"Childhood Studies and History"；Spyrou，*Disclosing Chilhoods*；Cook，ed.，*Symbolic Childhood*。

16. Müller，ed.，*Fashioning Childhood*；Cunningham，*The Invention of Childhood*；Langmuir，*Imaninging Childhood*。

第一章

1. 见 Archard，"John Locke's Children"，以及 Yolton 为洛克《教育漫谈》撰写的导言。

2. 卢梭的《社会契约论》第一句话就郑重阐明了这一哲学观点："人生而自由，却无往不在枷锁之中。"Rouseau，*Du contrat social*，第 2 页。另见 Heywood，*Growing Up in France*，注意第 52－63 页，论及"无邪的儿童"的部分。

3. Rouseau，*Émile*，vol. 1(1762 年)，第 203 页(卢梭，《爱弥儿》)；英译本，第 226 页。

4. 关于儿童是高尚的野蛮人的观点，见 Jenks，*Childhood*，第 4－6 页；Cunningham，*Children of the Poor*，第 99 页。关于从洛克到卢梭的时代，

法国十八世纪教育哲学演变的总结研究,见 Gill, *Educational Philosophy in the French Enlightenment*。

5. 古典及近代早期典籍有昆体良的《雄辩术原理》(约公元前 95 年),伊拉斯谟的《论儿童的教养》(1529 年),蒙田的《论儿童教育》(约 1578—1580 年)。见 King,"The School of Infancy"。

6. Gubar, *Artful Dodgers*,第 6 页。

7. 见 *Dokumente*;*Documents*;*NMD*;Edge/Black。

8. Gubar, *Artful Dodgers*,第 6 页。

9. Krupp, *Reason's Children*,第 15 页。

10. 比如基维曾写道,莫扎特的"出色的早年作品创作于他掌握任何知识或'方法'之前,即便有,他也无疑不需要这些知识和方法,因为对于最高水平的创造力来说那些都是多余的。"Kivy, *The Possessor and the Possessed*,第 92 页。另见 Kivy,"Child Mozart as an Aesthetic Symbol";Solomen,"Mozart, the Myth of the Eternal Child";Flaherty,"Mozart and the Mythologization of Genius";Pesic,"Child and the Daemon";Hausfater,"Etre Mozart:Wolfgang et ses émules"。

11. 见 Rasch,"The Dutch Republic as a Place of Publication",第 95 页,第 100 页;及 Baragwanath, *Mozart's Early Chamber Music with Keyboard*,第 25 - 26 页。

12. Igor Kopytoff 写道,在初次购买之后,商品的"状态不可避免地变得模糊并受到各种事件和想法的左右,因为它被不断变化着的社会生活随机影响。"Kopytoff,"The Culture Biography of Things",第 83 页。另见 van Orden,"Introduction" in *Music and The Cultures of Print*,第 xiii 页。

13. Taruskin, *Text and Art*。

14. 列奥波德(巴黎)致玛利亚·特蕾西娅·哈格瑙尔(萨尔茨堡)的信,1764 年 2 月 1 日,*MBA* 80:第 155 - 157 行;英译见 Anderson,第 38 页。

15. 比如埃奇/布莱克:"10 May 1765:Defending the Truth of Mozart's Age",见 Edge/Black。这类事情中最著名的例子或许是狄更斯 1839 年的小说

《尼古拉斯·尼科尔贝》中的青少年的"幼儿现象",虽然是虚构的。见 Gubar,"The Drama of Precocity",第 63 页,第 75 - 76 页。

16. 关于十八世纪音乐神童的综述,见 McLamore,"Mozart in the Middle"; Cooper,*Child Composers and Their Works*; Bodsch,ed.,*Beethoven und andere Wunderkinder*; Sacquin and Ladurie,eds.,*Le printemps des génies*,第 52 - 129 页;McVeigh,*Concert Life in London*,第 85 - 86 页;StevensDas,*Wunderkind in der Musikgeschichte*; Traudes,*Musizierende "Wunderkinder"*。

17. 1677 年的一期 *Mercure galant* 描述 Elisabeth-Claude Jacquet de la Guerre 从十岁就开始演奏她自己的作品,但是她在二十二岁才正式发表了第一部作品。见 Jackson,"Musical Women of the Seventeenth and Eighteenth Centuries",第 72 页。库普兰的学生 François-Charlotte de Ménetou(b. 1680,fl. 1691),在 1691 年十一岁时发表了 *Airs sérieux à deux*,但印本中并未提及她的年龄。Jean-Baptiste Cardonne(1730—约 1792),路易十五的皇家乐队的一位见习,1746 年年仅十六岁时在《法国水星报》发表了一首歌曲,他的年龄引起了时人的讨论。但那不是一部独立作品,他青少年时代也未曾有过独立作品。见《法国水星报》(1746 年 2 月),第 146 页。最后,1756 年和 1757 年在纽伦堡,Anna Bon(1740? —1767 之后)发表了两套奏鸣曲,第一套是长笛的,第二套是钢琴的。如果她推定的出生日期是正确的,那她当时只有十多岁,但最初的印本中并未提到她的年龄,当时的评论中也找不到确切的证据。见 Schleifer and Glickman,eds.,*Women Composers*,vol. 3,第 16 - 24 页。

18. *Dedication to Sinfonie da chiesa à tre ...*(摩德纳:Fortuniano Rosati,1699 年),英译见 Sven Hansell,"*Fiorè,Andrea Stefano*",OMO(2001 年)。笔者未发现此作品的早期接受痕迹,Estienne Roger 于 1700 年在阿姆斯特丹重印,并在之后四十年中反复重印,但未保留菲奥雷原本的献词。Rasch,*Music Publishing House of Estienne Roger*,第 20 页。

19. Burney,*Present state of Music in France and Italy*,第 228 页;Flaherty,"*Mozart and the Mythologization of Genius*",第 296 页引用。

20. 列奥波德·莫扎特写道,当一个男孩"失去声音的时候,他会得到两三年或更长时间的照料(取决于他的表现),他就会有时间完善自己,使自己有能力为宫廷服务,大多数人都能做到,因为他们本就是从众人中挑选出来的。"Mozart，"Nachricht"，第 194 - 195 页，英译见 Zaslaw, *Mozart's Symphonies*，第 555 页。关于变声期是什么时候,有一份研究引用了 J. S. 巴赫关于莱比锡的男声 altos 的报告中的总结,认为在世纪中叶男性声音是在十六岁至十八岁之间变声。Daw，"Age of boys' puberty in Leipzig"。学者们依旧对这一类数据的可靠性存疑,另见 Ong et al.，"Timing of Voice Breaking in Males"。

21. 可参考 Loughnan, *Manifest Madness*，第 67 - 94 页；及 Crofts, *Criminal Responsibility*。

22. 可参考 George Long，"infans, infantia"，见 Smith ed.，*Dictionary of Greek and Roman Antiquities*，第 636 页："Infans 意思就是 qui fari non potest〔没有说话能力的人〕，'qui fari non potest' 这句话不仅表示通过语言能力体现出的智力发育程度,同时也是涉及语言表达的法律行为能力"。感谢尼古拉斯·马修提供这一观点。

23. Frisch, *Teutsch-Lateinisches Wöoter-Buch*，Vol. 1(1741 年)，第 514 页。

24. Taddei，"Puerizia, Adolescenza and Giovinezza"，第 20 - 21 页。

25. 见 Crofts, *Criminal Responsibility*；及 Cipriani, *Children's Rights*。

26. 见(玛丽娅·特蕾莎)，*Constitutio Criminalis Theresiana*，第 21 - 22 页。

27. Rousseau, Émile, vol. 1(1762 年)，第 191 页，第 202 页；英译本,第 222 页,第 226 页。卢梭在这里与狄德罗和达朗贝尔的百科全书略有分歧,后者认为人在七岁或八岁的时候已具备理性思维的能力。〔Arnuophe d'Aumont〕"Enfance," in Diderot and d'Alembert, eds.，*Encyclopédie*，vol. 5 (1756)，第 651 - 652 页。

28. Locke, *Some Thoughts concerning Education*（1693 年)(洛克,《教育漫谈》)，第 90 - 92 页,第 140 页;另见 Archard，"John Locke's Children"，第 88 页。

29. 可参考 Neuhouser, *Roussear's Theodicy of Self-love*。

30. 这正是洛克反对对七岁以下低龄儿童体罚的原因,"小孩子撒个谎或搞个恶作剧,能有多大罪过"。Locke, *Some Thoughts concerning Education*（1693年）,第96页。

31. Locke, *Some Thoughts concerning Education*（1693年）,第235页;Rousseau, *Émile*, vol. 1(1762年),第403页;英译本,第289页。

32. Rousseau, *Émile*, vol. 1(1762年),第418页;英译本,第293页。

33. 洛克的《教育漫谈》在1700至1763年间的德语译本和注释本包括: *Des Herrn John Locke Gedanken von Erziehung junger Edelleute*（Greiffswald: Fickweiler, 1708）; *Herrn Johann Locks* ［*sic*］ *Unterricht von Erziehung der Kinder*（汉诺威: Förster und Sohn, 1729）; *Abhandlung von der Erziehung der Kinder und besonders der Prinzen: worinn die Wichtigkeit der ersten sieben Jahre des Lebens gezeigt wird*（Berlin: Rüdiger, 1758）; *Herrn Johann Lockes Gedanken von Erziehung der Kinder*（Leipzig: Krauß, 1761）。卢梭的《爱弥儿》在初版的同年就在德国翻译出版: *Aemil, oder Von der Erziehung* ［trans. Johann Joachim Schwabe］（Berlin, Frankfurt, and Leipzig: ［n. p.］, 1762）。

34. Hübner, from the "Diarium Patris Bedae Hübner"(1766年4月26日);见 *Dokumente*,第53页; *Documents*,第55页。另见 *Lloyd's Evening Post*(1765年2月22日),第183页;及 letters of Joseph Yorke(The Hague),1765年10月1日;以上两条资料均收于 *NMD*,分别在第6页和第9页。

35. Anonymous, "Ein Tonkünstler von 7 Jahren und seine Schwester von 11 Jahren", *Historisch-M oralische Belustigungen des Geistes oder Ermunternde Betrachtungen über die wunderbare Haushaltung Gottes in den neuesten Zeiten*（Hamburg,1765）,第693页,见 *Dokumente*,第46页; *Documents*,第47页。

36. 致 *Public Advertiser* 的信(1765年5月10日),"10 May 1765: Defending the Truth of Mozart's Age",见 Edge/Black。

37. 另见 Christoph von Zabuesnig 于1769年为莫扎特写的诗,提到"你的艺术的证据"(die Proben deiner Kunst),见 *Dokumente*,第80页; *Documents*,第

87 页。

38. Barrington,"Account of a Very Remarkable Young Musician",54 - 55n；引用于 Chrissochoidis,"London Mozartiana",第 84 页。

39. Loughan, *Manifest Madness*,第 70 页。

40. Antonín Kammel,1765 年 4 月 30 日的信，布拉格地方档案馆，收录于 Volek and Bittner, *Mozartiana of Czech and Moravian Archives*,第 4 页，第 14 - 16 页。两位译者还提到,卡梅尔的评论说:"当我们再遇到对于莫扎特的年龄的愚蠢质疑——时不时会发生——应当以此为据。"

41. Burney, *Account for an Infant Musician*(1779 年),第 24 页。

42. 相关背景可参考 Rose, *The Case of Peter Pan*; Gubar, *Artful Dodgers*; Nelson, *Precocious Children and Childish Adults*。

43. 见 Albert,第 59 - 61 页；及 Irving, *Mozart's Piano Sonatas*,第 20 - 23 页。这一体裁可能是 Jean Joseph Cassanéa de Mondoville 于 1734 年首创(*Pièces de clavecin en sonates avec accompagnement de violon*, Opus 3)。

44. 见 Hawkins and Ives,eds. , *Women Writers and the Artifacts of Celebrity*。关于将改编音乐作品作为一种商业手段，见 Weelock,"Marriage à la mode"；及 Thormählen,"Playing with Art",注意第 343 页和第 345 页。迈克尔·伯登揭示过伦敦歌剧的"名曲"印本为某些歌手在整个世纪保持知名度起到了何等作用,这种交叉营销式的"人造奇迹"一个接一个为整个行业带来推动力。Burden,"Divas and Arias"。另见 Carter,"Printing the 'New Music'"。

45. 《法国水星报》(1765 年 2 月)；见 *Dokumente*,第 42 页；*Documents*,第 42 页。

46. *Public Advertiser*(1765 年 3 月 20 日)；见 *Dokumente*,第 45 页；*Documents*,第 45 页。

47. 可参考 Semonin,"Monsters in the Marketplace",第 72 - 75 页；及 Ridley, *Clara's Grand Tour*,第 53 - 63 页。

48. 在犀牛克拉拉的海报中概括的观赏细节中，与莫扎特一家的有许多相似之处(尤其是在伦敦),克拉拉在欧洲和英国的整体行程轨迹也同样如此(1741—1758 年)。这不是说列奥波德是依据克拉拉的行程安排了自己的。从他在 1763 年 12 月 8 日的一封提及犀牛皮的信件,可以看出列奥波德可能对克拉拉很熟悉,但没有证据表明这头犀牛在 1746 至 1757 年间从维也纳前往雷根斯堡的途中经过了萨尔茨堡。Ridley, *Clara's Grand Tour*,第 xii‑xiii 页,第 62‑63 页,第 77 页。

49. 在其他音乐神童,比如 Johann Gottfried Wilhelm Palschau(1741—1815)和 Gertrud Elisabeth Mara(生于 Schmeling, 1749‑1833)的旅程中,笔者没有发现过类似的短期销售品。见 Rainer Kaiser,"Palschaus Bachspiel in London";及 Rasch, *Muziek in de Repuglied* (*Oude Versie*): *Hoofdstuk Dertien: Concerten*。

50. Alec Hyatt King 将他的比例描述为"像玩偶";King, *A Mozart Legacy*,第 23 页。

51. 佚名,"Ein Tonkünstler",第 691 页,见 *Dokumente*,第 46 页;*Documents*,第 47 页;及 Pater Beda Hübner,"Diarium"(1766 年 11 月 29 日),见 *Dokumente*,第 27 页;*Documents*,第 26 页。

52. 关于音乐家庭肖像的理想化和意识形态的内涵,见 Leppert, *Music and Image*。

53. King, *A Mozart Legacy*,第 5‑24 页。

54. Dodsley, *The General Contents of the British Museum*,序言,第 vi 页。另见南妮尔所列的参观大英博物馆所见藏品清单;Reisnotizen(伦敦),1764 年 4 月 23 日,到 1765 年 9 月 4 日;*MBA* 100:第 9‑15 行;Anderson 无译文。

55. Burney, *Account for an Infant Musician*,第 24 页。方括号为笔者标注。巴林顿同样在他对韦斯利的介绍中,将出版的曲谱称为神童的作曲能力的"公开发表的证据"。见 Barrington,"Account of Master Samuel Wesley",第 306 页。巴林顿和伯尼都分别在他们对韦斯利和克罗奇的介绍中引用了音乐作品选段。

56. 列奥波德(伦敦)致洛伦茨·哈格瑙尔(萨尔茨堡)的信,1764 年 12 月 3

日，*MBA* 93：第 16 - 18 行；英译见安德森，第 53 页。

57. Davies, "Julia's Gift"，第 307 页。

58. Pesic, "Child and the Daemon"，第 93 页："有几组发表的变奏,看起来是莫扎特对这些即兴的表演的记谱。"James Webster 曾在海顿的键盘奏鸣曲和三重奏中发现大量即兴创作的痕迹,这些内容带来的结果是"一种在作曲家、其人格面貌和演奏者之间的游移。"Webster, "Rhetoric of Improvisation"，第 208 页。

59. Mozart, *Versuch*，第 255 - 256 页,英译见 *Treatise*，第 218 页。斜体为笔者标注。

60. Bach, *Versuch*，第 122 页；*Essay*，第 152 页。另见 Kramer, "Diderot's Paradoxe and C. P. E. Bach's Empfindungen"。

61. Wiebke Thormählen 曾发现,在十八、十九世纪之交,对类似海顿的"创世纪"等作品的家庭改编版本,具有一种想象功能。Thormählen 认为这些改编使得欣赏过程更具有参与性：在演奏一部名作的过程中,要求消费者"不仅体验其演出效果,并且重现其创作过程"。Thormählen, "Playing with Art"，第 341 页。

62. Stewart, "From the Museum of Touch"，第 32 页,第 35 页。

63. Mozart[？], Dedication to Opus 1；见 *Dokumente*，第 30 页；*Documents*，第 29 页。

64. Leach, *Sung Birds*，第一章,注意第 11 页,第 20 - 21 页,第 41 - 43 页。

65. Augustine, "De Musica"，收录于 *Writings of St. Augustine*, vol. 4,第 179 页。另见 Tommasi, "De musica"，第 341 - 345 页。Leach 将奥古斯丁的看法概括为"在对声音的加工中动用了人类的理性认知能力,才使得这个声音具备音乐性"。Leach, *Sung Birds*，第 42 页。

66. 关于作曲家献词的一般传统,见 Bernstein, *Print Culture and Music*,注意第 105 页；及 Green, *Dedicating Music*。Wayne Erickson 是追溯过文学性的副文本中过度自谦的修辞技巧的学者之一,见 Erickson, "The Poet's Power"。

67. 可参考,Kivy,"Mainwaring's *Handel*"。

68. Young, *Conjectures*,第 31 页。

69. Young, *Conjectures*,第 31 页。

70. Lessing, "Über die Regeln der Wissenschaften",第 145 页;英译见 Flaherty, "Mozart and the Mythologization of Genius",第 291 页和第 304n 页。

71. Sulzer, "Originalgeist", in *Allegemeine Theorie*, vol. 3, 625 - 628;Thomas Christensen 英译,收录于 Baker and Christensen eds., *Aesthetics and the Art of Musical Composition*,第 34 页,方括号为祖尔策标注。另见 Abrams, *Mirror and the Lamp*,第 187 页;Bauman, "Becoming Original",第 338 页; Woodmansee, "The Genius and the Copyright"。

72. Mozart[?], Dedication, *Six Sonates pour le clavecin qui peuvent se jouer avec l'accompagnement de violon ou flaute traversiere ... Oeuvre III*(London,1765), n. p.;in *Dokumente*, 39;*Documents*,39。Alec King 认为这篇献词的作者 是列奥波德,见 King, *A Mozart Legacy*,第 14 页。

73. Mozart[?], Dedication, n. p.。"自然"这个词并没有出现在这篇献词中, Opus 1 的献词中有——虽然可能无意义,因为"自然"和"天才"原本来自 同一个词根。见 Vallini,"*Genius/ingenium: dereive semantiche*"。感谢乔 纳森·莫尔顿提供这条参考。

74. 例如 Cook, "On Genius and Authorship",第 617 页:"同时还有……另外 一种传统,与艾迪生所提倡的对高尚而野蛮的天才的崇拜同时,其中天才 与学习以并不和谐的方式被结合到一起。"

75. 关于古典哲学和中世纪哲学中的这一类二重性的根源,见 Lippman, *History of Western Musical Aethetics*,第 14 - 15 页;Leach, *Sung Birds*,第 12 - 16 页。

76. Quantz, *Versuch*,第 12 - 13 页;*On Playing the Flute*,第 20 页。匡兹后来 重申过,"我再说一遍,出众的天然能力,只有加上了指导、勤奋、痛苦和探 究,只有这样,才能达到特别优秀的程度。" Quantz, *Versuch*,第 15 页;*On Playing the Flute*,第 22 页。

77. 可参考 Johann Wolfgang von Geothe, *Eckermann's Conversations with Goethe*, trans, R. O. Moon（London：Morgan, Laird, n. d.），第 301 页。引用于 Kivy, *Possessor and Possessed*，第 91 页。

78. Grimm, *Correspondance littéraire* 7（1766 年 7 月 15 日），第 81 页；见 *Dokumente*，第 55 页；*Documents*，第 56 页。

79. Hiller, "Wien", *Wochentliche Nachrichten und Anmerkungen die Musik Betreffend 22*（1766 年 11 月 25 日）：第 174 页；见 *Dokumente*，第 63 页；*Documents*，第 67 页。

80. 见 Rose, *Musician in Literature*，第 183 - 192 页。Rose 认为泰勒曼 1718 年的自传"是启蒙时期对音乐天赋的看法的先声，将自己描绘成自学成才的神童，没有接受过任何人为的指导"（第 12 页）。

81. François Waquet 的 "*Puer doctus*, les enfants savants de la République des lettres"和 Michèle Sacquin 的"Les jeunes savants"追溯了这一现象，两篇文章见 Sacquin and Ladurie eds. , *Le printemps des génies*。

82. Traudes, *Musizierende "Wunderkinder"*，第 76 - 80 页和第 428 - 431 页；Bodsch, "Merckwürdige Nachricht"，第 103 - 111 页。

83. Hiller, *Wochentliche Nachrichten*（1766 年 11 月 25 日）：第 174 页；见 *Dokumente*，第 63 页；*Documents*，第 67 页。

84. 这三人都在十六岁时初次发表作品。

85. Baillet, *Des enfans devenus célèbres*。笔者未发现证据证明洛克读过此书。

86. Baillet, *Des enfans devenus célèbres*，第 8 页。

87. 这可能是出于对关联性和因果性的混淆：体弱的孩子更有可能卧床，因而会比健康的孩子有更多时间阅读和写作。关于康德、蒂索、巴耶及其他在本章中提及的人物对儿童才能的病理化的讨论，见 Traudes, *Musizierende "Wunderkinder"*，第 422 - 448 页；Bodsch, "Merckwürdige Nachricht"，第 103 - 108 页。

88. Baillet, *Des enfans devenus célèbres*，第 5 - 6 页。

89. Baillet, *Des enfans devenus célèbres*，第 6 - 7 页。

90. 《出名的儿童》1722 年重印于巴黎，1725 年重印于阿姆斯特丹，到十八世纪中叶依然受欢迎。Louis-René de la Chalotais 在 1763 年的 *Essai d' education Nationale*（论国家教育）中引用了此书，甚至有仿作收录于 Laurence Sterne, *The Life and Opinions of Tristram Shandy*, vol. 6（1762 年），第 24 页。

91. 关于海内肯，见［Anonymous］, *Review of Des Lübeckischen dryjährigen Knabens, Christ. Henr. Heinecken . . .* , ed. *Johann Gottlieb Krause*, 70 (Leipzig, August 1725)：第 688 页。关于巴拉捷，见 Formey, *Vie de Baratier*, 第 42 页。

92. Valentin, "'Was die Bücher anlaget . . .'", 第 105 页。福尔梅的传记 *La vie de Mr. Jean Philippe Baratier* 在 1741 年至 1755 年之间在荷兰、英国和德国有过多个印本。

93. Kant, *Anthropology from a Pragmatic Point of view*, 第 122－123 页。（康德《实用人类学》）

94. 见 Bastian, "Wunderkinder", 第 2068 页。

95. Jürgen Neubacher 曾写到泰勒曼特别钟爱神童，除了支持海内肯之外，他还宣传了来自慕尼黑的 Cröner 三兄弟（小提琴家）。见 Neubacher, "Zwischen Auftrag und künstlerischem Anspruch", 第 73－74 页。

96. 这首诗署名"Puffendorff"，也许是指 Aulic Councillor Konrad Friedrich von Pufendorf，但尚不能确定诗人身份。见 *Dokumente*, 第 55 页；*Documents*, 第 56 页。斜体为笔者标注。

97. Barrington, "Account of a Very Remarkable Young Musician", 第 63 页。

98. Barrington, "Account of a Very Remarkable Young Musician", 第 64 页。

99. 在巴林顿的文章的索引中，巴拉捷的地位似乎都超越了亨德尔，原文如下："莫扎特，J. C.，一个非常惊人的孩子，以音乐表演能力著称，第 55 页。其生平简介，同前。可与著名的巴拉捷比较，第 63 页。" *Indes to Philosophical Transactions*（1771 年），第 562 页。这部索引中从未这样标识亨德尔。

100. ［Anonymous］，"Aritical IV：*Voyages de Rabbi Benjamin* ［review］"，
Bibliotheque Germanique ou Histoire Litteraire de l'Allemangne，*de la Suisse*，
et des Pays du Nord 30（Amsterdam：Pierre Humbert，1734）：第 115－116
页。巴拉捷在《行纪》之后还有两大段论述，另一段带评注的翻译，一部
缜密的硕士论文，以及六篇期刊文章。

101. Hiller，*Wochentliche Nachrichten*（1766 年 11 月 25 日）：第 174 页；见
Dokumente，第 63 页；*Documents*，第 67 页。

102. Tissot，"XVI. Discours"，Aristide（1766 年 10 月 11 日）：第 66 页。这几
位人物巴耶的书都未曾收录。

103. Tissot，*De la santé*，第 117－118 页。此书有一个早期版本叫 *Avis aus
gens*。另见［Anonymous］，"*Mozart and Dr. Tissot*"，*Notes 8*，*no. 1*（1950
年），第 60 页和第 62 页。

104. Tissot，"XVI. Discours"，*Aristide on Lecitoyen*（1766 年 10 月 11 日）：第
69 页。见 *Dokumente*，第 61 页；*Documents*，第 65 页。

105. 蒂索的文章有一个译本在 1771 年被寄给了莫扎特家，见 *Dokumente*，第
125 页；*Documents*，第 139－40 页。莫扎特去世时，他的藏书中有蒂索那
份刊物的德语版本 *Aristides oder der bürgerliche Philosoph*（1771 年）。

106. 埃南的一封信的草稿（1766 年 9 月 20 日），收录于 Staehelin，*Reise der
Familie Mozart*，第 93－94 页，亦见 NMD，第 15 页。艾森没有贸然揣测
那位"法国年轻人"是谁。

107. Witmore，*Pretty Creatures*，第 38 页。斜体为威特摩尔标注。另见
Wasyliw，*Martyrdom*，*Murder*，*and Magic*，第 17 页。

108. Böldicke，*Methodus Lockio-Baratieriana*，Sectio Secunda，Membrum 1
（"Von einer Solchen Mothode überhaupt"），§ 4，n. p.

109. "Proposal of the Vienna Court Chancery"，1765 年 1 月 19 日；见
Dokumente，第 40 页；*Documents*，第 40 页。亦见 Wolf，*Judentaufen in
Österreich*，第 52－53 页。

110. 赫里索希季斯认为英国也是同样情况，莫扎特在十五个月的逗留期间被

很多人称为"八岁男孩"。Chrissochoidis，"London Mozartiana"，第86页。

111. Martha Feldman 发现在正歌剧中也有类似的矛盾的现象，歌剧中"模拟统治者宫廷的奇妙景象，但这些只有在无限的公众和空间中才有生命力"。见 Feldman，*Opera and Sovereignty*，第437页。

112. 类似态度也盛行于大觉醒时期(十八世纪30—40年代)的美洲殖民地，Holly Brewer 和 Courtney Weikel-Mills 指出，关于儿童皈依和参与宗教活动的问题，取决于对儿童思考和感受能力的判断。虽然奋兴运动派最知名的牧师们依然坚持儿童首次领圣体的年龄是十四岁，但奋兴运动派鼓励年幼的皈依者对抗父母的意愿。见 Brewer，*By Birth or Consent*，第45-86页，注意第64-70页；Weikel-Mills，*Imaginary Citizens*，第57-62页。

113. Caffiero，*Forced Baptisms*，第57页。

114. 见 Timothy Kelly，"Catholicism"，收于 Fass，ed.，*Encyclopedia of Children and Childhood*，vol. 1，第135页。

115. Wolf，*Judentaufen in Österreich*，42n。关于本笃十四世的裁决和十八世纪欧洲非法强制洗礼问题的更多讨论，见 Caffiero，*Forced Baptisms*，第44-60页。

116. Empress Maria Theresa，"Baptisums Infantum Jedaeorum"，收于 *Corpus Juris Ecclesiastici Bohemici，et Austriaci ...*（Vienna：Kurzböck，1770），第117页。引用于 Wolf，*Judentaufen in Österreich*，第54页。

117. 所罗门曾从蒂索的观点反溯出一个关联的观点，但他对于类似材料的解读与笔者略有不同。"因此莫扎特被认为是代表了儿童潜在的无穷的创造能力和道德水平的最佳范例，开明的抚育可以发掘出这种潜能……他的幼小的身体展示了儿童的无限的可完善性，且可以推及全人类。"Solomon，"Mozart：the Myth of the Eternal Child"，第9页。然而笔者对莫扎特的早慧的早期接受的解读，主要着眼于开明的抚育之外的角度，不必是完善的、奇妙的、或独特的。

118. 除 1765 年的宫廷法院之外，还有人将莫扎特的才华与他展现出的道德上的成熟结合在一起。1766 年，蒂索写道："有条理的头脑应该能带来品行端正的灵魂与和善的处事之道；从过去的多位伟大的艺术家身上已经可以看出这一点，而小莫扎特又提供了新的证据。"Tissot，"XVI. Discours"，*Aristide*（1766 年 10 月 11 日），第 191 页；见 *Dokumente*，第 61 页；*Documents*，第 65 页。这种结合或许解释了卢梭的担忧，他在百科全书"音乐家"词条下，"演奏家（virtuoso）"这个词并不解释为音乐家"品行端正（virtuous）"，而是代表了意大利语表示才华或技能的词"virtù"。［Rousseau］，"Musicien"，in Diderot and d'Alembert，eds.，*Encyclopédie*，vol. 10 (1765)，第 898 页。

119. ［Mainwaring］，*Memoirs of the Life of Handel*，第 6 页。

120. Coleman，*Neither Angel nor Beast*，第 28 - 29 页。

121. Rose，*Musician in Literature*，第 180 - 181 页和第 202 - 211 页。

122. Macartney ed.，*Habsburg and Hohenzollern Dynasties*，第 148 页。另见 Derek Beales，*Joseph II*，vol. 2，chap. 5（"Toleration of Protestants，Greek Orthodox and Jews"）。

123. Edict of Toleration，发布于 1782 年 1 月 2 日，§ 25。英译见 Macartney ed.，*Habsburg and Hohenzollern Dynasties*，第 168 页。

124. 约瑟夫还有一个针对新教教徒的相关措施，1781 年 5 月 22 日，他要求匈牙利的高等法院不得对不满十六岁的新教孤儿采取任何涉及改宗的行动。见 1781 年 4 月 29 日信件，Mályusz，ed.，*Iratok a türelmi rendelet történetéhez*，第 160 页。另见 Beales，*Joseph II*，Volume 2，第 182 页。

125. Court Chancery，Votum of March 11，1782，引用于 Wolf，*Judentaufen in Österreich*，第 88 页。

126. Wolf，*Judentaufen in Österreich*，第 87 页。

127. Wolf，*Judentaufen in Österreich*，第 87 页。

128. Joseph II，Resolutions of March 28 and 31，1782，in Joseph II，*Codex Juris Ecclesiastici Josephini*，vol. 1，第 159 - 161 页。约瑟夫的决定主要建立在

三个要素的基础之上：公平对待新教儿童的洗礼的法规；对家长权利的更高程度的认可（约瑟夫下令，在十八岁之前，宗教选择必须得到家长的同意）；最后，隐隐约约的对儿童宗教自由的察觉。见 Karniel, *Die Toleranzpolitik*，第 465 页。

129. Joseph II, resolution of March 28,1782, in *Codex Juris Ecclesiastici*，第 160 页。另见 Wolf, *Judentaufen in Österreich*，第 90 - 97 页。

130. 见 "Mündig, Volljährig, Voigtbar, Majorenn"，收于 Zedler, *Universal-Lexikon*, vol. 22（1739 年），第 401 页。

131. 约瑟夫对于莫扎特和对于洗礼争议的相对冷静的、存疑的态度源于一些更宏观的考量：他决心要涤除天主教实践中迷信的方面，降低教宗的裁决权，并且倡导对犹太教的接纳（主要是出于经济上的考虑）。见 Wolf, *Judentaufen in Österreich*，第 90 页。

132. 研究奥地利启蒙时期犹太人地位的历史学家对这个问题可能比莫扎特研究者更敏感。见 Wolf, *Judentaufen in Oesterreich*, 53n, 引用于 Hanslick, *Geschichte des Concertwesens in Wien*, vol. 1，第 121 页；Karniel, *Die Toleranzpolitik Kaiser Josephs II*，第 298 - 299 页和第 460 页。

133. Douthwaite, *The Wild Girl*，第 135 页。

134. Melton, *Absolutism*，第 212 - 214 页。

135. Hofkanzleidirekt, February 18, 1787, 引用于 Krause, *Kinderarbeit und Gesetzlicher Kinderschutz*，第 23 页。另见 Seebauer, *Kein Jahrhundert des Kindes*，第 32 页。

136. "Patent vom 13ten January 1787, für alle Länder", in *Joseph des Zweyten Römischen Kaisers Gesetze*，第 9 页。

137. 现在奥地利和斯洛文尼亚承担刑事责任的最低年龄是十四岁；捷克，十五岁；匈牙利，十二岁。见 [Child Rights International Network], "Minimum Ages of Criminal Responsibility."

138. "Stand", Zedler, *Grosses vollständiges Universal-Lexicon*, vol. 39（1744），1101. "Kind," Adelung, *Versuch*, vol. 2（1775）col. 1577.

139. *Three Lessons for the Harpsichord or Piano Forte . . . by Elizabeth Weichsell*，*a Child Eight Years of Age*（London：Welcker，［1775］）。

140. Burney，*Account of an Infant Musician*，第 21 页。

141. Burney，*Account of an Infant Musician*，第 21 页。

142. 他的追求已经有点项狄主义的味道了："两年零三个季度""两年零十一个月""十二个月"等。Barrington，"Account of Mr. Charles Wesley，"和 "Account of his son Samuel from the Rev. Mr. Charles Wesley"，分别在 *Miscellanies*，第 289 页和第 291 页 n。

143. Barrington，"Account of his son Samuel，" in *Miscellanies*，第 293 和第 306 – 307 页。另见 Forsaith，"Pictorial Precocity"。

144. 这位珀西是 *Reliques of Ancient Poetry* 的编辑的侄子。巴林顿似乎一直喜欢推荐这类神童：他带着塞缪尔·韦斯利去拜访（并测试）威廉·克罗奇。见 Barrington，"*Some Account of Little Crotch*，" in *Miscellanies*，第 313 – 316 页。

145. Barrington，"*Some Account of Little Crotch*，" in *Miscellanies*，第 316 页。斜体为原作者标注。

146. 关于克罗奇的职业生涯的详情，见 Traudes，*Musizierende "Wunderkinder"*，第 94 – 187 页。

147. Georg Christoph Lichtenberg，"*William Crotch*，*das musikalische Wunderkind*，" in *Taschenbuch zum Nutzen und Vergnügen fürs Jahr 1780* （Göttingen：Johann Christian Dieterich，1780），第 8 – 19 页。

148. Grimm，"April 1772，" in *Correspondance littéraire*，vol. 9，482，481。另见 David Fuller and Bruce Gustafson，"*Darcis，François-Joseph*，" *OMO* （2001）；以及 *NMD*，第 126 – 127 页。

149. Tissot，"24. Discours，" *Aristide*（1766 年 12 月 6 日），第 287 页，全文引用于 Staehelin，*Die Reise der Familie Mozart*，第 102 页；英译见 *NMD*，第 18 页。关于莫扎特之后的公开的音乐神童，见 Hausfater，"Être Mozart：Wolfgang et ses émules"；和 Adelson and Letzter，"*Mozart fille*"。

150. Zelizer, *Pricing the Priceless Child*, 第 15 页。

151. Rose, *The Case of Peter Pan*, 第 xii 页; 及 Kincaid, *Child-Loving*。

152. 见 Heywood, *Growing Up in France*, 第 62 - 63 页。

153. Beethoven[?], *Dedication*, *Drei Sonaten fürs Klavier* [WoO 43] (Speier: Bossler, 1783 年), n. p.

154. Neefe, "Nachricht von der churfürstlich-cöllnischen Hofcapelle zu Bonn und andern Tonkünstlern daselbst," in Cramer, *Magazin der Musik* (1783 年 3 月 30 日), 第 395 页, 引用于 Thayer et al., *Thayer's Life of Beethoven*, vol. 1, 第 66 页。另见 Sisman, "*The Spirit of Mozart from Haydn's Hands*"。

155. Anonymous, "Auszüge aus Briefen, in-und ausländische musikalische Nachrichten enthaltend," *Musikalischer Alamanch für Deutschland auf das Jahr 1784*, ed. Johann Nicolaus Forkel (Leipzig: Schwickert, 1784 年), 第 195 页; 引用于 Derry, "Ludwig van Beethoven", 第 585 页。

156. Anonymous, "Auszüge aus Briefen," 第 195 - 196 页。"十二岁的男孩"这一说法显然指的是神童 Bonifazio Asioli, 在这篇评论后边提到。

157. Rousseau, *Émile*, vol. 1 (1762), 第 199 页; 英译本, 第 290 页。关于"英国女孩", 见 Rasch, *Muziek in de Republiek*, 第 13 - 14 页。就笔者所见, 这个女孩的身份尚未被确认, 尽管她于 1743—1745 年间在荷兰表演, 被称为 "Beroemde Engelse juffrouw"。Imhof, *Des Neu-Eröffneten Historischen Bilder-Saals*, 第 1359 页也提到过她。但是, 笔者尚未在法语文献中发现关于她的记载。查尔斯·伯尼的女儿 Esther 是一位演奏羽管键琴的神童, 曾于 1760 年在伦敦的一场神童音乐会上演出, 但她的法国之行是在 1764—1767 年。见"Burney, Mrs Charles Rousseau, Esther, née Burney", 收于 Highfill, Burnim, and Langhans, *Biographical Dictionary of Actors*, vol. 2, 第 429 页。

158. Rousseau, *Émile*, vol. 1 (1780), 第 337 页。这条脚注应该是首次见于 1780 年版。关于 1780 年版卢梭全集, 见 Alston, *Order and Connexion*,

第 103 页。

159. Opus 2 于 1785 年重印于巴黎,但之后"作品 1－4 号"再也没有出版过,直到布莱特克普夫的莫扎特作品全集将 Opus 4(K.26－31)收于第 15 卷(1804 年),K.6－8 收于第 17 卷(1806 年)。

第二章

1. 列奥波德(维也纳)致洛伦茨·哈格瑙尔(萨尔茨堡)的信,1768 年 8 月 6 日,*MBA* 136:第 27－38 行;Anderson 无此片段。

2. 见 Halliwell,第 70－72 页。

3. 见 Ulbricht,"Debate about Foundling Hospitals",注意第 236 页。

4. 见 Wheatcroft,*Habsburgs*,第 208－209 页,第 226 页。(《哈布斯堡王朝》,中信,2017 年)

5. "Wien den 1. Weinm. 1768",*Wienerisches Diarium* (1768 年 10 月 1 日),n. p.

6. Ulbricht,"Debate about Foundling Hospitals,"第 235 页。

7. 列奥波德(维也纳)致洛伦茨·哈格瑙尔(萨尔茨堡)的信,1764 年 6 月 28 日,MBA 90:第 142－145 行;英译见 Anderson 1:49。

8. 这些内容都是一个由玛丽娅·特蕾莎和约瑟夫发起的更大的集中化济贫项目的一部分;见 Scheutz,"Demand and Charitable Supply"。

9. 关于欧洲启蒙时期的慈善事业,见 Cunningham,"Introduction," 2－4;及 Garrioch,"Making a Better World"。

10. 关于巴泽多和泛爱主义,尤其是其在哈布斯堡王国范围内的接受,将在第四章详述。

11. [Anonymous],*Nachricht an das Publikum*,n. p. 出版年份为 1771 年见 Melton,*Absolutism*,203n。

12. 见 Seebauer,*Kein Jahrhundert des Kindes*,第 19 页。

13. "Denkschrift des Kaisers Joseph über den Zustand der österreichischen Monarchie" (1765 年),见 *Maria Theresia und Joseph II. Ihre Correspondenz*,

vol. 3，344；引用于 Blanning，*Joseph II*，第 79 页，英译者 Blanning。

14. Hörnigk，*Oesterreich über Alles*，第 44 - 45 页。见 Macartney，*Habsburg and Hohenzollern Dynasties*，第 70 - 78 页；Seibt，*Von dem Einflusse der Erziehung*；及 Blanning，*Joseph II and Enlightened Despotism*，第 21 页。

15. Melton，*Absolutism*，注意第五、第六章。

16. Ulbricht，"Debate about Foundling Hospitals"，第 229 页："儿童劳工得到了当时最知名的教育学家的默许甚至明确赞同，在孤儿院普遍实行。" Ernst Bruckmüller 指出，随着制造业提升，受雇于制造业和工业的下奥地利人数量从 1782 年的 5 万左右，上升到 1785 年 12 万，1790 年 18 万。Bruckmüller，*Sozialgeschichte Österreichs*，第 179 页。

17. 历史学家们提到哈布斯堡的公共交流时一直反复使用这个词，最早可以早到马克西米利安一世；可参考 Spielman，*City & The Crown*，第 103 页；Silver，*Marketing Maximilian*，第 ix 页；及 Wangermann，*From Joseph II to the Jacobin Trials*。哈布斯堡历史研究者例如 Michael Yonan，Tim Blanning，和 Andrew Wheatcroft 勾勒出了公关文化的轮廓，尽管他们没有使用这个词。见 Yonan，*Empress Maria Theresa*；Blanning，*Culture of Power*；及 Wheatcroft，*Habsburgs*。

18. Cunningham，"Introduction"，第 10 页。

19. 可参考 Safley，"Introduction"，第 10 - 12 页。

20. Miller，*Orphans of Byzantium*，第 212 - 220 页。

21. 这种模式在哈布斯堡的前几代统治者手上已经建立；见 Janet Page，*Convent Music and Politics*，第 4 页："一年一度的对教堂、修道院和女修道院的国事级拜访，将虔诚、音乐与保持透明度的政治需求结合到了一起，通过宫廷日程表和当日的报纸向人民群众汇报。"

22. 可参考 Chimani，*Vaterländischer Jugendfreund*，Th. 3，第 52 页；Pezzl，*Johann Pezzl's Chronik von Wien*，第 223 - 224 页；"Das Vaterland. Schulen，Unterrichts-，Erziceungsund Bildungsanstalten in Wien. Das Waisenhaus," in J. B. Weis，*Der österreichischer Volksfreund，für das Jahr 1831*，vol. 1

(Vienna：Franz Wimmer，1831)，第 58 页；以及 Rieder, *Ignaz Parhamer's*，第 95 页。

23. 见 Hull, *Sexuality, State, and Civil Society*，第 111 - 115 页，其中第 111 页："杀婴,是官员、法律改革家和社会评论家在争论涉及性的法律改革中经常讨论的犯罪行为。而涉及性的法律改革,由于被认为是消除杀婴的起因所不可或缺的,在启蒙时期的刑事法律的整体改革中是非常重要的推动力。"

24. Massie, *Farther Observations*. 见 Ristelhueber, *Wegweiser zur Literatur*，第 6 - 7 页。

25. 可参考 "Gedanken über die Frage, ob Waysenhäuser nützlich sind," *Hannoverisches Magazin* (1766 年 2 月 3 日)，第 145 - 160 页；及 Jacobs, *Der Waisenhausstreit*。

26. ［Anonymous］, *Jährlicher Bericht* (1772)，引用于 Jacobs, *Der Waisenhausstreit*，第 72 - 73 页。

27. Nicolai, *Beschreibung einer Reise*, vol. 3，第 229, 230 页；引用于 Scheutz, "Pater Kindergeneral und Janitscharenmusik"，注意第 42 页。另见 Polenghi, "'Militia est vita hominis'"。

28. Scheutz, "Pater Kindergeneral und Janitscharenmusik,"第 41 页。当约瑟夫于 1784 年最终关闭这所孤儿院时,他命令将其改建为军事培训学校。

29. 见 Black, "Mozart and Musical Discipline"。

30. Weiß, *Geschichte der öffentlichen Anstalten*，第 180 页；引用于 Rieder, *Ignaz Parhamer's*，第 20 页。

31. Scheutz, "Pater Kindergeneral und Janitscharenmusik"，第 68 页；及 ［Anonymous］, *Vollkommener Bericht von der Beschaffenheit* (1774)，第 72 页。

32. ［Anonymous］, *Vollkommener Bericht von der Beschaffenheit* (1774)，第 57 - 62 页 ("Musickordnung")。另见 Weiß, *Geschichte der öffentlichen Anstalten*，第 181 页。

33. [Anonymous]，*Vollkommener Bericht von dem Music-Chor*（1764），第 2 页。 Black，"Mozart and Musical Discipline"，第 24 - 26 页也提到过。

34. 列奥波德（维也纳）致洛伦茨·哈格瑙尔（萨尔茨堡）的信，1768 年 9 月 13 日，*MBA* 137：第 37 - 40 行。见 Black，"Mozart and Musical Discipline"，第 19 页。

35. Black，"Mozart and Musical Discipline"，第 19 页。

36. 列奥波德（维也纳）致洛伦茨·哈格瑙尔（萨尔茨堡）的信，1768 年 12 月 14 日，*MBA* 143：第 16 - 21 行；英译见 Anderson，第 94 页。

37. "Wien den 10. Christm. 1768," *Wienerisches Diarium*（1768 年 12 月 10 日），n. p.；见 *Dokumente*，第 78 页；*Documents*，第 84 页。

38. Weschel，*Die Leopoldstadt bey Wien*，第 383 页；*Dokumente*，*Documents*，*NMD*，以及 Edge/Black 均无此条。

39. Black，"Mozart and Musical Discipline"，第 20 页。

40. 见 Abert，108n 和 223n。

41. 布莱克指出，"年龄在六岁至十六岁之间的孤儿们能够在这样的场合，演奏有相当技术难度的作品，足见其指导者所实施的教育之严格。"Black，"Mozart and Musical Discipline"，第 31 页。

42. 布莱克揣测这部协奏曲是为伊格纳茨·施马茨（Ignatz Schmatz）而写，此人不久后成为特奥多尔·冯·巴蒂亚尼伯爵的下属。Black，"Mozart and Musical Discipline"，第 22 - 23 页。

43. Abert，第 224 页。

44. 有很多记录表面莫扎特常即兴演唱咏叹调同时自己用键盘伴奏，大家也都知道他"与唱诗班男生一起演唱过经文歌"，所以似乎有一种可能性——虽然十分违背常理——这位爱出风头的大师和"头版头条的常客"只会将这段高难度的、独一无二的唱段交托给他自己。

45. 慈爱医院和维瓦尔第在十八世纪后期的德语圈子里依然很有名。可参考 Volkmann，*Venice in Historischkritische Nachrichten von Italien*，vol. 3，第 616 - 617 页；以及 Jean-Baptiste Ladvocat 关于维瓦尔第的词条，

Historisches Hand-Wörterbuch，vol. 4，第 906 页。维瓦尔第的名字也被列在对 John Hawkins 的 *General History of the Science and Practice of Music* 的一篇冗长的评论中，见 Johann Nicolaus Forkel，*Musikalisch-kritische Bibliothek*，vol. 2（Gotha：Ettinger, 1778），第 211 页。

46. 关于这些活动的报道，分别见于《维也纳日报》，1768 年 5 月 14 日；1768 年 6 月 1 日；及 1770 年 5 月 9 日。

47. "Wien den 9. Maym. 1770," *Wienerisches Diarium*（1770 年 5 月 9 日），n. p. 另见 Black，"Mozart and Musical Discipline"，第 21 页。

48. "Wien, den 9. May 1772," *Wienerisches Diarium*（1772 年 5 月 9 日），n. p.

49. Rieder，*Ignaz Parhamer's*，第 78 页。

50. Müller，*Johann Heinrich Friedrich Müller's Abschied*，第 243 页。

51. Müller，*Johann Heinrich Friedrich Müller's Abschied*，第 237 页。另见 Tar，*Deutschsprachiges Kindertheater*，第 27 页。最后，戏剧培训学校与国家剧院一样短命，仅从 1779 年存续到 1782 年，详见第三章。

52. Kuebach，*Trauerrede auf den tödtlichen Hintritt Josephs*，第 8 页。

53. Aristotle，*De Sensu et Sensibili*，chapter 1，437a。（中译见《亚里士多德全集第三卷》，中国人民大学出版社，1992 年）

54. [Anonymous]，*Ueber Taubstumme*，第 5 页有这些错误的疗法的目录。

55. Diderot，*Lettre sur les aveugles and Lettre sur les sourds et muets*.

56. 见 Davis，*Enforcing Normalcy*，第 53－54 页；及 Renate Fischer，"Abbé de l'Epée"。

57. Davis，*Enforcing Normalcy*，第 51 页，第 60—61 页。关于十九世纪聋哑人历史的较新的研究有：Werner，"*Why Give Him a Sign*"和 Murray，"Transnational Interconnections"。

58. Schott，*Das k. k. Taubstummen-Institut*，第 57－59 页。

59. Stork，*Anleitung zum Unterrichte der Taubstummen*，第 145 页。

60. [Anonymous]，*Nachricht an das Publikum*，n. p.

61. 梅写给聋哑学校学生的读本开头那一长段就体现了这一点："我是人，/你是人/我父亲是人/我母亲是人……/我们都是人"［May］，*Erste Kenntnisse für Taubstumme*，第 3 - 4 页。

62. ［Anonymous］，*Festschrift zum 175-Jährigen Bestande*，第 81 页。

63. ［Anonymous］，"Innländische Begebenheiten. Wien," *Wiener Zeitung* （1783 年 10 月 1 日），第［1］页。

64. Nicolai，*Beschreibung einer Reise*，vol. 4，第 795 和 798 页。这些意见后来发展成为针对所有儿童，包括听力健全和不健全的，死记硬背式的学习方法的更强烈的改革呼声。尼科莱还只是停留在反对"教条的"和"无思考的"背诵，指责雷佩是一个"好心肠的老人，但不够聪明。"Nicolai，*Beschreibung einer Reise*，第 809 页。

65. Pezzl，*Skizze von Wien*，vol. 2，第 125 - 126 页。

66. ［Anonymous］，"Ankündigung der öffentlichen privil. Buchdruckerey des k. k. Taubstummeninstituts," *Wiener Zeitung* （1786 年 5 月 13 日），第 1125 页。

67. 佩泽尔期盼有朝一日聋哑学校能为女孩也提供类似这样的"技术工作"，Pezzl，*Skizze von Wien*，vol. 2，第 126 页。

68. 这幅图像见 Pictura Paedagogica Online：http://opac. bbf. dipf. de/cgi-opac/bil. pl? t_direct = x&fullsize = yes&f_IDN = b0087783berl.

69. Schott，*Das k. k. Taubstummen-Institut in Wien*，第 83 页；莫扎特的收入见 Abert，第 706 页。

70. ［Anonymous］，"Ankündigung der öffentlichen privil. Buchdruckerey des k. k. Taubstummeninstituts," *Wiener Zeitung* （1786 年 5 月 13 日），Anhang，第 1125 页。

71. ［Anonymous］，"Ankündigung eines Wochenblattes für Kinder zur angenehmen und lehrreichen Beschäftigung in ihren Freystunden," *Wiener Zeitung* （1787 年 2 月 24 日），第 432 - 433 页。

72. ［"Den Herausgebern"］，"Liebe Kinder，Theure junge Freunde!,"

Angenehme und lehrreiche Beschäftigung，vol. 1，第[3]页。

73. ["Den Herausgebern"]，第[3 - 4]页。

74. ["Den Herausgebern"]，第[4]页；及 Kant，"Beantwortung der Frage"，第 481 - 494 页。

75. *Angenehme und lehrreiche Beschäftigung … Herbstquartal 1787，Erstes Bändchen*，n. p.

76. *Beschäftigung*，vol. 1，第[4]页。

77. *Beschäftigung … Herbstquartal 1787，Erstes Bändchen*，n. p.

78. *Beschäftigung*，vol. 1，第 63 页。

79. *Beschäftigung*，vol. 1，p. 63 之后的附加页。"捉到鸟儿的男孩"署名"弗朗茨·沃尔夫（Franz Wolf）"，他还创作了"Morgenlied als ein Gebeth im Türkenkriege"，刊载于第四卷（1788），第 91 之后的附加页。笔者未能查到这位沃尔夫更详细的信息。

80. Davis，*Enforcing Normalcy*，第 59 页。

81. [May]，*Erste Kenntnisse für Taubstumme*，第 87 页。"哑"（mute）和"聋哑"（deafmute）的说法已经过时，并且是带有侮辱性的。

82. 《活动》的题名页所使用的装饰花纹与阿尔贝蒂在《魔笛》的前页上使用的共济会的视觉符号十分相似。四卷《活动》的第二卷似乎没有一家图书馆有收藏，所以那一卷中所有插图的作者都无法确认。关于阿尔贝蒂与莫扎特的关系，见 Senigl，"Ignaz Alberti"；及 Buch，"Placidus Partsch, the Liedersammlung für Kinder und Kinderfreunde"。

83. [Anonymous]，"Ankündigung der öffentlichen privil. Buchdruckerey des k. k. Taubs-tummeninstituts," *Wiener Zeitung* 38，Anhang（1786 年 5 月 13 日），第 1125 页。众所周知，莫扎特与托里切拉在工作上的合作并不愉快：跟维也纳的其他出版商一样，托里切拉经常在未经莫扎特允许的情况下重印他的旧作。

84. *NMD*，第 53 页。另见 *Dokumente*，第 498 页，*Documents*，第 588 页。

85. Beales，"Court, Government and Society in Vienna"，第 15 - 17 页。这场

神童的写影：莫扎特与对童年的认识

战争的结果，是造成约 192 000 人伤亡，约瑟夫的许多改革项目陷入停顿，以及通胀和包括维也纳在内的多地的粮食危机，见 Edge，"Mozart's Reception in Vienna，1787 - 1791"，第 67 - 68 页，注意 n5。伤亡数据来自 Roche，*Exploring the Sociology of Europe*，第 108 页。

86. Head，*Orientalism*，*Masquerade*，*and Mozart's Turkish Music*，第 38 - 39 页。

87. "An alle wahren Edeln der Staaten Josephs und Katharinens der Zweiten，" *Angenehme und Lehrreiche Beschäftigung*，vol. 4，第 90 页。

88. "An alle wahren Edeln，" 第 92 页。

89. "An alle wahren Edeln，" 第 91 页。

90. "Die Denkmäler der Helden vom Bunde Josephs und Katharinens der Zweiten，" *Beschäftigung*，vol. 4，第 95 - 96 页。

91. Beales，"Court，Government and Society in Vienna"，第 16 - 17 页。

92. "Die Denkmäler der Helden，" *Beschäftigung*，vol. 4，第 97—98 页。

93. "M. v. S.，" "An die Herrn Herausgeber des Wochenblatts für Kinder"，*Beschäftigung*，vol. 1，第 154 页。

94. "Antwort. Liebster junger Freund，" *Beschäftigung*，vol. 1，第 156 页。

95. "Von der Bauart des Bibers"，*Beschäftigung*，vol. 1，第 165 页。

96. "Von der Bauart des Bibers"，第 177 页。

97. 英译见 Dixon et al.，"English Translations of the Lieder Texts，" 第 74 - 75 页。

98. [Anonymous]，*Schmuckkästchen für die Jugend*，第 21 - 26 和 44 - 45 页。

99. Rousseau，*Émile*，vol. 2，第 3 和 9 页；英译本第 532 和 536 页。

100. Ernst-August Ballin，*Das Wort-Ton-Verhältnis in den Klavierbegleiteten Liedern Mozarts*（Kassel：Bärenreiter，1984），第 47 页。Gottfried August Bürger 1776 的诗歌 Die Spinnerin（"Hurre，hurre，hurre"）在 1800 年海顿的 Die Jahreszeiten 之前经过了许多次谱曲，其中多个版本都用钢琴伴奏来表现纺纱轮的转动。另见 Max Friedlaender，*Das deutsche Lied im 18. Jahrhundert: Quellen und Studien*，vol. 2（Stuttgart：Gotta，1902），第

223 页。

101. Ballin, *Das Wort-Ton-Verhältnis*,第 46 - 47 页。巴林将歌曲分为六种风格类型(主要依据音乐而非歌词);他将《小纺织姑娘》归入第三类,"Dem Wiener Singspiellied nahestehende Lieder"。莫扎特仅有两首歌曲表现出这种"歌唱剧歌曲"结合的特征,即 "Männer suchen stets zu naschen" 和 "Die kleine Spinnerin"。1785 年的"Das Veilchen"(K. 476)很接近,但这首作品开放曲式的结构、较缓慢的速度、更多变的节奏和更新奇的和声运行,使之缺少平和的质感。另两首带有"歌唱剧歌曲"味道的作品"An Chloe"(K. 524)和儿童歌曲"Des kleinen Friedrichs Geburtstag"(K.529),均作于 1787 年,运用了阿尔贝蒂低音伴奏,使节奏形态显得柔和。

102. 见 Maria Theresa, *Spinnschulen-Aufrichtungs-Patent*(1765 年),Bruckmüller, *Sozialgeschichte Österreichs*,第 180 页有论述。

103. *Anleitung*(1786),第 140 页。

104. Gramit, *Cultivating Music*,chapter 4 ("Education and the Social Roles of Music")。

105. 引用于 Schott, *Das k. k. Taubstummen-Institut in Wien*,第 83 页;这句话似乎出自施特罗默,但 Schott 未标明出处。在 1786 年《维也纳日报》上出版社的公告和《活动》的前言中都没有这句话。

106. *Beschäftigung*,vol. 1(1787),第[5]页。

107. 梅尔顿讨论过虔敬派教育者管理下的哈勒地区如何"创造"了自由时间:"通过建立一段没有普通工作要求的时间,弗朗克的学校同时创造了一段可以全部投入工作的时间。弗朗克对时间的分割只是强调了虔敬派的劳动的重要性,强化了而不是削弱了工作的强迫性。"Melton, *Absolutism*,第 41 页。

108. *Rapport von Wien*(1788 年 11 月 29 日),第 276 页;见 *Dokumente*,第 289 页;*Documents*,第 330 页;另见 Buch, *Liedersammlung für Kinder und Kinderfreunde*,xix n54。另两位为《活动》谱过曲的作曲家是:Franz Wolf

("Der Knabe beim Vogelsang," vol. 1, and "Morgenlied als ein Gebeth im Türkenkriege," vol. 3) 和 Josef Hugelmann ("Das Kind am neuen Jahre," vol. 2)。

109. *Beschäftigung*，vol. 2 (1788)，n. p. 版画署名 "Engelman f. V."，可能是 Wenceslaus Engelman (1713‑1762)，他可能在 1780 年代的维也纳出版物中有不少作品。显然这不是唯一的类似错误。同一年，梅和 Franz Anton Gaheis 主编的另一份命不长的刊物，*Neue Kinderbibliothek* (1788)，在第二卷序言中为第一卷里为年轻学徒工造成的印刷错误致歉。见 Lang, Lang, and Büchinger, eds., *Bibliographie der Österreichischen Zeitschriften*，*1704‑1850*，vol. 2，第 101‑102 页。

110. 不仅如此，莫扎特还允许自己的名字出现在第二卷的预订者名单中。但第三、第四卷的名单中已经没有他的名字，虽然第四卷中还有他的《出征上战场之歌》。

111. Maria Theresa, *Allgemeine Schulordnung*, n. p.

112. Blanning, *Joseph II*，第 68‑69 页。

113. 这一政策引发的批评之一来自约瑟夫·里赫特，他写道："我们这样一种政体下的人民需要的不只是最基础的知识，他们需要更高水平的科学和艺术。" Richter, *Warum wird Kaiser Joseph von seinem Volke nicht geliebt?* (Vienna, 1787)，第 32 页，英译见 Wangermann, *The Austrian Achievement*，第 142 页。

114. 与约瑟夫一样，腓特烈反对普及中学教育，他在 1779 年写道："应该教会农民他们需要知道的东西，但是以他们不会逃离农村为限，要让他们心满意足地待在那里。" Frederick, *"Kabinets-Schreiben an den Etats-Minister von Zedlitz"* (1779 年)，引用于 Melton, *Absolutism*，第 183 页。

115. Melton，*Absolutism*，第 176‑183 页。

116. Melton，*Absolutism*，第 191 页。

117. Melton，*Absolutism*，第 202 页。

118. Melton，*Absolutism*，第 xxii 页。

119. Felbiger, "*Vorrede*," *Die Christlich-katholische Lehre in Liedern*, 第 vii 页。

120. Felbiger, "Circulare, darin der Gebrauch der im Druck gegebenen Lieder beym Gottesdienste und bey Begräbnissen empfohlen . . ." (1768 年 10 月 14 日), in *Kleine Schulschriften*, 第 100 页。费尔宾格还写过教师应该怎样教学生唱歌的长篇大论, 见他的 *Eigenschaften*, *Wissenschaften*, *und Bezeigen*。

121. *Katholisches Gesangbuch* 和 *Verbesserte katechetische Gesänge*. 见 Melton, *Absolutism*, 第 219 页。

122. "Wien, den 5. Augustm.," *Wiener Zeitung*（1780 年 8 月 5 日), n. p.

123. Melton, *Absolutism*, 第 221 页。但很多学校不久就倒闭了, 原因是很多家庭会把孩子留在家里务农或从事家务。见 Seebauer, *Kein Jahrhundert des Kindes*, 第 34 页。

124. 关于波希米亚的学校改革, 见 Weiss, *Geschichte der theresianischen Schulreform in Böhmen*, 第 63 页; 及 Grečenková, "Enlightened Absolutism and the Birth of a Modern State," 注意第 277 - 278 页。关于布拉格师范学校出版社, 见 Hall, "Schulverlagsanstalt für Böhmen und Mähren in Prag."

125. Pařízek, *Ausführliche Beschreibung*, 第 61 页。另见 Weiss, *Geschichte der theresianischen Schulreform in Böhmen*, 第 17 页。

126. Steinsky, *Uiber die Pflicht*, 第 7 页。

127. Burney, *Present State of Music in Germany*, vol. 2, 第 4 - 5 页; 克里斯托弗·威利巴尔德·冯·格鲁克的看法来自 Johann Christian von Mannlich 的转述, "Gluck à Paris en 1774," *La Revue Musicale*（1934 年), 引用于 Heartz, "Coming of Age in Bohemia," 第 521 页。见 Murray, *Career of an Eighteenth-Century Kapellmeister*, 第 14 - 17 页。

128. Melton, *Absolutism*, 第 9 页。

129. Kindermann, *Nachricht von der Landschule zu Kaplitz*, 2nd ed. (Prague: Schönfeld, 1774), 第 8 - 9 页, 引用于 Helfert, *Die Gründung der*

österreichischen Volksschule，vol. 1，第 54 页。

130. 可参考 *Sammlung gottesdienstlicher Lieder für die öffentliche und häusliche Andacht*（St. Petersburg：Johann Karl Schnoor，1773）；*Neueste KirchenLieder aus den besten Dichtern zum Gebrauch der öffentlichen sowol als häuslichen Andacht*（Lemgo，1773）；*Verbessertes Gothaisches Gesangbuch zum Gebrauch beym öffentlichen Gottesdienst und bey häuslicher Andacht*（Gotha：J. C. Reyhers Wittwe und Erben，1778）；及 *Allgemeines Gesangbuch，auf Königlichen Allergnädigsten Befehl zum öffentlichen und häuslichen Gebrauche der Deutschen in Kopenhagen herausgegeben*（Copenhagen：Christ. Gottl. Prost，1782）。

131. Weiss，*Geschichte*，第 65 页。

132. "Anmerkung，"［Anonymous］，*Lieder zur öffentlichen und häuslichen Andacht*，n. p.

133. "Vorrede，"［Anonymous］，*Lieder zur öffentlichen und häuslichen Andacht*，第 xii 页。关于斯捷潘为《祷告歌曲》谱的曲，见 Picton，*The Life and Works of Joseph Anton Steffan*，第 209 - 210 页。

134. "Steinsky（Franz Anton），" in Hamberger and Meusel，*Das Gelehrte Teutschland*，vol. 7，第 644 页。

135. "Vorrede，"［Anonymous］，*Lieder zur öffentlichen und häuslichen Andacht*，第 ix - x 页。

136. "Vorrede，"分别在第 xi 和 x 页。

137. 虽然供稿的作曲家大多声名显赫，《祷告歌曲》并未得到评论家的垂青，尤其是北德地区，当地似乎看不起天主教歌曲。见 "Qf"［= Friedrich Germanus Lüdke］，"*Wiener Schriften*［review］，" *Allgemeine deutsche Bibliothek*，vol. 57，no. 2（1784），第 545 页；及 Nicolai，*Beschreibung einer Reise*，vol. 4，551n。大卫·布莱克指出，尼科莱蔑视地认为大多数天主教歌曲"简单而上口"，但"和声空洞"而且"缺乏表情"。引用于 Black，"Mozart and Musical Discipline"，第 27 - 28 页。

138. [Anonymous]，*Künftige Gottesdienstes-und Andachtsordnung für Prag*。另见 David Black，after Ernst August Ballin，"1787— Mozart Sacred Songs for St. Nicholas Church in Prague,"in Edge/Black。

139. Weiss，*Geschichte*，第 200 页。捷克语版标题为 *Pjsně k weřegné y domácy pobožnosti s melodyemi*，*též y modlitby*（Prague：Normalschul buchdruckerey，1789）。

140. Wangermann，*Aufklärung und staatsbürgerliche Erziehung*，第 67 页。

141. 可参考 Black，*Mozart and the Practice of Sacred Music*，第 158 - 161 页；及 Buch，"Introduction," in Buch, ed.，*Liedersammlung*，xix，56n。

142. 这些歌曲甚至可能被用在了 1787 年圣尼古拉斯教堂举办的庆典弥撒中，有资料称莫扎特为这次活动提供了音乐作品（已佚）。布莱克认为这次约稿源于莫扎特与施特罗巴赫的关系。见 Black，*Mozart and the Practice of Sacred Music*，第 157 页；及 Black，after Ballin，"1787—Mozart Sacred Songs for St. Nicholas Church in Prague," in Edge/Black。最早确认施特罗巴赫与莫扎特的关系的是 Jahn 的传记，第四卷，第 618 页；引用于 Ernst August Ballin，*Kritischer Bericht*，*Lieder*，NMA III/8（1964 年），第 116 页。布莱克指出，我们依然不清楚莫扎特、施特罗巴赫、施泰因斯基和金德曼之间是怎样一种关联，也不知道莫扎特的两首歌曲是如何出现在《祷告歌曲》中的。

143. 梅尔顿在 *Absolutism* 第 8 页和第 220 - 221 页引用了以下数据：维也纳，1770 年，约三分之一的学龄儿童；帕绍，1772 年，10%—20%；下奥地利，1771 年 16%，1779 年 34%；格拉茨，1772 年 17%，1780 年，30%；萨尔茨卡默古特，1773 年 24%，1778 年 66%；波希米亚，1790 年，约三分之二。

144. Melton，*Absolutism*，第 135 - 136 页。

145. Melton，*Absolutism*，第 222 页，以及第 137 - 139 页。

146. 对纺织技术的重视反映了纺织工业在哈布斯堡境内的快速发展，尤其是波希米亚，同时也是为了缓解乡村纺纱工人的长期匮乏。Melton，*Absolutism*，第 121 和 126 - 127 页。

147. 见 Nettl，"Prager Lieder aus der Mozart-Zeit，"第 120 页。内特尔指出了
"Fritz prahlte sehr mit Menschenliebe"这首歌曲在 *Prager Kinderzeitung* 和
Liedersammlung für Kinder und Kinderfreunde: Winterlieder（Vienna：
Alberti，1791)中都出现过，但没有提到《小纺织姑娘》同时出现在《给参
与生产劳动的年轻人的歌曲集》和《儿童空闲时间寓教于乐的活动》。
内特尔还指出过 Johann Henneberg（"魔笛"的首位指挥)作曲的另一首
收录于《劳动歌曲集》的歌曲怎样同时出现在 1791 年的《给儿童和爱儿
童者的歌谣集》，那部书收录了莫扎特最后三首歌，K. 596 - 598。笔者
将在第四章再回来讨论这部曲集和这些歌曲，但内特尔认为这些现象至
少在一定程度上是布拉格儿童歌曲和维也纳儿童歌曲交流的结果，这个
看法是正确的。另见 Buch，"Placidus Partsch，"71n。

148. 见 Allanbrook，*Rhythmic Gesture in Mozart*，第 79 - 82 页。

149. Stiasny，*Sammlung einiger Lieder*，第 4 页。

150. Arnold，*Beobachtungen in und über Prag*，vol. 2，第 14 页。

151. Arnold，*Beobachtungen in und über Prag*，vol. 2，第 15 页。

第三章

1. 西比尔·达姆斯更喜欢使用"本笃会戏剧（Benedictine drama)"而不是
"学院戏剧（Schuldrama)"这个说法，但这是由于她的研究对象包含了成
人修道院的戏剧；见 Dahms，"Barockes Theatrum Mundi，"第 175 页。

2. 1769 年，施拉腾巴赫任命沃尔夫冈为萨尔茨堡宫廷乐队长，但这个职位在
科洛雷多 1772 年继承了施拉腾巴赫的位置之前都没有报酬。

3. Bruckmüller，*Sozialgeschichte Österreichs*，第 181 页。

4. Hull，*Sexuality*，*State*，*and Civil Society*，第 1 页。

5. 可参考 Töpelmann，"Salzburg"；Lederer，"Clemency of Rufinus Widl"；
Boberski，*Das Theater der Benediktiner*；及 Kutscher，*Das Salzburger
Barocktheater*。

6. Kutscher，*Das Salzburger Barocktheater*，第 43 页。另见 Graubner，"'Sind

Schuldramata möglich?'", 第 93 页。

7. 见 Rainer, "Die Salzburger Szenare,"注意第 189 页。

8. Lederer, "Clemency of Rufinus Widl," 第 223 页。

9. Kutscher, *Das Salzburger Barocktheater*, 第 58‐61 页。有一份 1678 年至 1772 年十四种方言的大学戏剧幕间表演的清单,见 Huber, *Die Literatur der Salzburger Mundart*, 第 6‐8 页。

10. Boberski, *Das Theater der Benediktiner*, 30, 第 38 页; 及 Fischer, "Das Salzburger Theater," 第 153‐154 页。关于实行性别隔离的耶稣会大学戏剧,见 Münster, "Neues zu Leopold Mozarts," 第 58 页。

11. 尽管"节目单"上并没有哑剧的剧情介绍,也没有明确作曲者,但很可能埃贝林本人。他谱曲的作品中至少有一部歌唱剧有史蒂夫和他妻子格蕾德尔:*Die geadelte Bauren, oder Die ihr selbst unbekannte Alcinde* (1750 年). 见 Angermüller, "Personae Musicae," 第 6 页。Roland Tenschert 怀疑这些哑剧角色对观众的吸引力大于西吉蒙德斯或托拜厄斯。Tenschert, *Mozart: Ein Leben für die Oper*, 第 31 页。

12. Dahms, Schneider, and Hintermaier, "Die Musikpflege an der Salzburger Universität," 第 199 页。

13. Rommel, *Die alt-wiener Volkskomödie*, 引用于 Sieveke, *Johann Baptist Adolph*, 第 12 页。另见 Paumgartner, "Introduction," in Haydn, *Die Hochzeit auf der Alm*, [n. p.]

14. Carlson, *Vocal Music of Leopold Mozart*, 第 6 页; Layer, "Zasianellulus," 第 71 页; 及 Münster, "Neues zu Leopold Mozarts," 第 57‐60 页。

15. 见列奥波德(维也纳)致洛伦茨·哈格瑙尔(萨尔茨堡)的信, January 30‐February 3, 1768 年 1 月 30 日至 2 月 3 日, *MBA* 125: 第 103‐137 行; 英译见 Anderson, 第 82 页。

16. Lederer, "Clemency of Rufinus Widl"; 及 Prince, "Ovid Metamorphosed"。

17. 阿波罗表现的仁慈,是受到了美德的感召,这是对悲剧话剧中克罗伊斯的仁慈的回应或隐喻。

18. 依据 Alfred Orel，foreword to *Apollo et Hyacinthus*，ed. Orel，*NMA* II/5/ 1（1959），第 xvi – xvii 页；Boberski，"Spielplan des Universitätstheaters （1617 – 1778），" in *Das Theater der Benediktiner*，第 219 – 310 页；Catanzaro and Rainer，*Anton Cajetan Adlgasser*；及多份"节目单"。

19. Alfred Orel 对十七岁还能演唱女低音声部表示了惊讶。Orel，foreword to *Apollo et Hyacinthus*，ed. Orel，*NMA* II/5/1（1959），第 xvii 页。在《仁慈的克罗伊斯》和《阿波罗与雅辛托斯》之后的两年的年终学院戏剧戏剧中，冯德通没有演唱角色，却担任了哑剧主角 Dromus(1767 年的 *Hannibal Capuanae / Sibylla / Dromus und Bromia*)，和伴舞（1768 年的 *Clementia Theodosii / Lycus et Arethusa*)。

20. 另见 Schmid，*Mozart und die Salzburger Tradition*，第 94 – 96 页。

21. Orel，foreword to *Apollo et Hyacinthus*，ed. Orel，*NMA* II/5/1（1959），第 xvii 页。

22. Lindner，*Beitrag zu Schulhandlungen*。

23. Lindner，"Vorrede：Anmerkungen über das Schuldrama，" in *Beitrag zu Schulhandlungen*，n. p. 另见 Graubner，"'Sind Schuldramata möglich?'"，第 105 页。

24. Lindner，引用于 Graubner，"'Sind Schuldramata möglich?'"，第 106 页。

25. Herder，"Ueber Thomas Abbts Schriften，"第 314 页。

26. Herder，"Ueber Thomas Abbts Schriften，"第 314 页。

27. Herder，"Ueber Thomas Abbts Schriften，"第 316 页。

28. 关于这些争论的概况，见 Outram，*Four Fools in the Age of Reason*，chapter 5 （"Two Deaths：the Hanswurst and the Fool"），第 106 – 124 页；及 Nedbal，*Morality and Viennese Opera*。

29. Weiskern，"Vorrede，" in *Die deutsche Schaubühne zu Wienn*，*nach Alten und Neuen Mustern*，*Fünfter Theil*（1755），引用于 Nedbal，*Morality and Viennese Opera*，第 28 页。

30. Kutscher，*Vom Salzburger Barocktheater*，116n。另见 Fuhrich，*Theatergeschichte*

Oberösterreichs，第 312 页。

31. Kutscher，*Vom Salzburger Barocktheater*，第 63 - 64 页。

32. 见 Weidenholzer，"Bürgerliche Geselligkeit und Formen,"第 56 - 57 页；及 Kramml，Veits-Falk，and Weidenholzer，*Stadt Salzburg*，第 54 页。

33. 见 Boberski，*Das Theater der Benediktiner*，第 127 - 128 页；及 Kutscher，*Das Salzburger Barocktheater*，第 95 页。

34. 沃尔夫冈（维也纳）致列奥波德（萨尔茨堡）的信，1781 年 6 月 16 日，*MBA* 606：第 80 - 81 行；英译见 Anderson，第 746 页（as "Merry Andrew"）。

35. Komorzynski，"Ist Papageno ein 'Hanswurst'?"

36. Dopsch and Hoffmann，*Geschichte der Stadt Salzburg*，第 347 页。

37. Rainer，"Die Salzburger Szenare,"第 193 页。

38. Kutscher，*Das Salzburger Barocktheater*，第 90 页。

39. 可参考 Lamb，*Performing Childhood in the Early Modern Theatre*；Austern，*Music in English Children's Drama*；及 Shapiro，*Children of the Revels*。关于男童团体和《哈姆雷特》中的"小雏鸟"，见 Knutson，"Falconer to the Little Eyases."

40. Tar，*Deutschsprachiges Kindertheater*；Tar，*Gyermek a 18. és 19. századi*；及 Dieke，*Die Blütezeit des Kindertheaters*，第 54 - 118 页。另见 Mueller，"Youth，Captivity and Virtue."

41. Rousseau，*Émile*，vol. 1，第 406 页；英译本，第 290 页。Diderot，"Conversations on *The Natural Son* [1757]," in Diderot，*Selected Writings*，第 71 页。

42. [Matteson]，"Vorbericht," *Abhandlung von den Pantomimen*，n. p.

43. 莱辛至少有四次写到过"荷兰小童班"："Zwölfter Brief. An den Herrn A** [1747]"；"Hamburg [review] of Carl Samuel Geißler，Abhandlung von den Pantomimen," *Berlinische privilegirte Zeitung 32*（1749 年 3 月 15 日）；*Abhandlung von den Pantomimen der Alten* [1750]；及 "Versuch einer

Beurtheilung der pantomimischen Opern des Hrn. Nicolini, entworfen von Johann Gottlieb Benzin [review]," *Critische Nachrichten* (1751)。均收录于 Gotthold Ephraim Lessing, *Werke und Briefe*, vol. 1 ("Werke 1743 - 1750") and vol. 2 ("Werke 1751 - 1753")。

44. Betzwieser, "Zwischen Kinder-und Nationaltheater."关于"荷兰小童班"在"幕间短戏"(intermezzo)的传播中起到的作用,见 Charles E. Troy and Piero Weiss, "Intermezzo (ii)," *OMO* (2001)。

45. Garnier, *Nachricht* (1782 年)。

46. 年龄依据 Garnier, *Nachricht* (1782 年),第 18 - 23 页。

47. 彼得·施密特指出,十八世纪后期到十九世纪上半叶德国团体的平均首次登台年龄是十六到十八岁。Schmitt, *Schauspieler und Theaterbetrieb*,第 45 - 46 页。施密特调研了 1775 至 1850 年之间首次登台的 2 000 位演员。另见 Dieke, *Die Blütezeit des Kindertheaters*, chapter 2 ("Kinderaufführungen in den Erwachsenentruppen"),第 140 - 154 页。

48. 例如 Anonymous, "Auszüge aus Briefen: Dünkelsbühl, den 20. Sept. 1778," *Theater-Journal für Deutschland* 10 (1779),第 86 - 87 页:"确实,对于习惯了成年人的观者来说,听到的看到的很多都不自然。也有几位成年人,比如芭蕾舞大师、音乐指导格斯潘、伦丁小姐以及格斯潘夫人,扮演过初恋情侣,向儿童们展示了正确的情感表达。"

49. 这一现象类似于歌剧中反串男性角色的女歌手,她们"在舞台上处于一种既不是男性又不是女性的天使般的状态"。Corinne E. Blackmer and Patricia Juliana Smith, "Introduction," in Blackmer and Smith, eds. , *En Travesti*, 5.

50. "K. [Christian Gottlob Klemm?]," " Theatralnachrichten. Acht und dreyßigster Brief," *K* [*aiserlich*] *K* [*önigliche*] *allergnädigst privilegierte Realzeitung* 6 (1777 年 2 月 4 日),第 90 页;引用于 Dieke, *Die Blütezeit des Kindertheaters*,第 118 页。关于《真实日报》在维也纳启蒙时期的主流期刊地位,见 Morrison, *Pursuing Enlightenment in Vienna*,第 144 - 172 页。

51. Weisse, "Ueber Tanz und Gesang," *Der Kinderfreund* 12, no. 161（1778年8月1日），第75-76页。很难弄清楚魏瑟所说的是哪个戏班；Dieke没有找到证据证明贝尔纳或尼科利尼的戏班1770年代在莱比锡逗留过，笔者也没有发现塞巴斯蒂亚尼的戏班在这一时期途径这座城市的证据。

52. 关于这些家庭儿童戏剧的简略的探讨见 Bauman, *North German Opera in the Age of Goethe*，第209-11页，更翔实的德语研究成果有：Dettmar, *Das Drama der Familienkindheit*；Betzwieser, "Zwischen Kinderund Nationaltheater"；及 Cardi, *Das Kinderschauspiel der Aufklärungszeit*。

53. "Der großen Kaiserin weil. Maria Theresia in unterthänigster Ehrfurchtgeweiht, von der kleinen Thalia, unter der Bernerischen Schauspieler-Gesellschaft zu Schönbrunn in einer neuerrichteten Hütte den 11. Oct. 1775," in Garnier, *Nachricht*（1782），第38-39页。

54. 关于剧目中这一趋势的详情，见 Mueller, "Youth, Captivity and Virtue," 第84页。

55. "Das Milchmädchen an das Parterre, nach der Opperette [*sic*], gesprochen von Mlle. Liskin der ältern, in Würzburg, in Garnier, *Nachricht*（1782），第35页。这里指的是萨罗蒙·格斯纳的田园诗"Der zerbrochene Krug"中牧神的哀叹（"The Broken Jug," from *Idyllen von dem Verfasser des Daphnis* [Zurich, Gessner, 1758]）。《女挤奶工和两个猎人》改编自路易·安西奥姆·艾吉迪奥·杜尼的法语喜歌剧 *Les deux chasseurs et la laitière*。

56. "Das Milchmädchen an das Parterre"，第36页。

57. Garnier, *Nachricht*（1782），第15页。加尼尔的《消息》的再版次数，甚至单是每一版中配的版画数量，就可以看出戏班拥有强有力的支持和稳定的收入。1782年版中有十八幅版画，1784版二十四幅，1786版31幅，之后的版本还为许多演员订制了剪影像，1782版中还有六幅制作精美的再现了贝尔纳戏班的歌剧和哑剧场景的版画。

58. Kutscher, *Das salzburger Barocktheater*，第96-97页。

59. Pirckmayer，*Ueber Musik und Theater*，第 24 页。

60. Garnier，*Nachricht*（1782），第 6 页。

61. 见 Tyler，"*Bastien und Bastienne*，" 529n；Loewenberg，"*Bastien und Bastienne* Once More*，*" 第 178 页；及 Rudolf Angermüller，foreword to *Bastien und Bastienne*，ed. Angermüller，*NMA* II/5/3（1974 年），第 ix‑x 和 xiv 页。

62. 泰勒对整件事概括为，莫扎特得到了魏斯克恩‑米勒版本，并开始谱曲，在他作曲完成之后沙赫特纳才对文本作了一些改动，这些改动再被莫扎特纳入最后的定稿。Tyler，"*Bastien und Bastienne*，" 第 530 页。

63. Tyler，"*Bastien und Bastienne*，" 第 530‑531 页。

64. Nissen，*Biographie W. A. Mozart's*，第 127 页；Tyler，"*Bastien und Bastienne*，" 531n；及 Abert，96n.

65. Tyler，"*Bastien und Bastienne*，" 第 534 页。

66. Schäffer，*Das fürstbischöfliche und königliche Theater zu Passau*，第 43 页；及 Garnier，*Nachricht*（1782 年），第 10 页。

67. Tar，*Deutschsprachiges Kindertheater*，第 151 页。评论者似乎认为这个团体成员全是"穿男装的女孩"。Anonymous，"Von den Schauspielgesellschaften，welche hier in Salzburg gespielt haben，" *Theaterwochenblatt zu Salzburg* 1‑3（1775 年 11 月 18 日、22 日、25 日），第 17 页。

68. 咏叹调（科拉斯）"Befraget mich ein zartes Kind，" no. 4 之后的对白。这一段以及下文的英文由 Ian Page 翻译，来自 *Mozart: Grabmusik*，*Bastien und Bastienne*，The Mozartists，cond. Ian Page（Classical Opera/Signum Records SIGCD547，compact disc，2018）。

69. 咏叹调（巴斯蒂安娜），"Wenn mein Bastien im Scherze，" no. 5。

70. 咏叹调（巴斯蒂安娜），"Würd ich auch，wie manche Buhlerinnen，" no. 6。

71. 二重唱（科拉斯与巴斯蒂安娜），no. 7 之后的对白。

72. 咏叹调（巴斯蒂安），"Meiner Liebsten schöne Wangen，" no. 11。

73. Tyler，"*Bastien und Bastienne*，" 第 541 页。

74. 《用于娱乐和教学的作品集》编者为"大"克里斯蒂安·戈特利布·施特凡尼，他的弟弟"小"戈特利布·施特凡尼与莫扎特合作了《后宫诱逃》（*Die Entführung aus dem Serail*，K. 384，1782 年）和《剧院经理》（*Der Schauspieldirektor*，K. 486，1786 年）。

75. 见《新文集》的广告，"Nachricht，"*Gelehrte Beytraege zu dem Wienerischen Diarium*（1768 年 3 月 9 日），n. p.；第 1—4 期的简评 *Nachtrag zu dem wienerischen Diarium* 62（1768 年 8 月 3 日），n. p. *Handbuch zur Kinder-und Jugendliteratur* 中所列 1774 年之前出版于维也纳的其他儿童期刊只有 *Kurzer Auszug der Sittenlehre über die Pflichten des Menschen zum Gebrauche der adelichen Jugend der frommen Schulen*（Vienna：Kaliwoda，1768）。笔者在维也纳媒体上没有发现过关于这份刊物的公告。"Kurzer Auszug der Sittenlehre，" in Brüggemann and Ewers，eds.，*Handbuch zur Kinder-und Jugendliteratur*，第 1410 页。

76. 列奥波德（维也纳）致洛伦茨·哈格瑙尔（萨尔茨堡）的信，1768 年 3 月 30 日，*MBA* 127：第 43‑44 行。

77. 可参考 *MBA Kommentar* to 127：43‑44；及 Töpelmann，*Mozart Family and Empfindsamkeit*，第 154 页。关于法文《儿童杂志》，见 Miglio，*Le Magasin des enfants*。《儿童杂志》广受欢迎，在德国读者中尤其受到热情而持久的追捧，四卷整套的全译本重印了五次之多。关于这部书的奥地利版本的详细介绍，见 Lang，Lang，and Büchinger，eds.，*Bibliographie der Österreichischen Zeitschriften*，vol. 2，第 30‑32 页；及 Dagmar Grenz，"1758：Jeanne-Marie LePrince de Beaumont（1711‑1780）：*Lehrreiches Magazin für Kinder*，" in Brüggeman and Ewers，eds.，*Handbuch zur Kinder-und Jugendliteratur*，第 494‑506 页。

78. 很久之后的莫扎特家庭通信中提到过《新文集》：1785 年 11 月，列奥波德写信告诉南妮尔他给她寄了"《娱乐新文集》"，可能是她要求的。当时，她收养的五个孩子年龄在三到十四岁，意味着这部期刊正适合其中几个的年纪。列奥波德（萨尔茨堡）致南妮尔（圣吉尔根）的信，1785 年 11 月 28

日，*MBA* 905：第 66 行。

79. 见 Angermüller, foreword to *Bastien und Bastienne*, ed. Angermüller,
NMA II：5：3（1974），第 xiv 页；及 Ballin, "Zu Mozarts Liedschaffen,"
第 21‐22 页。

80. "Komm，Doris! Mit vergnügten Schritten," in *Neue Sammlung zum*
Vergnügen und Unterricht, *Zweytes Stück*（Vienna：Friedrich Bernhardi,
1768），第 117‐19 页；"Das Gewitter," in *Neue Sammlung zum Vergnügen*
und Unterricht, *Viertes Stück*（Vienna：Friedrich Bernhardi, 1768），第 139‐
141 页。

81. 关于这个问题，见 Straub, *Sexual Suspects*；及 Nussbaum, *Rival Queens*。

82. 关于这位法国班主 Nicolas-Médard Audinot，见 Root-Bernstein, *Boulevard*
Theater and Revolution，第 151‐152 页；及 Isherwood, *Farce and Fantasy*，第
181 页和 286n。关于尼科利尼的体罚，见 Klingemann, *Kunst und Natur*,
vol. 2（1821），第 478‐479 页，引用于 Dieke, *Die Blütezeit des*
Kindertheaters，第 22 页。

83. "A.，" "Ueber einige Vorstellungen der Bernerschen Schauspielergesellschaft
zu Kaufbeuren," *Theater-Journal für Deutschland* 21（1783）：第 57 页。

84. 有三位戏班成员死于同一天，1772 年 6 月 26 日，在莫拉维亚的克雷姆西
尔，戏班为奥尔米茨伯爵演出之后。笔者尚未找到任何关于三人死因的
报告；有可能是事故、犯罪或致命的传染病。

85. 通过克里斯蒂安·丹尼尔·弗里德里希·舒巴特的诗歌我们知道雅内特
在 1775 年 时 九 岁，"Epilog von der neunjährigen Nanette Berner
gesprochen—1775（九岁的雅内特·贝尔纳致的结束辞）"，诗的结尾是这
样一段忠告："明智的鉴赏者们，带走一切吧／一个天真无邪的孩子所能给
予的一切／尊贵的先生们，带走我的感谢吧／还有那些眼泪。" Schubart,
Gedichte aus der Gefangenschaft, 449‐450.

86. Garnier, *Nachricht*（1782），21.

87. 列奥波德（萨尔茨堡）致南妮尔（圣吉尔根）的信，1785 年 9 月 9 日，*MBA*

876：第 59 - 60 行；Anderson 无。

88. 列奥波德（萨尔茨堡）致南妮尔（圣吉尔根）的信，1785 年 12 月 2 日，
MBA 906：第 49 - 52 行和第 81 - 89 行；Anderson 无此段落。

89. 列奥波德致南妮尔的信，*MBA* 906：第 102 - 103 行；Anderson 无此段
落。另见 Halliwell，第 497 页。

90. Albert Dunning, foreword to *Canons*, ed. Dunning, *NMA* III/10 (1974)，
第 xv 页。另见 Münster，"Aus Mozarts Freundeskreis," 第 32 页；及
Münster，"*Ich bin hier sehr beliebt*，"第 150 页。佩耶尔一家最终于 1787 年
定居慕尼黑，埃莉泽于 1796 年成为那里的宫廷歌手。在 1800 年约瑟夫
去世之后，埃莉泽再婚（嫁给了一位莫扎特也认识的圆号手），改名埃莉
泽·郎并继续担任歌手直至 1819 年，1824 年去世。Münster，"Aus
Mozarts Freundeskreis，"第 35 页。

91. "Reglement für die Bernerische Schauspielergesellschaft," in Garnier，
Nachricht (1786)，第 48 页。

92. Garnier，*Pilgerfahrt*，引用于 Blümml and Gugitz，*Alt-Wiener Thespiskarren*，第
189 页；及 Schönwald，"Kindertheater in Salzburg，"第 5 页。

93. Münster，"Aus Mozarts Freundeskreis，"第 31 页。

94. Münster，"Aus Mozarts Freundeskreis，"第 31 页。

95. 列奥波德（萨尔茨堡）致南妮尔（圣吉尔根）的信，1785 年 11 月 28 日，
MBA 905：第 55 - 56 行；Anderson 无。

96. 列奥波德致南妮尔的信，*MBA* 905：第 61 - 65 行；Anderson 无。

97. Kutscher，*Das Salzburger Barocktheater*，第 100 页；Schönwald，"Kindertheater in
Salzburg，"第 5 页；及 Dieke，*Die Blütezeit des Kindertheaters*，第 129 -
130 页。

98. 此事涉及的亲王阿洛伊斯伯爵，考尼茨-里特贝格亲王温策尔·安东的儿
子，得到了相当于缓刑的处置。见 Gerstner，*Das Kinderballett von Friedrich
Horschelt*；及 Feigl and Lunzer，*Das Mädchen-ballett des Fürsten Kaunitz*，
第 193 - 247 页。

99. Tar，*Deutschsprachiges Kindertheater*，89.

100. Müller, preface, *Genaue Nachrichten*, vol. 2，n. p.

101. "Wien，den 26. Augustmon.，"*Wienerisches Diarium* 69（1772 年 8 月 26 日），第[6]页。

102. Hadamowsky, *Wien Theater Geschichte*，第 463 页。

103. Müller，*Abschied*，第 133 页。

104. Müller，*Abschied*，第 133 页。

105. Müller，*Abschied*，第 239 - 245 页。

106. Müller，*Abschied*，第 242 页；引用于 Blümml and Gugitz，*Alt-Wiener Thespiskarren*，第 170 页。

107. Theaterzettel，*Der Ausgang，oder Die Genesung*（October 14，1778，performance）. Österreichisches Theatermuseum，Signatur BIBT 773042 DTh 17781004.

108. 见 Müller，"Kinderschauspiel des Herrn Müller zu Wien，"*Theater-Journal für Deutschland* 17（Gotha，1781），第 71 - 74 页；Müller，*Theatererinnerungen*，第 34 - 35 页；及 Dieke，*Die Blütezeit des Kindertheaters*，第 156 - 163 页。

109. 米勒在《维也纳日报》的广告（1779 年 6 月 16 日），引用于 Teuber，*Die Theater Wiens*，vol. 2，65n3。另见 Dieke，*Die Blütezeit des Kindertheaters*，第 157 页。

110. 这部歌唱剧改编自日耳曼-弗朗索瓦·普兰·德·圣福阿的一部法语喜剧。《泽尔默斯和米拉贝拉》的音乐由安东·泰伯创作,现已失传,作曲家出身于一个维也纳宫廷乐手和歌手的家庭,与莫扎特家关系不错。安东有一位姐妹特蕾斯·泰伯,后来成了莫扎特的《后宫诱逃》中布隆德这个角色的原型。

111. Müller，*Abschied*，第 268 页。

112. 公告见"Vereinigung der Theatralpflanschule mit dem Nazionalteater，"*Allgemeiner Theater Allmanach von Jahr 1782*（Vienna：Joseph Gerold，1782），第 145 - 150 页。

113. 沃尔夫冈（维也纳）致列奥波德（萨尔茨堡）的信，1781 年 4 月 18 日，*MBA* 590：第 27 - 29 行；英译见 Anderson，第 725 页。

114. 比如 Tyler，"'Zaide'"，第 216 页："因此，看起来这部未完成的歌剧在遭到斯特凡尼——这位国家剧院五位总监之一，也是著名剧作家、歌剧脚本作家和翻译家——的拒绝之后被永久搁置了。"

115. 列奥波德（萨尔茨堡）致沃尔夫冈（慕尼黑），1780 年 12 月 11 日，*MBA* 558：第 46 - 47，50 - 51 行；英译见 Anderson，第 685 页；另见 Tyler，"'Zaide,'"第 215 - 216 页。

116. *Das Serail, / eine / Teutsche Operette. / Auth: Gius. Friebert. / MDCo in Passavia / 1779*。这份乐谱仅存的副本收藏于维也纳的《唐璜》档案馆，即将由 Hollitzer Wissenschaftsverlag 以评注本的形式出版。［Anonymous］，*Ein musikalisches Singspiel, genannt: Das Serail* 的脚本收录于 Friedrich-Heinrich Neumann，*Kritischer Bericht, Zaide*, ed. Neumann，*NMA* II/5/10 (1963)，第 74 - 91 页。关于《扎伊德》构思时的周边环境以及最终的放弃，见 Hüttler，"Hof-und Domkapellmeister Johann Joseph Friebert"；Betzwieser，"Mozarts *Zaide* und *Das Serail*"；Tyler，"'Zaide,'"注意第 218 - 20 页；Neumann，"Zur Vorgeschichte der *Zaide*"；Senn，"Mozarts 'Zaide'"；及 Einstein，"Die Text-Vorlage zu Mozarts 'Zaide'"。笔者依据一般的传统称之为《扎伊德》，虽然其原本打算使用的名称无从知晓。

117. 虽然没有证据表明两人当中有人看过《苏丹王宫》，本章前面已经提到过贝尔纳戏班多次经过萨尔茨堡和维也纳（1766—1767，和 1774 年）。当时，波岑/波尔查诺是蒂罗尔州的一个自治领；贝尔纳戏班在此地逗留的仅有的记录是 1767 以及 1784 的一次。因此这个脚本可能是在当地出版之前被盗版或是被传递给了另一个巡游戏班。关于《苏丹王宫》和《扎伊德》剧本内容的比较，见 Tyler，"'Zaide,'"第 219 - 220 页。已知的莫扎特与弗里贝特的唯一的关联，是莫扎特的财产中有一部 *Sammlung Deutscher Lieder für das Klavier*（Vienna，1780），这部作品集的第 14 号,"Das Veilchen,"是由约瑟夫的弟弟卡尔·弗里贝特作曲的。见 Konrad and Staehelin, *"allzeit ein buch,"* 第 109 – 110 页。

118. 见 Mueller, "Youth, Captivity and Virtue," 第 81 页。

119. Tyler, "'Zaide,'" 第 218 页。

120. Grosrichard, *The Sultan's Court*, 第 132 和 128 页;引用于 Mueller, "Youth, Captivity and Virtue," 第 68 页。

121. [Anonymous], *Ein musikalisches Singspiel, genannt: Das Serail*, n. p. [act 2, scene 4]

122. Hübner, *Diarium*(1766 年 11 月 29 日);见 *Dokumente*, 第 64 页;*Documents*, 第 68 页。

123. 玛丽娅·特蕾莎(维也纳)致费迪南大公(米兰)的信, 1771 年 12 月 12 日;见 *Dokumente*, 第 124 页;*Documents*, 第 138 页;引用于 Halliwell, 第 137 页。

第四章

1. 见 Bruckmüller, *Sozialgeschichte Österreichs*, 第 240 – 242 页。及 Melton, *Absolutism*, 第 220 页。

2. Rousseau, *Émile*, vol. 2, 第 82 页;英译本, 第 333 页。

3. Hurrelmann, *Jugendliteratur und Bürgerlichkeit*, 第 169 页。哈瑞尔曼的数据是这样得出的:《儿童伴侣》前三次印刷量分别为 3 000, 3 000 和 4 000 份。哈瑞尔曼估计每份有十到二十位读者(依据家庭和学校订阅者的平均人数,再算上正式或非正式的图书借阅)。这里没有算魏瑟宣称在奥地利印刷的 15 000 份,以及各种外文译本。见 "Christian Felix Weiße," *Saxonia: Museum für sächsische Vaterlandskunde* 16(1835 年 12 月),第 78 页。

4. 在十八世纪的后三分之一,总共出版过大约四十三种德语儿童期刊,估计读者总数达到 50 万人,或者说,德国土地上 3 000 万居民总数的 1.6%。Uphaus-Wehmeier 在她的 *Zum Nutzen und Vergnügen* 里指出有四十三种刊物，引用于 *Ewers and Völpel*, "Kinder-und Jugendzeitschriften," 第 141 页。Sophie Köberle 在十二年前的文章中给出一个更为保守的数字(十九种)。见 Köberle, *Jugendliteratur zur Zeit der Aufklärung*, 第 77 页。另见 Heckle, "'Ein lehrreiches und nützliches Vergnügen,'" 第 328 页。

5. Ewers, "1778 – 1784. Joachim Heinrich Campe (1746 – 1818): *Kleine Kinderbibliothek*," in Brüggemann and Ewers, eds., *Handbuch zur Kinder- und Jugendliteratur*, 第 192 – 206 页。

6. Campe, "Vorbericht," *Kleine Kinderbibliothek*, vol. 1 (Hamburg: Heroldschen Buchhandlung, 1779), 4 – 5; and Campe, "Vorbericht," *Kleine Kinderbibliothek*, vol. 1 (Hamburg: Heroldschen Buchhandlung, 1782), 无页码；斜体为坎普标注。

7. 在后面的版本中，坎普将越来越多的材料视为不得体而加以删除，在 1785 年，他宣告抛弃所有为儿童改编的文学作品选段，认为这些都是不合适的，是与儿童天性的发展相抵触的。见 Hains Heino Ewers, "1778 – 1784. Joachim Heinrich Campe (1746 – 1818): *Kleine Kinderbibliothek*", in Brüggemann and Ewers, eds., *Handbuch zur Kinder-und Jugendliteratur*, 第 205 页。

8. 伊拉斯谟的两部作品是 *Declamatio de pueris statim ac liberaliter instituendis* (1529) 和 *De Civilitate Morum Puerilium* (1530)。托马斯·福特曾在列奥波德对子女的教育方法中分析出伊拉斯谟和费内隆的思想的影响。见 Ford, "Between *Aufklärung* and *Sturm und Drang*," 第 18 – 23 页。另见 Mueller, "Learning and Teaching," 第 10 – 12 页。

9. 这些书很可能是 1783 年莫扎特的第一个儿子雷蒙德出生后购置或别人赠予的。关于莫扎特的藏书，见 Konrad and Staehelin, "*allzeit ein buch*"; 及萨尔茨堡莫扎特基金会 (Stiftung Mozarteum Salzburg), "W. A. Mozart's library," *Bibliotheca Mozartiana* (*ISM*), https://digibib. mozarteum. at/BibliothekWAMozart/nav/classification/843031, accessed January 10, 2019.

10. 这些书包括：Joseph Spengler, *Öffentlichen Lehrers der Mathematik auf der hohen Schule zu Dillingen*, *Anfangsgründe der Rechenkunst und Algebra* (Augsburg：Matthias Riegers sel. Söhnen, 1779)；Friedrich Osterwald, *Anfangs-Gründe der Erdbeschreibung*, *zum Nutzen junger Kinder vorzüglich eingerichtet* (Straßburg：Bauer und Treuttel, 1777)；Johann Jakob Ebert, *Naturlehre für die Jugend* (Leipzig, 1776 - 1778)；Heinrich Braun, *Einleitung in die Götterlehre der alten Griechen und Römer. Zum Gebrauch der Schulen* (Augsburg：Elias Tobias Lotter, 1776)；and *Atlas des enfans*, *ou Méthode Nouvelle*, *courte*, *facile et démonstrative*, *pour apprendre la Geographie* (Amsterdam：J. Schneider, 1760)。见 Konrad and Staehelin, "*allzeit ein buch*"；及 Töpelmann, *The Mozart Family and Empfindsamkeit*, 第 127 - 31 页。

11. Nicolai, *Beschreibung einer Reise*, vol. 6, 第 542 和 619 - 620 页。

12. Kogel, "1771. Matthias von Schönberg (1734 - 1792)：*Die Zierde der Jugend*," in Brüggemann and Ewers, eds. , *Handbuch zur Kinder-und Jugendliteratur*, 第 545 页。

13. Konrad, "Schönbergs Geschäfte des Menschen, Zierde der Jugend, und lehrreiche Gedanken in Begebenheiten. 3 Thl. ," in "*allzeit ein Buch*," 第 85 - 86 页。

14. Smeed, "Children's Songs in Germany," 第 235 页。关于这一时期的其他儿童歌曲的调研包括：Buch, "Introduction," in Buch, ed. , *Liedersammlung*；Boock, *Kinderliederbücher*, 第 55 - 59 页；Freitag, *Kinderlied*；及 Schilling-Sandvoss, "Kinderlieder. "

15. Gramit, *Cultivating Music*, 第 94 页。

16. Brown, "Mozart's Songs for Voice and Piano"；及 Cliff Eisen, "Songs," 收于 Eisen and Keefe, eds. , *The Cambridge Mozart Encyclopedia*, 分别在第 21 和 476 页。

17. 这一方面可参考 Pesic, "Child and the Daemon," 及 Moseley, *Keys to*

Play，"Key 1：Ludomusicality"和"Key 3 - 2：Pantomimes and *Partimenti*"。

18. 例如 Steven Zohn 谈到如何让"指导更容易被介绍……消遣活动变得有价值"（来自 Addison's *Spectator* 1，no. 10［March 12，1711］：1）；Zohn，"Morality and the 'Fair-Sexing,'"第 70 页。

19. Mitchell，*Becoming Human*，第 66 - 69 页。

20. Locke，*Some Thoughts*［1989］，第 101 页。坎普的版本由 Ludwig Rudolphi 翻译，见 Campe，*Allgemeine Revision*，*Neunter Theil*（Vienna and Wolfenbüttel：Rudolph Gräffer，1787）。另见 Brehony，"Theories of Play,"in Fass，ed.，*Encyclopedia of Children and Childhood*，vol. 3，第 827 - 28 页；及 Yolton，"Locke：Education for Virtue,"第 184 页。

21. Rousseau，*Émile*，vol. 1，第 427 页和 vol. 2，第 50 - 51 页；英译本，第 296 和 323 页。坎普的版本由 C. F. Cramer 翻译，见 Campe，*Allgemeine Revision*，*Zwölfter Theil—Fünfzehnter Theil*（Vienna and Wolfenbüttel：Rudolph Gräffer，1789 - 1791）。

22. ［Schummel］，*Fritzens Reise nach Dessau*，第 54 和 56 页。见 Ulbricht，"Spielpädagogik des Philanthropismus."

23. 《基础课本》是巴泽多发表于 1770 年的 *Des Elementarbuchs für die Jugend und für ihre Lehrer und Freunde in gesitteten Ständen* 的扩展。见 Jörg-Dieter Kogel，"1774. Johann Bernhard Basedow（1724 - 1790）：*Des Elementarwerkes*,"in Brüggemann and Ewers，eds.，*Handbuch zur Kinder-und Jugendliteratur*，第 969 - 984 页。

24. Basedow，*Das Elementarwerk*，vol. 1，第 35 - 36 页。

25. Basedow，*Das Elementarwerk*，vol. 1，第 33 和 35 页。

26. 见 Theodor Brüggeman，"1770 - 74. *Kupfersammlung zu J. B. Basedows Elementarwerke*,"in Brüggemann and Ewers，eds.，*Handbuch zur Kinder-und Jugendliteratur*，第 984 - 991 页。

27. Basedow，*Das Elementarwerk*，vol. 1，第 5 页。

28. Basedow，*Das Elementarwerk*，vol. 1，第 133 页。

29. Basedow, *Das Elementarwerk*, vol. 1, 第 132 – 133 页。

30. Basedow, *Das Elementarwerk*, vol. 1, 第 133 页。

31. "Inhalt der Tafeln," Basedow, *Kupfersammlung*, 第 5 页。

32. Basedow, *Das Elementarwerk*, vol. 1, 第 136 页。

33. "Drey Stunden zum regelmässigen Vergnügen in Bewegung, als Tanzen, Reiten（Fechten）, Musik, u. s. w." Basedow, *Das in Dessau errichtete Philanthropinum*, 第 17 页。在 *Fritzens Reise nach Dessau* 一书中, 与标题同名的旁白详细描述了泛爱学校的一场音乐会。［Schummel］, *Fritzens Reise nach Dessau*, 第 76 – 79 页。另见 Hans-Heino Ewers, "1776. Johann Gottlieb Schummel（1748 – 1813）: *Fritzens Reise Nach Dessau*", in Brüggemann and Ewers, eds., *Handbuch zur Kinder-und Jugendliteratur*, 第 161 – 166 页。

34. Zohn, "Morality and the 'Fair-Sexing,'" 第 77 页。Zohn 强调,《忠诚的音乐大师》中充斥着泰勒曼德"点到为止的说教"和对幽默的运用,注意第 70, 73 – 74 页。

35. Rousseau, *Émile*, vol. 1, 第 412 页; 英译本, 第 291 页。

36. Rousseau, *Émile*, vol. 1, 第 413 页; 英译本, 第 291 – 292 页。

37. Funk, "Die Musik, als ein Theil einer guten Erziehung," *Der Nordische Aufseher* 80（1762）: 第 239 – 257 页。见 Luehrs, *Der Nordische Aufseher*, 第 103 页。丰克后来成为马格德堡教会学校的校长,这所学校举办的"周三聚会"（*Mittwochgesellschaft*）的参加者中有约翰·海因里希·罗勒和约翰·萨穆埃尔·帕茨克,两个本章下文将要谈到的人物。见 Pyatt, *Music and Society in Eighteenth-Century Germany*, 第 65 页。

38. Funk, "Die Musik," 第 247 – 248 页。

39. 见 James Parsons, "Lied, III: Lieder c1740 – c1800," *OMO*（2001, updated 2011）。

40. Funk, "Die Musik," 第 254 – 255 页。

41. Böckh, "Von dem Einfluß der Musik in eine gute Erziehung,"

Wochenschrift zum besten der Erziehung der Jugend 4, no. 27（Stuttgart and Tübingen, 1772），第 409 - 424 页。见 Susanne Hahn，"1771 - 1772. *Wochenschrift zum Besten der Erziehung der Jugend*," in Brüggemann and Ewers, eds., *Handbuch zur Kinder-und Jugendliteratur*, 第 108 - 113 页。

42. Böckh, "Von dem Einfluß der Musik," 第 420 页。

43. Hiller，" Vorbericht," *Vierstimmige Motetten und Arien*，n. p. 另见 "Nachrichten," *Litteratur-und Theater-Zeitung* 36（柏林，1784 年 9 月 4 日），第 152 页。

44. 关于这一主题，可参考 Joubert，"Songs to Shape a German Nation"；Parsons，" The Eighteenth-Century Lied"；及 " Einfalt," in Sulzer，*Allgemeine Theorie der schönen Künste*，vol. 1, 第 295 页。

45. Basedow, *Das Elementarwerk*, vol. 2, 第 485 页。斜体为巴泽多标注。

46. 见 Heckle，"'Ein lehrreiches und nützliches Vergnügen,'" 第 328 页。

47. 例如 Buch, introduction, *Liedersammlung*, xi；及 Smeed，"Children's Songs in Germany," 第 245 和 234 页。

48. Scheibe, *Kleine Lieder für Kinder*（1766 and 1768）；Hiller，*Lieder für Kinder*（1769）；及 Hunger, *Lieder für Kinder*（1772）。

49. Hiller，*Lieder für Kinder*, 第 32 - 33 页。

50. Hiller，*Lieder für Kinder*, 第 136 页。

51. Schusky，"Illustrationen in deutschen Liederbüchern," 第 327 页。

52. Salzmann，*Unterhaltungen für Kinder und Kinderfreunde* 3（1780）：第 11 - 12 页。

53. Salzmann，*Unterhaltungen für Kinder und Kinderfreunde* 3（1780）：第 14 页。

54. 见 Buch, ed., *Liedersammlung*。这部歌曲集原本打算分成四部分出版，每卷代表一个季节，结果只出版了春之歌和冬之歌。阿尔贝蒂和莫扎特同是共济会社团"加冕的希望"的成员。

55. 见 Corneilson，"*Liedersammlung*."

56. 帕茨克是萨克森-安哈尔特州马格德堡市的一位牧师。《老人》是供成人阅读的德育周刊。关于《老人》的叙事技巧、内容和审美基调有一篇简略英文的介绍,见 Pyatt, *Music and Society in Eighteenth-Century Germany*,第 86‑91 页。

57. Patzke, *Der Greis* 158‑59 (1766 年 2 月 12 日),第 101 页。

58. Patzke, *Der Greis*,第 100 页。

59. Patzke, *Der Greis*,第 102 页。

60. 帕茨克没有给出作曲家的名字,只说他是"我们最优秀的作曲家之一(einem unsrer besten Tonkünstler in Musik)";Patzke, *Der Greis*,第 103 页。可能是以下两位中的一个 约翰·海因里希·罗勒或戈特洛布·威廉·布尔曼。罗勒自 1751 年来担任过马格德堡六座教区教堂的音乐指导,他是帕茨克的友人且常有合作,两人还同属一个叫作"周三聚会"的知识分子社团。见 Thomas Bauman, revised by Janet B. Pyatt, "Rolle, Johann Heinrich," in *OMO*(2001)。第二位候选人,布尔曼在之后的 1770 年代出版了好几部儿童歌曲集,其中包含了这九首歌曲。这些歌被改为两声部在《布尔曼给男孩女孩的小曲…附选自周刊〈老人〉的歌曲》(Zurich: David Bürgkli,1774)中重印时,作曲者标为"J. G. H."笔者尚未查明这位作曲家的身份。

61. Patzke, *Der Greis* 158‑59 (1766 年 2 月 12 日),第 113 页。

62. Patzke, *Der Greis*,第 114‑115 页。

63. Patzke, *Der Greis*,第 116‑117 页。

64. Mozart, "An die Freude," in *Neue Sammlung zum Vergnügen und Unterricht*, *Siebentes Stück* (Vienna: Rudolph Gräffer,1768),第 80‑82 页。

65. 英译见 Dixon et al., "English Translations of the Lieder Texts," 第 69 页。

66. Uz, *Sämtliche Poetische Werke*,第 283‑286 页。

67. Bach, *Herrn Professor Gellerts Geistliche Oden und Lieder*。关于"教会歌曲",见 Bach, *Gellert Songs*;及 Hinton, *Poetry and Song in the German Baroque*,第 117‑124 页的注释。

68. Rochow, *Der Kinderfreund*，第 19 页；节选于 Ewers, ed. , *Kinder-und Jugendliteratur der Aufklärung*，第 68 页。

69. Rochow, *Der Kinderfreund*，第 20 页；in Ewers，*Kinder-und Jugendliteratur der Aufklärung*，第 68 - 69 页。关于罗乔的更多情况，见 Mayer，"Friedrich Eberhard von Rochow's Education,"注意第 25 - 26 页关于《儿童伴侣》的内容。

70. "Verlangen und Liebe,"in [Anonymous]，*Schmuckkästchen für die Jugend*，第 62 页。

71. Erlin, "Book Fetish,"第 356 页。

72. Erlin, "Book Fetish,"第 365 - 366 及 372 页，谈到坎普的鲁滨逊故事《少年鲁滨逊(Robinson der jüngere)》："受众之间有时十分活跃的对话会让人感觉到，对小说中的事件的诠释是在主体交互中形成的，而不是从上面压下来的，但重要的是要记住，父亲始终是终极权威，正确的诠释是不容置疑的。"

73. Hull, *Sexuality*, *State*, *and Civil Society*，第 257 页。

74. Hull, *Sexuality*, *State*, *and Civil Society*，第 260 页。

75. Salzmann, *Ueber die heimlichen Sünden*，第 125 和 124 页；英译见 Hull，*Sexuality*, *State*, *and Civil Society*，第 266 页。关于十八世纪对儿童自慰的焦虑，见 Heywood，"Innocence and Experience,"注意第 49 - 50 和 55 - 56 页；及 Richter, "Wet-Nursing, Onanism, and the Breast",第 1 - 22 页。

76. Salzmann, *Ueber die heimlichen Sünden*，第 125 页。

77. Wieland, "Unterredung zwischen W** und dem Pfarrer zu***,"*Teutsche Merkur 1* (1775)，第 90 页；英译见 Hull，*Sexuality*, *State*, *and Civil Society*，第 252 - 253 页。

78. Burmann, *Kleine Lieder für kleine Jünglinge*，第 51 页。

79. Justi, *Grundfeste der Macht*, vol. 2，第 117 页；引用于 Bruckmüller，*Sozialgeschichte Österreichs*，第 180 页。

80. Sonnenfels, *Grundsätzen der Polizey*，第 100 页；引用于 Bruckmüller，

Sozialgeschichte Österreichs,第 180 页。

81. Seibt,*Von dem Einflusse der Erziehung*,第 18 页。

82. Rosenbaum,*Lieder mit Melodien*,28 - 29;［Anonymous］,*Kleine Lieder für Kinder*,重印于 Friedlaender, ed.,*Neujahrsgrüsse empfindsamer Seelen*,第 23 页。这部书可能是戏仿沙伊贝 1766 - 1768 年的《给儿童的小曲》(*Kleine Lieder für Kinder*)。

83. Rosenbaum,"Vorbericht," *Lieder mit Melodien*,n. p.

84. 关于这个主题详见本书第五章,及 Cuillé,*Narrative Interludes*,第 70 页;Leppert,*Music and Image*,第 61 - 65 页;及 Huff,"Lotte's Klavier"。

85. Friedlaender,*Das deutsche Lied*,vol. 2 ("Dichtung"),第 86 - 87 页。莱辛的"死神"最初发表于 Christlob Mylius,*Ermunterungen zum Vergnügen des Gemüths*,part 5 (Hamburg:Johann Adolph Martini, 1747),之后于 Lessing,*Kleinigkeiten* (Frankfurt and Leipzig:［s. n.］, 1751)。

86. ［Anonymous］,*Kleine Lieder für Kinder*, no. 2, n. p.

87. 这是一种浮士德式的交易:她把女修道院长出卖给了"爱神",爱神使她爱上了神父,作为交换,主人公暂时可以高唱"mit neuer Krafft"了。Rosenbaum,*Lieder mit Melodien*,第 29 页。

88. Weisse,"Ueber Tanz und Gesang," *Der Kinderfreund* 12, no. 161 (August 1,1778):第 51 页。

89. Weisse,"Ueber Tanz und Gesang,"第 51 - 52 页。笔者未发现任何名叫 "Amabile Idol mio"的咏叹调或艺术歌曲,可以认为魏瑟杜撰了一个这种类型的标题以表达他对这一类曲目的色情本质的鄙夷。

90. "正是这个理由使得修饰外表都是女人的责任,也是为什么对她们而言荣誉和名声与贞洁一样不可或缺。"Rousseau,*Émile*,vol. 2,第 9 页;英译本,第 536 页;本书第二章也曾引用。

91. Lerer,*Children's Literature*,第 228 - 229 页。关于"当女生",见 Judith Butler,"Critically Queer,"第 22 - 23 页。

92. Cuillé,*Narrative Interludes*,第 18 - 19 页。

93. *Così fan tutte*，ed. Faye Ferguson and Wolfgang Rehm，*NMA* II/5/18 (1991)。英译改编自 Schoep and Harris，*Word-by-Word Translations*，第 223 页。

94. 例如 Schmidt，*Lebensregeln für Jungfern*，第 72 - 73 页指出，虽然医生普遍认为女性"成熟"于十四岁左右，但结婚年龄在十八岁更为适宜，"因为十八岁的少女身体已经发育完全，而且情感功能也已经完备。"

95. 另三首歌曲是："Die Zufriedenheit"(《满足》，K. 473，1785)，"Die betrogene Welt"(《被欺骗的世界》，K. 474，1785)，和"Die Verschweigung"(《缄默》，K. 518，1787)。为魏瑟的诗谱曲的四首歌曲都没有在莫扎特生前出版，而且这段时期没有莫扎特的信件留存，所以无法知道这些作品最初为谁而作。莫扎特收藏的《幽默歌曲》与魏瑟的《给儿童的歌》和《亚马逊歌曲(*Amazonenlieder*)》合订为三卷本的《小曲合集》(*Kleine lyrische Gedichte*)。

96. 魏瑟的诗歌《母亲迟来一步》(Die zu späte Ankunft der Mutter)也是类似的主题，由约瑟夫·海顿作曲，他的《十二首钢琴歌曲》(*XII Lieder für das Clavier*，1781)的第 12 号。

97. 这样生硬的调式转变似乎是"维也纳歌曲"的一个特征；见 Brown，"Joseph Haydn and Leopold Hofmann's 'Street Songs'"，第 369 页。

98. 这组作品可能最早是发表于 Görner，*Sammlung neuer Oden und Lieder*，*Teil 2* (1744)，然后在 Hagedorn，*Oden und Lieder in fünf Büchern*，vol. 3，第 92 - 93 页。

99. Head，*Sovereign Feminine*，第 50 - 51 页。另见 Clark，"Reading and Listening"；及 Zohn，"Morality and the 'Fair-Sexing'"。

100. Head，*Sovereign Feminine*，第 56 - 59 页。

101. "Fritzchen an den Mai," in *Musenalmanach für das Jahr 1776 von den Verfassern des bish. Götting. Musenalmanach*，ed. Johann Heinrich Voß (Lauenberg：Johann Georg Berenberg，[1776])，第 49 - 51 页。

102. 英译见 Buch，ed.，*Liedersammlung*，第 xxi 页。

103. Buch，*Liedersammlung*，第 xxi 页。

104. 布尔曼还出版过给女孩的曲集《给女孩的小曲》，还有一个男女通用的曲集，在前文谈帕茨克的儿童歌曲是提到过：《布尔曼给男孩女孩的小曲》。见 Theresa Rixen and Susanne Hahn, "1777. Gottlob Wilhelm Burmann（1737 – 1805）： *Kleine Lieder für kleine Mädchen, und Jünglinge*," in Brüggemann and Ewers, eds., *Handbuch zur Kinder-und Jugendliteratur*,第 187 – 193 页。

105. Burmann, "Vorerinnerung," *Kleine Lieder für kleine Jünglinge*, n. p.

106. Burmann, "Vorerinnerung," 第 6 – 7 页。

107. Campe, ed., *Kleine Kinderbibliothek, Zweite Auflage, Vierter Theil, welcher das siebente und achte Bändchen der ersten Auflage enthält*（Hamburg：Heroldschen Buchhandlung, 1783），第 208 – 210 页。另见 Ernst August Ballin, *Kritischer Bericht, Lieder*, ed. Ballin, *NMA* III/8（1963），第 162 页。

108. "Der verständige Jüngling," in Campe, *Kleine Kinderbibliothek* 1（1779），第 116 页。

109. "Liebe um Liebe," *Pädagogisthe Unterhandlungen*, vol. 5,第 481 – 482 页。

110. Postscript to "Liebe um Liebe," 第 482 页。

111. 沙尔原本的词句提到了弗里德里希的父母而不是动物。"Liebe um Liebe," 第 481 页。

112. "Der Kleinen Friedrichs Geburtstag," in Campe, *Kleine Kinderbibliothek, Erstes Bändchen*（Hamburg：Heroldschen Buchhandlung,1779），第 28 页。

113. Reichardt, *Lieder für Kinder aus Campes Kinderbibliothek*,第 2 页。

114. Dedication, *Liedersammlung: Frühlingslieder*；英译见 Buch, *Liedersammlung*,第 2 页。

115. 英译见 Dixon et al., "English Translations of the Lieder Texts," 第 76 页。

116. Mozart, "Das Kinderspiel," in *Lieder*, ed. Ernst August Ballin, *NMA* III/8（1963），第 60 – 61 页。

117. Herder, "Viertes Wäldchen," 第 161 页。另见 Herder, "On Recent German Literature," 第 105 页。

118. Overbeck, *Frizchens Lieder*。另见 Freitag, *Kinderlied*, 第 91 - 92 页；及 Susanne Hahn, "1781. Christian Adolf Overbeck（1755 - 1821）: *Frizchens Lieder*," in Brüggemann and Ewers, eds., *Handbuch zur Kinder- und Jugendliteratur*, 第 269 - 277 页。奥维尔贝克的诗最早出版于 1777 年，1779 年被收入坎普的《儿童小丛书》（第 1 卷，第 34 - 37 页）。

119. Overbeck, "Vorrede des Herausgebers," in *Frizchens Lieder*, n. p.；引用于 Hahn, "1781. Christian Adolf Overbeck," 第 269 页。（这句话里的"儿童"其实主要指"男孩"。）

120. Ewers, "Pippi Langstrumpf als komische Figur ［1992］," 引用于 Hofmann, *Der kindliche Ich-Erzähler*, 第 39 页。

121. Overbeck, "Vorrede des Herausgebers," in *Frizchens Lieder*, 第 4 页。

122. 这导致 1790 年一位乌尔姆的年轻牧师萨穆埃尔·保尔怀疑怎么可能保证儿童读者不能接触这些歌曲——并且带着对坎普-魏瑟理念的明显的背离，保尔甚至质疑有什么必要这样做。Baur, *Charakteristik der Erziehungsschriftsteller Deutschlands*, 第 340 页。

123. Lawrence Kramer 在"Beyond Words and Music: An Essay on Songfulness ［2002］," 一文中也针对舒伯特 1815 年谱曲的《野玫瑰》（*Heidenröslein*）提出类似的看法，引用于 Hirsch, *Romantic Lieder*, 第 209 页："正是这个高音，使得民间曲调变得很不自然。"

124. Schulz, Preface, *Lieder im Volkston*（1785），引用于 Gramit, *Cultivating Music*, 第 67 页。另见 Gelbart, *Invention of Folk Music and Art Music*, 第 266 - 70 页。

125. Johann Martin Miller, 1785 年的书信；引用于 Grantzow, *Geschichte des Göttinger*, 第 126 页。另见 Schiller, *Über naïve und sentimentalische Dichtung*（1795 - 1796），英译见 Schiller, *Essays*, 第 187 页："不仅如此，始终应该将孩子气和孩子的天真无邪区分开来，虽然确实不易。"

126. Herder，"Auszug aus einem Briefwechsel，"第 56 - 57 页。

127. Herder，"Auszug aus einem Briefwechsel，"第 57 页。

128. "Kindertümlich"是十九世纪后期才出现的一个用于论述青少年问题的术语，见 Kümmerling-Melbauer，*Kinderliteratur，Kanonbildung und literarische Wertung*，第 67 - 69 页。

第五章

1. Aries，*Centuries of Childhood*（中译《儿童的世纪》，北京大学出版社，2013年）。例如 Retford，"Philippe Aries's 'Discovery of Childhood'"；King，"Concepts of Childhood"；Cunningham，*Children and Childhood in Western Society*；Heywood，"*Centuries of Childhood*"；及 Linda Pollock，*Forgotten Children*。

2. Weisse，*Der Kinderfreund. Ein Wochenblatt* 1 - 5（1775 年 10 月 2—16 日），第 4 页。

3. "每个艺术家都知道自己是在为资助者工作。艺术作品在'外观'上不能超越资助者设置的要求。"Leppert，*Music and Image*，第 177 页。

4. Klorman，*Mozart's Music of Friends*，29，第 33 - 35 页；及 Keefe，*Mozart's Piano Concertos*，第 10 页，第 18 - 20 页。

5. Allanbrook，*Secular Commedia*，第 129 页。

6. 这一点尤见于 Klorman，*Mozart's Music of Friends*，chapter 2（"Chamber Music and the Metaphor of Conversation"），注意第 26 - 30 页；及 Le Guin，"A Visit to the Salon de Parnasse."

7. Austen，*Mansfield Park*，第 229 页（《曼斯菲尔德庄园》）。关于奥斯汀笔下的宁静和舞蹈，见 Bander，"Jane Austen and the Uses of Silence，"注意第 47 - 48 页。

8. Dussinger，*In the Pride of the Moment*，第 2 页。

9. 1774 年，列奥波德写信给妻子，让她叫南妮尔来慕尼黑与他们会合时顺便带上五六份版画的副本。列奥波德（慕尼黑）致玛丽亚·安娜（萨尔茨堡）

的信，1774 年 12 月 20 日，*MBA* 308：第 6 - 11 行；英译见 Anderson，第 255 页。

10. Klorman，*Mozart's Music of Friends*，第 xxiii 页。

11. Waldoff，*Recognition in Mozart's Operas*，第 80 页。"剧情阅读法"这个词来 自 Brooks，*Reading for the Plot*。

12. Beghin，*The Virtual Haydn*，第 xxviii 页。斜体为贝甘标注。

13. See Moseley，*Keys to Play*，"Key 3：The Emergence of Musical Play"。

14. Klorman，*Mozart's Music of Friends*，第 40 页。

15. Miller and Yavneh，"Introduction：Thicker Than Water,"第 10 页。

16. Maunder，"Mozart's Keyboard Instruments,"第 210 页。

17. 例如 *Ordentliche Wochentliche Franckfurter Frag-und Anzeigungs-Nachrichten* (1763 年 8 月 16 日和 20 日)中的广告；及 *Public Advertiser*（1765 年 5 月 13 日和 7 月 9 日）；见 *Dokumente*，第 25 - 26 和 44 - 45 页；*Documents*，第 24 - 25 和 45 - 46 页。引用于 Eisen，"Mozart and the Four-Hand Sonata K. 19d,"第 98 页。

18. "London, 5. July 1765," *Europäische Zeitung*（1765 年 8 月 6 日）；见 *Dokumente*，第 47 页；*Documents*，第 48 页。Maunder，"Mozart's Keyboard Instruments,"中讨论过，注意第 210 页。一般认为，莫扎特为这场演出和 这件乐器创作了 C 大调奏鸣曲，K. 19d，但是 1955 年版的 *NMA* 已经将 这部奏鸣曲列为存疑。见 Eisen，"Mozart and the Four-Hand Sonata K. 19d."

19. Eisen，"Mozart and the Four-Hand Sonata K. 19d,"第 97 - 98 页。 Stoelzel，"Mozarts letzte vierhändige Sonate,"第 716 页也提到过这部 作品。

20. Stoelzel，"Mozarts letzte vierhändige Sonate,"第 716 页。

21. Seydelmann，*Sechs Sonaten für Zwo Personen*。科罗曼提到并复制了这幅版 画，见 *Mozart's Music of Friends*，第 271 - 272 页。

22. Spiess，*Tractatus Musicus Compositorio-Practicus*，第 162 页；引用于 Breene，

"The Instrumental Body," 第 244 页。另见 Rowen，"Some 18th-Century Classifications," 第 95 页。关于列奥波德的藏书，见 Irvine，"Der belesene Kapellmeister," 第 14－15 页。

23. 例如 Wallace，"Lessons in Music，Lessons in Love"；及 Leppert，*Music and Image*，第 61－66 页。

24. "Occupations des Dames," *Almanac de Berlin*（柏林，1781）。尽管科罗曼的 *Mozart's Music of Friend* 一书中没有讨论过，霍多维茨基的这幅插图收录于相关的网络图库"Other Illustrations：Musical Scenes and Portraits," http://mozartsmusicoffriends. com/chodowiecki-daniel-music-from-occupation-des-dames-engraving-from-almanac-de-berlin/，accessed July 17，2019.

25. Breene，"The Instrumental Body," 第 241 页。

26. Leppert，*Music and Image*，第 4 页。

27. 例如 Burney，*The Present State of Music in Germany*，vol. 2，第 325 页；及 Joachim Ferdinand von Schiedenhofen（1777 年 8 月 15 日）；见 *Dokumente*，第 145 页；*Documents*，第 161 页。以上两条资料都在 Maunder，"Mozart's Keyboard Instruments"，第 210 页提到过。

28. Türk，*Klavierschule*（1789），第 16－17 页；英译本 *School of Clavier Playing*，第 352 页；引用于 *NMD*，第 117 页。关于蒂尔克将"Klavier"理解为击弦古钢琴，以及这个词在十八世纪德语文本中的主流译法，见 Haggh，"Translator's Introduction," in Türk，*School of Clavier Playing*，第 xiv－xix 页。

29. Türk，*Klavierschule*（1789），17n。

30. Burney，"Preface," *Four Sonatas or Duets*，n. p.

31. 列奥波德（萨尔茨堡）致沃尔夫冈（曼海姆）的信，1777 年 12 月 8 日，*MBA* 387：第 100－102 行；英译见 Anderson，第 412 页；引用于 Eisen，"Mozart and the Four-Hand Sonata K. 19d，"第 96 页。

32. 关于胡梅尔，见 Kroll，*Johann Nepomuk Hummel*，第 13 页。关于奥尔哈默，见 Lorenz，"New and Old Documents"。

33. 这里教师和学生的性别设定为男性是值得注意的,毕竟普遍认为这件乐器是女性的专长,而且海顿的学生是女性居多。

34. "……给自己找点乐子来排遣又一堂无趣的课带给他的乏味感,或者,经过精妙的计算,让他的贵族学生能用更简易的指法复述出他教的旋律,使他可以有机会尽量真诚地对她大喊一声'Bravo!'" Beghin, *The Virtual Haydn*,第 123‑124 页。贝甘在这里用阴性代词表示海顿的学生是一种修辞手法,是有意无视了阳性的"scolare"——但海顿也可以同样在标题中使用这样的社交手段,以避免让他的女学生们感到这部作品是在取笑她们。

35. 在 1780 年代,还有别的作曲家写过"教师与门生"变奏曲,其中一位 Jean Michel Pfeiffer,在他 1784 年的键盘教程《弹键盘的女孩(*La bambina al cembalo*)》(Vinece)第二版中有一首《教师与女学生》(Il maestro e la scolara)。这位"bambina"/"scolara"是 Pfeiffer 的女学生 Elizabeth Wynne,年仅五岁,是这部教程最初的题献对象。

36. Lorenz, "New and Old Documents," 第 321 页;及 Senn, "Zwei Schülerinnen Mozarts," 第 346‑347 页。

37. 在一同附上的信中,莫扎特提醒戈特弗里德要弗朗西斯卡多加练习,"因为这挺难的。"莫扎特(维也纳)致戈特弗里德·冯·雅克恩(维也纳)的信,1787 年 5 月底,*MBA* 1053:第 5‑7 行;英译见 Anderson[列于 5 月 29 日],第 908 页。塞恩坚持认为这部作品起初就是为娜内特和芭贝特而写,不是弗朗西斯卡·冯·雅克恩,见 Senn, "Zwei Schülerinnen Mozarts," 第 347 页。

38. Haydn, *Sei Sonate per il clavicembalo*。关于其他同类奏鸣曲,见 Sisman, "Haydn's Career and the Rise of the Multiple Audience," 第 12‑14 页。

39. Musäus, *Moralische Kinderklapper für Kinder und Nichtkinder*。题名中"非儿童(Nichtkinder)"这个词很不寻常,甚至可能是新造词汇——穆索伊斯应该是使用"儿童伴侣"这样的词的可能性更大。这一时期唯一的另一部出现"Nichtkinder"这个词的作品是 Friedrich Caspar Oesterlin, *Der kleine*

　　　　　　　神童的写影:莫扎特与对童年的认识

Zauberer，oder Anweisung zu leichten und belustigenden Kunststücken aus der natürlichen Magie: Für Kinder und Nichtkinder（Stuttgart：Löfflund，1799）。穆索伊斯还出版过作品集 *Volksmärchen der Deutschen*（Gotha：C. W. Ettinger，1782‒1787）。

40. "Harmonie," in Musäus, *Moralische Kinderklapper*，第 69 页。

41. "Harmonie,"第 69‒70 页。

42. 这让人想起马修·黑德提到过的为"漂亮的小手（pretty little hand[s]）"而作的键盘音乐作品（见第四章）Head, "If the Pretty Little Hand,"和 *Sovereign Feminine*，注意第 62 页。另见 Zohn, "Morality and the 'Fair-Sexing'"。

43. 见 Marpurg, *Handbuch bey dem Generalbasse*，第 83‒84 页。感谢安娜·卡拉平‒斯普林戈隆提供这条资料。

44. "Harmonie,"第 70 页。

45. 见 Eisen, "Mozart and the Sonata K. 19d"；Temperley, ed., *A Selection of Four-Hand Duets*；及 Stoelzel, *Die Anfänge vierhändiger Klaviermusik*。感谢鲁珀特·里奇维尔梳理了这一段中部分出版商的时间线。见他的 "Mozart's Publishing Plans with Artaria in 1787"；及"Artaria Plate Numbers and the Publication Process，1778‒1787"。

46. Smith, *Philosophische Fragmente*，第 39 页；引用于 Breene, "The Instrumental Body,"第 235 页。

47. 关于 K. 521/ii 中的萨拉班德主题，见 Irving,"Performing Topics in Mozart's Chamber Music,"第 546‒547 页。

48. 接下来的厚重的织体是自动演奏钢琴的音乐的一个遥远的先驱,需要一件能突破单独演奏者的极限,但保留声音特征的乐器。见 Drott,"Conlon Nancarrow and the Technological Sublime."

49. Allanbrook, "Human Nature in the Unnatural Garden,"第 92 页。

50. Allanbrook, "Human Nature in the Unnatural Garden,"第 92 页。

51. Allanbrook, *Rhythmic Gesture in Mozart*,第 172 页。

52. Cypess, "Keyboard-Duo Arrangements", 第 185 页。另见 Cypess, "Duets in the Collection of Sara Levy"。

53. Hiller, *Lieder für Kinder*, 第 131 页。

54. Hiller, *Lieder für Kinder*, 第 133 页。

55. Miller and Yavneh, "Introduction: Thicker Than Water," 第 2 页。

56. 见 Barry S. Brook, revised by Jean Gribenski, "Symphonie concertante," *OMO*（2001）；及 Christoph-Hellmut Mahling, foreword to *Concertone*, *Sinfonia concertante*, ed. Mahling, *NMA* V/14/2（1975），第 xi - xii 页。

57. 莫扎特（曼海姆）致列奥波德（萨尔茨堡）的信，1778 年 2 月 28 日，*MBA* 431：第 26 - 27 行；英译见 Anderson，第 497 页。Adena Portowitz 探讨过 K. 242 和 K. 246（为安东尼娅·吕佐夫伯爵夫人而作）可以看出作曲者如何向其最初的演奏者致敬，其中 K. 242 表现了"伯爵夫人典范式的为母之道"，Portowitz, "Mozart and Aristocratic Women Performers in Salzburg"。

58. Keefe, *Mozart's Piano Concertos*, 第 2 - 3 页，第 52 页。基夫引用了科赫等人的作品以展示戏剧和音乐中的对话理论在十八世纪对器乐的理解中占有怎样的核心地位。

59. 基夫在他的书中并没有讨论 K. 242，因为，依照他的说法，多重协奏曲中独奏家之间的交互"需要一种对话途径，而钢琴/乐队的关系受到独奏家之间以及独奏家/乐队间互动的制约。"Keefe, *Mozart's Piano Concertos*, 第 6 页。

60. 见 Cypess, "Keyboard-Duo Arrangements," 第 209 - 210 页；及 Cypess, "Duets in the Collection of Sara Levy", 第 187 - 190 页。

61. "为三台羽管键琴而作的协奏曲……献给美德无双的罗德隆伯爵夫人阁下，原达尔科伯爵小姐，以及她的千金阿洛伊西娅和约瑟法伯爵小姐，他们最诚挚的仆人阿玛迪乌斯·沃尔夫冈·莫扎特敬上。"列奥波德·莫扎特题于稿抄本题名页。

62. Marius Flothius, foreword to *Klavierkonzerte Band 1*, ed. Flothius, *NMA*

V/15/1 (1972)，第 viii 页。另见 Irving，*Mozart's Piano Concertos*，第 178 -
179 页。根据南妮尔的日记，双键盘的版本于 1780 年 9 月 3 日上演于萨
尔茨堡，在那场演出中她和沃尔夫冈还重温了四手联弹奏鸣曲 K.381。
见南妮尔·莫扎特的日记，1780 年 9 月 3 日，*MBA* 533：第 108 - 109 行。
甚至可能就是这次活动给了德拉·克罗切灵感，描绘了姐弟俩同坐在键
盘前的画面。

63. 列奥波德(萨尔茨堡)致玛丽亚·安娜和沃尔夫冈(巴黎)的信，1778 年 6
月 11 日，*MBA* 452：第 25 和 38 - 40 页；英译见 Anderson，第 545 页。这
部协奏曲的首演日期没有记录。莫扎特在 1776 - 1777 年还为罗德隆伯
爵夫人写过《罗德隆小夜曲》(K.247 和 K.287)。

64. "Augsburg vom 24 Oct.," *Augsburgische Staats-und Gelehrten Zeitung*（1777
年 10 月 28 日）；见 *Dokumente*，第 150 页；*Documents*，第 168 页。德意许
推断 10 月 21 日的短讯和 10 月 28 日的评论的作者是 Johann Christoph
von Zabuesnig。当时的第三位独奏者是 Johann Michael Demler，奥格斯
堡大教堂的管风琴师。

65. 沃尔夫冈(曼海姆)致列奥波德(萨尔茨堡)的信，1777 年 12 月 6 日，
MBA 386：第 28 - 29 行；英译见 Anderson，第 408 页。另见 *Dokumente*，
156 见；*Documents*，第 174 页。

66. Halliwell，第 203 - 6 页；以及家族系谱，图 3，第 204 - 205 页。

67. Halliwell，第 282 页。

68. 在莫扎特改编的双键盘版本中，这种一唱一和的顺序就改成了 I - II，II -
I，这个简单对称的结构就与原本的 I - II，II - III 完全是两码事了。

69. Hunter，*Culture of Opera Buffa*，第 179 页。

70. Hunter，*Culture of Opera Buffa*，第 225 页。

71. Bruce，*Reading Agency*，第 64 页。

72. Bruce，*Reading Agency*，第 65 页。

73. "Die Geschwisterliebe, ein Schauspiel für Kinder（Fortsetzung），" *Der
Kinderfreund*，*Ein Wochenblatt*，41（1776 年 4 月 15 日），第 31 - 32 页。

74. "Die Geschwisterliebe," 第 33 页。见 Plutarch, "De fraterno amore," 第 21 页。

75. Dettmar, *Das Drama der Familienkindheit*, 第 20 页。

76. 莫扎特(萨尔茨堡)致克洛雷多大主教(萨尔茨堡)的信,1777 年 8 月 1 日; *MBA* 328：第 25 - 28 行,第 33 - 36 行;英译见 Anderson,第 267 页。另见 Mueller, "Learning and Teaching," 第 12 页。

77. 关于这部协奏曲可能的演出配置,见 Zaslaw, "Wolfgang Amadeus Mozart. *Konzert*",第 388 页。见 Ralph Leavis,给编辑的后续信件 "Communications",以及 Zaslaw 的答复"Communications"。

78. 见沃尔夫冈(巴黎)致列奥波德(萨尔茨堡)的信,1778 年 7 月 31 日, *MBA* 471：第 163 - 64 行;英译见 Anderson,第 587 页。

79. Frank, "Aus den ungedruckten Denkwürdigkeiten der Aerzte Peter und Joseph Frank," *Deutsches Museum* (Leipzig: 1852 年 1 月);见 *Dokumente*, 第 476 页;*Documents*,第 561 页。另见莫扎特(曼海姆)致列奥波德(萨尔茨堡)的信,1778 年 2 月 14 日,*MBA* 423：第 56 - 57 行;英译见 Anderson,第 481 页;"你知道,每当我不得不为一件不喜欢的乐器写点东西,总会感到很无力。"这句话一般被认为指的是长笛;见 *MBA Kommentar* to 423：第 56 - 57 行;及 Bowers, "Mozart and the Flute," 第 33 页。

80. 莫扎特(巴黎)致列奥波德(萨尔茨堡)的信,1778 年 5 月 14 日,*MBA* 449：第 57 - 61 行;英译见 Anderson,第 538 页。另见 Zaslaw, "Wolfgang Amadeus Mozart, *Konzert*,"第 387 页。

81. Petrini, *Duo pour deux harpes*, *dédié a Mlle de Guines*, *Op. VII* (Paris, 1773/1774);及 Johann Baptist Krumpholtz, *Recueil de douze préludes et petits airspour la harpe ... Opera 2* (Paris, 1776)。

82. 这也可能是莫扎特又一次向玛丽-路易泽展示,创作一段曲子有多"容易";她在写作原创旋律上缺乏信心,有一回,他给了她一段小步舞曲的头四个小结,告诉她自己写不下去了,借此帮助她克服她的抗拒和不自信。

见莫扎特(巴黎)致列奥波德(萨尔茨堡)的信,1778 年 5 月 14 日,*MBA* 449:第 86 - 91 行;英译见 Anderson,第 538 - 539 页。

83. 与降 E 大调双键盘协奏曲 K. 365 (1779)的第三乐章作一个比较,K. 365 中独奏者之间对答的乐句要规律得多。

84. 见 Rensch, *Harps and Harpists*;及 Hoffmann, *Instrument und Körper*,第 131 - 37 页。

85. Hoffmann, *Instrument und Körper*,第 208 - 209 页。

86. 他显然支持了奥尔哈默坚持不婚并以音乐谋生的秘密计划。见莫扎特 (维也纳)致列奥波德(萨尔茨堡)的信,1781 年 6 月 27 日,*MBA* 608:第 29 - 35 行;英译见 Anderson,第 748 页。

87. "Concerts Spirituels, Du Jeudi, 16 Mai, fete de l'Ascencion," *Mercure de France* (Paris:June 1765),第 191 页。见 Gétreau, "Une harpiste au Concert spirituel";及 Pierre, *Histoire du Concert Spirituel*,第 288 页。

88. Turrentine, "The Prince de Conti"。

89. Michel-Barthélémy Ollivier, *Le Thé a l'anglaise servi dans le salon des Quatre-Glaces au palais du Temple*,1766 年 5 月,布面油画,凡尔赛宫,MV 3824。

90. Gustafson, *Absent Mothers and Orphaned Fathers*,注意第 14 - 15 页。

91. Hunter, *Opera Buffa in Mozart's Vienna*,第 74 页。亨特引用了 Northrop Frye 的说法称喜剧为"春天的神话"。

92. Engel, *Ideen zu einer Mimik*, *Erster Theil*,第 170 - 171 页。见 Kendon, *Gesture*,第 86 - 87 页。

93. Engel, *Ideen zu einer Mimik*, *Erster Theil*,第 170 页。

94. Schiller, "On Naive and Sentimental Poetry,"第 180 - 181 页。感谢尼古拉斯·马修提供这条资料。

95. Mozart, *SEI QUARTETTI*, n. p.;见 *Dokumente*,第 220 页;*Documents*,第 250 页。

96. Mozart, *SEI QUARTETTI*, n. p.

97. Mozart, *SEI QUARTETTI*, n. p.

98. Rousseau, *Émile*, vol. 1, 第 iii 页；英译本, 第 157 页（Kelly 将这句话译为 "Childhood is unknown"）。

99. Jenks, *Childhood*, 第 58 页。

100. "即使完全没有舞蹈也是可以的。事实上就有年轻人连续好多个月，没有参加过任何一次任何形式的舞会，也并没有在身体上或精神上遭受实际的损伤；——可是一旦有了开头——哪怕只是稍稍感受过那轻快的步伐所带来的愉悦——恐怕就需要非常坚实的意志才会不想多试几次。" Austen, *Emma*, 第 205 页（《爱玛》）。

第六章

1. Rice, "Adding Birds to Mozart's 'Sparrow Mass'." 这份手稿收藏于 A-Wn Mus. Hs. 10235。另见 Rice, *Empress Marie Therese and Music at the Viennese Court*, 第 143-151 页。

2. 见 Croll, ed., *Musik mit Kinderinstrumenten*。

3. 见 Black, "1793—Mozart comments on 'Haydn's' Toy Symphony," in Edge/Black。关于这部交响曲以及作曲者的问题，见 Angerer, *Berchtoldsgaden Musick: Kindersinfonie*; Herrmann-Schneider, "Edmund Angerer OSB (1740-1794)"; 及 Illing, *Berchtoldsgaden Musick*, 第 2-3 页。

4. Black, "1793—Mozart comments on 'Haydn's' Toy Symphony." 另见 Illing, *Berchtoldsgaden Musick*; 及 Gerlach, "Textkritische Unters-uchungen," 第 153 页。

5. 列奥波德（巴黎）致玛丽娅·特蕾西亚·哈格瑙尔（萨尔茨堡）的信，1764 年 2 月 1 日，*MBA* 80：第 5-6 行；英译见 Anderson, 第 33-34 页。列奥波德（巴黎）致玛丽娅·安娜（萨尔茨堡）的一封信后沃尔夫冈的后记，1770 年 10 月 6 日，*MBA* 213：第 37-39 行；英译见 Anderson, 第 165 页。

6. 见 Buch, "Mozart's Bawdy Canons"。

7. Bachmann, *Berchtesgadener Volkskunst*, 第 43-45 页。关于魔笛中其他体

现童真的细节，见 Mueller，"Who Were the Drei Knaben?"

8. 见 Bruckner，"Die Pfeifenmacherei in Berchtesgaden."

9. 例如："难到极致"："Prag, den 1. November［对《唐璜》的评论］," *Prager Oberpostamtszeitung*（1787 年 11 月 3 日）；见 *Dokumente*，267；*Documents*，第 303 页；"困难……令人十分紧张"：Adolf von Knigge, "Den dritten October：Belmonte und Konstanza, oder：die Entführung aus dem Serail," *Dramaturgische Blätter* 2（Hannover, 1788 年 10 月 11 日）；见 *Dokumente*，第 288‑289 页；*Documents*，第 327‑328 页。"过分矫饰/造作［*gekünstelt*］"："Wien vom 3ten Mai.（aus Privatnachrichten），" *Münchner Zeitung*（1786 年 5 月 9 日），见 Dexter Edge, "3 May 1786：A report on the premiere of *Le nozze di Figaro*," 收于 Edge/Black；以及 "过度调味"：Carl Friedrich Cramer, "Wien, den 29sten Januar［对《海顿四重奏》的评论］," *Magazin der Musik*（1787 年 4 月 23 日）；见 *Dokumente*，255‑256；*Documents*，第 290 页。

10. Triest, "Bemerkungen über die Ausbildung der Tonkunst in Deutschland im achtzehnten Jahrhundert," *AmZ* 23（1801 年 3 月 4 日）：393 和 391n。

11. 例如 Nissen, *Biographie W. A. Mozart's*，第 640‑641 页。

12. Daverio, "Mozart in the Nineteenth Century," 第 177 页；Allanbrook, "Is the Sublime a Musical Topos?" 另见 DeNora, *Beethoven and the Construction of Genius*，第 11‑15 页，关于 "令人愉悦" 的审美。

13. Halliwell，第 567‑642 页（Part 6："The Biographical Legacy"）；Gruber, *Mozart and Posterity*，第 12‑15 页，第 24‑29 页，第 52‑57 页。

14. Nissen, *Anhang zu Wolfgang Amadeus Mozart's Biographie*，第 20 页。

15. Halliwell，第 591 和 603 页。关于布莱特克普夫的《全集》（1798‑1806），见 Eisen, "The Old and New Mozart Editions"。

16. Friedrich Rochlitz, "Biographieen. Verbürgte Anekdoten aus Wolfgang Gottlieb Mozarts Leben, ein Beytrag zur richtigern Kenntnis dieses Mannes, als Mensch und Künstler," *AmZ*（1798 年 10 月 10 日— 1798 年 12 月 5

日），收录于 http://mozartsocietyofamerica. org/embp/RochlitzAnekdoten. pdf, accessed July 10, 2019; Constanze Mozart, "Biographie. Einige Anekdoten aus Mozarts Leben, von seiner hinterlassenen Gattin uns mitgetheilt," *AmZ* 1（1799 年 9 月 11 日）：第 854 – 856 页；Nannerl Mozart, "Noch einige Anekdoten aus Mozarts Kinderjahren, Mitgetheilt von dessen Schwestern, der Reichsfreyin, Frau von Berthold zu Sonnenburg," *AmZ* 2（1800 年 1 月 22 日）：第 300 – 301 页。

17. Schlichtegroll, "Mozart," 第 109 页。特劳德斯也研究过这一传记传统，见 *Musizierende "Wunderkinder*," 第 27 – 51 页。

18. Schlichtegroll, "Mozart," 第 89 – 90 页，依据沙赫特纳（萨尔茨堡）致南妮尔（圣吉尔根）的信，1792 年 4 月 24 日；见 *Dokumente*, 第 396 页；Documents, 第 452 页。关于这则轶事以及沙赫特纳和施利赫特格拉尔版本的差别，见 Clarke, *The Annotated Schlichtegroll*, 第 21 – 23 页。

19. Niemetschek, *Leben des K. K. Kapellmeisters Wolfgang Gottlieb Mozart*, 第 4 – 5 页；Busby, "Life of Mozart," 第 445 页；Siebigke, "Wolfgang Gottlieb Mozart," 第 9 – 11 页；Winckler, *Notice biographique sur Jean-Chrysostome-Wolfgang-Théophile Mozart*, 第 9 – 10 页。

20. Nissen, *Biographie*, 第 18 页。

21.［Arnold］, *Mozarts Geist*, 第 ix – x 页。

22.［Arnold］, *Mozarts Geist*, 第 108 – 109 页。

23.［Arnold］, *Mozarts Geist*, 第 110 页。

24.［Arnold］, *Mozarts Geist*, 第 105 – 106 页。

25. Nissen, *Biographie*, 第 653 – 654 和 696 页。

26.《莫扎特精神》还在《优雅世界报》登过广告，列为佚名著"女士学习用书（Bildungsbuch für Damen）"（但笔者尚未发现任何一版用过这样的副标题），同列的广告包括《给女同胞的圣诞礼物》《给女同胞的值得推荐的圣诞节丛书》之类的图书，*Intelligenzblatt der Zeitung für die elegante Welt* 5, no. 62（1805 年 12 月 14 日）：n. p.

27. ［Arnold,］ *Wolfgang Amadeus Mozart und Joseph Haydn*，和 *Gallerie der berühmtesten Tonkünstler*。后面这部集子还收录了祖姆斯蒂格、迪特斯多夫、凯鲁比尼、帕伊谢洛、契玛罗萨、温特和希梅尔等人的传记，这些传记全都曾经单独发行过。

28. Ellrodt，"Das musikalische Kind Mozart，"第 109 页。这篇简介与另一篇"儿童学者巴拉捷（Das gelehrte Kind，Baratier）"合在一起成为一整篇题为"Kleine Bildergallerie merkwürdige und berühmter Kinder"的文章。关于巴拉捷，详见第一章。

29. Blanchard ［and Kraft］，*Neuer Plutarch*。这部书是 Blanchard 的 *Le Plutarque de la jeunesse*（1803）的翻译和增补。法语原著中并没有莫扎特。译者 Kraft 和奥地利的编辑们在其中增加了莫扎特等德奥人物的新条目。

30. Blanchard and Kraft，*Neuer Plutarch*，第 275 页。

31. Hormayr，*Oesterreichischer Plutarch*，vol. 7（1807），第 139 页。关于这部书，见 Davies，*The Wallenstein Figure*，第 115 - 116 页。

32. Gruber，*Mozart and Posterity*，第 24 - 26 页。关于十九世纪初音乐出版物市场的体裁偏好（以及体裁流动性）的概述，见 Carew，"The Consumption of Music"。

33. 莫扎特将 K.545（作于 1788 年 6 月 26 日）列为"给初学者的小钢琴奏鸣曲（Eine kleine klavier Sonate für anfänger），"而 K.547（composed July 10，1788）则是"给初学者的带小提琴的小钢琴奏鸣曲（Eine kleine klavier Sonata für Anfänger mit einer Violin）"。见 Mozart，*Thematisches Verzeichniss*，第 38 页。关于 K.545，见 Irving，*Mozart's Piano Sonatas*，第 85 - 86 页。

34. Mozart，*Sonate facile pour le Pianoforte*（Vienna：Bureau d'Arts et d'Industrie，1805）；Mozart，*Sonate facile pour Piano-Forté*（Offenbach：Johann André，1805）；以及 Mozart，*Sonate facile pour le Clavecin ou Pianoforte*（Vienna：Johann Cappi，1809）。"简易""小""轻松""初学者"的音乐出版物的例子如："简易"：Mozart，*Duettini facili p. 2 Viol.*（Vienna：

注 释   303

Artaria, n. d.）; Mozart, *3 Duos faciles p. 2 Viol. Ou Fl. et Viol* (Hamburg, Boehme, n. d.），在 Carl Friedrich Whistling, *Handbuch der musikalischen Literatur ...*（Leipzig：Hoffmeister, 1815），第 101 页有广告；"小"：Mozart, *XII petites pieces pour le piano forte*（Vienna：Hoffmeister, [1795?]）; "轻松"：Mozart, *Zwölf leichte Klavierstücke*（Leipzig：Peters, 1814）; 及"初学者"：Justin Heinrich Knecht, *Kleine und leichte Uebungsstücke im Klavierspielen für die ersten Anfänger mit angemerktem Fingersatze, von Haydn, Mozart, Clementi, Pleyl, Vogler, Knecht &c.*（Freyburg and Koustanz：Herder,1815），3 vols。

35. "Sonate facile p. le Pianof. av. accomp. de Violon ad libitum,par Fred. Kuhlau [review]," *AmZ* 15,no. 27（1813 年 7 月 7 日）：第 449 – 450 页。

36. Türk, *Klavierschule* (1789),第 15 – 17 页; *School of Clavier Playing*,第 23 – 24 页。见 Riggs, "Authenticity and Subjectivity in Mozart Performance"。

37. Türk, *Klavierschule* (1802),第 25 页。

38. Milchmeyer, *Kleine Pianoforte-Schule für Kinder*, vol. 2,分别在第 6 页,第 28 页,第 30 页。关于哈默尔的圆舞曲,见 RISM ID no. 450063518。

39. Cramer, *W. A. Mozart's Clavierschule*。

40. Blanchard [and Kraft], *Neuer Plutarch*,第 276 页。

41. 例如 Nierhaus, *Algorithmic Composition*,注意第 36 – 38 页; Schmidt, "Den Zufall denken"; Pimmer, *Würfelkomposition*; Hedges, "Dice Music in the Eighteenth Century"; 及 Ratner, "Ars Combinatoria"。

42. "Einleitung," [Stadler], *Neues Musikalisches Würfel-Spiel*, n. p.

43. Zaslaw, "Mozart's Modular Minuet Machine"。

44. Anonymous, *24 Walzer nach der Anleitung*。笔者尚未找到这件出版物的存世版本,这可能是出版最早的由"非作曲家"创作的音乐作品。

45. "III. Neue Musikalien," *Intelligenzblatt der Allgemeine Literatur-Zeitung* 100（1793 年 9 月 21 日),第 800 页。

46. "Mozart," *Anleitung: so viel Engl. Contre Tänce* and *Anleitung: so viel*

Walzer。

47. "Mozart," *Anleitung englische Contretänze* and *Anleitung Walzer oder Schleifer*。

48. 葛茨的印本：在[Anonymous]，*Catalogue des livres*，第 28 页有广告。笔者尚未找到这些出版物的存世版本。阿诺德的印本："Mozart," *Anleitung für zwey Violinen*，在 *Intelligenzblatt der Allgemeine Literatur-Zeitung* 226（1802 年 12 月 8 日），第 1823 页有广告。

49. "Auflösung einer mathematisch-musikalischen Aufgabe," *AmZ* 15，no. 22（1813 年 6 月 2 日）：第 357 - 358 页。莫扎特当然是"想到过这等事物"的，上文提到过的未出版的"标准化小步舞曲机器"K.516f 就是。

50. Zaslaw，"Mozart's Modular Minuet Machine,"第 225 页；及 Pimmer，*Würfelkomposition*，第 103 - 104 页。

51. Bigant，*Domino musical*，见 Zaslaw，"Mozart's Modular Minuet Machine,"第 223 页；及[Anonymous]，*Musical Domino*；Hayn，*Anleitung*，*Angloisen mit Würfeln zu komponieren*，preface；引用于 Pimmer，*Würfelkomposition*，第 123 页。笔者尚未找到这份出版物的存世版本。

52. 例如 Strutt，*Sports and Pastimes*，第 288 页，在关于儿童游戏的章节提到数字陀螺："使用数字陀螺可能被视作一种轻微的赌博行为"

53. Wheatstone，"Address," *Mozart's*，[*sic*] *Musical Game*，第 2 页。

54. Arnoldt [*sic*]，"Musikalisches Würfelspiel," *Intelligenzblatt der Allgemeine Literatur-Zeitung*，1823。斜体为笔者标注。

55. 这首字母歌列于 Whistling，*Handbuch der musikalischen Literatur*（1828），第 1018 页。

56. 莫扎特的作品中旋律最接近这首字母歌的应该是"14 首卡农练习曲，第 11 号，谜题卡农"（K.73x，1772）。显然，这首字母歌的旋律与莫扎特另一首更为人所熟悉的后来与字母歌关联的作品 K.265（1781 - 1782）中的"啊妈妈，请听我说"的旋律毫无相似之处，后面这首歌笔者找到的最早的源头是 1834 年，M. Cochin，*Manuel des fondateurs et des directeurs des*

premières écoles de l'enfance, 2nd ed. （Paris：Hachette, 1834），第 5 页。

57. 笔者未找到任何关于这位"迪伦伯格"的生平信息——可能是一个化名。

58. "Kurze Anzeigen：*Ernst und Scherz. Sammlung verschiedener Lieder und Romanzen mit Begleitung des Fortepiano oder der Guitarre，zusammengetragen von Dillenberg*," in *AmZ* 15, no. 20 （1813 年 5 月 19 日）：第 338 - 339 页。

59. 《莫扎特字母歌》在 1845 年的 Whistling, *Handbuch der musikalischen Literatur*, vol. 3 （1845），第 72 页仍被收录；而此时迪伦伯格的版本被西姆洛克（波恩）重印；见 Whistling, *Handbuch*，第 58 页。

60. "Mozart," *Alphabet pour choeur a 3 voix* （Paris：Editions Salabert, 1987）。

61. 感谢 Rebekah Ahrendt 指出这一重要的对比。关于"海顿爸爸"，见 James Webster, "§6. Character and Personality," in Georg Feder and Webster, "Haydn,（Franz）Joseph," *OMO* （2001）。

62. 插在正文中的乐谱选段有：《睡前曲》（本节将要讨论），K. 9/1 的前六小节，以及一首 1766 年十三岁的路易丝·德·奥尔良献给莫扎特的回旋曲；Nissen, *Biographie*，分别在第 35 页，第 65 页，第 114 - 116 页。"单页乐谱"有：出自《南妮尔笔记本》的十二页莫扎特早期作品节选,包括全部的 K. 8,莫扎特在爱乐学院（Accademia Filarmonica）试演的作品（K. 86,1770）,伪作《摇篮曲》（K. 350,本节将要讨论）,以及音乐会咏叹调"In te spero o sposo amato"（K. 440, 1782）的前三十五小节；Nissen, *Biographie*，第 14 页和第 226 页之后,及 Nissen, *Anhang*,第 20 页和第 28 页之后。

63. Nissen，*Biographie*，15n。

64. Friedlaender, "Mozart's Wiegenlied" （1892） 和 "Mozarts Wiegenlied" （1897）。

65. Flies, *Wiegenlied*, *von Gotter*。Friedrich Fleischmann 作过相似但不完全相同的谱曲,在次年由安德雷出版于奥芬巴赫,题名 *Wiegenlied aus Gotters Esther*,并题献给戈特的亲女儿。

66. 康斯坦策（萨尔茨堡）致约翰·安东·安德雷（奥芬巴赫）,1825 年 11 月

25 日，*MBA* 1403：第 93 - 94 行；Anderson 无；Köchel 6，第 847 页有复制。

67. Nissen，*Anhang*，第 10 页。

68. *MBA* 1403：第 98 - 99 行；另见注 64 所引 Friedlaender。

69. "Ds."［Friedrich Deycks］，"Recensionen. Biographie *W. A. Mozart's*，" *Caecilia* 10，no. 40（Mainz，1829），第 237 页。奇怪的是，AmZ 关于尼森传记的书评并没有特别提到其中的谱例和插页，见 "Recensionen, Biographie *W. A. Mozart's* ...，" *AmZ* 22（June 3，1829）：第 356 - 360 页。

70. Gathy，*Musikalisches Conversations-Lexikon*，第 511 页。

71. 这首摇篮曲似乎并没有以莫扎特的名字单独出版过，但这只是因为康斯坦策在 1828 年之前对这部作品的真实性并无把握。见 Köchel 6，第 847 页。

72. ［Anonymous?］，"Etwas über die Symphonie und Beethovens Leistungen in diesem Fache." *Berlin Allgemeine musikalische Zeitung* 1，no. 20（1824 年 5 月 19 日），第 173 页。

73. Nissen，*Anhang*，第 161 页。

74. ［Anonymous］，"den 30sten März 1783. Nachricht von der churfürstlichcöllnischen Hofcapelle zu Bonn und andern Tonkünstlern daselbst," *Magazin der Musik* 1（Hamburg，1783），第 395 页。关于作为"莫扎特第二"的贝多芬，见 Lockwood，"Beethoven before 1800：The Mozart Legacy"；及 DeNora，*Beethoven and the Construction of Genius*，chapter 5（"'From Haydn's Hands'：Narrative Constructions of Beethoven's Talent and Future Success"），注意第 85 页。

75. DeNora，*Beethoven and the Construction of Genius*，第 15 - 16 页。

76. 关于《南妮尔笔记》，见 Tyson，"A Reconstruction of Nannerl Mozart's Music Book（Notenbuch）"；及 Wolfgang Plath，foreword to *Klavierstücke Band 1：Die Notenbücher*，ed. Plath，*NMA* IX/27/1（1982）：第 xii -

xxi 页。

77. ［Joseph Fröhlich］，"Recension. Grande Sinfonie ... par Vogler. a Offenbach, chez J. André," *AmZ* 6（1817 年 2 月 5 日）：第 96 页。

78. ［Fröhlich］，"Recension,"第 96 页。

79. G［eorg］C［hristoph］Grosheim，"Biographie W. A. Mozart's von Georg Nicolaus von Nissen ... Zweite Recension," *Caecilia* 11，no. 44（1831）：第 282 页。

80. 这些草稿被单独出版，题为：*Die Wunder der Tonkunst，Oder 12 Musikstücke welche der unsterbliche W. A. Mozart in seinem 6tenLebensjahre komponiert hat*（奥格斯堡）。题名中的"Wunder der Tonkunst 神童音乐家"可能暗指弗勒利希在 1817 年将莫扎特描述为"dieser Heros der Tonkunst 音乐家中的英雄"。

81. ［Anonymous］，"Biographie W. A. Mozarts. Von G. N. von Nissen ［Review］," in *Foreign Quarterly Review* 4（4 月 & 8 月）（London：Treuttel and Würtz,1829），第 407 页。

82. Nissen，*Biographie W. A. Mozart's*，第 35 页。

83. 因此，这也成了戴恩斯·巴林顿的示例咏叹调的一部分，同时还有表现"爱（*affetto*）"的爱情歌曲和表现"恨（*perfido*）"的愤怒的歌曲之前的"黑话宣叙调（jargon recitative）"。Barrington，"Account of a Very Remarkable Young Musician,"第 60－61 页。

84. Rousseau，*The Confessions*［1782］，第 7 页。（《忏悔录》）

神童的写影：莫扎特与对童年的认识

索　引

Addison，Joseph　约瑟夫·艾迪生

Adelung，Johann Christoph　约翰·克里斯托弗·阿德隆

Adlgasser，Anton　安东·阿德尔加塞尔

Adner，Anton　安东·阿德纳

Alberti，Ignaz　伊格纳茨·阿尔贝蒂

Allanbrook，Wye J.　怀·贾米森·阿伦布鲁克

Allgemeine musikalische Zeitung（AmZ）《大众音乐报》

"Alphabet"：as spurious Mozart choral piece　托名莫扎特的合唱作品"字母歌"

"Als aus Ägypten"　"出埃及之时"（Mozart，K. 343b）

"Alte，Die"　"老妇人"（Mozart，K. 517）

Amsterdam　阿姆斯特丹

Andachtslieder　《祷告歌曲》

"An die Freude"　"致欢乐"（Mozart，K. 53）

Angenehme und lehrreiche Beschäftigung für Kinder in ihre Freistunden（anonymous periodical）　期刊《儿童空闲时间寓教于乐的活动》；"Der Knabe beim Vogelfang"（song）歌曲《捉到鸟儿的男孩》；"Monuments to the Heroes of the League of Joseph and Catherine II" series　"纪念约瑟夫和叶卡捷琳娜二世联盟的英雄"的系列活动；Mozart，contributions to　来自莫扎特的供稿

Angerer，Edmund　爱德蒙·安格尔：Berchtoldsgaden Musick　"贝希特斯加登音乐"

anni discretionis　可自主的年龄

anti-Semitism 反犹太主义

Apollo et Hyacinthus 《阿波罗与雅辛托斯》(Mozart，K. 38)

Ariès，Philippe 菲利浦·阿利埃斯

Aristotle 亚里士多德

Arnold，Friedrich 弗里德里希·阿诺德

Arnold，G. P. G. P. 阿诺德

Arnold，Ignaz Ferdinand 伊格纳茨·费迪南·阿诺德：*Mozarts Geist* 《莫扎特精神》

Artaria 阿塔利亚

Auenbrugger，Katarina 卡塔丽娜·奥恩布鲁格

Auenbrugger，Marianna 玛丽安娜·奥恩布鲁格

Auernhammer，Josepha 约瑟法·奥尔哈默

"Auf den Kleinen Sechsjährigen Claviersten aus Salzburg" (anonymous poem) 诗歌《致来自萨尔茨堡的六岁键盘弹奏者》

Augustine 奥古斯丁：*De Musica* 《论音乐》

Austen，Jane 简·奥斯汀

Austria 奥地利

Austro-Turkish War 奥地利-土耳其战争

Bach，Carl Philipp Emanuel 卡尔·菲利普·埃马努埃尔·巴赫

Bach，Johann Sebastian 约翰·塞巴斯蒂安·巴赫

Bacon，Francis 弗兰西斯·培根

Baillet，Adrien 阿德里安·巴耶：*Des enfans devenus célèbres* ... 《……出名的儿童》

Ballin，Ernst August 恩斯特·奥古斯特·巴林

Baratier，Jean Philippe 让·菲利普·巴拉捷

Barrington，Daines 戴恩斯·巴林顿

Basedow，Johann Bernhard 约翰·伯恩哈德·巴泽多；*Das Elementarwerk* 《基础课本》；*Kupfersammlung* 《铜版画集》；*Pädagogische Unterhandlungen* 《教

育学探讨》,另见 Campe, Joachim Heinrich

Bastien und Bastienne　《巴斯蒂安和巴斯蒂安娜》(Mozart, K. 50); and Berner
　troupe　该剧与贝尔纳戏班

Bauernschwänke (farmer's farces)　农村滑稽戏

Beales, Derek　德里克·比尔斯

Beaumont, Madame Leprince　勒普兰斯·德博蒙夫人; and *Magasin des
　enfans*　与《儿童杂志》

beavers: industriousness, as metaphor for　河狸,用来暗喻劳动积极性

Beethoven, Ludwig van　路德维希·凡·贝多芬

Beghin, Tom　汤姆·贝甘

Benedict XIV, Pope　教皇本笃十四世

Benedictine University (Salzburg)　本笃会大学; theater, shuttering of　大学
　剧院的关闭; theater reforms　大学剧院的改革

Berchtesgaden　贝希特斯加登

Berlin　柏林

Bern　伯尔尼

Berner, Elise　埃莉泽·贝尔纳

Berner, Felix (Perner)　费利克斯·贝尔纳(佩尔纳),另见 Berner troupe;
　Garnier, Franz Xaver

Berner, Jeanette　雅内特·贝尔纳

Berner, Susanne　苏珊娜·贝尔纳

Berner troupe　贝尔纳戏班

Bertuch, Friedrich Justin　弗里德里希·尤斯丁·贝尔图赫

Beschäftigung (periodical)　期刊《活动》。见 *Angeneheme und Lehrreiche
　Beschäftigung für Kinder in ihre Freistunden*

Black, David　大卫·布莱克

Blümml, Emil Karl　埃米尔·卡尔·布吕梅尔

Böckh, Christian Gottfried　克里斯蒂安·戈特弗里德·伯克: *Wochenschrift*

zum besten der Erziehung der Jugend（periodical） 期刊《改善青少年教育周刊》

Bodsch，Ingrid 英格丽德·博德施

Bohemia 波希米亚

Boyce，William 威廉·博伊斯

Boyhood 少男、少年时代

Boys 男孩；and nature 男孩天性；and sexual desire，dangers of 男孩与性欲的危险

Breene，Samuel 塞缪尔·布林

Breitkopf & Härtel 布莱特克普夫与黑特尔出版社；*Allgemeine musikalische Zeitung*（*AmZ*），house journal of 社刊《大众音乐报》

Britain 英国。另见 England

British Museum（London） 大英博物馆

Bruce，Emily 艾米丽·布鲁斯

Burmann，Gottlob Wilhelm 戈特洛布·威廉·布尔曼；Kleine Lieder für kleine Jünglinge 《给少年们的小曲》；"Der Wunsch：ein braver Mann zu warden"（song） 歌曲《愿望：成为一个好人》

Burney，Charles 查尔斯·伯尼；*Four Sonatas or Duets for Two Performers on One Piano Forte* 《四首供两人在一台钢琴上弹奏的奏鸣曲/二重奏》

Butler，Judith 朱迪斯·巴特勒："girling" "当女生"

Byzantium：orphan choirs of 拜占庭孤儿唱诗班

Caesar，Julius 尤里乌斯·凯撒

Cameralism 官房学派

Campe，Joachim Heinrich 约翰·海因里希·坎普；*Allgemeine Revision des gesammten Schul-und Erziehungswesens* 《学校和教育事业综述》；*Kleine Kinderbibliothek*（periodical） 期刊《儿童小丛书》；*Padagogische Unterhandlungen* 《教育学探讨》。另见 Basedow，Johann Bernhard

Cannabich，Rosa 罗莎·卡纳比赫

Carmontelle，Louis　路易・卡蒙特勒。另见 Delafosse，Jean-Baptiste

Catholicism　天主教

celebrity　名人、名气

chamber music　室内乐；as family ritual　作为家庭仪式的室内乐；as "love-provoking"　激起爱欲的室内乐

charity　慈善

child composers　儿童作曲家

childhood　童年；and agency　儿童的能动性；historiography of　童年的历史叙述；infantia　幼儿时期；pueritia　少年时期；rites of passage in　阶段节点；studies on　童年研究。另见 boyhood；girlhood

child labor　儿童劳动力

"childlike，"；versus "childish，"

children　儿童；and adults　儿童与成人；agency of　儿童的能动性；criminal responsibility，age limit for　承担刑事责任年龄下限；deaf（see deaf children）；development of　儿童成长；love of, as worthy of reflection　对儿童的爱；mortality rates of　儿童死亡率；and play　儿童与游戏；philanthropy for　儿童慈善；premature sexualization of　青少年性行为；as prodigies　神童；productivity of　儿童生产力；as readers　儿童读者；and reason　儿童与理性；as tabulae rasae　"一张白纸"。另见 boys；childhood；girls

Children of the Chapel Royal　皇家小教堂的童声班

children's literature　儿童文学；readership of　读者群体；and reading, as dangerous　阅读的危险。另见 children：as readers

Children of St. Paul's　圣保罗大教堂童声班

children's troupes　儿童戏班。见 Kindertruppen

child welfare　儿童福利

Chodowiecki，Daniel　丹尼尔・霍多维茨基

Chrissochoidis，Ilias　伊利亚斯・赫里索希季斯

Claudius, Georg Carl　格奥尔格・卡尔・克劳迪乌斯

Colloredo, Archbishop　大主教科洛雷多；Schuldramen, ended by　终结了学院戏剧

commedia dell'arte　即兴喜剧

Concerto in C Major for Flute and Harp　《C 大调长笛与竖琴协奏曲》(Mozart, K. 299)；flute-harp texture of　长笛-竖琴织体；upbringing and filial autonomy, as allegory of　象征了子女的抚育和独立

Concerto in F Major for Three Keyboards　《F 大调三键盘协奏曲》(Mozart, K. 242)；collaboration and reciprocity in　曲中的协作与互惠

Conti, Louis François de Bourbon di（prince of Conti）　孔蒂亲王路易・弗朗索瓦・德・波旁

Cook, David Thomas　大卫・托马斯・库克

Così fan tutte　《女人心》(Mozart, K. 588)；"Una donna a quindici anni"　"一个十五岁的女人"

Council of Trent　特伦特会议

Crotch, William　威廉・克罗奇

Cuillé, Tili Boon　蒂利・布恩・屈耶

Cunningham, Hugh　休・坎宁安

Cypess, Rebecca　丽贝卡・赛佩斯 dance　舞蹈；music, association with　与音乐的联系

"Daphne, deine Rosenwagen"　"达芙内, 你玫瑰般的脸颊"(Mozart, K. 52)

Darcis, François-Joseph　弗朗索瓦-约瑟夫・达尔西斯

Daverio, John　约翰・达维里奥

Davies, James　詹姆斯・戴维斯

Davis, Lennard J.　雷纳德・J・戴维斯

deaf children　聋人儿童；abuse/neglect of　虐待/忽视聋儿；perfectibility, equal claim to　聋儿同样具备可完善性

Defoe, Daniel　丹尼尔・笛福；Robinson Crusoe　《鲁滨逊漂流记》

Delafosse, Jean-Baptiste 让·巴蒂斯特·德拉福斯；Mozart family engraving 莫扎特一家版画。另见 Carmontelle, Louis

Della Croce, Johann Nepomuk 约翰·内波穆克·德拉·克罗切

DeNora, Tia 蒂娅·德诺拉

Dettmar, Ute 乌特·德特马

Deutsch, Otto Erich 奥托·埃里克·德意许

dice games：musical 音乐骰子游戏；spurious Mozart 伪托莫扎特

Dickens, Charles 查尔斯·狄更斯：*Nicholas Nickleby*，"infant phenomenon" in 《尼古拉斯·尼科尔贝》中的"幼儿现象"

Diderot, Denis 德尼·狄德罗

Difficile lectu mihi Mars（Mozart，K.559）《火星对我来说很难读懂》

Don Giovanni 《唐璜》（Mozart，K.527）

Douthwaite, Julia 茱莉亚·杜斯韦特

Duni, Egidio 艾吉迪奥·杜尼：Das Milchmädchen und die beiden Jäger 《女挤奶工和两个猎人》

Dušek, František Xaver 弗朗蒂舍克·克萨韦尔·杜舍克

Dussinger, John 约翰·杜辛格

Eberlin, Johann Ernst 约翰·恩斯特·埃贝林：*Tobias* 《托拜厄斯》

Edict of Tolerance 宗教宽容法令

Education 教育：compulsory primary 基础义务教育；of deaf children 聋儿教育；moral 道德教育；"negative," "消极教育"。另见 pedagogy

Eisen, Cliff 克利夫·艾森

Ellrodt, Theodor Christian 西奥多·克里斯蒂安·埃尔罗特

Engel, Johann Jakob 约翰·雅各布·恩格尔：*Ideas on Mimicry*，archetypal mother and child in 《关于模仿的一些思考》中的原型母亲和儿童

England 英格兰；Health and Morals of Apprentices Act 《学徒健康与品行法》。另见 Britain

Enlightenment 启蒙运动；Austrian 奥地利启蒙运动；childhood, perception

of in 启蒙时期对童年的认知；German 德国启蒙运动

Entführung aus dem Serail，Die 《后宫诱逃》(Mozart，K. 384)

Enziger，Christian 克里斯蒂安·恩齐格

Erasmus 伊拉斯谟

Erlin，Matt 马特·厄尔林

Ernst，Johann 约翰·恩斯特

Europe 欧洲；smallpox in 欧洲的天花

Ewers，Hans-Heino 汉斯-海诺·尤尔斯

Favart，Charles-Simon 查尔斯-西蒙·法瓦：Les amours de Bastien et Bastienne 《巴斯蒂安和巴斯蒂安娜的爱情故事》

Felbiger，Johann Ignaz von 约翰·伊格纳茨·冯·费尔宾格

Fénelon 费奈隆；*Adventures of Telemachus* 《特勒马科斯纪》；*Treatise on the Education of Girls* 《论女子教育》

Ferdinand，Archduke 费迪南大公

Finalkomödie 年终演出

finta semplice，La 《装痴作傻》(Mozart，K. 51)

Fiorè，Andrea Stefano 安德烈亚·斯特凡诺·菲奥雷

Flaherty，Gloria 格洛丽亚·弗莱厄蒂

Flies，Bernhard 伯恩哈德·弗利斯：*Wiegenlied*（Lullaby），attributed to Mozart 《摇篮曲》，被归于莫扎特

Flothius，Marius 马留斯·弗洛修斯

Forkel，Johann Nicolaus 约翰·尼古劳斯·福克尔

Formey，Samuel 萨米埃尔·福尔梅

Foucault，Michel 米歇尔·福柯

Foundling Hospital（London） 伦敦弃婴医院

four-hand sonatas 四手联弹奏鸣曲；intimacy of 曲中的亲密；as pedagogical tool 作为教育工具。另见 See also music-making；Sonata in C Major for Keyboard Four Hands

Fragonard，Jean-Honoré　让·奥诺雷·弗拉戈纳尔

France　法国

Frank，Joseph　约瑟夫·弗兰克

Franz I（Holy Roman emperor）　神圣罗马帝国皇帝弗朗茨一世

Franz II（Holy Roman emperor）　神圣罗马帝国皇帝弗朗茨二世

Frederick II（Frederick the Great），king of Prussia　普鲁士国王腓特烈二世
　（腓特烈大帝）

Friebert，Joseph　约瑟夫·弗里贝特

Friedlaender，Max　马克斯·弗里德伦德尔

Friedrich（crown prince of AnhaltDessau）　安哈尔特-德绍王储弗里德里希

Fröhlich，Joseph　约瑟夫·弗勒利希

"Frühling，Der"　《春天》(Mozart，K.597)

Fuchs，Felix　费利克斯·富克斯

Funk，Gottfried Benedict　戈特弗里德·贝内迪克特·丰克

Games　游戏；"Besuch" "来客人了". 另见 dice games

Garnier，Franz Xaver　弗朗茨·克萨维尔·加尼尔；*Nachricht von der
　Bernerischen jungen SchauspielerGesellschaft*　《贝尔纳青年戏剧团的消息》

Gellert，Christian Fürchegott　克里斯蒂安·菲克特戈特·盖勒特

Gender　性别；and play　性别与游戏

Genius　天才,天赋；of Mozart　莫扎特的天才；natural　天然的英才

Germany　德国

Gesammelte Schriften zum Vergnügen und Unterricht（children's periodical）　儿童
　期刊《用于娱乐和教学的作品集》

Girlhood　少女时代；and Kinderlieder　少女时代与儿童歌曲；"theaters"
　of　"演绎少女时代"

Girls　女孩；and sexual desire，dangers of　女孩与性欲的危险；spinning
　classes for　女生纺纱班

Gluck，Christoph Willibald von　克里斯托弗·威利巴尔德·冯·格鲁克

Goethe, Johann Wolfgang von 约翰·沃尔夫冈·冯·歌德："Heidenröslein"
(poem) 诗《野玫瑰》

Golden Age: of children's literature 儿童文学的黄金时代；and Peter Pan 彼
得·潘

Gotter, Friedrich Wilhelm 弗里德里希·威廉·戈特

Göttinger Hain 哥廷根林苑派

Gottsched, Johann Christoph 约翰·克里斯托弗·戈特舍德

Graetz, Joseph 约瑟夫·格雷茨

Gramit, David 大卫·格拉米特

Grimm, Friedrich Melchior von 弗里德里希·梅尔希奥·冯·格林

Grotius, Hugo 胡果·格劳秀斯

Gruber, Gernot 格尔诺特·格鲁伯

Gubar, Marah 玛拉·古芭

Gugitz, Gustav 古斯塔夫·古吉茨

Guînes, Duc de 德吉讷公爵

Guînes, Marie-Louise-Philippine de 玛丽-路易斯-菲莉皮娜·德吉讷

Gustafson, Susan 苏珊·古斯塔夫松

Habsburg Monarchy 哈布斯堡王朝；reformist agenda of 改革进程。另见
Joseph II; Maria Theresa

Hagedorn, Friedrich von 弗里德里希·冯·哈格多恩

Hagenauer, Lorenz 洛伦茨·哈格瑙尔

Halliwell, Ruth 露思·哈利威尔

Hamburg 汉堡

Hammer, Anton 安东·哈默尔

Handel, George Frideric 乔治·弗里德里希·亨德尔；Almira 阿尔米拉

Hanswurststreit 丑角之争

Haydn, Joseph 约瑟夫·海顿；Creation 《创世纪》；Der Traum 《梦》；Il
maestro e [lo] scolare 《教师与门生》，String Quartets 《弦乐四重奏》，

Opus 1

Haydn, Michael 米夏埃尔·海顿

Head, Matthew 马修·黑德

Heineken, Christian Heinrich 克里斯蒂安·海因里希·海内肯

Hennin, Pierre-Michel 皮埃尔-米歇尔·埃南

Herder, Johann Gottfried von 约翰·戈特弗里德·冯·赫尔德；Kinderton, as term 术语"儿童音调"；Volkslieder 通俗歌曲；*Von deutscher Art und Kunst* 《论德国人的性格和艺术》

Hiller, Johann Adam 约翰·亚当·希勒；*Vierstimmige Motetten und Arien ... zum Gebrauch der Schulen und anderer Gesangsliebhaber* 《四声部经文歌及咏叹调……供学校及其他歌唱爱好者使用》。另见 Weisse, Christian Felix

Hoffmeister, Franz Anton 弗朗茨·安东·霍夫迈斯特

Homer 荷马；*Odyssey* 《奥德赛》

Horace 贺拉斯

Hörnigk, Philip Wilhelm von 菲利普·威廉·冯·霍尼克

Horschelt, Friedrich 弗里德里希·霍舍尔特

Hübner, Beda 贝达·休伯纳

Hull, Isabel 伊莎贝尔·赫尔

Hummel, Johann Nepomuk 约翰·内波穆克·胡梅尔

Hunger, Gottlob Gottwald 戈特洛布·戈特瓦尔德·洪格尔

Hunter, Mary 玛丽·亨特；"cadential unanimity" "律动的一致"

Infanticide 杀婴

Industrial-Unterricht "产业教育"

Industriousness 劳动积极性

Ingenhousz, Jan 简·英格豪斯

Jacquin, Franziska von 弗兰西斯卡·冯·雅克恩

Jacquin, Gottfried von 戈特弗里德·冯·雅克恩

Jenks, Chris 克里斯·詹克斯

Jesuits　耶稣会

Jewish children: forced baptism of　犹太儿童，强制洗礼

Joseph II (Holy Roman emperor)　神圣罗马帝国皇帝约瑟夫二世。另见 Edict of Tolerance; Patent of Toleration

judicium discretivum　自主判断力

Justi, Johann Heinrich Gottlob　约翰·海因里希·戈特洛布·尤斯蒂: *Grundfeste der Macht und der Glückseligkeit der Staaten*　《国家的权力与幸福的基础》

juvenile literature　儿童文学。见 children's literature

juvenilia (music)　幼年作品（音乐）

Kammel, Antonín　安东·卡梅尔

Kant, Immanuel　埃曼努埃尔·康德

Keefe, Simon　西蒙·基夫

keyboard music for four hands　四手联弹键盘作品。见 fourhand sonatas

Kienmayer, Johann Michael von　约翰·米夏埃尔·冯·金迈尔

Kincaid, James　詹姆斯·金凯德

Kinderballett troupes　儿童芭蕾舞团

Kinderlieder　儿童歌曲; and gender　儿童歌曲与性别; and play　儿童歌曲与游戏; and propriety　儿童歌曲与适宜性; young and old, shared between　年少与年长者之间的分享

Kindermann, Ferdinand　费迪南·金德曼

"Kinderspiel, Das"　"儿童游戏"(Mozart, K.598)

Kinderton　儿童音调

Kindertruppen　儿童戏班; banning of　儿童戏班的禁绝; criticism of　儿童戏班的批判; mortality rate in　儿童戏班的死亡率; performers, exploitation of　剥削儿童戏班的演员; popularity of　儿童戏班的受欢迎度; satire, of adult troupe repertoire　成年戏班的讽刺类剧目

Kivy, Peter　彼得·基维

Kleine Lieder für Kinder（anonymous 1777 collection） 《给儿童的小曲》（1777
年佚名作品集）："Der Liebesgott"（Neulich, Schwestern, Darf ich Sagen?"）
（song） 歌曲《爱神》（最近,姐妹,听我说好吗?）

"kleinen Friedrichs Geburtstag, Des" 《小弗里德里希的生日》（Mozart, K.
529）

"kleine Spinnerin, Die" 《小纺织姑娘》（Mozart，K. 531）; and
industriousness 《小纺织姑娘》与劳动积极性；as Viennese Singspiellied 作
为维也纳歌唱剧歌曲的《小纺织姑娘》

Klorman，Edward 爱德华·科罗曼

Koch，Heinrich Christoph 海因里希·克里斯托夫·科赫

Kogel，Jörg-Dieter 约尔格-迪特尔·科格尔

Konrad，Ulrich 乌尔里希·康拉德

Kozeluch，Leopold 列奥波德·科泽鲁赫

Krebs，Xaver 克萨维尔·克雷布斯

Krumpholtz，Johann Baptist 约翰·巴蒂斯特·克隆福尔茨

Krupp，Anthony 安东尼·克虏伯

Kuhlau，Friedrich 弗里德里希·库劳

Kurz，Johann Joseph Felix 约翰·约瑟夫·费利克斯·库尔茨

Lavater，Johann Kaspar 约翰·卡斯帕尔·拉瓦特尔

Learning 学习。见 education；pedagogy

Lederer，Thomas 托马斯·莱德勒

Lehrreiches Magazin für Kinder（anonymous periodical） 期刊《儿童杂志》

Leibnitz，Gottfried Wilhelm 戈特弗里德·威廉·莱布尼茨

Leipzig 莱比锡

L'Epée，Charles-Michel de 查理-米歇尔·德·雷佩

Leppert，Richard 理查德·莱珀特

Lerer，Seth 塞思·勒若

Lessing，Gotthold Ephraim 戈特霍尔德·埃夫莱姆·莱辛；"Der Tod

(Gestern，Brüder，konnt ihrs glauben?)" （poem)诗《死神》(昨天，兄弟，你能相信吗?）；Emilia Galotti 爱米丽娅·伽洛蒂

Lichnowsky, Prince 李希诺夫斯基王子

Liebes Mandel，wo is's Bandel 《亲爱的丈夫，帽带在哪儿》(Mozart，K.441)

"Lied beim Auszung in das Feld" 《出发上战场之歌》(Mozart，K.552)

Liedersammlung für Kinder und Kinderfreunde 《给儿童和儿童伴侣的歌曲集》：Mozart，contributions to 莫扎特供稿

Lindner，Johann Gotthelf 约翰·戈特黑尔夫·林德纳：*Beitrag zu Schulhandlungen* 《论校园表演》

Liskin，Margaretha 玛格丽塔·利斯金

Locke, John 约翰·洛克；*Some Thoughts concerning Education* 《教育漫谈》

Lodron，Aloisia 阿洛伊西娅·罗德隆

Lodron，Antonia，Countess 安东妮娅·罗德隆伯爵夫人

Lodron，Josepha 约瑟法·罗德隆

London 伦敦

Longhi，Pietro 彼得·隆吉

Lucchesi，Andrea 安德烈亚·卢克西

Ludwig II（king of Bavaria） 巴伐利亚国王路德维希二世

Lying-In Hospital（London） 伦敦产科医院

Magic Flute，The（Mozart） 《魔笛》。见 *Zauberflöte，Die*

Mainwaring，John 约翰·梅因沃林：*Memoirs of Handel* 《亨德尔回忆录》

Mannheim 曼海姆

Maria Theresa（Holy Roman empress） 神圣罗马帝国女皇玛丽娅·特蕾莎；*Allgemeine Schulordnung* 《通用学校规程》；child welfare reform 儿童福利改革；extemporized theater, ban on 禁绝即兴戏剧；Jewish baptism, ruling on 对犹太人洗礼的裁决；smallpox inoculation 天花疫苗

Marie Therese（of Naples and Sicily, wife of Emperor Franz II） 那不勒斯和西西里王国公主，弗朗茨二世皇帝夫人玛丽·特蕾莎；"Scherzmusick" collection of   "谐谑音乐"作品集

Marriage of Figaro，The（Mozart）《费加罗的婚礼》。见 *nozze di Figaro，Le*

Massie，Joseph   约瑟夫·马西

Mattheson，Johann   约翰·马特松

May，Joseph   约瑟夫·梅

Melton，James van Horn   詹姆斯·范·霍恩·梅尔顿

Mendelssohn，Moses   摩西·门德尔松

Mercantilism   重商主义

Mesmer，Anton   安东·梅斯梅尔

Middle Ages：attitudes toward childhood in   中世纪对儿童的态度

Milchmeyer，Johann Peter   约翰·彼得·米尔什迈耶

Miller，Naomi   纳奥米·米勒

Minuet and Trio in B-flat Major for Orchestra   《降 B 大调管弦乐小步舞曲与
   三重奏》(Mozart，K. 604/1)

Missa Brevis in C（"Sparrow Mass"） 《C 大调小弥撒曲》("麻雀弥撒")
   (Mozart，K. 220)

Missa Solemnis in C Minor   C 小调庄严弥撒(Mozart，K. 139)

Mitchell，J. AllanJ.   阿伦·米切尔

Molière   莫里哀

moralische Wochenschriften（moral weeklies）《德育周刊》

Morrison，Heather   希瑟·莫里森

Moseley，Roger   罗杰·莫斯利

Mozart，Carl Thomas   卡尔·托马斯·莫扎特

Mozart，Constanze   康斯坦策·莫扎特

Mozartetti   莫扎特碎片

Mozart family   莫扎特一家；Carmontelle portrait   卡蒙特勒的肖像；as
   consumers of pedagogical literature   作为教育类读物的消费者；Delafosse
   engraving of   德拉福斯的版画；Della Croce portrait of   德拉·克罗切的

肖像

Mozart, Franz Xaver　弗朗茨·克萨维尔·莫扎特

Mozartiana　莫扎特关联物

Mozartisch　莫扎特式

Mozart, Leopold　列奥波德·莫扎特；*Die Bauernhochzeit*　《乡村婚礼》；*Die musikalische Schlittenfahrt*　《雪橇音乐》

Mozart, Maria Anna ("Nannerl")　玛丽娅·安娜·莫扎特("南妮尔")

Mozart, Maria Anna Thekla ("The Bäsle")　玛丽娅·安娜·特克拉·莫扎特("小堂妹")

Mozart, Wolfgang Amadeus　沃尔夫冈·阿玛迪乌斯·莫扎特：biographies of, for young readers　给年轻读者的莫扎特传记；child-friendly　适宜儿童；childhood mediated through print　出版物媒介作用下的莫扎特的童年；Kinderlieder of　莫扎特的儿童歌曲；as model child　作为模范儿童；spurious works attributed to　伪托冒名的作品

Mozart, Wolfgang Amadeus, works of　莫扎特作品

—"Als aus Ägypten"　（《出埃及之时》，K. 343b）

—"Alte, Die"　（《老妇人》，K. 517）

—"An die Freude"　（《致欢乐》，K. 53）

— Apollo et Hyacinthus　《阿波罗与雅辛托斯》(K. 38)

— Bastien and Bastienne　《巴斯蒂安和巴斯蒂安娜》(K. 50)

— Concerto in C Major for Flute and Harp　《C大调长笛与竖琴协奏曲》(K. 299)；fluteharp texture of　长笛-竖琴织体；upbringing and filial autonomy, as allegory of　象征了子女的抚育和独立

— Concerto in F Major for Three Keyboards　《F大调三键盘协奏曲》(K. 242)；collaboration and reciprocity in,　曲中的协作与互惠

— *Così fan tutte*　《女人心》(K. 588)

—"Daphne, deine Rosenwangen"　"达芙内,你玫瑰般的脸颊"(K. 52)

— *Difficile lectu mihi Mars* (K. 559)

— *Don Giovanni* 《唐璜》(K.527)

— *Entführung aus dem Serail*，Die （《后宫诱逃》，K.384)

— *finta semplice*，La （《装痴作傻》)

—"*Frühling，Der*" （《春天》，K.597)

—"*Kinderspiel，Das*" （《儿童游戏》，K.598)

—"*kleinen Friedrichs Geburtstag，Des*" （《小弗里德里希的生日》，K.529)

—"*kleine Spinnerin，Die*" （《小纺织姑娘》，K.531)

— *Liebes Mandel，wo is's Bandel* (K.441)

—"*Lied beim Auszug in das Feld*" （《出征上战场之歌》)

— *Magic Flute*，The 《魔笛》。见 *Zauberflöte，Die*

— *Marriage of Figaro*，The 《费加罗的婚礼》。见 *nozze di Figaro，Le*

— Minuet and Trio in B-flat Major for Orchestra 《降 B 大调管弦乐小步舞曲
与三重奏》(K.604/1)

— Missa Brevis in C 《C 大调小弥撒曲》("麻雀弥撒"，K.220)

— Missa Solemnis in C Minor 《C 大调庄严弥撒》(K.139)

— *musikalischer Spass*，Ein 《音乐玩笑》(K.522)

— *nozze di Figaro*，Le 《费加罗的婚礼》，K.492)

— *O du eselhafter Peierl* ("哦，倔强的佩耶尔"，K.560)

—"O Gottes Lamm" ("哦，上帝的羔羊"，K343a)

—"Or che il dover" 《使命时刻》，K.33)

— *Schuldigkeit des ersten Gebots*，Die （《第一诫的义务》，K.35)

—"*Sehnsucht nach dem Frühlinge*" （《对春天的渴望》，K.597)

— Sonata in C Major for Keyboard Four Hands 《C 大调四手联弹键盘奏鸣
曲》(K.521)

— Sonata in D Major for Two Keyboards 《D 大调双键盘奏鸣曲》(K.448)

— Sonatas for Keyboard with Violin 带小提琴的键盘奏鸣曲，Opus 1-4 (K.
6-7，8-9，10-15，26-31)；Opus 1 (K.6-7)；Opus 2 (K.8-9)；Opus
3 (K.10-15)；Opus 4 (K.26-31)。另见 Sonatas for Keyboard with Violin

— String Quartets, Op. 10 "海顿"四重奏("Haydn" quartets, K. 387, 421, 458, 428, 464, 465)

— Symphony No. 41 in C Major 《C 大调第 41 号交响曲》《朱庇特》(K. 551)

—"Veilchen, Das" (《紫罗兰》, K. 476)

—"Verschweigung, Die" (The Concealment, K. 518)

— Zaide 《扎伊德》(K. 344)

—"Zauberer, Der" (《魔法师》, K. 472)

— Zauberflöte, Die (《魔笛》, K. 620) Müller, Johann Heinrich Friedrich 约翰·海因里希·弗里德里希·米勒;Die Insul der Liebe, oder Amor ein Erforscher der Herzen (《爱之岛,或丘比特》)。另见 Theatralpflanzschule

multiple concertos 多重协奏曲;"dialogue principle" "对话原理"

Münster, Robert 罗伯特·明斯特尔

Musäus, Johann Karl August 约翰·卡尔·奥古斯特·穆索伊斯:"Harmonie" (story) 故事"和谐";Moralische Kinderklapper für Kinder und Nichtkinder (periodical) 期刊《给儿童和非儿童的道德拨浪鼓》

music-making 音乐活动:courtship, as prelude to 作为求爱的前奏;with family members 与家庭成员一起。另见 four-hand sonatas

musikalischer Spass, Ein 《音乐笑话》(Mozart, K. 522)

Nannerl Notenbuch 《南妮尔笔记》

Naples 那不勒斯

Napoleon 拿破仑

National Singspiel (Vienna) 国家歌唱剧院(维也纳)

National Theater (Vienna) 国家剧院(维也纳)

Natorp, Franz Wilhelm 弗朗茨·威廉·那托普

Natorp, Maria Anna (Nanette) 玛丽娅·安娜·那托普(娜内特)

Natorp, Maria Barbara (Babette) 玛丽娅·芭芭拉·那托普(芭贝特)

Nedbal, Martin 马丁·内德巴尔

Neefe, Christian Gottlob 克里斯蒂安·戈特洛布·尼弗

Nettl, Paul 保罗·内特尔

Neuber, Caroline 卡罗琳·诺伊贝尔

Neue Sammlung zum Vergnügen und Unterricht (anonymous periodical) 期刊 《用于娱乐和教学的新文集》

Newton, Isaac 艾萨克·牛顿

Nicolai, Friedrich 弗里德里希·尼科莱

Nicolini 尼科利尼

Nissen, Georg Nikolaus von 格奥尔格·尼古劳斯·尼森：*Biographie W. A. Mozarts* 《莫扎特传》

Normalschule (Prague) 师范学校(布拉格)

Normalschule (Vienna) 师范学校(维也纳)

Nostalgia 怀旧

Noverre, Jean-Georges 让-乔治·诺韦尔

nozze di Figaro, Le 《费加罗的婚礼》(Mozart, K. 492)；"Se vuol ballare" "如果你想跳舞"

O du eselhafter Peierl ("哦，倔强的佩耶尔", Mozart, K. 560)

"O Gottes Lamm" ("哦，上帝的羔羊", K. 343a)

Ollivier, Michel-Barthélémy 米歇尔-巴特雷米·奥利维埃

opera buffa 喜歌剧

opera seria 正歌剧

"Or che il dover"(Mozart, K. 33)

Orphanages 孤儿院

Ossian 莪相

Overbeck, Christian Adolf 克里斯托弗·阿道夫·奥维尔贝克：*Frizchens Lieder* 《弗里茨之歌》；"Fritzchen an den Mai"(poem) 诗《小弗里茨呼唤五月》

Ovid 奥维德；*Metamorphoses* 《变形记》

Palma 帕尔马

Pantomimes 哑剧；revival of 复兴

Paradies，Maria Theresia von（Paradis）　玛丽亚·特蕾西娅·冯·帕拉迪斯

Parhamer，Ignaz（Parhammer）　伊格纳茨·帕拉默

Paris　巴黎

Pascal，Blaise　布莱士·帕斯卡

Pastoral　田园

Patent of Toleration　《宗教宽容许可》

Paternalism　家长作风

Patzke，Johann Samuel　约翰·萨穆埃尔·帕茨克："Die Freude"（song）　歌曲《欢乐》；*Der Greis*（periodical）　期刊《老人》；"Der Rosenstock"（song）歌曲《玫瑰花丛》；"Der Verlust der Freude"（song）　歌曲《欢乐的丧失》

Pax，Carl Eduard　卡尔·爱德华·帕克斯

Pedagogy　教育学、教育；musical　音乐教育；pedagogical texts，read by Mozarts　莫扎特一家读过的教育学文本；reform of　教育改革。另见 education

Percy，Thomas　托马斯·珀西

Pesic，Peter　彼得·佩希奇

Petrini，Francesco　弗朗切斯科·佩特利尼

Peyerl，Johann Nepomuk　约翰·内波穆克·佩耶尔

Pezzl，Johann　约翰·佩泽尔

Philanthropinism　泛爱主义；and Spielpädagogik　泛爱主义与游戏教学法

Philanthropy　慈善

Piccoli Hollandesi　荷兰小童班。另见 Nicolini

Pierron，Therese　特蕾斯·皮埃隆

Pimmer，Hans　汉斯·皮默

Play　游戏；and childhood　游戏与童年

Plutarch　普鲁塔克

Pope，Alexander　亚历山大·波普

Prague　布拉格

Print 出版物；and childhood 出版物与童年；and Mozart 出版物与莫扎特；printed music 出版的音乐作品

Protestants 新教徒

Prussia 普鲁士

Quantz, Johann Joachim 约翰·约阿希姆·匡兹

reading, solitary, moral panic around 阅读，独处，相关的道德危机感

reason 理性；and children 理性与儿童；minimum age of 有理性的年龄下限

Reichardt, Johann Friedrich 约翰·弗里德里希·赖夏特；*Lieder für Kinder aus Campes Kinderbibliothek* 《选自坎普儿童丛书的儿童歌曲》

Rellstab, Johann Carl Friedrich 约翰·卡尔·弗里德里希·莱尔斯塔勃

Rice, John 约翰·赖斯

Riga 里加

Rochlitz, Friedrich 弗里德里希·罗赫里茨

Rochow, Friedrich Eberhard von 弗里德里希·埃伯哈德·冯·罗乔：*Der Kinderfreund* (children's reader) 儿童读物《儿童伴侣》，"Von Spielen und Vergnügen" section 《论游戏和娱乐活动》

Rode, August 奥古斯特·罗德：*Der Ausgang, oder die Genesung* 《回家的路，或康复》

Romanticism 浪漫主义；and childhood 浪漫主义和童年

Rommel, Otto 奥托·隆梅尔

Rose, Jacqueline 杰奎琳·罗斯

Rose, Stephen 史蒂芬·罗斯

Rosenbaum, Christian Ernst 克里斯蒂安·恩斯特·罗森鲍姆

Rousseau, Jean-Jacques 让-雅克·卢梭；*Confessions* 《忏悔录》；*Emile, or On Education* 《爱弥儿》；*Emile, or On Education*, Mozart footnote in 《爱弥儿》中莫扎特的脚注；"negative education" "消极教育"

Royal Society 英国皇家学会

Saint-Aman, Louis-Joseph 路易-约瑟夫·圣阿芒

Salzburg 萨尔茨堡；Berner troupe in 贝尔纳戏班在萨尔茨堡。另见 Benedictine University

Salzmann, Christian Gotthilf 克里斯蒂安·戈特蒂尔夫·萨尔茨曼：*Ueber die heimlichen Sünden der Jugend* 《论年轻人的秘密罪过》；*Unterhaltungen für Kinder und Kinderfreunde* 《给儿童与儿童伴侣的娱乐活动》

Savio, Johann Baptist 约翰·巴蒂斯特·萨维奥

Schachtner, Johann Andreas 约翰·安德烈亚斯·沙赫特纳

Schall, Johann Friedrich 约翰·弗里德里希·沙尔

Scheibe, Johann Adolph 约翰·阿道夫·沙伊贝；*Kleine Lieder für Kinder* 《给儿童的小曲》

Schencker, Mademoiselle 申克尔小姐

Scheutz, Martin 马丁·朔伊茨

Schikaneder, Emanuel 埃马努埃尔·席卡内德

Schiller, Friedrich 弗里德里希·席勒：*Kabale und Liebe* 《阴谋与爱情》；*On Naïve and Sentimental Poetry* 《论天真的诗和伤感的诗》

Schlichtegroll, Friedrich 弗里德里希·施利赫特格拉尔

Schönberg, Matthias von 马蒂亚斯·冯·勋伯格

Schrattenbach, Archbishop 大主教施拉滕巴赫；Kindertruppen, fondness for 喜爱儿童戏班

Schuldigkeit des ersten Gebots, Die 《第一诫的义务》(Mozart, K. 35)

Schuldramen 学院戏剧

Schuldramenstreit 学院戏剧之争

Schulz, Johann Abraham Peter 约翰·亚伯拉罕·彼得·舒尔茨：*Lieder im Volkston* 《民间音调的歌曲》

Schulz, Peter 彼得·舒尔茨

Schusky, Renate 雷娜特·舒斯基

"Sehnsucht nach dem Frühlinge" 《对春天的渴望》(Mozart, K. 597)

Seibt, Karl Heinrich 卡尔·海因里希·赛布特：*Von dem Einflusse der Erziehung auf die Glückseligkeit des Staats* 《论教育对国家的幸福的影响》

Serail，*Das*（Kindertruppe Singspiel） 儿童戏班歌唱剧《苏丹王宫》。另见 *Zaide*

Sexuality 性；and childhood 性和童年

Seydelmann, Franz 弗朗茨·赛德尔曼：*Six Sonatas for Two Persons at One Clavier* 供两人在一架钢琴上演奏的六部奏鸣曲

Shakespeare, William 威廉·莎士比亚；*Hamlet* 《哈姆雷特》；*The Tempest* 《暴风雨》

sign language 手语

Singspiels 歌唱剧

Siskin, Clifford 克利福德·希斯金

Slovenia 斯洛文尼亚

Smallpox 天花

Smeed, J. W. J. W. 斯米德

Smith, Amand Wilhelm 阿曼德·威廉·史密斯：*Philosophical Fragments on Practical Music* 《关于实用音乐的哲学杂谈》

Solomon, Maynard 梅纳德·所罗门

Sonata in C Major for Keyboard Four Hands C 大调四手联弹键盘奏鸣曲（Mozart，K.521）；dedication to 该作品的献词；family bonds 家庭纽带；as kind of dance 作为一种舞蹈；movement 2 第二乐章；movement 3 第三乐章；pretexts for encounter 接触的契机；sibling affection, capturing of 定格，姐妹情；sisterly harmony 姐妹情深；string quartet, evoking of 与四重奏的相似性；texture in 作品织体

Sonata in D Major for Two Keyboards 《D 大调双键盘奏鸣曲》（Mozart，K.448）

Sonatas for Keyboard with Violin 带小提琴的键盘奏鸣曲，Opus 1 - 4（Mozart，K.6 - 7, 8 - 9, 10 - 15, 26 - 31）；Opus 1（K.6 - 7）；Opus 2（K.

8 - 9)；Opus 3 （K. 10 - 15）；Opus 4 （K. 26 - 31）

Songs　歌曲；collections of　歌曲集；folk　民间；and propriety　歌曲与适宜性。另见 Kinderlieder

Sonnenfels, Joseph von　约瑟夫·冯·索南费尔斯：*Grundsätze der Polizei , Handlung und Finanzwissenschaft*　《警察、贸易与金融的原理》；*Letters on Viennese Theater*　《关于维也纳戏剧的通信》

Spain　西班牙

Spielpadägogik　游戏教学法。另见 Philanthropinism

Spiess, Meinrad　梅宁拉德·斯皮斯

Stadler, Mathias　马蒂亚斯·施塔德勒

Stadler, Maximilian　马克西米连·施塔德勒

Stein, Johann Andreas　约翰·安德烈亚斯·施泰因

Steinsky, Franz　弗朗茨·施泰因斯基；*Lieder zur öffentlichen und häuslichen Andacht*　《公共场合和家庭祷告使用的歌曲》；Mozart, contributions to　莫扎特供稿

Štěpán, Josef Antonín　约瑟夫·安东宁·斯捷潘

Stephanie, Johann Gottlieb, the Younger　小约翰·戈特利布·施特凡尼

Stewart, Susan　苏珊·斯图尔特

Stiasny, Franz　弗朗茨·斯蒂亚斯尼：*Sammlung einiger Lieder für die Jugend bei Industrialarbeiten*　《给参与生产劳动的年轻人的歌曲集》；"Sey uns wilkommen in blumigstem Kleide"（song）　歌曲《让我们穿上招人喜爱的花裙子》

Stoelzel, Marianne

Stöfl und sein Weib（anonymous pantomime）　哑剧《史蒂夫和他的妻子》

Stork, Friedrich　弗里德里希·斯托克

Strinasacchi, Regina　雷吉娜·斯特利纳萨奇

String Quartets, Op. 10　"海顿"四重奏（Mozart, K. 387, 421, 458, 428, 464, 465）

Strobach，Johann Joseph　约翰·约瑟夫·施特罗巴赫

Strommer，Johann　约翰·施特罗默

Studien-Hofkommission　学业委员会

Sulzer，Johann Georg　约翰·格奥尔格·祖尔策

Symphony No. 41 in C Major（"Jupiter"）　《C 大调第 41 号交响曲》《《朱庇
特》，Mozart，K. 551）

Tar，Gabriella-Nóra　加布里埃拉-诺拉·塔尔

Taubstummeninstitut（Vienna）　聋哑学校（维也纳）；and Mozart　聋哑学校
与莫扎特。另见 Angenehme und lehrreiche Beschäftigung（periodical）

Telemann，Georg Phillip　格奥尔格·菲利普·泰勒曼；*Der getreue Musicmeister*
《忠诚的音乐大师》

Teyber，Anton　安东·泰伯：*Zermes und Mirabella*，*oder Die vollkommenen
Verliebten*　《泽尔默斯与米拉贝拉，或完美爱人》

Theater　戏剧，剧院；morality and　道德与戏剧。另见 Kindertruppen；
Schuldramen；wandering troupes

Theatralpflanzschule　戏剧培训学校

Thomas，Carl　卡尔·托马斯（卡尔·托马斯·莫扎特）

Tissot，Samuel-Auguste　萨米埃尔-奥古斯特·蒂索

topic theory　话题理论

Torricella，Christoph　克里斯托弗·托里切拉

toy instruments　玩具乐器

Traudes，Johannes　约翰内斯·特劳德斯

Triest，Johann Karl Friedrich　约翰·卡尔·弗里德里希·特里斯特

Türk，Daniel Gottlob　丹尼尔·戈特洛布·蒂尔克：*Klavierschule*　《钢琴演
奏原理》

Tyler，Linda　琳达·泰勒

Ulbricht，Otto　奥托·乌布利希

Umlauf，Ignaz　伊格纳茨·乌姆劳夫：*Die Insul der Liebe*，*oder Amor ein*

Erforscher der Herzen 《爱之岛，或丘比特》；*Die Bergknappen* 《矿工》

United States 美国

Uz, Johann Peter 约翰·彼得·乌茨；*Complete Poetic Works* 《诗歌全集》

"Veilchen，Das" 《紫罗兰》(Mozart，K. 476)

Venice 威尼斯

Vermeer, Johannes 约翰内斯·维梅尔

"Verschweigung, Die" 《隐瞒》(Mozart，K. 518)

Vienna 维也纳。另见 National Singspiel；National Theater；Normalschule (Vienna)；Taubstummeninstitut；Theatralpflanzschule；Waisenhaus Unser Lieben Frau auf dem Rennweg

Virtue 品行；and childhood 品行与童年

Vivaldi, Antonio 安东尼奥·维瓦尔第

Volksstück 通俗剧目

Volkston 民间音调

Volkstümlichkeit 通俗性

Vonderthon, Joseph 约瑟夫·冯德通

Waisenhaus Unser Lieben Frau auf dem Rennweg (Orphanage) (Vienna) 伦韦格圣母孤儿院(维也纳)；Mozart, appearance at 莫扎特的参与

Waizhofer troupe 魏兹霍费尔戏班

Waldoff, Jessica 杰西卡·沃尔多夫

W. A. Mozarts Clavierschule 《W. A. 莫扎特的钢琴教程》

wandering troupes (adult) 巡回戏班(成人)。另见 Kindertruppen；theater

Wanhal, Johann Baptist 约翰·巴蒂斯特·万哈尔

Warner, Alan 阿伦·沃纳

Weber, Aloysia 阿洛伊西娅·韦伯

Weichsell, Elizabeth 伊丽莎白·韦克塞尔

Weiskern, Friedrich Wilhelm 弗里德里希·威廉·魏斯克恩

Weisse, Christian Felix 克里斯蒂安·费利克斯·魏瑟；"Brüderliche

Eintracht"（song）　歌曲《兄妹和谐》；"Ermahnung an zwei Kinder" （song）　歌曲《给两个孩子的规劝》；"Die Geschwisterliebe"（story）　故事 《姐弟情》；*Der Kinderfreund*　《儿童伴侣》；*Lieder für Kinder*（Weisse and Hiller）《给儿童的歌》（魏瑟与希勒）；"Ein paar Kinder an ihre Mutter, bey derselben Geburtstage"（song）　歌曲《一对孩子在母亲生日时唱给她的 歌》；*Scherzhafte Lieder*　《幽默歌曲》

Wesley，Samuel　塞缪尔·韦斯利

Wheatstone，Charles　查尔斯·惠斯通

Widl，Rufinus　鲁菲诺斯·维德尔：*Apollo et Hyacinthus*　《阿波罗与雅辛托 斯》；*Clementia Croesi*　《克罗伊斯的仁慈》

Wieland，Christoph Martin　克里斯托弗·马丁·维兰德

Wimmer，Marian　马里安·维默尔：*Sigismundus Hungariae Rex*　《匈牙利王 西吉斯蒙德》

Witmore，Michael　迈克尔·威特摩尔

Wranitzky，Paul　保罗·弗拉尼茨基

Wunderkind　神童

Würth beym grünen Hund，Der（anonymous pantomime）　哑剧《绿狗旅社的店主》

Yavneh，Naomi　纳奥米·雅夫纳

Young，Edward　爱德华·杨

Youth　青少年。见 childhood；children

Zaide　《扎伊德》（Mozart，K. 344）。另见 *Serail*，Das

Zaslaw，Neal　尼尔·扎斯洛

"Zauberer，Der"　《魔法师》（Mozart，K. 472）

Zauberflöte，Die　《魔笛》（Mozart，K. 620）

Zedler，Johann Heinrich　约翰·海因里希·策德勒

Zelizer，Viviana　维维安娜·泽利泽

Zohn，Steven　史蒂芬·佐恩

Zurich　苏黎世

参考书目

乐谱印本（包含现代版本）

Angerer，Edmund. *Berchtoldsgaden Musick: Kindersinfonie*. Ed. Hildegard Herrmann-Schneider. Beiträge zur Musikforschung in Tirol 3. Innsbruck：Eigenverlag des Instituts für Tiroler Musikforschung，1997. Available online at http：//www. musik land - tirol. at/html/html/musikedition/komponisten/angerer/kindersinfonie/kindersinfonieframe. html，accessed July 9，2019.

［Anonymous］. *24 Walzer nach der Anleitung，Walzer mit Würfeln zu componiren，von 24 verschiedenen，grösstentheils unmusikalischen Personen*. ［Vienna?］：n. p. ，1793［?］.

——. *Katholisches Gesangbuch auf allerhöchsten Befehl ihrer k. k. apost. Majestät Marien Theresiens*. Vienna：Verlag der katechetischen Bibliothek，1774.

——. *Kleine Lieder für Kinder mit Melodien，zum singen beym Klavier*. Leipzig：［s. n.］，1777.

——. *Lieder zur öffentlichen und häuslichen Andacht，mit vielen Melodien von den besten vaterländischen Meistern. Herausgegeben auf Veranlassung der k. k. Normalschuldirektion*. Prague：K. k. Normalschulbuchdruckerey，1783.

——. *Musical Domino: A New Game. This Game was invented for the Improvement of young Scholars in Music*. London：John Wallis，1793.

——. *Verbesserte katechetische Gesänge，welche nun nach der Ordnung und dem Inhalte des für die k. k. Staaten vorgeschriebenen Katechismus sind abgeändert worden*. Vienna：Verlagsgewölbe der deutschen Schulanstalt bei St. Anna in

神童的写影：莫扎特与对童年的认识

der Johannesgasse, 1779.

Bach, Carl Philipp Emanuel. *Gellert Songs*. Ed. Darrell M. Berg. In *The Complete Works*, *Series VI*, *Songs and Vocal Chamber Music*, vol. 1. Los Altos, CA: Packard Humanities Institute, 2009.

——. *Herrn Professor Gellerts Geistliche Oden und Lieder mit Melodien*. Berlin: George Ludewig Winter, 1758.

Bigant, N. *Domino musical*, *ou L'art du musicien*, *mis en jeu*, *jeu utile*, *instructif*, *intéressant et amusant*, *a la portée de tout le monde et les enfans*. Paris: Bigant, 1779.

Buch, David, ed. *Liedersammlung für Kinder und Kinderfreunde am Clavier* (*1791*): *Frühlingslieder and Winterlieder*. Recent Researches in the Music of the Classical Era, 95. Middleton, WI: A- R Editions, 2014.

Burmann, Gottlob Wilhelm. *G. W. Burmanns Kleine Lieder für kleine Mädchen und Knaben*, *In Musik gesetzt von J. G. H. Nebst einem Anhang etlicher Lieder aus der Wochenschrift: Der Greis*. Zürich: David Bürgkli, 1774.

——. *Kleine Lieder für kleine Jünglinge*. Berlin and Königsberg: G. I. Decker and G. L. Hartung, 1777.

——. *Kleine Lieder für kleine Mädchen*. Berlin and Königsberg: G. I. Decker and G. L. Hartung, 1773.

Burney, Charles. *Four Sonatas or Duets for Two Performers on One Piano Forte or Harpsichord*. London: Bremner, 1777.

Claudius, Georg Carl. *Lieder für Kinder mit neuen sehr leichten Melodieen*. Frankfurt am Mayn: Brönner, 1780.

Cramer, A. M. *W. A. Mozart's Clavierschule*, *nebst dem bei dem Conservatorium der Musik zu Paris angenommenen Grundsätzen der richtigen Fingersetzung auf dem Piano- Forte*; *durch praktische Beispiele und fortschreitende Uibungsstücke von den besten Meistern erläutert*. Prague: Carl Wilhelm Enders, 1819.

Fleischmann, Friedrich. *Wiegenlied aus Gotters Esther*, *mit Begleitung einer*

Guitarre oder des Klaviers, gesetzt und den Gotterschen Tochter gewidmet. Offenbach: André, 1796.

Flies, Bernhard. *Wiegenlied, von Gotter*. Berlin: G. F. Starcke, [1795].

Friedlaender, Max, ed. *Neujahrsgrüsse empfindsamer Seelen: Eine Sammlung von Liedern mit Melodien und Bilderschmuck aus den Jahren 1770 - 1800*. Veröffentlichungen der Musik- Bibliothek Paul Hirsch 3. Berlin: M. Breslauer, 1922.

Görner, Johann Valentin. *Sammlung neuer Oden und Lieder, Teil 2*. Hamburg: J. C. Bohn, 1744.

Haydn, Joseph. *XII Lieder für das Clavier*. Vienna: Artaria, 1781.

——. *Il maestro e scolare, o Sonata con variazioni a quadri mani per un clavicembalo*. Berlin: J. J. Hummel, 1781. Ed. Sonja Gerlach. Munich: Henle, 2007.

——. *Sei Sonate per il clavicembalo, o forte piano … opera XXX, dedicate alle ornatissime signore Caterine e Marianna d'Auenbrugger*. Vienna: Artaria, [1780].

Haydn, Michael. *Die Hochzeit auf der Alm: Ein dramatisches Schäfergedicht*. Ed. Bernhard Paumgartner. Salzburg/Stuttgart: Das Bergland- Buch, 1959.

Hayn, Friedrich Gottlob. *Anleitung, Angloisen mit Würfeln zu komponieren*. Dresden: C. A. Kirmse, 1798.

Hiller, Johann Adam. *Lieder für Kinder, vermehrte Auflage. Mit neuen Melodien von Johann Adam Hiller*. Leipzig: Weidmanns Erben und Reich, 1769.

——. *Vierstimmige Motetten und Arien in Partitur, von verschiednen Componisten, zum Gebrauch der Schulen und anderer Gesangsliebhaber*. Leipzig: Dykische Buchhandlung, 1776.

Hunger, Gottlob Gottwald. *Lieder für Kinder mit neuen Melodien*. Leipzig: Weidmanns Erben und Reich, 1772.

"Mozart, Wolfgang Amadé" [i. e., spurious]. *Alphabet pour choeur a 3 voix*.

Paris: Editions Salabert, 1987.

——. *Anleitung englische Contretänze mit zwei Würfeln zu componiren, so viele man will, ohne etwas von der Musik oder der Composition zu verstehen. Par W. A. Mozart.* Bonn: Simrock, 1798.

——. *Anleitung für zwey Violinen, Flöte und Baß, so viele Contra- Tänze mit zwey Würfeln zu componiren als man will; ohne musikalisch zu seyn, noch etwas von der Composition zu verstehen.* Hamburg: G. P. Arnold and Christian Gottfried Kratsch, 1801.

——. *Anleitung für zwey Violinen, Flöte und Baß, so viele Contra- Tänze mit zwey Würfeln zu componiren als man will; ohne musikalisch zu seyn, noch etwas von der Composition zu verstehen. Par Mr. W. A. Mozart.* Hamburg: G. P. Arnold and Christian Gottfried Kratsch, 1801.

——. *Anleitung: so viel Engl. Contre Tänce mit zwei wurfeln zu componieren als man will, ohne musikalisch zu seyn, noch etwas von der Composition zu verstehen.* Berlin: Hummel, 1793.

——. *Anleitung: so viel Walzer oder Schleifer mit zwei Würfeln zu componiren so viel man wil, ohne musikalisch zu seijn noch etwas von der Composition zu verstehen.* Berlin: Hummel, 1793.

——. *Anleitung Walzer oder Schleifer mit zwei Würfeln zu componiren, so viele man will, ohne etwas von der Musik oder Composition zu verstehen. Par W. A. Mozart.* Bonn: Simrock, 1798.

——. *Mozart's, [sic] Musical Game, or the Christmas Musical Gift, to juvenile amateurs, being an ingenious, easy & systematical method, of composing ... waltzes, without the slightest knowledge of composition, by the turn of a te totum ... To which is prefaced three German waltzes.* London: C. Wheatstone, [ca. 1810].

——. *W. A. Mozarts Alphabet. Ein musikalischer Scherz. Für drei Kinder-Stimmen arrangirt von C. F. Pax.* Berlin: Lischke, [ca. 1820s].

Mozart, Wolfgang Amadé [i. e. , authentic]. *Sämtliche Lieder für mittlere Stimme* [transposition]. Ed. Ernst August Ballin. Kassel: Bärenreiter, 1999.

——. *SEI QUARTETTI per due Violini, Viola, e Violoncello, Composti e Dedicati al Signor GIUSEPPE HAYDN, Maestro di Cappella di S. A. il Principe d'Esterhazy & & Dal Suo Amico W. A. MOZART, Opera X.* Vienna: Artaria, 1785.

——. *Wunder der Tonkunst! Oder 12 Musikstücke welche der unsterbliche W. A. Mozart in seinem 6ten Lebensjahre theils für das Klavier, theils für die Orgel komponirt hat* Augsburg: Verlag von Anton Böhm, [n. d. , after 1831].

Partsch, Placidus, ed. *Liedersammlung für Kinder und Kinderfreunde am Clavier. Frühlingslieder*. Vienna: Ignaz Alberti, 1791.

Reichardt, Johann Friedrich. *Lieder für Kinder aus Campes Kinderbibliothek*. Hamburg: Heroldschen Buchhandlung, 1781.

Rosenbaum, Christian Ernst. *Lieder mit Melodien*. Altona und Lübeck: David Iversen, 1762.

Scheibe, Johann Adolph. *Kleine Lieder für Kinder zur Beforderung der Tugend*. Flensburg: Johann Christoph Korte, 1766 - 1768. 2 vols.

Schoep, Arthur, and Daniel Harris. *Word- by- Word Translations of Songs and Arias, Part II: Italian*. New York: Scarecrow Press, 1972.

Schulz, Johann Abraham Peter. *Lieder im Volkston*. Berlin: Decker, 1782 (1st ed.), 1785 (2nd ed.), 1790 (3rd ed.).

Seydelmann, Franz. *Sechs Sonaten für Zwo Personen auf einem Clavier*. Leipzig: Breitkopf, 1781.

Stadler, Maximilian. *Neues Musikalisches Würfel- Spiel, oder: die Kunst, mit Hilfe zweyer Würfel, Menuetts und Trios bis ins Unendliche zu komponiren*. Vienna: Musikalisch- Typographischen Gesellschaft, n. d.

Stiasny, Franz. *Sammlung einiger Lieder für die Jugend bei Industrialarbeiten mit den hiezu gehörigen Melodien*. Prague: Normalschul- Buchdruckerey, 1789.

神童的写影：莫扎特与对童年的认识

Stoelzel, Marianne. *Die Anfänge vierhändiger Klaviermusik: Studien zur Satztypik Muzio Clementis*. Europäische Hochschulschriften 36/7. Frankfurt: Peter Lang, 1984.

Temperley, Nicholas, ed. *A Selection of Four- Hand Duets Published between 1777 and 1857; Works for Two Pianos Published between 1778 and 1860*. The London Pianoforte School 1766 – 1860, xix – xx. New York: Garland, 1986.

部分期刊

Allgemeine deutsche Bibliothek

Allgemeine Literatur- Zeitung

Allgemeine musikalische Zeitung（AmZ）

Allgemeiner Theater Allmanach von Jahr . . .

Almanach de Berlin

Angenehme und lehrreiche Beschäftigung für Kinder in ihre Freistunden

Aristide, ou le citoyen

Berlin Allgemeine musikalische Zeitung

Bibliotheque Germanique ou Histoire Litteraire de l'Allemagne, de la Suisse, et des Pays du Nord

Briefwechsel der Familie des Kinderfreundes

Caecilia

Europäische Zeitung

Foreign Quarterly Review

Der Greis

Hannoverisches Magazin

K[aiserlich] K[önigliche] allergnädigst privilegierte Realzeitung

Der Kinderfreund

Kleine Kinderbibliothek

Litteratur- und Theater- Zeitung

Lloyd's Evening Post

Magazin der Musik

Mercure de France

Mercure galant

Musenalmanach für das Jahr …

Musikalischer Almanach für Deutschland

Musikalisch- kritische Bibliothek

Neue Kinderbibliothek

Neue Sammlung zum Vergnügen und Unterricht

Der Nordische Aufseher

Der österreichischer Volksfreund

Pädagogische Unterhandlungen

Public Advertiser

Salzburger Volksblatt

Saxonia: Museum für sächsische Vaterlandskunde

Taschenbuch zum Nutzen und Vergnügen fürs Jahr …

Theater- Journal für Deutschland

Theaterwochenblatt zu Salzburg

Unterhaltungen für Kinder und Kinderfreunde

Wienerisches Diarium

Wiener Zeitung

Wochenschrift zum Besten der Erziehung der Jugend

Wochentliche Nachrichten und Anmerkungen die Musik betreffend

Zeitung für die elegante Welt

其他主要资料及早于 1850 年的资料(包含现代版本及译本)

Adelung, Johann Christoph. *Versuch eines vollständigen grammatisch- kritischen Wörterbuches der Hochdeutschen Mundart.* Leipzig: Breitkopf & Co. , 1775 – 1780. 5 vols.

神童的写影:莫扎特与对童年的认识

Anderson, Emily, trans. and ed. *The Letters of Mozart and His Family*. 2nd ed. , prepared by A. Hyatt King and Monica Carolan. London: Macmillan, 1966 [1938]. 2 vols.

[Anonymous]. *Catalogue des livres de musique qui se vendent chez Jean Michel Götz*. Mannheim, Joseph Ableshauser, 1802.

———. *Ein musikalisches Singspiel, genannt: Das Serail. Oder: Die unvermuthete Zusammenkunft in der Sclaverey zwischen Vater, Tochter, und Sohn*. Botzen: Karl Joseph Weiß, 1779.

———. *Jährlicher Bericht des Wiener Waisenhause unser lieben Frau am Rennwege* . . . [Vienna]: Joseph Gerold, 1772, 1777.

———. *Künftige Gottesdienstes- und Andachtsordnung für Prag, mit Anfange des 1. des Monats May 1784*. Prague: Schönfeld, 1784.

———. *Nachricht an das Publikum. Von der Absicht und dem Nutzen des auf allerhöchsten Befehl verbesserten Schulwesens in Oesterreich unter der Enns*. [Vienna]: n. p. , [1771].

———. *Schmuckkästchen für die Jugend, oder auserlesene Moral für das Herz. In alphabethischer Ordnung*. Vienna: Gerold, 1780.

———. *Ueber Taubstumme, Eine Einladungsschrift zur öffentlichen Prüfung der Taubstummen, welche den 22. August 1795 im k. k. Taubstummen- Institute zu Wien auf dem Dominikaner- Platze Vormittag von 9 bis 12 Uhr gehalten wird*. Vienna: Seizer, 1795.

———. *Vollkommener Bericht von dem Music- Chor deren Knaben in dem Waysenhaus Unser Lieben Frau auf dem Rennweeg* [sic] . . . , *Im Jahr, 1764, den 22. Novemb*. Vienna: Johann Jacob Jahn, [1764].

———. *Vollkommener Bericht von der Beschaffenheit des Waisenhauses Unser lieben Frau auf dem Rennwege zu Wien in Oesterreich* . . . *im Jahre 1774*. Vienna: Kaliwoda, 1774.

Aristotle. *De Sensu et Sensibili*. In *The Parvu Naturalia*. Trans. J. I. Beare. The

Works of Aristotle Translated into English. Oxford: Clarendon Press, 1908.

Arnold, Friedrich. *Beobachtungen in und über Prag, von einem reisenden Ausländer*. Prague: Woflgang Gerle, 1787. 2 vols.

[Arnold, Ignaz]. *Gallerie der berühmtesten Tonkünstler des 18. und 19. Jahrhunderts*. Erfurt: Müller, 1810, rev. 1816. 2 vols.

———. *Mozarts Geist. Seine kurze Biografie und ästhetische Darstellung seiner Werke. Ein Bildungsbuch für junge Tonkünstler*. Erfurt: Hennings, 1803.

———. *Wolfgang Amadeus Mozart und Joseph Haydn: Nachträge zu ihren Biografieen und ästhetischer Darstellung ihrer Werke. Versuch einer Parallele. Bildungsbuch für junge Tonkünstler*. Erfurt: J. K. Müller, 1810.

Augustine. *Writings of St. Augustine*. Ed. Robert C. Taliaferro. Fathers of the Church. Washington, DC: Catholic University of America Press, 1947.

Austen, Jane. *Emma*. London: John Murray, 1816 [orig. pub. 1815].

———. *Mansfield Park: A Novel*. London: J. Murray, 1816 [orig. pub. 1814].

Bach, Carl Philipp Emanuel. *Essay on the True Art of Playing Keyboard Instruments*. Trans. and ed. William J. Mitchell. New York: W. W. Norton, 1949.

———. *Versuch über die wahre Art, das Clavier zu spielen*. Berlin: C. F. Henning, 1753.

Baillet, Andre. *Des enfans devenus célebres par leurs etudes ou par leurs ecrits: Traité historique*. Paris: Antoine Dezallier, 1688.

Barrington, Daines. "Account of a Very Remarkable Young Musician. In a Letter from the Honourable Daines Barrington, F. R. S. to Mathew Maty, M. D. Sec. R. S." In *Philosophical Transactions, Giving Some Account of the Present Undertakings, Studies, and Labours, of the Ingenious, in Many Considerable Parts of the World*. London: Royal Society, 1771, vol. 60 ("For the Year 1770").

———. "Account of Master Samuel Wesley." In *Miscellanies by the Honourable*

Daines Barrington. London: J. Nichols, 1781, 291 - 310.

——. "Some Account of Little Crotch." In *Miscellanies by the Honourable Daines Barrington*. London: J. Nichols, 1781, 311 - 317.

Basedow, Johann Bernhard. *Das in Dessau errichtete Philanthropinum, Eine Schule der Menschenfreundschaft und guter Kenntnisse für Lernende und junge Lehrer, arme und reiche*. Leipzig: Siegfried Lebrecht Crusius, 1774.

——. *Das Elementarwerk: Ein geordneter Vorrath aller nöthigen Erkenntniß; Zum Unterrichte der Jugend, von Anfang, bis ins academische Alter, Zur Belehrung der Eltern, Schullehrer und Hofmeister, Zum Nutzen eines jeden Lesers, die Erkenntniß zu vervollkommnen; In Verbindung mit einer Sammlung von Kupferstichen, und mit französischer und lateinischer Uebersetzung dieses Werkes*. Dessau, 1770. 4 vols.

——. *Kupfersammlung zu J. B. Basedows Elementarwerke für die Jugend und ihre Freunde*. Berlin and Dessau: n. p. , 1774.

Basedow, Johann Bernhard, and Joachim Heinrich Campe, eds. *Pädagogische Unterhandlungen*. Dessau and Leipzig: Steinacker and Crusius, 1777 - 1778. 12 Stücke.

Bauer, W. A. , Otto Erich Deutsch, and Joseph Heinz Eibl, eds. *Mozart: Briefe und Aufzeichnungen, Gesamtausgabe*. Rev. ed. Kassel: Bärenreiter, 2005 [1962 - 1975]. 7 vols.

Baur, Samuel. *Charakteristik der Erziehungsschriftsteller Deutschlands: Ein Handbuch für Erzieher*. Leipzig: Johann Benjamin Georg Fleischer, 1790.

Blanchard, Peter [Pierre], [and Friedrich Karl Kraft]. *Le Plutarque de la jeunesse, ou Abrégé des vies des plus grands hommes de toutes les nations, depuis les temps les plus reculés jusqu'a nos jours*. Paris: Le Prieur, 1803.

——. *Neuer Plutarch, oder kurze Lebensbeschreibungen der berühmtesten Männer aller Nationen von den ältesten bis auf unsere Zeiten. Aus dem Französischen frey übersetzt, und mit neuen Biographien vermehrt*. Vienna: Anton Doll, 1806. 2

vols.

Böldicke, Joachim. *Methodus Lockio- Baratieriana, Das ist, Ein Vorschlag Durch Hülffe des Spielens, der Music, Poësie, und anderer Ergötzlichkeiten, Wodurch man die wichtigsten Wahrheiten vortragen kan, Zum Ruhm des Schöpfers, Binnen 12. Jahren Zehn vornehme Kinder dergestalt zu erziehen* ... Berlin: Christian Albrecht Gäbert, 1735, repr. 1750.

Burney, Charles. *Account of an Infant Musician, Read at the Royal Society, Feb. 18, 1779.* London: Nichols, 1779.

——. *The Present State of Music in France and Italy, or, The Journal of a Tour through Those Countries, Undertaken to collect Materials for A General History of Music.* London: T. Becket and Co. , 1771.

——. *The Present State of Music in Germany, The Netherlands, and the United Provinces* ... London: Becket, Robson, and Robinson, 1773. 2 vols.

Busby, Thomas. "Life of Mozart, The Celebrated German Musician." *Monthly Magazine 6*, no. 39/*Walpoliana* 9 (December 1798): 445 - 450.

Campe, Joachim Heinrich. *Allgemeine Revision des gesammten Schul- und Erziehungswesens von einer Gesellschaft praktischer Erzieher.* Hamburg, Vienna, Wolfenbüttel, and Braunschweig, 1785 - 1792. 16 vols.

——. *Kleine Kinderbibliothek.* Hamburg: Heroldschen Buchhandlung, 1779 - 1784. 12 vols.

Chimani, Leopold. *Vaterländischer Jugendfreund. Ein belehrendes und unterhaltendes Lesebuch ur Veredlung des Herzens, Beförderung der Vaterlandsliebe und gemeinnütziger Kenntnisse für die Jugend des österreichischen Kaiserstaates.* Vienna: Anton Doll, 1814. 6 Theile.

Deutsch, Otto Erich. *Mozart: A Documentary Biography.* Trans. Eric Blom, Peter Branscombe, and Jeremy Noble. Stanford, CA: Stanford University Press, 1965.

——. *Mozart: Die Dokumente seines Lebens.* Kassel: Bärenreiter, 1961.

Diderot, Denis. *Lettre sur les aveugles a l'usage de ceux qui voient*. London: n. p. , 1749.

———. *Lettre sur les sourds et muets a l'usage de ceux qui entendent et qui parlent*. [Paris]: n. p. , 1751.

———. *Selected Writings on Art and Literature*. Trans. and ed. Geoffrey Bremner. London: Penguin Books, 1994.

Diderot, Denis, and Jean le Rond d'Alembert, eds. *Encyclopédie, ou Dictionnaire raisonné des sciences, des arts et des métiers, etc*. Paris: Briasson, David, Le Breton, and Durand, 1751 – 1772. 28 vols. ARTFL Encyclopédie Project, http: //encyclopedie. uchicago. edu/.

Dixon, Graham, et al. , "English Translations of the Lieder Texts. " In *W. A. Mozart, Sämtliche Lieder für hohe Stimme*. Ed. Ernst August Ballin. Kassel: Bärenreiter, 1991, 69 – 76.

Dodsley, Robert. *The General Contents of the British Museum: With Remarks. Serving as a Directory in Viewing that Noble Cabinet*. London: R. and J. Dodsley, 1761.

Edge, Dexter, and David Black, eds. *Mozart: New Documents*. First published June 12, 2014. https: //sites. google. com/site/mozartdocuments/.

Eisen, Cliff. *New Mozart Documents: A Supplement to O. E. Deutsch's Documentary Biography*. London: Macmillan, 1991.

Ellrodt, Theodor Christian. "Das musikalische Kind Mozart. " In *Taschenbuch zur nützlichen Unterhaltung für die Jugend und ihre Freunde*. Ed. Ellrodt. Leipzig: n. p. , 1813.

Engel, Johann Jakob. *Ideen zu einer Mimik, Erster Theil*. Berlin: August Mylins, 1785.

Felbiger, Johann Ignaz von. *Die Christlich- katholische Lehre in Liedern; das ist: Catechetische Gesänge zum Gebrauche der Saganischen Schulen: mit einer Vorrede von der Absicht und dem Gebrauche dieser Lieder*. Sagan: Verlag der katholischen

Trivialschule, 1766.

——. *Eigenschaften, Wissenschaften, und Bezeigen rechtschaffener Schulleute, um nach dem in Schlesien für die Römischkatholischen bekannt gemachten Königl. General-Landschulreglement in den Trivialschulen der Städte, und auf dem Lande der Jugend nützlichen Unterricht zu geben*. Bamberg and Würzburg: Göbhardt, 1772.

——. *Kleine Schulschriften, nebst einer ausführlichen Nachricht von den Umständen und dem Erfolge der Verbesserung der katholischen Land- und Stadt- Trivialschulen in Schlesien und Glatz*. Bamberg and Würzburg: Göbhardt, 1772.

Formey, Johann Heinrich Samuel. *La Vie de Mr. Jean Philippe Baratier, Maître* [d] *es Arts, & Membre de la Société Royale des Sciences de Berlin*. Utrecht: Etienne Neaulme, 1741.

Frisch, Johann Leonhard. *Teutsch- Lateinisches Wörter- Buch*. Berlin: Christoph Gottlieb Nicolai, 1741. 2 vols.

Garnier, Franz Xaver. *Meine Pilgerfahrt aus Mutters Schoos in das Welgetümmel*. Breslau: n. p., 1802.

——. *Nachricht von der Bernerischen jungen Schauspieler- Gesellschaft, von der Aufnahme und dem Zuwachse derselben, mit einigen Anhängen, und 24. am Ende beygefügten Silhouettes mit Verwilligung und Beytrag des Herrn Berners zusammengetragen von M. I. R. Einem Zögling derselben, im Jahre 1782*. Erlangen: n. p., 1782.

——. *Nachricht von der im Jahre 1758 von Herrn Felix Berner errichteten jungen Schauspieler- Gesellschaft, von den bis jezt gethanenen Reisen, von der Aufnahme und dem Zuwachse derselben, einigen Anhängen, und vielen am Ende beigefügten* Silhouettes *von Schauspielern und Schauspielerinnen dieser Gesellschaft. Mit Bewilligug und Beitrag des Herrn Berner*. Vienna: Johann Joseph Jahn, 1786.

Gathy, August. *Musikalisches Conversations- Lexikon, Encyklopädie der gesammten Musik- Wissenschaft* ... Hamburg: G. W. Niemeyer, 1840.

Grimm, Friedrich Melchior von. *Correspondance littéraire, philosophique et critique, depuis 1753 jusqu'en 1790*. Ed. Maurice Tourneux. Paris: Garnier Freres, 1877 - 1882. 16 vols.

Hagedorn, Friedrich. *Oden und Lieder in fünf Büchern*. Hamburg: Johann Carl Bohn, 1747.

Hamberger, Georg Christoph, and Johann Georg Meusel. *Das Gelehrte Teutschland oder Lexikon der jetzt lebenden teutschen Schriftsteller*, 5th ed. Lemgo: Meyerschen Buchhandlung, 1798. 7 vols.

Herder, Johann Gottfried von. "Auszug aus einem Briefwechsel über Ossian und die Lieder der alten Völker." In *Von Deutscher Art und Kunst: Einige fliegende Blätter*. Hamburg: Bode, 1773, 3 - 70.

——. "On Recent German Literature: First Collection of Fragments [1767]." In *Selected Early Works, 1764 - 1767: Addresses, Essays, and Drafts; Fragments on Recent German Literature*. Ed. Ernest A. Menze and Karl Menges. Trans. Menze with Michael Palma. University Park: Pennsylvania State University Press, 1992, 85 - 165.

——. "Ueber Thomas Abbts Schriften. Zweites Stück. Aus der Handschrift. (1768)." In *Herders Sämmtliche Werke*. Ed. Bernhard Suphan, vol. 2: 295 - 363. Berlin: Weidmannsche Buchhandlung, 1877.

——. "Viertes Wäldchen" [1769, unpublished]. In *Sämmtliche Werke*. Ed. Bernhard Suphan. Berlin: Weidmann, 1878, vol. 4: 3 - 198.

Hormayr, Joseph Freiherr von. *Oesterreichischer Plutarch, oder Leben und Bildnisse aller Regenten und der berühmtesten Feldherren, Staatsmänner, Gelehrten und Künstler des österreichischen Kaiserstaates*. Vienna: Doll, 1807 - 1814. 20 vols.

Hörnigk, Wilhelm von. *Oesterreich über Alles wann es nur will, Das ist: wohlmeinender Fürschlag Wie mittelst einer wolbestellten Lands- Oeconomie, die Kayserliche Erb-Land in kurzem über alle andere Staat von Europa zu erheben . . .* [Nuremberg]: n. p. , 1684.

Imhof, Andreas Lazarus von. *Des Neu-Eröffneten Historischen Bilder-Saals, Zehender Theil. Das ist Kurtze, deutliche und unpartheyische Beschreibung der Historiae Universalis ... von dem Jahr 1734. bis auf das Jahr 1743.* Nurnberg: Buggel and Seitz, 1744.

Joseph II. *Codex Juris Ecclesiastici Josephini, oder vollständige Sammlung aller während der Regierung Joseph des Zweyten ergangenen Verordnungen im geistlichen Fache.* Frankfurt and Leipzig, 1788 – 1789. 2 vols.

——. *Joseph des Zweyten Römischen Kaisers Gesetze und Verfassung im Justiz-Fache ... In dem siebenten Jahre seiner Regierung. Jahrgang von 1786 bis 1787.* Vienna: K. K. Hof- und Staats- Aerarial- Druckerey, 1817.

Justi, Johann Heinrich Gottlob. *Grundfeste der Macht und der Glückseligkeit der Staaten, oder ausführliche Vorstellung der gesamten Policey-Wissenschaft.* Königsberg and Leipzig: Gebhard Ludewig Wolkersdorfs Wittwe, 1760 – 1761. 2 vols.

Kant, Immanuel. *Anthropology from a Pragmatic Point of View* [1798]. Trans. Robert B. Louden. Cambridge: Cambridge University Press, 2006.

——. "Beantwortung der Frage: Was ist Aufklärung?" *Berlinische Monattschrift* 12 (December 1784): 481 – 494.

Klingemann, August. *Kunst und Natur: Blätter aus meinem Reisetagebuche.* Braunschweig: G. C. E. Meyer, 1819 – 1828. 3 vols.

Kuebach, P. Stansislaus. *Trauerrede auf den tödtlichen Hintritt Josephs des II ... die hohe Trauercerimonie feyerte den 18. März 1790.* Augsburg, Matthäus Riegers sel. Söhnen, 1790.

Ladvocat, Jean- Baptiste. *Historisches Hand- Wörterbuch, worinnen von den Patriarchen, Kaysern, Königen, Fürsten ... und andere Helden des Alterthums.* Ulm: Gaum, 1763. 4 vols.

Lessing, Gotthold Ephraim. *Gotthold Ephraim Lessing: Werke und Briefe in zwölf Bänden.* Ed. Jürgen Stenzel. Frankfurt: Deutscher Klassiker, 1989. 12 vols.

———. "Über die Regeln der Wissenschaften zum Vergnügen; besonders der Poesie und Tonkunst." In *Der Critische Musicus an der Spree*, ed. Friedrich Wilhelm Marpurg, vol. 18 (July 1, 1749): 141–146.

Lindner, Johann Gotthelf. *Beitrag zu Schulhandlungen*. Königsberg: Gebh. Ludwig Woltersdroffs Wittwe, 1762.

Locke, John. *Some Thoughts concerning Education* [1693]. London: A. and J. Churchill, 1693.

———. *Some Thoughts concerning Education* [1989]. Ed. and intr. John W. and Jean S. Yolton. Oxford: Clarendon Press, 1989.

[Mainwaring, John]. *Memoirs of the Life of the Late George Frederic Handel*. London: R. and J. Dodsley, 1760.

Maria Theresa. *Allgemeine Schulordnung, für die deutschen Normal- Haupt- und Trivialschulen in sämmtlichen Kaiserl. Königl. Erbländern d. d. Wien den 6ten December 1774*. Vienna: Trattner, 1774.

———. *Constitutio Criminalis Theresiana oder der Römisch- Kaiserl. zu Hungarn und Böheim &c. &c. Königl. Apost. Majestät Maria Theresia Erzherzogin zu Oesterreich, &c. &c. peinliche Gerichtsordnung*. Vienna: Edlen von Trattner, 1769.

———. *Maria Theresia und Joseph II. Ihre Correspondenz*. Ed. Alfred Ritter von Arneth. Vienna: Carl Gerold's Sohn, 1867–1868. 3 vols.

———. *Supplementum Codicis Austriaci, oder Chronologische Sammlung, aller vom 1ten Jäner 1759 bis letzten Dezember 1770 ... Generalien, Patenten, Satz- Ordnungen, Rescripten, Resolutionen, dann Landesobrigkeitlichen Edikten, Mandaten und Dekreten ...* Vienna: Trattner, 1777. 6 vols.

Marpurg, Friedrich Wilhelm. *Handbuch bey dem Generalbasse und der Composition mit zwey- drey- vier- fünf- sechs- seiben- acht und mehrern Stimmen*. Berlin: Johann Jacob Schützens Wittwe, 1755.

Massie, Joseph. *Farther Observations Concerning the Foundling- Hospital. Pointing*

Out the Ill Effects ... London: T. Payne, 1759.

[Matteson, Johann]. *Abhandlung von den Pantomimen, historisch und critisch ausgeführt*. Hamburg: Geißler, 1749.

[May, Joseph]. *Erste Kenntnisse für Taubstumme. Zum Gebrauche by dem Unterrichte der Zöglinge des k. k. Taubstummen- Institutes zu Wien*. Vienna: Taubstummen- Instituts- Buchdruckerey, 1798.

Milchmeyer, P. J. *Kleine Pianoforte- Schule für Kinder, Anfänger und Liebhaber*. Dresden: Carl Christian Meinhold, 1801. 7[?] vols.

Mozart, Leopold. "Nachricht von dem gegenwärtigen Zustande der Musik Sr. Hochfürstl. Gnaden des Erzbischofs zu Salzburg im Jahre 1757." In *Historisch- Kritische Beyträge zur Aufnahme der Musik*. Ed. F. W. Marpurg, vol. 3, no. 3: 183 - 98. Berlin: Gottlieb August Lange, 1757.

——. *A Treatise on the Fundamental Principles of Violin Playing*. Trans. Editha Knocker. London: Oxford University Press, 1951.

——. *Versuch einer gründlichen Violinschule*. Augsburg: Johann Jacob Lotter, 1756.

Mozart, Wolfgang Amadeus. *Thematisches Verzeichniss sämmtlicher Kompositionen von W. A. Mozart, so wie er solches vom 9ten Februar 1784 an, bis zum 15ten November 1791 eigenhändig niedergeschrieben hat. Nach dem Original- Manuscripte*. Offenbach: André, 1805.

Müller, Johann Heinrich Friedrich. *Abschied von der k. k. Hof- Nationalbühne. Mit einer kurzen Biographie seines Lebens und einer gedrängten Geschichte des hiesigen Hoftheaters*. Vienna: Joh. Bapt. Wallishausser, 1802.

——. *Genaue Nachrichten von beyden kaiserl. königl. Schaubühnen und andern öffentlichen Ergötzlichkeiten in Wien*. Vienna: Kurzböck, 1772 - 1773. 2 vols.

——. *Theatererinnerungen eines alten Burgschauspielers* [1802]. Ed. Richard Daunicht. Berlin: Henschelverlag, 1958.

Musäus, J[ohann] C. [Karl]. *Moralische Kinderklapper für Kinder und*

Nichtkinder, *Nach dem Französischen des Herrn Monget*. Gotha: Carl Wilhelm Ettinger, 1788. Rev. ed. 1794.

Nicolai, Friedrich. *Beschreibung einer Reise durch Deutschland und die Schweiz*, *im Jahre 1781*. Berlin and Stettin: n. p. , 1783 – 1789. 12 vols.

Niemetschek, Franz Xaver. *Leben des K. K. Kapellmeisters Wolfgang Gottlieb Mozart*. Prague: Herrlischen Buchhandlung, 1798.

Nissen, Georg Nikolaus von. *Anhang zu Wolfgang Amadeus Mozart's Biographie* . . . Ed. Constanze Nissen. Leipzig: Breitkopf & Härtel, 1828.

——. *Biographie W. A. Mozart's* . . . Ed. Constanze Nissen. Leipzig: Breitkopf & Härtel, 1828.

Overbeck, Christian Adolf. *Frizchens Lieder*. Hamburg: Carl Ernst Bohn, 1781.

Pařízek, Aleš. *Ausführliche Beschreibung der am 15. November 1800 gehaltenen Jubelfeyer der k. k. Normalschule in Prag*; *nebst einer kurzen fünf und zwanzig jährigen Geschichte dieser Schule*. Prague: Kaspar Widtmann, 1801.

Pezzl, Johann. *Johann Pezzl's Chronik von Wien*. Rev. and updated by Franz Ziska. Vienna: Carl Armbruster, 1824.

——. *Skizze von Wien*. Vienna: Krauss, 1786 – 1790. 6 vols.

Plutarch. "De fraterno amore. " In *Moralia*. Trans. W. C. Helmbold. Loeb Classical Library 6. Cambridge, MA: Harvard University Press, 1939.

Quantz, Johann Joachim. *On Playing the Flute*. Trans. Edward R. Reilly. London: Faber and Faber, 1966.

——. *Versuch einer Anweisung die Flöte traversiere zu spielen*. Berlin: Voß, 1752.

Richter, Joseph. *Warum wird Kaiser Joseph von seinem Volke nicht geliebt?* Vienna: Wucherers, 1787.

Ristelhueber, J. B. *Wegweiser zur Literatur der Waisenpflege*, *des Volks- Erziehungswesens*, *der Armenfürsorge*, *des Bettlerwesens und der Gefängnisskunde*. Cologne: Schmitz, 1831.

Rochow, Friedrich Eberhard von. *Der Kinderfreund: Ein Lesebuch zum Gebrauch in Landschulen*. Frankfurt: Eichenberg, 1776.

Rode, August. "Der Ausgang, oder Die Genesung." In *Kinderschauspiele*. [Leipzig: Crusius], 1777, 51–78.

Rousseau, Jean-Jacques. *The Confessions* [1782], *and Correspondence, Including the Letters to Malesherbes*. Trans. Christopher Kelly. Ed. Christopher Kelly, Roger D. Masters, and Peter G. Stillman. The Collected Writings of Rousseau 5. Hanover, NH: University Press of New England, 1995.

———. *Du contrat social; ou Principes du droit politique*. Amsterdam: Marc-Michel Rey, 1762.

———. *Emile or On Education*. Trans. and ed. Christopher Kelly and Allan Bloom. The Collected Writings of Rousseau 13. Hanover: University Press of New England, 2010.

———. *Émile, ou De l'éducation*. London, 1780. 2 vols.

———. *Émile, ou de l'éducation*. Amsterdam: Jean Néaulme, 1762. 2 vols.

Salzmann, Christian Gotthilf. *Ameisenbüchlein oder Anwendung zu einer vernünftigen Erziehung der Erzieher*. Schnepfenthal: Buchhandlung der Erziehungsanstalt, 1806.

———. *Ueber die heimlichen Sünden der Jugend*. Leipzig: Siegfried Lebrecht Crusius, 1785.

Schikaneder, Emanuel. *Die Zauberflöte: Eine Große Oper in Zwey Aufzügen* [libretto]. Vienna: Alberti, 1791.

Schiller, Friedrich. "On Naive and Sentimental Poetry" [1795–1796]. In *Essays*. Ed. Walter Hinderer and Daniel O. Dahlstrom. The German Library 17. New York: Continuum, 1993.

Schlichtegroll, Friedrich. "Mozart." In *Nekrolog auf das Jahr 1791 ... Zweyter Jahrgang, Zweyter Band*. Gotha: Justus Perthes, 1793.

Schmidt, C. F. *Lebensregeln für Jungfern nebst einem Pendant über das Heyrathen für alle Stände*. Vienna: Friedrich August Hartmann, 1783.

Schöneich, Christian von. *Merkwürdiges Ehren- Gedächtniß von dem Christlöblichen Leben und Tode des weyland klugen und gelehrten Lübeckischen Kindes, Christian Henrich Heineken*. Hamburg: Kißner, 1726.

Schubart, Christian Daniel Friedrich. *Gedichte aus der Gefangenschaft*. Ed. Karl-Maria Guth. Berlin: Hofenberg, 2013.

[Schummel, Johann Gottlieb]. *Fritzens Reise nach Dessau*. Leipzig: Siegfried Lebrecht Crusius, 1776.

Seibt, Karl Heinrich. *Von dem Einflusse der Erziehung auf die Glückseligkeit des Staats*. Prague: Mangold, 1771.

Siebigke, Christian. "Wolfgang Gottlieb Mozart. Nebst einer kurzen Darstellung seines Lebens und seiner Manier." In *Museum deutscher Gelehrten und Kuenstler in Kupfern und schriftlichen Abrissen*. Breslau: August Schall, 1800, 3 – 70.

Smith, Amand Wilhelm. *Philosophische Fragmente über die praktische Musik*. Vienna: Taubstummeninstitutsbuchdruck, 1787.

Smith, William, ed. *A Dictionary of Greek and Roman Antiquities*. 2nd ed. London: James Walton and John Murray, 1870.

Sonnenfels, Joseph von. *Grundsätzen der Polizei, Handlung und Finanzwissenschaft, Erster Theil, Dritte Auflage*. Vienna: Joseph Kurzböck, 1777 [1770].

Spiess, R. P. Meinrado. *Tractatus Musicus Compositorio- Practicus*. Augsburg: Johann Jacob Lotters seel. Erben, 1745.

Steinsky, Franz Anton. *Uiber die Pflicht der Anhänglichkeit junger Bürger der österreichischen Staaten an ihre Landesfürsten, aus dem Grunde der Schulverbesserungswohlthat* ... Prague: Normalschulbuchdruckerey, 1799.

Sterne, Laurence. *The Life and Opinions of Tristram Shandy, Gentleman*. London: Becket and Dehont, 1759 – 1767. 9 vols.

Stork, Friedrich. *Anleitung zum Unterrichte der Taubstummen nach der Lehrart des*

Herrn Abbe de l'Epee in Paris, *nebst einer Nachricht von dem kaiserl. königl.*
Taubstummeninstitute in Wien. Vienna: Taubstummeninstitut, 1786.

Strutt, Joseph. *The Sports and Pastimes of the People of England* ... London: J.
White, 1801.

Sulzer, Johann George [*sic*]. *Allgemeine Theorie der schönen Künste in einzeln*,
nach alphabetischer Ordnung der Kunstwörter auf einander folgenden, *Artikeln*.
Leipzig: M. G. Weidemanns Erben und Reich, 1771 - 1774. 3 vols.

Tissot, Samuel-Auguste. *Avis aux gens de lettres et aux personnes sédentaires sur leur*
santé, *traduit du Latin de M. Tissot*, *médecin*. Paris: J. Th. Herissant Fils,
1767.

———. *De la santé des gens de lettres*. Lausanne: François Grasset, 1766, rev.
1769.

Türk, Daniel Gottlob. *Klavierschule*, *oder Anweisung zum Klavierspielen für*
Lehrer und Lernende, *mit kritischen Anmerkungen*. Leipzig and Halle:
Schwickert, and Hemmerde and Schwetschke, 1789.

———. *Klavierschule*, *oder Anweisung zum Klavierspielen für Lehrer und Lernende*,
mit kritischen Anmerkungen. *Neue vermehrte und verbesserte Ausgabe*. Leipzig and
Halle: Schwickert, and Hemmerde and Schwetschke, 1802.

———. *School of Clavier Playing*. Trans. and ed. Raymond H. Haggh. Lincoln:
University of Nebraska Press, 1982.

Uz, Johann Peter. *Sämtliche Poetische Werke*. Leipzig: Dyk, 1768.

Volkmann, Johann Jacob. *Historisch-kritische Nachrichten von Italien* ... Leipzig:
Caspar Fritsch, 1771. 3 vols.

Weschel, Leopold Matthias. *Die Leopoldstadt bey Wien*. Vienna: Anton Strauß,
1824.

Weisse, Christian Felix. *Kleine lyrische Gedichte*. Leipzig: Weidmanns Erben und
Reich, 1772.

Whistling, C. F. *Handbuch der musikalischen Literatur*, *oder allgemeines*

神童的写影：莫扎特与对童年的认识

systematisch geordnetes Verzeichniss gedruckter Musikalien. Leipzig: C. F. Whistling, 1828.

——. *Handbuch der musikalischen Literatur* ... Ed. Adolph Hofmeister. 3rd ed. Leipzig: Hofmeister, 1845.

Wimmer, Marian. *Sigismundus Hungariae rex: acta*, *amplissimis honoribus celsissimi ac reverendissimi domini domini Sigismundi Christophori* ... *de Schrattenbach* ... *consecrate a musis Benedictinis Salisburgi Kalendis*, *et III. Nonas Septembris M. DCC. LXI.* Salzburg: Johann Baptist Mayr, 1761.

Winckler, Théophile Frédéric. *Notice biographique sur Jean- Chrysostome-Wolfgang- Théophile Mozart*. Paris: J. J. Fuchs, 1801.

Young, Edward. *Conjectures on Original Composition. In a Letter to the Author of Sir Charles Grandison*. London: Millar and Dodsley, 1759.

Zedler, Johann Heinrich. *Grosses vollständiges Universal- Lexicon aller Wissenschaften und Künste*. Leipzig and Halle: Zedler, 1731 – 1754. 68 vols. http://www.zedler- lexikon.de.

次要资料及晚于 1850 年的资料

Abert, Hermann. *W. A. Mozart*. Trans. Stewart Spencer. Ed. Cliff Eisen. New Haven, CT: Yale University Press, 2007 [1919 – 1921].

Abrams, M. H. *The Mirror and the Lamp: Romantic Theory and the Critical Tradition*. Oxford: Oxford University Press, 1953.

Adelson, Robert, and Jacqueline Letzter. "*Mozart fille*: Lucile Grétry (1772 – 1790) and the Forgotten Tradition of Girl Musical Prodigies." In *Mozart aujourd'hui*. Ed. Brigitte van Wymeersch. Louvain-la-Neuve, Belgium: Presses Universitaires de Louvain, 2006.

Allanbrook, Wye J. "Human Nature in the Unnatural Garden: *Figaro* as Pastoral." *Current Musicology* 51 (1993): 82 – 93.

——. "Is the Sublime a Musical Topos?" *Eighteenth- Century Music* 7, no. 2 (2010): 263 – 279.

——. *Rhythmic Gesture in Mozart*: Le nozze di Figaro *and* Don Giovanni. Chicago: University of Chicago Press, 1983, repr. 2016.

——. *The Secular Commedia: Comic Mimesis in Late Eighteenth- Century Music*. Berkeley: University of California Press, 2014.

Alston, Robin. *Order and Connexion: Studies in Bibliography and Book History — Selected Papers from the Munby Seminar, Cambridge, July 1994*. Woodbridge, Suffolk: D. S. Brewer, 1997.

Angermüller, Rudolph. "Personae Musicae, Actores und Salii (Tänzer) des Schuldramas ' *Sigismundus Hungariae Rex*,' Salzburg, 1. September 1761." *Mitteilungen der Internationalen Stiftung Mozarteum* 50, no. 3 – 4 (2002): 1 – 11.

[Anonymous]. *Festschrift zum 175- Jährigen Bestande des Bundes- Taubstummeninstitutes in Wien*. Vienna: Bernhardt, 1954.

——. "Mozart and Dr. Tissot." *Notes* 8, no. 1 (1950): 40 – 64.

Archard, David. "John Locke's Children." In *The Philosopher's Child: Critical Perspectives in the Western Tradition*. Ed. Susan M. Turner and Gareth B. Matthews. Rochester, NY: University of Rochester Press, 1998, 85 – 103.

Aries, Philippe. *Centuries of Childhood: A Social History of Family Life* [1960]. Trans. Robert Baldick. New York: Knopf, 1962. Originally published as *L'enfant et la vie familiale sous l'ancien régime* [1960].

Austern, Linda. *Music in English Children's Drama of the Later Renaissance*. Philadelphia: Gordon and Breach, 1992.

Bachmann, Manfred. *Berchtesgadener Volkskunst: Geschichte, Tradition, Gegenwart*. Leipzig: Rosenheimer, 1985.

Baker, Nancy Kovaleff, and Thomas Christensen, eds. *Aesthetics and the Art of Musical Composition in the German Enlightenment: Selected Writings of Johann Georg Sulzer and Heinrich Christoph Koch*. Cambridge: Cambridge University Press, 1994.

Ballin, Ernst- August. *Das Wort-Ton-Verhältnis in den Klavierbegleiteten Liedern Mozarts*. Kassel: Bärenreiter, 1984.

———. "Zu Mozarts Liedschaffen: Die Lieder KV 149 - 151, KV 52 und Leopold Mozart." *Acta Mozartiana* 8, no. 1 (1961): 18 - 24.

Bander, Elaine. "Jane Austen and the Uses of Silence." In *Literature and Ethics: Essays Presented to A. E. Malloch*. Ed. Gary Wihl and David Williams. Kingston: McGill- Queen's University Press, 1988, 46 - 61.

Baragwanath, Nicholas. "Mozart's Early Chamber Music with Keyboard: Traditions of Performance, Composition and Commodification." In *Mozart's Chamber Music with Keyboard*. Ed. Martin Harlow. Cambridge: Cambridge University Press, 2012, 25 - 44.

Bastian, Hans Günther. "Wunderkinder." In *Die Musik in Geschichte und Gegenwart: Allgemeine Enzyklopädie der Musik*. Ed. Ludwig Finscher. Kassel: Bärenreiter, 1994 - 2007, 2nd ed. Sachteil 9 (Sy- Z) [1998], 2068 - 2080.

Bauman, Thomas. "Becoming Original: Haydn and the Cult of Genius." *Musical Quarterly* 87, no. 2 (2004): 333 - 357.

———. *North German Opera in the Age of Goethe*. Cambridge: Cambridge University Press, 1985.

Beales, Derek. "Court, Government and Society in Vienna." In *Wolfgang Amadé Mozart: Essays on His Life and His Music*. Ed. Stanley Sadie. Oxford: Clarendon Press, 1996, 3 - 20.

———. *Enlightenment and Reform in Eighteenth- Century Europe*. London: I. B. Tauris, 2005.

———. *Joseph II, Volume 2: Against the World 1780 - 1790*. Cambridge: Cambridge University Press, 2009.

Beghin, Tom. *The Virtual Haydn: Paradox of a Twenty-First-Century Keyboardist*. Chicago: University of Chicago Press, 2015.

Bernstein, Jane. *Print Culture and Music in Sixteenth- Century Venice*. Oxford:

Oxford University Press, 2001.

Betzwieser, Thomas. "Mozarts *Zaide* und *Das Serail* von Friebert. Genese und Datierung von Mozarts Singspiel im Licht neuer Quellen." *Mozart-Jahrbuch* (2006): 279 – 296.

——. "Zwischen Kinder- und Nationaltheater: Die Rezeption der Opéra-Comique in Deutschland (1760 – 1780)." In *Theater im Kulturwandel des 18. Jahrhunderts: Inszenierung und Wahrnehmung von Körper, Musik, Sprache.* Ed. Erika Fischer- Lichte and Jörg Schönert. Göttingen: Wallstein Verlag, 1999, 245 – 264.

Black, David. "Mozart and Musical Discipline at the *Waisenhaus.*" *Mozart-Jahrbuch 2006: Bericht über den Kongress "Der junge Mozart: 1756 – 1780."* Ed. Henning Bey and Johanna Senigl. Kassel: Bärenreiter, 2008.

——. "Mozart and the Practice of Sacred Music, 1781 – 1791." PhD thesis, Harvard, 2007.

Blackmer, Corinne E. , and Patricia Juliana Smith, eds. *En Travesti: Women, Gender Subversion, Opera.* New York: Columbia University Press, 2005.

Blanning, T. C. W. *The Culture of Power and the Power of Culture: Old Regime Europe, 1660 – 1789.* Oxford: Oxford University Press, 2002.

——. *Joseph II.* Profiles in Power. London: Longman, 1994, repr. New York: Routledge, 2013.

——. *Joseph II and Enlightened Despotism.* London: Longman, 1970.

Blümml, Emil Karl, and Gustav Gugitz. *Alt- Wiener Thespiskarren: Die Frühzeit der Wiener Vorstadtbühnen.* Vienna: Anton Schroll & Co. , 1925.

Boberski, Heiner. *Das Theater der Benediktiner an der alten Universität Salzburg (1617 – 1778).* Theatergeschichte Österreichs 6, Salzburg Heft 1. Vienna: Österreichischen Akademie der Wissenschaften, 1978.

Bodsch, Ingrid. "'Merckwürdige Nachricht von einem sehr frühzeitig gelehrten Kinde ...': Von unvergleichlichen Begabungen und ihrer Rezeption in

Literatur, Medien und Fachwelt. " In *Beethoven und andere Wunderkinder*. Ed. Bodsch, with Otto Biba and Ingrid Fuchs. Bonn: Stadtmuseum, 2003, 103 - 35.

Boock, Barbara. *Kinderliederbücher 1770 - 2000: Eine annotierte, illustrierte Bibliographie*. Volksliedstudien 8. Münster: Waxmann, 2007.

Born, Georgina. " On Musical Mediation: Ontology, Technology and Creativity, " *twentieth- century music* 2, no. 1 (2005): 7 - 36.

Bowers, Jane. "Mozart and the Flute. " *Early Music* 20, no. 1 ("Performing Mozart's Music II, " 1992): 31 - 42.

Breene, Samuel. "The Instrumental Body in the Age of Mozart: Science, Aesthetics and Performances of the Self. " *Early Music* 42, no. 2 (2014): 231 - 247.

Brewer, Holly. *By Birth or Consent: Children, Law, and the Anglo- American Revolution in Authority*. Chapel Hill: University of North Carolina Press, 2005.

Brooks, Peter. *Reading for the Plot: Design and Intention in Narrative*. Cambridge, MA: Harvard University Press, 1992.

Brown, A. Peter. "Joseph Haydn and Leopold Hofmann's ' Street Songs. '" *Journal of the American Musicological Society* 33, no. 2 (1980): 356 - 383.

Brown, Maurice J. E. "Mozart's Songs for Voice and Piano. " *Music Review* 17 (1956): 19 - 28.

Bruce, Emily. "Reading Agency: The Making of Modern German Childhoods in the Age of Revolutions. " PhD thesis, University of Minnesota, 2015.

Bruckmüller, Ernst. *Sozialgeschichte Österreichs*. Vienna: Verlag für Geschichte und Politik, 2001.

Bruckner, Hans. "Die Pfeifenmacherei in Berchtesgaden, " *Tibia: Magazin für Freunde alter und neuer Bläsermusik* 79, no. 2 (1979): 289 - 296.

Brüggemann, Theodor, and Hans- Heino Ewers, eds. *Handbuch zur Kinder- und*

Jugendliteratur: Von 1750 bis 1800. Stuttgart: J. B. Metzlersche Verlagsbuchhandlung, 1982.

Buch, David. "Mozart's Bawdy Canons, Vulgarity and Debauchery at the Wiednertheater." *Eighteenth-Century Music* 13, no. 2 (2016): 283–308.

———. "Placidus Partsch, the *Liedersammlung für Kinder und Kinderfreunde* and Mozart's Last Three Songs." *Min- Ad: Israel Studies in Musicology Online* 11, no. 2 (2013): 61–79.

Burden, Michael. "'Divas and Arias': The Favourite Songs as Repositories for Promotion and Performance." Paper presented at the British Society for Eighteenth-Century Studies Annual Conference, Oxford, January 2013.

Butler, Judith. "Critically Queer." *GLQ* 1, no. 1 (1993): 17–32.

Caffiero, Marina. *Forced Baptisms: Histories of Jews, Christians, and Converts in Papal Rome*. Trans. Lydia G. Cochrane. Berkeley: University of California Press, [2005] 2012.

Cardi, Carola. *Das Kinderschauspiel der Aufklärungszeit: Eine Untersuchung der deutschsprachigen Kinderschauspiele von 1769–1800*. Europäische Hochschulschriften: Reihe 1: Deutsche Sprache und Literatur, 693. Frankfurt: Peter Lang, 1983.

Carew, Derek. "The Consumption of Music." In *The Cambridge History of Nineteenth- Century Music*. Ed. Jim Samson. Cambridge: Cambridge University Press, 2002, 237–258.

Carlson, David Moris. "The Vocal Music of Leopold Mozart (1719–1787): Authenticity, Chronology and Thematic Catalogue." PhD thesis, University of Michigan, 1976.

Carter, Tim. "Printing the 'New Music.'" In *Music and the Cultures of Print*. Ed. Van Orden, 3–37.

Catanzaro, Christine D. de, and Werner Rainer. *Anton Cajetan Adlgasser (1729–1777): A Thematic Catalogue of His Works*. Thematic Catalogues No.

22. Hillsdale, NJ: Pendragon Press, 1995.

[Child Rights International Network]. "Minimum Ages of Criminal Responsibility Around the World," *Child Rights International Network*, https: //archive. crin. org/en/home/ages. html, accessed September 21, 2019.

Chrissochoidis, Ilias. "London Mozartiana: Wolfgang's Disputed Age & Early Performances of Allegri's *Miserere.*" *Musical Times* 151, no. 1911 (2010): 83 – 89.

Cipriani, Don. *Children's Rights and the Minimum Age of Criminal Responsibility: A Global Perspective*. London: Routledge, 2009.

Clark, Caryl. "Reading and Listening: Viennese *Frauenzimmer* Journals and the Sociocultural Context of Mozartean Opera Buffa.*" *Musical Quarterly* 87, no. 1 (2004): 140 – 175.

Clarke, Bruce Cooper. "The Annotated Schlichtegroll," *Apropos Mozart*, http: //www. aproposmozart. com/Entire % 20Schlichtegroll. pdf, accessed March 19, 2014. [note: website no longer published]

Coleman, Francis X. J. *Neither Angel nor Beast: The Life and Work of Blaise Pascal*. Routledge Library Editions: Philosophy of Religion. New York: Routledge & Kegan Paul, 1986.

Cook, Daniel. "On Genius and Authorship: Addison to Hazlitt.*" *Review of English Studies* 64, no. 266 (2012): 610 – 629.

Cook, Daniel Thomas. "Children as Consumers: History and Historiography.*" In *The Routledge History of Childhood in the Western World*. Ed. Paula S. Fass. London: Routledge, 2013, 283 – 295.

——. "Children's Consumption in History.*" In *The Oxford Handbook of the History of Consumption*. Ed. Frank Trentmann. Oxford: Oxford University Press, 2012, 585 – 600.

Cook, Daniel Thomas, ed. *Symbolic Childhood*. Popular Culture and Everyday

Life 5. New York: Peter Lang, 2002.

Cooper, Barry. *Child Composers and Their Works: A Historical Survey*. Lanham, MD: Scarecrow Press, 2009.

Corneilson, Paul. "*Liedersammlung für Kinder und Kinderfreunde*: A Context for Mozart's Songs K. 596 – 598." *Mozart- Jahrbuch* (2011): 101 – 18.

Crofts, Thomas. *The Criminal Responsibility of Children and Young Persons: A Comparison of English and German Law*. Aldershot, Hampshire: Ashgate, 2002.

Croll, Gerhard, ed. *Musik mit Kinderinstrumenten aus dem Salzburger und Berchtesgadener Land*. Denkmäler der Musik in Salzburg 2. Münich and Salzburg: Musikverlag Emil Katzbichler, 1981.

Cuillé, Tili Boon. *Narrative Interludes: Musical Tableaux in Eighteenth- Century French Texts*. Toronto: University of Toronto Press, 2006.

Cunningham, Hugh. *Children and Childhood in Western Society since 1500*. Studies in Modern History. Harlow: Pearson Education Limited, 1995, rev. 2005.

——. *Children of the Poor: Representations of Childhood Since the Seventeenth Century*. Oxford: Blackwell, 1992.

——. "Histories of Childhood." *American Historical Review* 103, no. 4 (1998): 1195 – 1208.

——. "Introduction." In *Charity, Philanthropy and Reform from the 1690s to 1850*. Ed. Cunningham and Joanna Innes. Hampshire: Macmillan, 1998, 1 – 14.

——. *The Invention of Childhood*. London: BBC Books, 2006.

Cypess, Rebecca. "Duets in the Collection of Sara Levy and the Ideal of 'Unity in Multiplicity.'" In *Sara Levy's World: Gender, Judaism, and the Bach Tradition in Enlightenment Berlin*. Ed. Cypess and Nancy Sinkoff. Eastman Studies in Music. Rochester, NY: University of Rochester Press, 2018,

181 - 204.

———. "Keyboard- Duo Arrangements in Eighteenth- Century Musical Life." *Eighteenth- Century Music* 13, no. 2 (2017): 183 - 214.

Dahms, Sibylle. "Barockes Theatrum Mundi: Geistliches und weltliches Musiktheater im 17. Jahrhundert." In *Salzburger Musikgeschichte: Vom Mittelatler bis ins 21. Jahrhundert*. Ed. Jürg Stenzl, Ernst Hintermaier, and Gerhard Walterskirchen. Salzburg: Anton Pustet, 2005, 165 - 206.

Dahms, Sibylle, Michaela Cuvay Schneider, and Ernst Hintermaier. "Die Musikpflege an der Salzburger Universität im 17. Und 18. Jahrhundert." In *Universität Salzburg 1622 - 1962 - 1972: Festschrift*. Ed. Akademische Senat der Universität Salzburg. Salzburg: Anton Pustet, 1972, 193 - 219.

Daverio, John. "Mozart in the Nineteenth Century." In *The Cambridge Companion to Mozart*. Ed. Simon Keefe. Cambridge: Cambridge University Press, 2003, 171 - 184.

Davies, James. "Julia's Gift: The Social Life of Scores, c. 1830." *Journal of the Royal Musical Association* 131, no. 2 (2006): 287 - 309.

Davies, Steffan. *The Wallenstein Figure in German Literature and Historiography 1790 - 1920*. MHRA Texts and Dissertations 76, Bithell Series of Dissertations 36. London: Maney Publishing for the Modern Humanities Research Association, 2009.

Davis, Lennard J. *Enforcing Normalcy: Disability, Deafness, and the Body*. London: Verso, 1995.

Daw, S. F. "Age of Boys' Puberty in Leipzig, 1727 - 1749, as Indicated by Voice Breaking in J. S. Bach's Choir Members." *Human Biology* 42, no. 1 (1970): 87 - 89.

DeNora, Tia. *Beethoven and the Construction of Genius: Musical Politics in Vienna, 1792 - 1803*. Berkeley: University of California Press, 1995.

Derry, Siân. "Ludwig van Beethoven: An Understated Prodigy." In *Musical*

Prodigies: Interpretation from Psychology, *Education*, *Musicology*, *and Ethnomusicology*. Ed. Gary McPherson. Oxford: Oxford University Press, 2016, 576 – 602.

Dettmar, Ute. *Das Drama der Familienkindheit: Der Anteil des Kinderschauspiels am Familiendrama des späten 18. und frühen 19. Jahrhunderts*. Munich: W. Fink, 2002.

Dieke, Gertraude. *Die Blutezeit des Kindertheaters: ein Beitrag zur Theatergeschichte des 18. und beginnenden 19. Jahrhunderts*. Emsdetten: Lechte, 1934.

Dopsch, Heinz, and Robert Hoffmann. *Geschichte der Stadt Salzburg*. Salzburg: Anton Pustet, 1996.

Douthwaite, Julia V. *The Wild Girl*, *Natural Man*, *and the Monster: Dangerous Experiments in the Age of Enlightenment*. Chicago: University of Chicago Press, 2002.

Drott, Eric. "Conlon Nancarrow and the Technological Sublime." *American Music* 22, no. 4 (2004): 533 – 563.

Dussinger, John A. *In the Pride of the Moment: Encounters in Jane Austen's World*. Columbus: The Ohio State University Press, 1990.

Edge, Dexter. "Mozart's Reception in Vienna, 1787 – 1791." In *Wolfgang Amadé Mozart: Essays on His Life and His Music*. Ed. Stanley Sadie. Oxford: Clarendon Press, 1996, 66 – 117.

Einstein, Alfred. "Die Text- Vorlage zu Mozarts 'Zaide.'" *Acta Musicologica* 8, vol. 1 – 2 (1936): 30 – 37.

Eisen, Cliff. "Mozart and the Four- Hand Sonata K. 19d." In *Haydn*, *Mozart*, *and Beethoven: Studies in the Music of the Classical Period — Essays in Honour of Alan Tyson*. Ed. Sieghard Brandenburg. Oxford: Clarendon Press, 1998, 91 – 99.

——. "The Old and New Mozart Editions." *Early Music* 19, no. 4, "Performing Mozart's Music I" (1991): 513 – 532.

Eisen, Cliff, and Simon P. Keefe, eds. *The Cambridge Mozart Encyclopedia*. Cambridge: Cambridge University Press, 2006.

Erickson, Wayne. "The Poet's Power and the Rhetoric of Humility in Spenser's Dedicatory Sonnets." *Studies in the Literary Imagination* 38, vol. 2 (2005): 91 – 118.

Erlin, Matt. "Book Fetish: Joachim Heinrich Campe and the Commodification of Literature." *Seminar: A Journal of Germanic Studies* 42, no. 4 (2006): 355 – 376.

Ewers, Hains-Heino, ed. *Kinder-und Jugendliteratur der Aufklärung: Eine Textsammlung*. Stuttgart: Reclam, 1980.

Ewers, Hains- Heino, and Annegret Völpel. "Kinder- und Jugendzeitschriften." In *Von Almanach bis Zeitung: Ein Handbuch der Medien in Deutschland 1700 – 1800*. Ed. Ernst Fischer, Wilhelm Haefs, and York- Gothart Mix. Munich: Beck, 1999, 137 – 156.

Fass, Paula S. "Is There a Story in the History of Childhood?" In *The Routledge History of Childhood in the Western World*. Ed. Paula S. Fass. London: Routledge, 2013, 1 – 14.

Fass, Paula S. , ed. *Encyclopedia of Children and Childhood in History and Society*. New York: Macmillan, 2004. 3 vols.

Feigl, Susanne, and Christian Lunzer. *Das Mädchen- ballett des Fürsten Kaunitz*. *Kriminalfälle des Biedermeier*. Vienna: Österreichischen Staatsdruckerei, 1988.

Feldman, Martha. *Opera and Sovereignty: Transforming Myths in Eighteenth-Century Italy*. Chicago: University of Chicago Press, 2007.

Fischer, Friedrich Johann. "Das Salzburger Theater vom Barock zum Rokoko." *Mitteilungen der Gesellschaft für Salzburger Landeskunde* 95 (1955): 141 – 178.

Fischer, Renate. "Abbé de l'Epée and the Living Dictionary." In *Deaf History Unveiled: Interpretations from the New Scholarship*. Ed. John Vickrey Van Cleve. Washington, DC: Gallaudet University Press, 1993.

Flaherty, Gloria. "Mozart and the Mythologization of Genius." *Studies in Eighteenth- Century Culture* 18 (1988): 289 – 310.

Ford, Thomas. "Between *Aufklärung* and *Sturm und Drang*: Leopold and Wolfgang Mozart's View of the World." PhD thesis, University of Adelaide, 2010.

Forsaith, Peter S. "Pictorial Precocity: John Russell's Portraits of Charles and Samuel Wesley." *British Art Journal* 10, no. 3 (2009 – 2010): 98 – 103.

Freitag, Thomas. *Kinderlied: Von der Vielfalt einer musikalischen Liedgattung*. Frankfurt: Peter Lang, 2001.

Friedlaender, Max. *Das deutsche Lied im 18. Jahrhundert; Quellen und Studien*. Stuttgart: J. G. Gotta, 1902. 3 vols.

———. "Mozart's Wiegenlied" (1892). *Vierteljahrsschrift für Musikwissenschaft* 8 (1892): 275 – 285.

———. "Mozarts Wiegenlied" (1897). *Jahrbuch der Musik- Bibliothek Peters* 3 (1897): 69 – 71.

Fuhrich, Fritz. *Theatergeschichte Oberösterreichs im 18. Jahrhundert*. Theatergeschichte Österreichs, Band 1: Oberösterreich, Heft 2. Vienna: hermann Böhlaus Nachf., 1968.

Garrioch, David. "Making a Better World: Enlightenment and Philanthropy." In *The Enlightenment World*. Ed. Martin Fitzpatrick, Peter Jones, Christa Knellwolf, and Iain McCalman. London: Routledge, 2004, rev. 2008, 486 – 501.

Gelbart, Matthew. *The Invention of Folk Music and Art Music: Emerging Categories from Ossian to Wagner*. New Perspectives in Music History and Criticism. Cambridge: Cambridge University Press, 2007.

Gerlach, Sonja. "Textkritische Untersuchungen zur Autorschaft der 'Kindersinfonie' Hoboken II: 47." In *Opera Incerta: Echtheitsfragen als Problem musikwissenschaftlicher Gesamtausgaben: Kolloquium Mainz 1988*. Ed.

Hanspeter Bennwitz et al. Mainz: Akademie der Wissenschaften und der Literatur, 1991, 153 – 88.

Gerstner, Daniela. "Das Kinderballett von Friedrich Horschelt: ein Beitrag zur Wiener Ballettgeschichte des 19. Jahrhunderts." PhD thesis, Salzburg University, 1997.

Gétreau, Patrice. "Une harpiste au Concert spirituel, Mademoiselle Schencker." *Musique — Images — Instruments* 1 (1995): 178 – 81.

Gill, Natasha. *Educational Philosophy in the French Enlightenment: From Nature to Second Nature*. Farnham, Surrey: Ashgate, 2010.

Gramit, David. *Cultivating Music: The Aspirations, Interests, and Limits of German Musical Culture, 1770 – 1848*. Berkeley: University of California Press, 2002.

Grantzow, Hans. *Geschichte des Göttinger und des Vossischen Musenalmanachs* [1909]. Berliner Beiträge zur Germanischen und Romanischen Philologie 35, Germanische Abteilung No. 22. Bern: Herbert Lang, 1970.

Graubner, Hans. "'Sind Schuldramata möglich?' Epilog im 18. Jahrhundert auf deine auslaufende Gattung (Lindner, Abbt, Hamann, Herder)." In *Aspekte des politischen Theaters und Dramas von Calderón bis Georg Seidel: Deutsch französische Perspektiven*. Ed. Horst Turk and Jean- Marie Valentin. Jahrbuch für Internationale Germanistik A: 40. Bern: Peter Lang, 1996, 93 – 130.

Grečenková, Martina Ondo. "Enlightened Absolutism and the Birth of a Modern State (1740 – 1792)." In *A History of the Czech Lands*. Ed. Jaroslav Pánek, Oldrich Tuma, et al. Prague: Charles University, Karolinum Press, 2009, 261 – 280.

Green, Emily. *Dedicating Music, 1785 – 1850*. Rochester, NY: University of Rochester Press, 2019.

Grosrichard, Alain. *The Sultan's Court: European Fantasies of the East* [1979]. Trans. Liz Heron. London: Verso, 1998.

Gruber, Gernot. *Mozart and Posterity*. Trans. R. S. Furness. London: Quartet Books, 1991 (orig. pub. 1985).

Gubar, Marah. *Artful Dodgers: Reconceiving the Golden Age of Children's Literature*. Oxford: Oxford University Press, 2009.

———. "The Drama of Precocity: Child Performers on the Victorian Stage." In *The Nineteenth- Century Child and Consumer Culture*. Ed. Dennis Denishoff. Aldershot: Ashgate, 2008, 63 – 78.

Gustafson, Susan E. *Absent Mothers and Orphaned Fathers: Narcissism and Abjection in Lessing's Aesthetic and Dramatic Production*. Detroit: Wayne State University Press, 1995.

Hadamowsky, Franz. *Wien Theater Geschichte: Von den Anfängen bis zum Ende des ersten Weltkriegs*. Geschichte der Stadt Wien 3. Vienna: Jugend und Volk, 1988.

Hall, Murray. "Schulverlagsanstalt für Böhmen und Mähren in Prag." In *Böhmische Verlagsgeschichte 1919 – 1945* (2016). http://www.boehmischeverlagsgeschichte. at/boehmische - verlage - 1919-1945/schulverlagsanstalt- fuer- boehmen-und - maehren/. Accessed August 23, 2016.

Halliwell, Ruth. *The Mozart Family: Four Lives in a Social Context*. Oxford: Clarendon Press, 1998.

Hanslick, Eduard. *Geschichte des Concertwesens in Wien*. Vienna: Wilhelm Braumüller, 1869 – 1870. 2 vols.

Hausfater, Dominique. "Etre Mozart: Wolfgang et ses émules." In Sacquin and Ladurie, eds., *Le printemps des génies*, 73 – 86.

Hawkins, Ann R., and Maura Ives, eds. *Women Writers and the Artifacts of Celebrity in the Long Nineteenth Century*. Farnham: Ashgate, 2012.

Head, Matthew. "'If the Pretty Little Hand Won't Stretch': Music for the Fair Sex in eighteenth- Century Germany." *Journal of the American Musicological Society* 52, no. 2 (1999): 203 – 254.

——. *Orientalism, Masquerade, and Mozart's Turkish Music*. Royal Musical Association Monographs 9. London: Royal Musical Association, 2000.

——. *Sovereign Feminine: Music and Gender in Eighteenth-Century Germany*. Berkeley: University of California Press, 2013.

Heartz, Daniel. "Coming of Age in Bohemia: The Musical Apprenticeships of Benda and Gluck." *Journal of Musicology* 6, no. 4 (1988): 510 – 527.

Heckle, Gerold. "'Ein lehrreiches und nützliches Vergnügen' — Das Kauf- und Lesepublikum der Kinderzeitschriften des 18. Jahrhunderts." In *Wege zur Kommunikationsgeschichte*. Ed. Manfred Bobrowsky and Wolfgang R. Langenbucher. Schriftenreihe der deutschen Gesellschaft für Publizistik- und Kommunikationswissenschaft 13. Munich: Ölschläger, 1987, 317 – 341.

Hedges, Stephen. "Dice Music in the Eighteenth Century." *Music & Letters* 59, no. 2 (1978): 180 – 187.

Helfert, Joseph Alexander Freiherr von. *Die Gründung der österreichischen Volksschule durch Maria Theresia*. Prague: Tempsky, 1860. 2 vols.

Herrmann- Schneider, Hildegard. "Edmund Angerer OSB (1740 – 1794) aus Stift Fiecht/Tirol. Der Komponist der 'Kindersinfonie'?" *Mozart- Jahrbuch 1996*. Salzburg: Internationale Stiftung Mozarteum, 1996, 23 – 38.

Heywood, Colin. "*Centuries of Childhood*: An Anniversary — and an Epitaph?" *Journal of the History of Childhood and Youth* 3, no. 3 (2010): 341 – 365.

——. *Growing Up in France: From the Ancien Régime to the Third Republic*. Cambridge: Cambridge University Press, 2007.

——. "Innocence and Experience: Sexuality among Young People in Modern France, c. 1750 – 1950." *French History* 21, no. 1 (2007): 44 – 64.

Highfill, Philip H. Jr. , Kalman A. Burnim, and Edward A. Langhans. *A Biographical Dictionary of Actors, Actresses, Musicians, Dancers, Managers & Other Stage Personnel in London, 1660 – 1800*, vol. 2: Belfort to Byzand. Carbondale: Southern Illinois University Press, 1973.

Hinton, Thomas R. *Poetry and Song in the German Baroque: A Study of the Continuo Lied*. Oxford: Clarendon Press, 1963.

Hirsch, Marjorie. *Romantic Lieder and the Search for Lost Paradise*. Cambridge: Cambridge University Press, 2007.

Hoffmann, Freia. *Instrument und Körper: Die musizierende Frau in der bürgerlichen Kultur*. Frankfurt: Insel, 1991.

Hofmann, Regina. *Der kindliche Ich- Erzähler in der modernen Kinderliteratur: eine erzähltheoretische Analyse mit Blick auf aktuelle Kinderromane*. Frankfurt: Lang, 2010.

Huber, Nikolaus. *Die Literatur der Salzburger Mundart: Eine Bibliographische Skizze*. Salzburg: Anton Pustet, 1878.

Hüttler, Michael. "Hof- and Domkapellmeister Johann Joseph Friebert (1724 – 1799) and His Singspiele." In *Music Preferred: Essays in Musicology, Cultural History and Analysis in Honour of Harry White*. Ed. Lorraine Byrne Bodley. Vienna: Hollitzer, 2018, 393 – 408.

Huff, Steven. "Lotte's Klavier: A Resounding Symbol in Goethe's *Die Leiden des jungen Werthers*." *Germanic Review* 49 (1984): 43 – 48.

Hull, Isabel. *Sexuality, State, and Civil Society in Germany, 1700 – 1815*. Ithaca, NY: Cornell University Press, 1996.

Hunter, Mary. *The Culture of Opera Buffa in Mozart's Vienna: A Poetics of Entertainment*. Princeton Studies in Opera. Princeton, NJ: Princeton University Press, 1999.

Hurrelmann, Bettina. *Jugendliteratur und Bürgerlichkeit: Soziale Erziehung in der Jugendliteratur der Aufklärung am Beispiel von Christian Felix Weißes "Kinderfreund" 1776 – 1782*. Information zur Sprach- und Literaturdidaktik, 5. Paderborn: Ferdinand Schöningh, 1974.

Illing, Robert. *Berchtoldsgaden Musick: A Study of the Early Texts of the Piece Popularly Known in England as Haydn's Toy Symphony and in Germany as Haydns*

　　　　　　　　神童的写影：莫扎特与对童年的认识

Kindersinfonie, and of a Cassation attributed to Leopold Mozart which embodies the *Kindersinfonie*. Melbourne: Illing, 1994, Second Supplement.

Irvine, Thomas. "Der belesene Kapellmeister: Leopold Mozart und seine Bibliotheken." *Acta Mozartiana* 55, no. 1 – 2 (2008): 6 – 15.

Irving, John. *Mozart's Piano Sonatas: Contexts, Sources, Style*. Cambridge: Cambridge University Press, 1997.

——. "Performing Topics in Mozart's Chamber Music with Piano." In *Oxford Handbook of Topic Theory*. Ed. Danuta Mirka. Oxford: Oxford University Press, 2014, 539 – 550.

Isherwood, Robert M. *Farce and Fantasy: Popular Entertainment in Eighteenth-Century Paris*. New York: Oxford University Press, 1986.

Jackson, Barbara Garvey. "Musical Women of the Seventeenth and Eighteenth Centuries." In *Women and Music: A History*. Ed. Karin Pendle. Bloomington: Indiana University Press, 1991, rev. 2001.

Jacobs, Josef. "Der Waisenhausstreit: Ein Beitrag zur Geschichte der Pädagogik des 18. und 19. Jahrhunderts." PhD thesis, Albert-Ludwigs-Universität. Quakenbrück: Trute, 1931.

Jenks, Chris. *Childhood*. Key Ideas. London: Routledge, 1996, rev. 2005.

Joubert, Estelle. "Songs to Shape a German Nation: Hiller's Comic Operas and the Public Sphere." *Eighteenth-Century Music* 3, no. 2 (2006): 213 – 230.

Kaiser, Rainer. "Palschaus Bach-Spiel in London: Zur Bach- Pflege in England um 1750." *Bach- Jahrbuch* 79 (1993): 225 – 29.

Karniel, Josef. *Die Toleranzpolitik Kaiser Josephs II*. Trans. Leo Koppel. Schriftenreihe des Instituts für Deutsche Geschichte Universität Tel- Aviv 9. Gerlingen: Bleicher, 1985.

Keefe, Simon. *Mozart's Piano Concertos: Dramatic Dialogue in the Age of Enlightenment*. Woodbridge: Boydell Press, 2001.

Keefe, Simon, ed. *Mozart in Context*. Cambridge: Cambridge University

Press, 2019.

Kendon, Adam. *Gesture: Visible Action as Utterance*. Cambridge: Cambridge University Press, 2004.

Kincaid, James. *Child-Loving: The Erotic Child and Victorian Culture*. New York: Routledge, 1992.

King, Alec Hyatt. *A Mozart Legacy: Aspects of the British Library Collections*. Seattle: University of Washington Press, 1984.

King, Margaret L. "Concepts of Childhood: What We Know and Where We Might Go." *Renaissance Quarterly* 60, no. 2 (2007): 371–407.

——. "The School of Infancy: The Emergence of Mother as Teacher in Early Modern Times." In *The Renaissance in the Streets, Schools, and Studies: Essays in Honour of Paul F. Grendler*. Ed. Konrad Eisenbichler and Nicholas Terpstra. Toronto: Centre for Reformation and Renaissance Studies, 2008.

Kivy, Peter. "Child Mozart as an Aesthetic Symbol." *Journal of the History of Ideas* 28, no. 2 (1967): 249–258.

——. "Mainwaring's *Handel*: Its Relation to English Aesthetics." *Journal of the American Musicological Society* 17, no. 2 (1964): 170–178.

——. *The Possessor and the Possessed: Handel, Mozart, Beethoven, and the Idea of Musical Genius*. New Haven, CT: Yale University Press, 2001.

Klorman, Edward. *Mozart's Music of Friends: Social Interplay in the Chamber Works*. Cambridge: Cambridge University Press, 2016.

Knutson, Roslyn L. "Falconer to the Little Eyases: A New Date and Commercial Agenda for the 'Little Eyases' passage in *Hamlet*." *Shakespeare Quarterly* 46, no. 1 (1995): 1–31.

Köberle, Sophie. *Jugendliteratur zur Zeit der Aufklärung: ein Beitrag zur Geschichte der Jugendschriftenkritik*. Weinheim: Beltz, 1972.

Köchel, Ludwig Ritter von. *Chronologisch- thematisches Verzeichnis sämtlicher Tonwerke Wolfgang Amadé Mozarts*. 6th ed. Ed. Franz Giegling, Alexander

Weinmann, and Gerd Sievers. Wiesbaden: Breitkopf & Härtel, 1964 [1862].

Komorzynski, Egon. " Ist Papageno ein ' Hanswurst '?" *Österreichische Musikzeitschrift* 12, no. 6 (1957): 225 - 229.

Konrad, Ulrich, and Martin Staehelin. *"allzeit ein buch "*: Die Bibliothek *Wolfgang Amadeus Mozarts*. Weinheim: VCH, Acta Humaniora, 1991.

Kopytoff, Igor. "The Cultural Biography of Things." In *The Social Life of Things: Commodities in Cultural Perspective*. Ed. Arjun Appadurai. Cambridge: Cambridge University Press, 1986, 64 - 91.

Kramer, Richard. "Diderot's *Paradoxe* and C. P. E. Bach's *Empfindungen*." In *C. P. E. Bach Studies*. Ed. Annette Richards. Cambridge: Cambridge University Press, 2006, 6 - 24.

Kramml, Peter F. , Sabine Veits-Falk, and Thomas Weidenholzer. *Stadt Salzburg: Geschichte in Bildern und Dokumenten*. *Kostbarkeiten aus dem Stadtarchiv*. Schriftenreihe des Archivs der Stadt Salzburg 16. Salzburg: Stadtgemeinde Salzburg, 2002.

Krause, Siegmund. *Kinderarbeit und Gesetzlicher Kinderschutz in Österreich*. Wiener Staatswissenschaftliche Studien, 5, no. 3. Vienna and Leipzig: Franz Deuticke, 1904.

Kroll, Mark. *Johann Nepomuk Hummel: A Musician's Life and World*. Lanham, MD: Scarecrow Press, 2007.

Krupp, Anthony. *Reason's Children: Childhood in Early Modern Philosophy*. Bucknell Studies in Eighteenth- Century Literature and Culture. Lewisburg, PA: Bucknell University Press, 2009.

Kümmerling- Melbauer, Bettina. *Kinderliteratur, Kanonbildung und literarische Wertung*. Stuttgart: J. B. Metzler, 2003.

Kutscher, Artur. *Das Salzburger Barocktheater*. Vienna: Rikola, 1924. Rev. as *Von Salzburger Barocktheater zu den Salzburger Festspielen*. Düsseldorf: Pflugschar- Verlag, 1939.

Lamb, Edel. *Performing Childhood in the Early Modern Theatre: The Children's Playing Companies (1599 - 1613)*. Basingstoke: Palgrave Macmillan, 2009.

Lang, Helmut, Ladislaus Lang, with Wilma Buchinger, eds. *Bibliographie der Österreichischen Zeitschriften, 1704 - 1850*. Österreichische Retrospektive Bibliographie (ORBI), Reihe 3, Band 3. Berlin: De Gruyter, 2005 - 2006. 3 vols.

Langmuir, Erika. *Imagining Childhood*. New Haven, CT: Yale University Press, 2006.

Layer, Adolf. "Zasianellulus: Leopold Mozarts erster Auftritt auf der Schulbühne." *Acta Mozartiana* 18, no. 3 - 4 (1971): 71.

Leach, Elizabeth Eva. *Sung Birds: Music, Nature, and Poetry in the Late Middle Ages*. Ithaca, NY: Cornell University Press, 2007.

Leavis, Ralph. "Communications." *Notes* 43, no. 1 (1986): 216.

Lederer, Thomas. "The Clemency of Rufinus Widl: Text and Context of W. A. Mozart's First Opera." *Humanistica Lovaniensia* 58 (2009): 217 - 373.

Le Guin, Elisabeth. "A Visit to the Salon de Parnasse." In *Haydn and the Performance of Rhetoric*. Ed. Tom Beghin and Sander M. Goldberg. Chicago: University of Chicago Press, 2007, 14 - 38.

Leppert, Richard. *Music and Image: Domesticity, Ideology and Socio- Cultural Formation in Eighteenth-Century England*. Cambridge: Cambridge University Press, 1988.

Lerer, Seth. *Children's Literature: A Reader's History from Aesop to Harry Potter*. Chicago: University of Chicago Press, 2008.

Lippman, Edward. *A History of Western Musical Aesthetics*. Lincoln: University of Nebraska Press, 1992.

Lockwood, Lewis. "Beethoven before 1800: The Mozart Legacy." *Beethoven Forum* 3 (1994): 39 - 52.

Loewenberg, Alfred. "*Bastien und Bastienne* Once More." *Music and Letters* 25,

神童的写影：莫扎特与对童年的认识

no. 3 (1994): 176 - 181.

Lorenz, Michael. "New and Old Documents Concerning Mozart's Pupils Barbara Ployer and Josepha Auernhammer." *Eighteenth- Century Music* 3, no. 2 (2006): 311 - 322.

Loughnan, Arlie. *Manifest Madness: Mental Incapacity in Criminal Law*. Oxford: Oxford University Press, 2012.

Luehrs, Phoebe M. "Der Nordische Aufseher. Ein Beitrag zur Geschichte der moralischen Wochenschriften." PhD thesis, Ruprecht- Karls Universität Heidelberg. Heidelberg: Rössler and Herbert, 1909.

Macartney, C. A., ed. *The Habsburg and Hohenzollern Dynasties in the Seventeenth and Eighteenth Centuries*. Documentary History of Western Civilization. New York: Walker and Co. , 1970.

Mályusz, Elemér. *Iratok a türelmi rendelet történetéhez* [Writings on the History of the Tolerance Edicts]. Magyar Protestantizmus Történetének Forrásai [Sources on the History of Protestantism in Hungary]. Budapest: Magyar Protestáns Irodalmi Társaság, 1940.

Marten, James. "Childhood Studies and History: Catching a Culture in High Relief." In *The Children's Table: Childhood Studies and the Humanities*. Ed. Anna Mae Duane. Athens: University of Georgia Press, 2013, 52 - 67.

Maunder, Richard. "Mozart's Keyboard Instruments." *Early Music* 20, no. 2, "Performing Mozart's Music III" (1992): 207 - 219.

Mayer, Christine. "Friedrich Eberhard von Rochow's Education of the Children in Rural Communities and Its Impact on Urban Educational Reforms in the Eighteenth Century." *Paedagogica Historica* 39, no. 1 - 2 (2003): 19 - 35.

McLamore, Alyson. "Mozart in the Middle: London's 'Musical Children.'" *Newsletter of the Mozart Society of America* 23, no. 1 (2019): 5 - 9.

McVeigh, Simon. *Concert Life in London from Mozart to Haydn*. Cambridge: Cambridge University Press, 1993.

Melton, James van Horn. *Absolutism and the Eighteenth- Century Origins of Compulsory Schooling in Prussia and Austria*. Cambridge: Cambridge University Press, 1988.

Miglio, Paula. "Le Magasin des enfants de Madame Leprince de Beaumont (1756): Lectures, réception et mise en valeur patrimoniale d'un livre pour la jeunesse." MA thesis, University of Lyon, 2018.

Miller, Naomi J., and Naomi Yavneh. "Introduction: Thicker Than Water: Evaluating Sibling Relations in the Early Modern Period." In *Sibling Relations and Gender in the Early Modern World: Sisters, Brothers and Others*. Ed. Miller and Yavneh. Women and Gender in the Early Modern World. Aldershot: Ashgate, 2006.

Miller, Timothy S. *The Orphans of Byzantium: Child Welfare in the Christian Empire*. Washington, DC: Catholic University of America Press, 2003.

Mitchell, J. Allan. *Becoming Human: The Matter of the Medieval Child*. Minnesota: University of Minnesota Press, 2014.

Morrison, Heather. "Authorship in Transition: Enthusiasts and Malcontents on Press Freedoms, an Expanding Literary Market, and Vienna's Reading Public." *Central European History* 46 (2013): 1 – 27.

——. "Pursuing Enlightenment in Vienna, 1781 – 1790." PhD thesis, Louisiana State University, 2005.

Moseley, Roger. *Keys to Play: Music as a Ludic Medium from Apollo to Nintendo*. Berkeley: University of California Press, 2016.

Mueller, Adeline. "Learning and Teaching." In Keefe, ed., *Mozart in Context*, 10 – 18.

——. "Who Were the Drei Knaben?" *Opera Quarterly* 28, no. 1 – 2 (2012): 88 – 103.

——. "Youth, Captivity and Virtue in the Eighteenth- Century *Kindertruppen*." *Eighteenth- Century Music* 10, no. 1 (2013): 65 – 91.

Müller, Anja, ed. *Fashioning Childhood in the Eighteenth Century: Age and Identity*. Ashgate Studies in Childhood, 1700 to the Present. Aldershot: Ashgate, 2006.

Münster, Robert. "Aus Mozarts Freundeskreis: Johann Nepomuk und Elise Peyerl." *Acta Mozartiana* 20, no. 1 (1973): 27-37.

——. "*Ich bin hier sehr beliebt*": *Mozart und das kurfürstliche Bayern*. Tutzing: Hans Schneider, 1993.

——. "Neues zu Leopold Mozarts Augsburger Gymnasialjahren." *Acta Mozartiana* 12, no. 3 (1965): 57-60.

Murray, Joseph J. "Transnational Interconnections in Nineteenth- Century Western Deaf Communities." In *The Oxford Handbook of Disability History*. Ed. Michael Rembis, Catherine Kudlick, and Kim E. Nielsen. Oxford: Oxford University Press, 2018, 427-438.

Murray, Sterling. *The Career of an Eighteenth- Century Kapellmeister: The Life and Music of Antonio Rosetti*. Rochester, NY: University of Rochester Press, 2014.

Nedbal, Martin. *Morality and Viennese Opera in the Age of Mozart and Beethoven*. Abingdon: Routledge, 2017.

Nelson, Claudia. *Precocious Children and Childish Adults: Age Inversion in Victorian Literature*. Baltimore: Johns Hopkins University Press, 2012.

Nettl, Paul. "Prager Lieder aus der Mozart- Zeit." *Mozart-Jahrbuch 1953*. Salzburg: Internationalen Stiftung Mozarteum, 1954.

Neubacher, Jürgen. "Zwischen Auftrag und künstlerischem Anspruch — Zu Telemanns musikpädagogische Position als Kantor und Director chori musici in Hamburg." In *Das Kantorat des Ostseeraums: Bewahrung, Ausweitung und Auflösung eines kirchenmusikalischen Amtes*. Ed. Joachim Kremer and Walter Werbeck. Greifswalder Beiträge zur Musikwissenschaft 15. Berlin: Frank & Timme, 2007, 63-74.

Neuhouser, Frederick. *Rousseau's Theodicy of Self-Love: Evil, Rationality, and the Drive for Recognition*. Oxford: Oxford University Press, 2008.

Neumann, Friedrich-Heinrich. "Zur Vorgeschichte der Zaide." *Mozart-Jahrbuch* (1962/1963): 216 – 247.

Nierhaus, Gerhard. *Algorithmic Composition: Paradigms of Automated Music Generation*. Vienna: Springer, 2009.

Nussbaum, Felicity. *Rival Queens: Actresses, Performance, and the Eighteenth-Century British Theater*. Philadelphia: University of Pennsylvania Press, 2010.

Ong, Ken, et al. "Timing of Voice Breaking in Males Associated with Growth and Weight Gain Across the Life Course." *Journal of Clinical Endocrinology and Metabolism* 97, no. 8 (August 2012): 2844 – 2852.

Outram, Dorinda. *Four Fools in the Age of Reason: Laughter, Cruelty, and Power in Early Modern Germany*. Studies in Early Modern German History. Charlottesville: University of Virginia Press, 2019.

Page, Janet K. *Convent Music and Politics in Eighteenth- Century Vienna*. Cambridge: Cambridge University Press, 2014.

Parsons, James. "The Eighteenth-Century Lied." In *The Cambridge Companion to the Lied*. Ed. Parsons. Cambridge: Cambridge University Press, 2004, 35 – 62.

Pesic, Peter. "The Child and the Daemon: Mozart and Deep Play." *19th-Century Music* 25, no. 2 – 3 (2001 – 2002): 91 – 107.

Picton, Howard. *The Life and Works of Joseph Anton Steffan (1726 – 1797): With Special Reference to His Keyboard Concertos*. Volume 1. Outstanding Dissertations in Music from British Universities. New York: Garland, 1989.

Pierre, Constant. *Histoire du Concert Spirituel 1725 – 1790*. Paris: Société Française de Musicologie, 1975.

Pimmer, Hans. *Würfelkomposition: Zeitgenössische Recherche mit Betrachtungen über die Musik 1799*. Munich: Akademischer Verlag, 1997.

Pirckmayer, Friedrich. *Ueber Musik und Theater am f[ürst] e[rzbischöflichen]* *salzburgischen Hofe 1762 - 1775*. Salzburg: Selbstverlage des Verfassers, 1886.

Plagnol- Diéval, Marie-Emmanuelle. *Madame de Genlis et le théâtre d'éducation au XVIIIe siecle*. Studies on Voltaire and the Eighteenth Century 350. Oxford: Voltaire Foundation, 1997.

Polenghi, Simonetta. "'Militia est vita hominis': Die 'militärische' Erziehung des Jesuitenpaters Ignaz Parhamer im Zeitalter Maria Theresias." *History of Education & Children's Literature* 4, no. 1 (2009): 41 - 68.

Pollock, Linda. *Forgotten Children: Parent- Child Relations from 1500 to 1900*. Cambridge: Cambridge University Press, 1983.

Portowitz, Adena. "Mozart and Aristocratic Women Performers in Salzburg: A Study of the Piano Concertos K. 242 and K. 246." *Min- Ad: Israel Studies in Musicology Online* 2 (2002). https: //www. biu. ac. il/hu/mu/min - ad02/ portowiz mozart. html, accessed March 2019.

Prince, Cashmann Kerr. "Ovid Metamorphosed: The Polymorphous Polyphony of Widl/Mozart's *Apollo et Hyacinthus*." *International Journal of the Classical Tradition* 19 (2012): 211 - 239.

Pyatt, Janet Best. "Music and Society in Eighteenth- Century Germany: The Music Dramas of Johann Heinrich Rolle (1716 - 1785)." PhD thesis, Duke University, 1991.

Rainer, Werner. "Die Salzburger Szenare der studentischen Pantomimen und Ballette zur Mozartzeit." *Homo Ludens* 10 ("Musik und Spiel"), Internationale Beiträge des Institutes für Spielforschung und Spielpädagogik der Universität Mozarteum, Salzburg. Ed. Günther G. Bauer. Munich: B. Katzbichler, 2000, 187 - 243.

Rasch, Rudolf. "The Dutch Republic in the Eighteenth- Century as a Place of

Publi - Fux. pdf. In *Le musicien et ses voyages: Pratiques*, *Réseaux et Représentations*. Ed. Christian Meyer. Musical Life in Europe 1600 - 1900: Circulation, Institutions, Representation. Berlin: Berliner Wissenschafts-Verlag, 2003, 95 - 112.

——. *The Music Publishing House of Estienne Roger: Facco- Fux*. Utrecht/Houten: Rudolf Rasch, 2018. https://roger.sites.uu.nl/wp - content/uploads/sites/416/2018/07/Facco - Fux.pdf.

——. Muziek in de Republiek (Oude Versie): Hoofdstuk Dertien: Concerten. Utrecht/Houten: Rudolf Rasch, 2018. https://muziekinderepubliek.sites.uu.nl/wp - content/uploads/sites/413/2018/12/MR - Oud - 13 - Concerten.pdf.

Ratner, Leonard. "*Ars Combinatoria*: Chance and Choice in Eighteenth- Century Music." In *Studies in Eighteenth- Century Music: A Tribute to Karl Geiringer on His Seventieth Birthday*. Ed. H. C. Robbins Landon. London: Allen and Unwin, 1970, 343 - 63.

Rensch, Roslyn. *Harps and Harpists*. Bloomington: Indiana University Press, 1989, rev. 2017.

Retford, Kate. "Philippe Aries's ' Discovery of Childhood': Imagery and Historical Evidence." *Continuity and Change* 31, no. 3 (2016): 391 - 418.

Rice, John. "Adding Birds to Mozart's 'Sparrow Mass': An Arrangement with Children's Instruments by Paul Wranitzky." *Mozart Society of America Newsletter* 8, no. 2 (2004): 8 - 9.

——. *Empress Marie Therese and Music at the Viennese Court 1792 - 1807*. Cambridge: Cambridge University Press, 2003.

Richter, Simon. "Wet- Nursing, Onanism, and the Breast in Eighteenth-Century Germany." *Journal of the History of Sexuality* 7, no. 1 (1996): 1 - 22.

Ridgewell, Rupert. "Artaria Plate Numbers and the Publication Process, 1778 -

神童的写影：莫扎特与对童年的认识

87. *" In Music and the Book Trade from the Sixteenth to the Twentieth Century.* Ed. Robin Myers, Michael Harris, and Giles Mandelbrote. Publishing Pathways. New Castle, DE and London: Oak Knoll Press and British Library, 2008, 145 – 178.

———. "Mozart's Publishing Plans with Artaria in 1787: New Archival Evidence. " *Music & Letters* 83, no. 1 (2002): 30 – 74.

Ridley, Glynis. *Clara's Grand Tour: Travels with a Rhinoceros in Eighteenth-Century Europe.* New York: Atlantic Monthly Press, 2004.

Rieder, Georg. *Ignaz Parhamer's und Franz Anton Marxer's Leben und Wirken.* Vienna: Mayer and Co. , 1872.

Riggs, Robert. "Authenticity and Subjectivity in Mozart Performance: Türk on Character and Interpretation. " *College Music Symposium* 36 (1996): 33 – 58.

Robertson, Ritchie. *Enlightenment and Religion in German and Austrian Literature.* Selected Essays 1. Cambridge: Legenda (Modern Humanities Research Association), 2017.

Roche, Maurice. *Exploring the Sociology of Europe: An Analysis of the European Complex.* Los Angeles: Sage, 2010.

Rommel, Otto. *Die alt- wiener Volkskomödie: Ihre Geschichte vom Barocken Welt-Theater bis zum Tode Nestroys.* Vienna: Anton Schroll, 1952.

Root- Bernstein, Michele. *Boulevard Theater and Revolution in Eighteenth- Century Paris.* Ann Arbor, MI: UMI Research Press, 1984.

Rose, Jacqueline. *The Case of Peter Pan, or, The Impossibility of Children's Fiction.* London: Macmillan, 1984, rev. 1992.

Rose, Stephen. *The Musician in Literature in the Age of Bach.* Cambridge: Cambridge University Press, 2011.

Rowen, Ruth Halle. "Some 18th- Century Classifications of Musical Style. " *Musical Quarterly* 33, no. 1 (1947): 90 – 101.

Sacquin, Michele, and Emmanuel Le Roy Ladurie, eds. *Le printemps des génies:*

Les enfants prodiges. Paris: Bibliotheque Nationale, Robert Laffont, 1993.

Safley, Thomas Max. "Introduction." In *The Reformation of Charity: The Secular and the Religious in Early Modern Poor Relief*. Ed. Safley. Boston: Brill, 2003, 1 – 14.

Schäffer, Gottfried. *Das fürstbischöfliche und königliche Theater zu Passau (1783 – 1883): Beiträge zur Theaterkultur in der fürstbischöflichen Residenzstadt Passau und deren Nachwirkung im 19. Jahrhundert*. Neue Veröffentlichungen des Instituts für Ostbairische Heimatforschung 33. Passau: Verlag des Vereins für Ostbairische Heimatforschung, 1973.

Scheutz, Martin. "Demand and Charitable Supply: Poverty and Poor Relief in Austria in the 18th and 19th Centuries." In *Health Care and Poor Relief in 18th and 19th Century Southern Europe*. Ed. Ole Peter Grell, Andrew Cunningham, and Bernd Roeck. Aldershot: Ashgate, 2005, 52 – 95.

——. "Pater Kindergeneral und Janitscharenmusik: Österreichische Waisenhäuser der Frühen Neuzeit im Spannungsfeld von Arbeit, Erziehung und Religion." *Österreichische Zeitschrift für Geschichtswissenschaft* 25, no. 1 ("Die Kinder des Staates," 2014): 41 – 81.

Schilling-Sandvoß, Katharina. "Kinderlieder des 18. Jahrhunderts als Ausdruck der Vorstellungen vom Kindsein." In *Geschlechtsspezifische Aspekte des Musiklernens*. Ed. Hermann J. Kaiser. Musikpädagogische Forschung 17. Essen: Die Blaue Eule, 1996.

Schleifer, Martha Furman, and Sylvia Glickman, eds. *Women Composers: Music Through the Ages, Volume 3: Composers Born 1700 – 1799, Keyboard Music*. New York: G. K. Hall, 1998.

Schmid, Manfred Hermann. *Mozart und die Salzburger Tradition*. Tutzing: Hans Schneider, 1976.

Schmidt, Matthias. "Den Zufall denken. Annähreungen an Mozarts Musikalisches Spiel KV 516f." *Mozart Studien* 12 (Tutzing: Hans Schneider,

2003): 189 – 216.

Schmitt, Peter. *Schauspieler und Theaterbetrieb: Studien zur Sozialgeschichte des Schauspielerstandes im deutschsprachigen Raum 1700 – 1900*. Theatron Studien zur Geschichte und Theorie der dramatischen Künste 5. Tübingen: Max Niemeyer Verlag, 1990.

Schönwald, L. F. "Kindertheater in Salzburg." *Salzburger Volksblatt* 66/62 (March 14 – 15, 1936): 5.

Schott, Walter. *Das k. k. Taubstummen- Institut in Wien 1779 – 1918: Dargestellt nach historischen Überlieferungen und Dokumenten mit einem Abriß der wichtigsten pädagogischen Strömungen aus der Geschichte der Gehörlosenbildung bis zum Ende der Habsburgermonarchie*. Vienna: Böhlau, 1995.

Schusky, Renate. "Illustrationen in deutschen Liederbüchern für Frauen und Kinder." In *Die Buchillustration im 18. Jahrhundert: Colloquium der Arbeitsstelle 18. Jahrhundert Gesamthochschule Wuppertal, Universität Münster*. Ed. Arbeitsstelle Achtzehntes Jahrhundert, Gesamthochschule Wuppertal. Beiträge zur Geschichte der Literatur und Kunst des 18. Jahrhunderts 4. Heidelberg: Universität Münster, 1980, 317 – 334.

Seebauer, Renate. *Kein Jahrhundert des Kindes: Kinderarbeit im Spannungsfeld von Schul- und Sozialgesetzgebung*. Pädagogik und Gesellschaft 8. Vienna: Lit Verlag, 2010.

Semonin, Paul. "Monsters in the Marketplace: The Exhibition of Human Oddities in Early Modern England." In *Freakery: Cultural Spectacles of the Extraordinary Body*. Ed. Rosemarie Garland Thomson. New York: New York University Press, 1996, 69 – 81.

Senigl, Johanna. "Ignaz Alberti, privil. Buchdrucker, Buchhändler und akad. Kupferstecher. Samt Bibliographie seines Lebenswerkes." *Mitteilungen der Internationalen Stiftung Mozarteum* 49 (2001): 102 – 125.

Senn, Walter. "Mozarts 'Zaide' und der Verfasser der vermutlichen

Textvorlage." In *Festschrift Alfred Orel zum 70. Geburtstag*. Ed. Hellmut Federhofer. Vienna: Rudolf M. Rohrer, 1960, 173 - 186.

——. "Zwei Schülerinnen Mozarts: Babette Natorp und Karoline Henikstein." *Österreichische Musikzeitschrift* 29 (1974): 346 - 349.

Shapiro, Michael. *Children of the Revels: The Boy Companies of Shakespeare's Time and Their Plays*. New York: Columbia University Press, 1977.

Sieveke, Franz Günter. "Johann Baptist Adolph: Studien zum spätbarocken wiener Jesuitendrama." PhD thesis, Universität Köln, 1964.

Silver, Larry. *Marketing Maximilian: The Visual Ideology of a Holy Roman Emperor*. Princeton, NJ: Princeton University Press, 2008.

Siskin, Clifford, and William Warner. "This Is Enlightenment: An Invitation in the Form of an Argument." In *This Is Enlightenment*. Ed. Siskin and Warner. Chicago: University of Chicago Press, 2010, 1 - 33.

Sisman, Elaine. "Haydn's Career and the Rise of the Multiple Audience." In *The Cambridge Companion to Haydn*. Ed. Caryl Clark. Cambridge: Cambridge University Press, 2005, 3 - 16.

——. "'The Spirit of Mozart from Haydn's Hands': Beethoven's Musical Inheritance." In *The Cambridge Companion to Beethoven*. Ed. Glenn Stanley. Cambridge: Cambridge University Press, 2011, 45 - 63.

Smeed, J. W. "Children's Songs in Germany from the Eighteenth to the Twentieth Centuries." *Forum for Modern Language Studies* 24, no. 3 (1988): 234 - 47.

Solomon, Maynard. "Mozart: The Myth of the Eternal Child." *19th- Century Music* 15, no. 2 ("Toward Mozart," 1991): 94 - 106.

Spielman, John Philip. *The City & The Crown: Vienna and the Imperial Court*, *1600 - 1740*. West Lafayette, IN: Purdue University Press, 1993.

Spyrou, Spyros. *Disclosing Childhoods: Research and Knowledge Production for a Critical Childhood Studies*. Studies in Childhood and Youth. London: Palgrave

Macmillan, 2018.

Staehelin, Lucas E. *Die Reise der Familie Mozart durch die Schweiz*. Berne:
Francke, 1967.

Stevens, Gerd- Heinz. "Das Wunderkind in der Musikgeschichte." PhD thesis,
Westfälische Wilhelms- Universität, 1982.

Stewart, Susan. "From the Museum of Touch." In *Material Memories*. Ed.
Marius Kwint, Christopher Breward, and Jeremy Aynsley. Oxford: Berg,
1999, 17 - 36.

Stoelzel, Marianne. "Mozarts letzte vierhändige Sonate C- Dur KV 521,
vollendet in Wien, 29. Mai 1787." In *Mozart- Jahrbuch 1991: Bericht über den
Internationalen Mozart- Kongreß Salzburg 1991*. Ed. Rudolph Angermüller et
al. Kassel: Bärenreiter, 1992, vol. 2: 716 - 723.

Straub, Kristina. *Sexual Suspects: Eighteenth- Century Players and Sexual Ideology*.
Princeton, NJ: Princeton University Press, 1992.

Taddei, Ilaria. "*Puerizia*, *Adolescenza* and *Giovinezza*: Images and Conceptions
of Youth in Florentine Society During the Renaissance." In *The Premodern
Teenager: Youth in Society 1150 - 1650*. Ed. Konrad Eisenbichler. Toronto:
Centre for Reformation and Renaissance Studies, 2002, 15 - 26.

Tar, Gabriella- Nóra, *Deutschsprachiges Kindertheater in Ungarn im 18.
Jahrhundert*. Thalia Germanica 13. Berlin: W. Hopf, 2012.

——. *Gyermek a 18. és 19. századi magyarország és erdély színpadjain* [Child
Actors in Hungary and Siebenbürgen in the Eighteenth and Nineteenth
Centuries]. Kolozsvár: Erdélyi Múzeum- Egyesület Kiadása, 2004.

Taruskin, Richard. *Text and Act: Essays on Music and Performance*. New York:
Oxford University Press, 1995.

Tenschert, Roland. *Mozart: Ein Leben für die Oper*. Vienna: Wilhelm Frick,
1941.

Teuber, Oscar. *Die Theater Wiens*. Vienna: Gesellschaft für Vervielfältigende

Kunst, 1903. 2 vols.

Thayer, Alexander, et al. *Thayer's Life of Beethoven* [1866 – 1879]. Rev. and ed. Elliot Forbes. Princeton, NJ: Princeton University Press, 1967. 2 vols.

Thormählen, Wiebke. "Playing with Art: Musical Arrangements as Educational Tools in van Swieten's Vienna." *Journal of Musicology* 27, no. 3 (2010): 342 – 376.

Tommasi, Chiara Ombretta. "*De musica.*" In *The Oxford Guide to the Historical Reception of Augustine*. Editor-in-chief, Karla Pollmann, ed. Willemien Otten. Oxford: Oxford University Press, 2013. 3 vols.

Töpelmann, Viktor. "The Mozart Family and Empfindsamkeit: Enlightenment and Sensibility in Salzburg 1750 – 1790." PhD thesis, King's College London, 2016.

——. "Salzburg." In Keefe, ed. , *Mozart in Context*, 81 – 88.

Traudes, Jonas. *Musizierende "Wunderkinder": Adoration und Observation in der Öffentlichkeit um 1800*. Vienna: Böhlau, 2018.

Turrentine, Herbert C. "The Prince de Conti: A Royal Patron of Music." *Musical Quarterly* 54, no. 3 (1968): 309 – 331.

Tyler, Linda. "*Bastien und Bastienne*: The Libretto, Its Derivation, and Mozart's Text- Setting." *Journal of Musicology* 8, no. 4 (1990): 520 – 52.

——. "'Zaide' in the Development of Mozart's Operatic Language." *Music & Letters* 72, no. 2 (1991): 214 – 235.

Tyson, Alan. "A Reconstruction of Nannerl Mozart's Music Book (Notenbuch)." *Music & Letters* 60, no. 4 (1979): 389 – 400.

Ulbricht, Günter. "Spielpädagogik des Philanthropismus." In *Europa in der Frühen Neuzeit: Festschrift für Günter Mühlpfordt*, Band 6: Mittel-, Nord-und Osteuropa. Ed. Erich Donnert. Cologne: Böhlau Verlag, 2002, 607 – 615.

Ulbricht, Otto. "The Debate about Foundling Hospitals in Enlightenment Germany: Infanticide, Illegitimacy, and Infant Mortality Rates." *Central*

European History 18, no. 3 – 4 (1985): 211 – 256.

Uphaus- Wehmeier, Annette. *Zum Nutzen und Vergnügen — Jugendzeitschriften des 18. Jahrhunderts. Ein Beitrag zur Kommunikationsgeschichte.* Dortmunder Beiträge zur Zeitungsforschung 38. Munich: K. G. Saur, 1984.

Valentin, Hans E. "'Was die Bücher anlaget . . .': Leopold Mozarts literarische Interessen." In *Leopold Mozart, 1719 – 1787: Bild einer Persönlichkeit.* Ed. Ludwig Wegele. Augsburg: Verlag die Brigg, 1969, 102 – 110.

Vallini, Christina. "*Genius / ingenium*: derive semantiche." In *Ingenium propria hominis natura: Atti del Convengno Internazionale di Studi (Napoli, 22 – 24 maggio 1997).* Ed. Stefano Gensini and Arturo Martone. Naples: Liguori, 2002, 3 – 26.

van Orden, Kate, ed. *Music and the Cultures of Print.* Critical and Cultural Musicology. New York: Garland, 2000.

Volek, Tomislav, and Ivan Bittner. *The Mozartiana of Czech and Moravian Archives.* Prague: Archives Department of the Czech Ministry of Interior, 1991.

Waldoff, Jessica. *Recognition in Mozart's Operas.* Oxford: Oxford University Press, 2006.

Wallace, Katherine. "Lessons in Music, Lessons in Love." In *Conjunctions of Mind, Soul and Body from Plato to the Enlightenment.* Ed. Danijela Kambaskovic. Studies in the History of Philosophy of Mind 15. Dordrecht: Springer, 2014, 155 – 172.

Wangermann, Ernst. *Aufklärung und staatsbürgerliche Erziehung: Gottfried van Swieten als Reformator des österreichischen Unterrichtswesens 1781 – 1791.* Schriftenreihe des Instituts für Österreichkunde. Vienna: Verlag für Geschichte und Politik, 1978.

——. *The Austrian Achievement 1700 – 1800.* London: Thames and Hudson, 1973.

——. *From Joseph II to the Jacobin Trials: Government Policy and Public Opinion in the Habsburg Dominions in the Period of the French Revolution*. London: Oxford University Press, 1959, rev. 1969.

Wasyliw, Patricia Healy. *Martyrdom, Murder, and Magic: Child Saints and Their Cults in Medieval Europe*. Studies in Church History 2. New York: Peter Lang, 2008.

Webster, James. "The Rhetoric of Improvisation in Haydn's Keyboard Music." In *Haydn and the Performance of Rhetoric*. Ed. Tom Beghin and Sander Goldberg. Chicago: University of Chicago Press, 2007, 172 – 212.

Weidenholzer, Thomas. "Bürgerliche Geselligkeit und Formen der Öffentlichkeit in Salzburg 1780 – 1820." In *Bürger zwischen Tradition und Modernität*. Ed. Robert Hoffmann. Bürgertum in der Habsburgermonarchie 6. Vienna: Böhlau, 1997, 53 – 82.

Weikle-Mills, Courtney. *Imaginary Citizens: Child Readers and the Limits of American Independence, 1640 – 1868*. Baltimore: Johns Hopkins University Press, 2013.

Weiss, Anton. *Geschichte der Theresianischen Schulreform in Böhmen: Zusammengestellt aus den halbjährigen Berichten der Schulen-Oberdirektion 17. September 1777 – 14. März 1792*. Beiträge zur Österreich. Erziehungs- und Schulgeschichte. Vienna and Leipzig: Carl Fromme, 1905. 2 vols.

Weiß, Karl. *Geschichte der öffentlichen Anstalten, Fonde und Stiftungen für die Armenversorgung in Wien*. Vienna: [Braumüller], 1865.

Werner, Anja. "*Why Give Him a Sign Which Hearing People Do Not Understand . . . ?* Public Discourses about Deafness, 1780 – 1914." In *In Our Own Hands: Essays on Deaf History, 1780 – 1970*. Ed. Brian H. Greenwald and Joseph J. Murray. Washington, DC: Gallaudet University Press, 2016, 1 – 17.

Wheatcroft, Andrew. *The Habsburgs: Embodying Empire*. London: Viking,

神童的写影：莫扎特与对童年的认识

1985.

Wheelock, Gretchen. "Marriage a la Mode: Haydn's Instrumental Works 'Englished' for Voice and Piano." *Journal of Musicology* 8, no. 3 (1990): 357–397.

Witmore, Michael. *Pretty Creatures: Children and Fiction in the English Renaissance*. Ithaca, NY: Cornell University Press, 2007.

Wolf, Gerson. *Judentaufen in Österreich*. Vienna: Herzfeld & Bauer, 1863.

Woodmansee, Martha. "The Genius and the Copyright: Economic and Legal Conditions of the Emergence of the 'Author.'" *Eighteenth- Century Studies* 17, no. 4 (1984): 425–448.

Yolton, John W. "Locke: Education for Virtue." In *Philosophers on Education: Historical Perspectives*. Ed. Amélie Oksenberg Rorty. London: Routledge, 1998, 173–190.

Yolton, John W., and Jean S. Yolton. "Introduction." In Locke, *Some Thoughts concerning Education*, 1–78.

Yonan, Michael. *Empress Maria Theresa and the Politics of Habsburg Imperial Art*. University Park: University of Pennsylvania Press, 2011.

Zaslaw, Neal. "Communications." *Notes* 43, no. 1 (1986): 216–217.

——. "Mozart's Modular Minuet Machine." In *Essays in Honor of László Somfai on His 70th Birthday: Studies in the Sources and Interpretation of Music*. Ed. László Vikárius and Vera Lampert. Lanham, MD: Scarecrow Press, 2005, 219–235.

——. *Mozart's Symphonies: Context, Performance Practice, Reception*. Oxford: Clarendon Press, 1989.

——. "Wolfgang Amadeus Mozart. *Konzert für Flöte und Harfe* [review of NMA V/14/6]." *Notes* 42, no. 2 (1985): 387–388.

Zelizer, Viviana. *Pricing the Priceless Child: The Changing Social Value of Children*. New York: Basic Books, 1985.

Zohn, Steven. "Morality and the 'Fair- Sexing' of Telemann's Faithful Music Master." In *Consuming Music: Individuals, Institutions, Communities, 1730 - 1830*. Ed. Emily H. Green and Catherine Mayes. Eastman Studies in Music. Rochester, NY: University of Rochester Press, 2017, 65 - 101.

图书在版编目（CIP）数据

神童的写影：莫扎特与对童年的认识 / (美) 阿德琳·穆勒著；周仁伟译. — 上海：上海教育出版社，2024.8. —（"相遇"系列）. — ISBN 978-7-5720-3020-8

Ⅰ. K835.215.76

中国国家版本馆CIP数据核字第2024FC2288号

责任编辑　李声凤
封面设计　梁依宁

相遇

神童的写影：莫扎特与对童年的认识

[美] 阿德琳·穆勒　著

周仁伟　译

出版发行　上海教育出版社有限公司
官　　网　www.seph.com.cn
地　　址　上海市闵行区号景路159弄C座
邮　　编　201101
印　　刷　上海盛通时代印刷有限公司
开　　本　635×965　1/16　印张 25.5
字　　数　316 千字
版　　次　2024年8月第1版
印　　次　2024年8月第1次印刷
书　　号　ISBN 978-7-5720-3020-8/K·0033
定　　价　88.00 元

如发现质量问题，读者可向本社调换　电话：021-64373213